U0851934

高等职业教育城市轨道交通通信信号技术专业系列教材

城市轨道交通信号监测系统

林瑜筠　刘德伟　郜新军◎主编

中国铁道出版社有限公司
CHINA RAILWAY PUBLISHING HOUSE CO., LTD.

内容简介

本书根据高等职业教育城市轨道交通信号专业课程标准编写，系统阐述了城市轨道交通信号监测系统的基本组成和基本原理。全书共分九章，包括信号监测系统的结构、信号监测系统的功能、信号监测系统的采集原理、信号监测系统接口、信号监测系统的网络管理、信号监测系统的使用、信号监测系统维护以及转辙机缺口监测系统等内容。

本书反映城市轨道交通信号检测技术的最新科技成果，密切结合城市轨道交通信号维修的实际，内容全面，使学生能够快速地融入工作环境。

本书适合作为高等职业教育城市轨道交通通信信号技术专业的教材，也可作为城市轨道交通信号技术培训用书，还可供城市轨道交通信号工程技术人员和信号维修人员学习参考。

图书在版编目(CIP)数据

城市轨道交通信号监测系统/林瑜筠，刘德伟，郜新军主编. —北京：中国铁道出版社有限公司，2024. 11

高等职业教育城市轨道交通通信信号技术专业系列教材

ISBN 978-7-113-30839-1

Ⅰ. ①城…　Ⅱ. ①林… ②刘… ③郜…　Ⅲ. ①城市铁路-铁路信号-信号系统-监测系统-高等职业教育-教材　Ⅳ. ①U239. 5

中国国家版本馆 CIP 数据核字(2024)第 004737 号

书　　名：城市轨道交通信号监测系统

作　　者：林瑜筠　刘德伟　郜新军

策　　划：张松涛　　　**编辑部电话：**(010)83527746

责任编辑：张松涛　包　宁

封面设计：尚明龙

责任校对：安海燕

责任印制：樊启鹏

出版发行：中国铁道出版社有限公司(100054，北京市西城区右安门西街 8 号)

网　　址：https://www.tdpress.com/51eds

印　　刷：天津嘉恒印务有限公司

版　　次：2024 年 11 月第 1 版　2024 年 11 月第 1 次印刷

开　　本：787 mm×1 092 mm　1/16　印张：14　字数：348 千

书　　号：ISBN 978-7-113-30839-1

定　　价：45. 00 元

版权所有　侵权必究

凡购买铁道版图书，如有印制质量问题，请与本社教材图书营销部联系调换。电话：(010)63550836

打击盗版举报电话：(010)63549461

前　言

城市轨道交通(包括地下铁道和轻轨交通)具有运量大、速度快、安全可靠、污染轻、受其他交通方式干扰小等特点,对改变城市交通拥挤、乘车困难、行车速度下降、空气污染是行之有效的。因此,城市轨道交通是现代化都市所必需的。20世纪90年代以来,我国城市轨道交通加快了建设步伐,尤其是进入21世纪,迎来了城市轨道交通建设的高潮。目前,全国已有50多个城市建成规模和档次不同的地铁和轻轨,并在不断进行扩展和延伸。《城市轨道交通2023年度统计和分析报告》显示,截至2023年底,我国城市轨道交通运营线路总长度11 224.54 km,居世界第一位,而且许多线路正在建设中,呈现着十分广阔的发展前景。

在城市轨道交通的各项设备中,信号设备具有不可替代的作用。信号系统与城市轨道交通的安全、速度、输送能力和效率密切相关。信号系统不仅是城市轨道交通安全运行的保证,而且是城市轨道交通调度指挥和运营管理的中枢神经。事实证明,选择合适的信号系统将产生巨大的社会效益和经济效益。

信号监测系统是监测信号设备状态、发现信号设备隐患、加强信号设备结合部管理、分析信号设备故障原因、辅助故障处理、指导现场维修、反映设备运用质量、提高信号部门维护水平和维护效率的重要信号设备,是信号设备维护的综合监测平台。信号监测系统成功应用、广泛覆盖城市轨道交通,是信号维修技术的重要突破,是信号维修体制改革的重要技术支撑,是信号设备实现"状态修"的必要手段,也是信号维修技术向高安全、高可靠、网络化、智能化发展的重要标志之一。

本书根据高等职业教育城市轨道交通信号专业课程标准编写,系统介绍了信号监测系统的方方面面,共分九章,包括信号监测系统的结构、信号监测系统的功能、信号监测系统的采集原理、信号监测系统接口、信号监测系统的网络管理、信号监测系统的使用、信号监测系统维护以及转辙机缺口监测系统等内容。

本书具有以下特色:先进性,反映城市轨道交通信号监测技术的最新科技成果,体现我国城市轨道领域的发展方向;全面性,内容涵盖城市轨道交通信号监测系统的各个方面;实践性,密切结合城市轨道交通信号维修的实际,可使学生很快地融入工作环境,并有效指导实际工作。

和城市轨道交通信号有多家供应商一样,城市轨道交通信号监测系统也有多家供应商,本书不可能一一介绍,只能以卡斯柯信号有限公司的信号监测系统为例进行说明。本书在选取数据样本检索时间时,为了便于知识的讲授,更多考虑了该时间段是否具有代表性的样本数据。

本书由南京铁道职业技术学院林瑜筠、卡斯柯信号有限公司刘德伟、中国铁道科学院集团有限公司通信信号研究所郜新军任主编;南京铁道职业技术学院衣晚卓、宋莉,宁波市轨道交通集团有限公司智慧运营分公司王向阳、朵建华,惠州电务段陈顺国任副主编。林瑜筠编写第一、二章,并对全书进行筹划、统稿;刘德伟编写第三、五章;郜新军编写第四章;衣晚卓编写第六章;宋莉编写第七章;王向阳、陈顺国编写第八章;朵建华编写第九章。

在本书编写过程中,得到了许多单位和同仁的大力支持与热情帮助,在此表示衷心的感谢。

由于我国城市轨道交通信号系统制式繁多,资料难以搜集齐全,再加上编者水平有限,书中难免存在不足之处,恳望读者批评指正,以不断提高本书水平,为我国城市轨道交通事业的发展尽绵薄之力。

编　者

2024 年 6 月

目　　录

第一章　信号监测系统综述

信号监测系统是信号系统的重要组成部分，是遥测信号设备状态、发现信号设备隐患、加强信号设备结合部管理、分析信号设备故障原因、辅助故障处理、指导现场维修、反映设备运用质量、提高信号部门维护水平和维护效率的重要信号设备，是信号设备维护的综合监测平台。

第一节　信号监测系统概述

一、发展信号监测系统的必要性

随着城市轨道交通的建设，信号系统得到快速发展，信号新技术层出不穷，信号系统愈加复杂，设备数量也大幅增加。在这种情况下，仍然采用传统的维护方法，完全凭经验去查找故障，是无法解决问题的，必须依靠科学技术进步，运用先进的技术手段。因此，信号监测系统应运而生。

信号监测系统的发展是城市轨道交通运输生产的需要，是信号技术自我发展的需要，是信号维修制度改革的需要，是满足新时期城市轨道交通发展和安全生产的需要。信号监测系统的发展是建立在计算机技术、网络技术和信息处理技术的长足发展基础上的。

信号监测系统的发展是为适应信号设备维护的更高要求，充分发挥信号监测系统在城市轨道交通信号设备维护工作方面的指导作用。

信号监测系统是保证行车安全、加强信号设备结合部管理、监测信号设备状态、发现信号设备隐患、分析信号设备故障原因、辅助故障处理、指导现场维修、反映设备运用质量、提高信号部门维护水平和维护效率的重要行车设备。

二、信号监测系统的作用

信号监测系统完善了传统信号维护和维修的手段，用先进的检测技术和计算机网络技术，实现监测系统联网化和平台化，为维修体制改革、健全维修管理制度提供技术基础。在传统的计划修和故障修基础上，逐步发展到利用设备运行状态监测，使实现信号设备状态修成为可能。

信号监测系统的发展，对于进一步提高信号设备的安全可靠性，强化结合部管理，改善和优化现场维修工作具有划时代的意义。

(1)信号监测系统使信号设备具有了自诊断功能，从而大幅度提高了信号系统的安全性。

(2)信号监测系统能在信号设备运行的全部时间内，全天候反映设备运用状态，能发现潜伏性故障，排除事故隐患。

(3)信号监测系统运用了计算机技术，通过逻辑判断，有利于捕捉瞬间故障和间歇故障；通过回放再现，有利于分析故障，分清责任。

(4)信号监测系统能够掌握信号设备工作状态和变化趋势,是推行信号设备状态修的技术基础,可为维修决策提供科学依据。

(5)信号监测系统通过联网,能将各站信号设备运行信息传送到各级维护管理部门,便于指导维修工作,加强生产指挥,实现科学管理。

(6)信号监测系统可通过监督信号设备与供电、运营、工务等结合部的有关状态,加强结合部的管理。

信号监测系统被称为信号安全的"黑匣子",它的出现是信号维修技术的重要突破。它是信号维修体制改革的重要支撑,是信号设备实现"状态修"的必要手段,是信号技术向高安全、高可靠和网络化、数字化、智能化发展的重要标志之一。

三、信号监测系统的总体目标

信号监测系统的总体目标是以"保障行车安全、服务运输生产、强化质量保证"理念为目标指引,以保证信号设备安全、可靠、稳定运行为着眼点,完成体系结构建设,在加强信号设备结合部管理、监测信号设备运用状态、发现信号设备隐患、分析故障和指导现场维修等方面发挥应有的作用。

充分发挥信号监测系统在保证行车安全、加强信号设备结合部管理、监测信号设备运用状态、发现信号设备隐患、分析故障和指导现场维修方面的作用,提高信号部门维护水平和维护效率,压缩信号设备故障延时,可为达到提高运输效率、保证行车安全、减员增效的目的打下坚实的基础。

1. 建立完整体系结构,实现平台统一、全面覆盖

(1)实现信号监测系统在城市轨道交通的全面覆盖。

(2)加强信号监测基础数据采集平台的建设,采用标准、安全的采集方案,实现对转辙机、轨道电路、信号机、电源屏、计轴等信号设备状态信息和报警信息的采集;采用标准的对外接口,获取自身具备采集系统的信号设备(计算机联锁、ZC、ATS、计轴、信号智能电源屏等)的状态信息和报警信息,使信号监测系统成为信号设备维护的综合监测平台。

(3)加强信号监测系统,提升数据处理和信息共享能力,使其成为信号监测网络中的处理核心和对外信息发布中心。

2. 实现信号设备运行状态的全面监测,保障行车安全

(1)建立信号设备的综合监测平台,可实现城市轨道交通所有信号设备的实时监测和状态图形化显示,并能在终端同步复现。

(2)实现信号设备运行数据的记录与历史回放功能。

(3)实现信号设备与供电、工务、运营等结合部的有效管理。

3. 实现信号设备的智能化分析,满足包括在内的各种线路维护维修需要

(1)实现信号设备运用状态和特性参数的趋势预警,为状态修提供合理的设备维护维修依据。

(2)实现信号设备的故障报警与智能诊断,最大限度压缩信号设备故障延时,提高维修效率。

4. 为实现安全生产打下基础

(1)实现信号设备状态的本地自动分析和维护维修工作的远程指导、监督。

(2)实现生产流程和故障处理流程的信息化、智能化管理。

(3)作为基础数据平台,辅助应急指挥平台与安全生产指挥中心的建设。

四、信号监测系统的技术条件

城市轨道交通信号监测系统的技术条件可借鉴铁路信号集中监测系统的技术条件,并根据城市轨道交通的具体情况予以调整。

2010年9月,铁道部运输局发布了2010版《铁路信号集中监测系统技术条件》。之后,国铁集团(原中国铁路总公司)分别于2014年、2017年、2020年,根据铁路信号的发展情况,修订了《铁路信号集中监测系统技术条件》。

《铁路信号集中监测系统技术条件》(Q/CR 442—2020)的技术要求如下。

1. 总体技术要求

(1)信号集中监测(centralized signalling monitoring,CSM)系统是监测信号设备状态、发现信号设备隐患、分析诊断信号设备故障、实现信号子系统接口信息安全监督、辅助和指导现场维修及故障处理,提高设备运用质量和维护水平的重要信号设备。CSM应纳入信号系统设计、施工、调试、验收及开通等一体化规划及实施过程中。

(2)CSM是信号设备的监测和智能诊断分析平台,通过全面汇集地面信号设备、车载信号设备等相关设备的运行状态和监测数据,可实现信号设备健康状态及维护信息的集中存储、安全监督、智能诊断、综合分析功能。其监测范围包括各种信号设备和子系统。

(3)CSM中心集中建设,不同厂家间应实现互联互通。

(4)CSM应采用二维或以上多维图形、表格进行展示,应按设备层级分级展示;应具备车站线路整体状态图(含网络连接状态)功能;应结合设备原理图、采集图进行可视化展示。

(5)CSM应采用良好的隔离措施,不得影响被监测设备的正常工作;应具备时钟校核功能,确保系统时钟的统一。

2. 安全技术要求

(1)CSM的电磁兼容性能应满足《轨道交通 电磁兼容 第4部分:信号和通信设备的发射与抗扰度》(GB/T 24338.5—2018)的相关要求,防雷应满足《铁路通信信号设备雷击试验方法》(TB/T 3498—2018)的相关要求。

(2)从采集器(板)采样端子引入内部母板之间的引线应采用高温阻燃线,耐高温不低于200 ℃。

(3)采集器(板)应符合《塑料 燃烧性能的测定 水平法和垂直法》(GB/T 2408—2021)的V-0级阻燃要求,如采集器外壳和封装采用铁路信号专用继电器外壳和底座时应符合《铁路信号AX系列继电器》(GB/T 7417—2010)的要求;线缆的阻燃标准至少应符合《阻燃和耐火电线电缆或光缆通则》(GB/T 19666—2019)中阻燃特性;道岔表示电压采集器应靠近采集点就近安装于组合柜上,经隔离转换后再传回监测机柜,内部器件应对地绝缘,绝缘电阻不小于25 MΩ。

(4)采集板或采集器电路板焊盘之间的距离符合EN 50124-1的规定,电路板的布线严格遵照电磁兼容的设计准则,高压部分与低压部分走线区域严格区分,一次侧额定电压大于或等于24 V小于110 V时,输入端走线间隔(包括线与线、线与焊盘、焊盘与焊盘)至少2 mm,一次侧额定电压大于或等于110 V小于380 V时,输入端走线间隔至少3.04 mm,一次侧额定电压380 V及以上的走线间隔至少6.1 mm;如不能满足上述走线间隔要求,应开隔离槽进行防护。

(5)采取如下措施保证电压采集器或采集板内部输入与输出之间、输入与电源之间的耐压符合要求。

①输入隔离方案不应仅采用单一高阻隔离方式,应在输入端加入熔丝,当输入电压超出额定输入3倍以上且电流大于200 mA时,输入回路高低端之间的熔丝断开,对外呈现断路状态;道岔表示电压采集要求是:当输入信号大于AC 3 000 V且电流大于200 mA的强电流,输入回路高低端之间的熔丝(输入高低端分别有熔丝)应断开,对外呈现断路状态。

②采集器(板)的采样输入端与输出端之间应采用电压互感器、线性光耦或DC/DC变压器等隔离措施,确保内部器件故障不反向传递到输入端;隔离电压标准应达到DC 2 500 V,在采集器的工作电源处要求串入熔丝。

(6)CSM应采用安全技术建立保密安全屏障和管理措施,确保CSM网络和信息的安全,遵循《信息安全技术　网络安全等级保护基本要求》(GB/T 22239—2019)的规定。

3. 数据采集要求

(1)采集机或采集器(板卡)应具有良好的可靠性和实时性,并具备抗干扰及自检、自诊断能力。

(2)采集设备应采用高可靠的开关量和模拟量采集器件,并且具备模块化、自诊断等特性,方便实现系统的扩容和维护。

(3)采集设备与被测设备之间应有良好的电气隔离措施,任何情况下均不应影响被监测设备的正常工作。

(4)采集信息应做到与其他系统互联互通,资源共享;接口可采用RS-232、RS-422/RS-485、CAN或以太网方式,并具有隔离措施。

(5)采集设备的电路板、接插件、关键芯片应进行可靠性和可维修性设计。

(6)单块高压模拟量采集器和采集板卡的采集容量不应多于8路。

(7)采集设备的电路板、面板、组合、机柜尺寸应符合Q/CR 425—2014的相关规定。

(8)采集设备对被测对象的数据采集应满足完整性、准确性、安全性的要求。

(9)电压采集传感器输入阻抗应足够大,使用多级组合方式设计,确保取样电流不大于1 mA。

(10)采集传感器测试采样应符合本技术条件的要求,误差计算采用“引用误差”的方式(电缆绝缘测试采用“相对误差”);采集传感器经过标准计量器具校核后,应保证一年内精度指标满足本标准的要求。

4. 通信组网要求

(1)系统组网应遵照统一规划、统一标准、合理布局的原则,在满足现阶段需要的同时,应留有发展余量。

(2)系统网络应采用TCP/IP等通用标准协议,并符合开放式网络体系结构。

(3)系统网络设计应在保证可靠性、安全性、实时性的前提下,采用标准、通用、高兼容性的网络设备。

5. 其他技术要求

(1)CSM供电电源应与被监测对象电源可靠隔离。

(2)监测中心机房应采用两路可靠380 V电压供电,其容量不应少于交流30 kVA;经在线式UPS转换隔离后给设备供电,UPS容量应能保证交流电断电后维持CSM可靠供电10 min

以上；站机电源采用工频单相交流供电，应从电源屏两路转换稳压后经纯在线式 UPS 引入，其容量不低于 2 kVA，UPS 容量应能保证交流电断电后维持 CSM 可靠供电 10 min 以上。

（3）CSM 通过接口服务器与其他子系统通过串口接口时，CSM 接口服务器应与其他子系统就近安装，CSM 接口服务器采用工频单相交流供电。

（4）CSM 的计算机设备场地应符合《计算机场地通用规范》（GB/T 2887—2011）要求。

（5）系统接地应满足以下要求：

①CSM 地线应利用信号设备房屋共用接地装置。

②信号设备房屋未设置共用接地装置的，CSM 应设置两个接地体，即设备保护接地体和设备防雷接地体，两种接地体的间隔应在 20 m 以上；两个接地体之间不应互相连通；设备保护地接地电阻不大于 4 Ω，设备防雷地接地电阻不大于 10 Ω。

（6）设备绝缘电阻、耐压指标应满足以下要求：

①在设备适用环境条件下，设备绝缘电阻不小于 25 MΩ。

②在设备适用环境条件下，道岔表示电压智能采集传感器设备接入端子绝缘耐压不小于 AC 3 000 V，其他设备绝缘耐压不小于 AC 1 200 V。

（7）系统可靠性：系统主要设备的平均无故障工作时间 MTBF 均不小于 10 000 h。

五、信号监测系统的功能

1. 监测

信号监测系统的监测内容包括：外电网综合质量监测、电源屏监测、计轴监测、轨道电路监测、转辙机监测、电缆绝缘监测、漏泄电流监测、信号机监测、环境监测、开关量监测。

2. 故障报警

信号监测系统在信号设备发生故障时，发出报警。报警分为一级报警、二级报警、三级报警和预警。

六、信号监测系统的技术特点

信号监测系统完善了传统的信号维护手段，用先进的检测技术和计算机网络技术，实现监测系统联网化和平台化，为维修体制改革、健全维修管理制度提供技术基础。该系统具有以下特点：

1. 先进

CSM 采用了计算机技术、智能决策技术、远程控制技术、网络技术、数据传输技术、多媒体技术等，吸收借鉴了国外新技术，采用国际标准。

2. 可靠

信号监测系统 24 h 不间断地监测信号设备的运行状态，并及时提供预警提示、故障提示，必须高可靠，而且保证无间断正常运转。信号监测系统的关键网络设备和服务器双套冗余，提供系统容错机制，保证系统连续不间断地稳定运行，保证数据信息的安全性和正确性。对于采集硬件，采用器件寿命超出设计要求的方式来提高可靠性；对于软件，采用软件看门狗、数据缓存、自动清除历史数据、线程冗余等方案增加可靠性。

3. 安全

信号监测系统需要实时采集信号设备的状态信息，采用安全隔离设计，具有良好的电气隔离性能，所有采集模块都增加防护电路或防护单元，减少单板采集路数，实现电路板走线安全间距；重新定义采集点，规定采集线缆的型号和标准。即使采集设备发生故障，也不影响被监测信号设备的正常工作。信号监测系统实现与联锁、ATS、ZC 等设备的物理安全接口，实现由集中监测信息平台向电务管理信息平台的信息传输。

4. 实时

在列车运行过程中，信号机、转辙机、计轴、轨道电路等设备的状态产生大量变化信息。这些信息通过基层网自动采集，必须及时、准确地传递给各级维护人员。在信息高峰的情况下，这一过程延时时间不能超过 4 s；在任何一台信息处理终端上，信息均应实时、有序地进行处理，既不能定时处理，也不能批处理；信息应真实、可靠。

5. 友好

信号监测系统具有统一的人机界面，操作简单，易于维护，具备一定的自诊断功能。根据用户的需求，信号监测系统的界面具有如下特点：所有被采集的设备都能在日常测试界面中体现，通过选择不同的设备能显示设备相关的采集量；每类设备所有的采集量统一在一个界面上进行展现；所有采集量可以展现相关的实时曲线，日曲线、月曲线、年曲线、日报表、趋势线等通过设备状态图实时显示车站设备状态，当设备故障或异常时，更形象、更直观地给出相应的报警状态。

6. 方便、可用

站机、终端软件的设计能使用户把知觉和思维集中在目标任务上，可以按照自身的行动过程进行操作；不必寻找人机界面的菜单或理解软件结构、人机界面的结构与图标含义；不必考虑如何把目标任务转换成计算机的输入方式和输入过程；不必记忆面向计算机硬件、软件的知识；在非正常环境和情景时，用户仍能正常操作；操作简单，出错较少，很快就能掌握操作要领。

信号监测系统面对的最直接的用户就是各级信号维护人员，信号监测系统以设备维护为导向，能自动发现设备的故障和异常，并自动形成设备分析报告，向用户集中展示车站信号设备故障的总体情况、电气特性超限超标情况、分路状态异常情况以及报表浏览情况等，减轻了维护人员的工作强度。

7. 开放

信号监测系统需要集成大量的计算机设备、网络设备、打印设备、存储设备、显示设备，在集成化的环境下还要依靠软件支撑平台开发大量的动态和静态数据处理、实时信息处理、智能分析计算统计、界面显示程序，因此必须采用符合国际标准和工业标准的开放式系统平台。同时，有了开放的环境，便于今后系统的完善扩展。

8. 可维护

CSM 集成了大量的硬件设备和软件。硬件设备需要及时进行维护，适当的时候应更新换代。铁路每年都有大量的站场改造、大修等工作，导致相关的静态基础数据需要及时更新，而且在使用过程中也会不断地提出新的需求，需要对软件进行适当的修改升级。因此 CSM 提供了方便的维护手段，并保证维护工作不会导致系统停机或中断。

9. 互联互通

信号监测系统牵涉范围广、地域宽，其工程往往由多家监测厂家共同承担。线路、车站有很大差异，信号监测系统实施的时间不同，软硬件平台不尽相同。为此，规范了软硬件平台的标准配置，形成了网络间数据传输和交换的格式标准。在信号监测系统设计中要考虑与异种机、异种网的互联,按照统一的规范标准,保证能方便地进行数据传输和交换,采用便于访问和维护管理的分布式数据库系统。同时,信号监测系统在保证信息安全的前提下,应充分考虑与其他系统之间交换数据的能力。

信号监测系统整合了所有信号系统维护维修的关键状态信息,不需要其他智能系统单独设置终端,可实现与其他系统的信息共享。

10. 可扩展

城市轨道交通每年都有不同规模的大修、新建工程,信号监测系统的范围和规模将会不断扩大,因此该系统充分考虑了升级、扩展的能力。同时,由于信号监测系统大量采用现代信息技术,这些技术处于高速发展期,在不断地淘汰和更新,因此信号监测系统参考国际标准和规范进行设计,预留了 CPU、内存、磁盘容量升级和扩展的空间。

七、安全策略

信号监测系统的安全包括:采集安全、接口安全和软件安全。

1. 信号监测系统的安全目标

(1)采集设备与被监测设备之间必须采取良好的电气隔离措施,任何情况下不得影响被监测设备的正常工作,应符合故障—安全原则。

(2)信号监测系统应满足信号设备雷电及电磁兼容综合防护的相关规定。

(3)采集器以及采集板卡须具有良好的阻燃性和电气特性,不能产生火、毒、高温、电、辐射等影响人身安全的故障。

(4)信号监测系统内部安全分级为第一层次的采集项目,参照机械室内继电电路器材设备的耐压防护等级,设备绝缘耐压大于或等于 AC 3 000 V。

(5)信号监测系统内部安全分级为第二、第三层次的采集项目,设备绝缘耐压大于或等于 AC 1 200 V。

(6)为保证采集设备不影响被监测设备,传感器(或隔离设备)输入阻抗应大于 R(R 输入量程×500 Ω),取样电流不小于 DC 1 mA。

2. 安全策略的集中管控

对 CSM 服务器、终端、网络边界安全设备采用的安全策略进行集中管控、审核、下发,保证系统安全策略全程一致、有效。

3. 安全事件审计

对信号监测系统网络运行日志、操作系统运行日志、数据库重要操作日志、安全设备运行日志等进行集中收集、分析、查询,及时发现各种违规行为以及病毒和黑客的攻击行为。

第二节 信号监测系统的发展

一、发展历程

信号监测系统最早可追溯到 1985 年,在当时计算机技术的基础上研制的铁路信号微机监测系统。从 1997 年开始,其经历了四代发展过程,分别是 TJWX-97 型信号微机监测系统、TJWX-2000 型信号微机监测系统、TJWX-2006 型信号微机监测系统和 CSM 信号集中监测系统。随着铁路建设规模的不断扩大，计算机技术、网络技术、电子信息技术的不断发展，信号监测系统作为铁路信号设备维护的综合监测平台，正向着综合化、智能化、网络化、专家系统方向不断完善和发展。

城市轨道交通信号监测系统的发展基本上与铁路信号集中监测系统同步。

二、CSM 的发展方向

1. 成为信号设备的综合监测平台

随着智能化信号设备自监测水平的提高，其自身的监测信息越来越全面，外部接口逐步数字化、信息化，CSM 对信号设备的监测方式发生了很大的变化，大量的设备监测信息由信号监测系统自采集向从智能信号设备的接口采集转变，这就要求信号监测系统的自动化、集成化水平越来越高。

信号监测系统不但要实现自身的一系列功能(如动态数据的采集，统一分析运算，生成所需格式的报表或者实时曲线、历史曲线，并存储在数据库中供查询调用；自动下达指令，与被控制信号设备互动，进行跟踪管理，发现信号设备潜在的质量问题，以防患于未然)，还要逐步实现综合集成技术，以对整个电务管理系统进行管理、配置和维护。

随着城市轨道交通的迅猛发展，新上道的信号设备越来越多，如何更好地维护这些信号设备成为急需解决的问题。可将其他智能系统纳入信号监测系统平台，对这些纳入的系统进行综合的智能分析，以便于信号设备的维护，这样既减少了人力资源、设备资金等的重复投入，又有效地提高了信号设备监控系统的可靠性和易维护性。

信号设备的监测平台一旦建立，各级用户便均可通过该监测平台的各应用项目调用监测数据库，从中获得所需的数据。这样既可以快速解决所遇到的问题，也可以通过该平台发现、处理在信号设备运行中存在的隐患。通过该平台的数据分享特点，还可向相关上级部门提出技术性建议，助推信号管理工作的快速发展。同时，也为平台的综合化、智能化发展打下了良好基础。

2. 监测内容扩展到室外信号设备

随着信号监测系统的发展，信号监测已经开始向信号设备的故障预警、故障诊断、故障分析方向延伸。但是目前信号监测系统缺少室外信号设备的监测信息，使得故障的预警、诊断和分析缺少一个必要的环节，从而达不到理想的效果。由此迫切需要将监测内容扩展到室外信号设备，完成对信号设备从控制端(室内控制电路)、电缆线路到设备端(实际工作设备)的全过程监测，进而实现信号设备工作状态的监测、信号故障诊断和故障定位。

室外信号设备监测系统的对象为轨道电路、计轴、道岔、信号机，通过对这些设备工作状态的直接监测，可得到它们工作状态的第一手信息，较之室内从信号电缆采集的间接信息更能反映设备的实际工作情况。信号监测系统通过室内集中监测与室外现场监测互相结合，完善了信号监测的整个信息基础平台，通过对这些监测信息的深入分析和处理，能够做到信号设备的智能分析和故障诊断，最终可以实现真正意义上的状态修。

轨道电路实现发送和接收变压器一次侧、二次侧电压电流的采集。道岔缺口监测采用视频、电涡流等监测手段实现道岔缺口间隙数据的采集。信号机实现各灯位电压、电流的采集。

3. 与信息管理系统的融合

为适应信号快速发展，提高工作效率，保障行车安全，提升安全保障能力和管理水平，必须不断提高人员的业务素质,采取先进的管理手段和完善的管理制度。因此在信号技术装备水平发生质的飞跃的同时,为强化信息设备保障安全的能力,已逐步计划实施信息化管理。这使得信号监测系统与信息管理系统的融合成为下一步的研究方向。

在信息产品的整体功能规划中,信号监测系统偏重于信号设备状态信息的获取、分析和使用,而信息管理系统则偏重于人员、设备的管理,信息管理系统涉及的深度和广度都要超过信号监测系统。因此,在进行系统开发和设计时要综合考虑,做到扬长避短。信号监测系统仅负责采集信号设备状态信息,处理后形成统一格式的报表。信息管理系统则建立辅助决策系统,为实现科学的决策管理提供手段,提取信号监测系统提供的基础信息库,进行智能化的综合统计分析,逐步改善管理工作流程,使整合后的系统最终为产业结构优化、生产力布局调整、修制改革、生产组织优化等提供保障,并实现信号管理工作的有序、高效发展。

4. 与综合视频监控系统的结合

综合视频监控系统以通信传输网为基础,构建了专业、统一、共享、可靠、安全和高度可扩展的综合监控平台,系统涵盖信号、通信、工务、运营和公安等业务部门。

信号监测系统基于 TCP/IP 协议的广域网模式,由车站采集系统、中心服务器管理系统、网络终端及广域网数据传输系统组成。

上述两个系统均利用了通信传输网来传输信息,可将这两个系统融合起来,使服务器建立网络连接,以便于信号监测系统的报警信号与综合视频监控系统的动作进行关联。

当信号监测系统中有报警信息时,通过接口服务器将报警信息提供给综合视频监控系统,综合视频监控系统控制所在区域摄像机自动转至故障点位置,记录实际现场情况,可以核实和确认信号集中监测报警。同时,相关维护人员利用综合视频监控系统的用户监视终端还可实现对现场人员“面对面、零距离”的指挥和交流。

这两个系统的信息结合,不但给分析信号监测系统的故障提供了便利,而且为故障的排除争取了宝贵时间,进而保障了行车安全,提高了信号管理部门的维护水平及维护效率。

复习思考题

1. 为什么要发展信号监测系统? 该系统有什么作用?
2. 简述信号监测系统的总体目标。
3. 信号监测系统有哪些功能?
4. 信号监测系统有哪些技术特点?
5. 简述 CSM 的发展方向。

第二章　信号监测系统的结构

第一节　信号监测系统总体结构

一、总体结构

城市轨道交通信号监测系统为分布式系统，一般采用三层系统架构，分别为中心服务器层、维护工作站层、车站监测层，如图2-1所示。

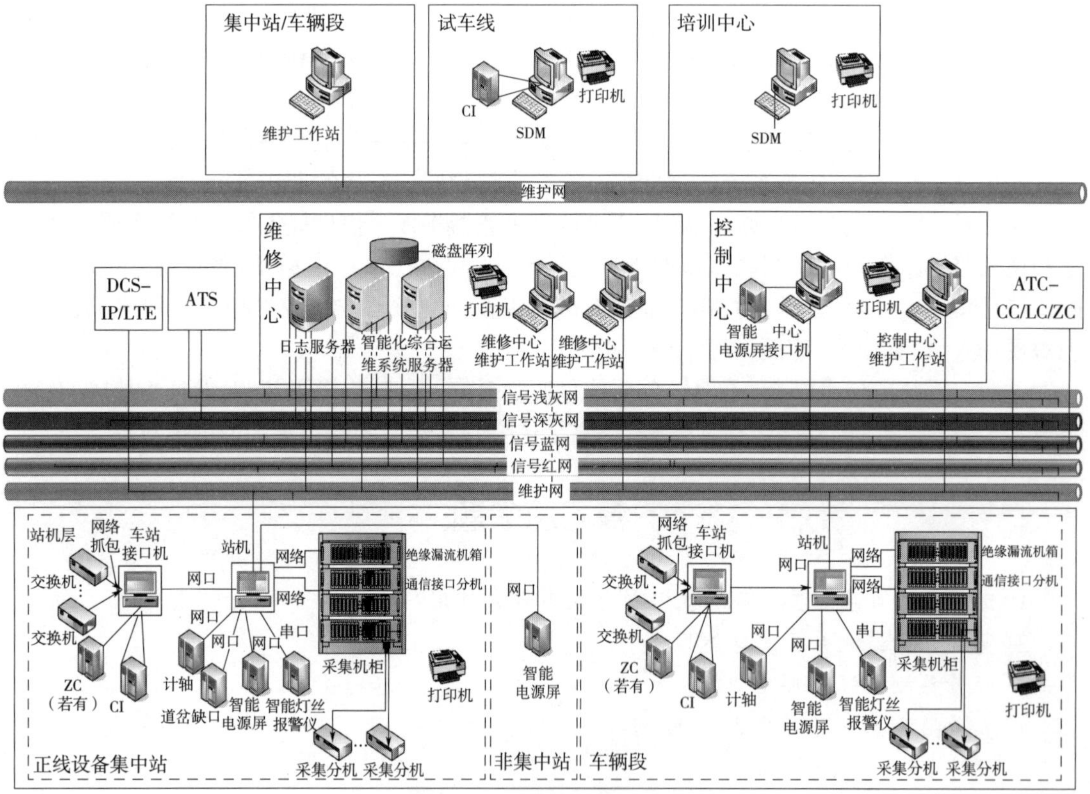

图2-1　信号监测系统总体结构

三层结构分别配置了不同的硬件和软件。

二、中心服务器层结构

中心服务器层设备设在维修中心，包括智能化综合运维系统服务器、日志服务器、磁盘阵列、维护工作站和打印机等。

服务器机柜的结构如图2-2所示，包括两台应用服务器、一套磁盘阵列、两台内部交换机、一台KVM显示器、两台交换机（三层）、光电转换器等。

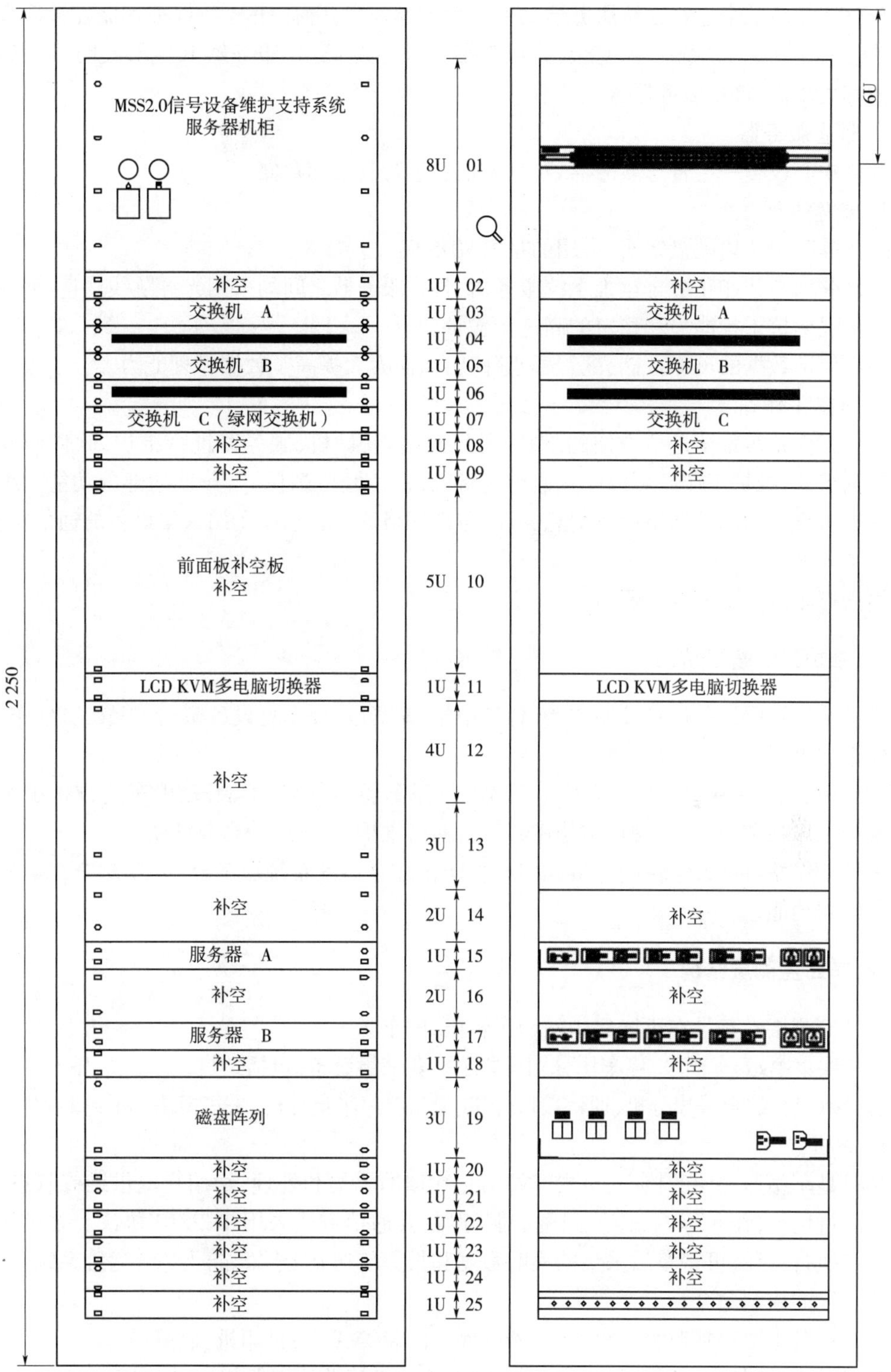

图 2-2 服务器机柜

1. 智能化综合运维系统服务器

维修中心设置一套智能化综合运维系统服务器，即应用服务器。该服务器采用了双机热备方式，主用设备故障时自动无扰切换至备用设备。

两台智能化综合运维系统服务器共用一套磁盘阵列，所有 CSM 数据都存储在该磁盘阵列中。信号监测系统支持服务器冗余，当服务器 A 出现故障时，服务器 B 能够及时取回磁盘阵列中的相关数据，接替服务器 A 的工作。

2. 日志服务器

维修中心设置一台日志服务器，对日志信息进行收集和存储。

3. 磁盘阵列

磁盘阵列由 4 块硬盘组成，采用的是 RAID5 模式。

磁盘阵列与智能化综合运维系统服务器、日志服务器之间均采用光纤跳线连接，使数据通道具有极强的抗干扰能力和稳定的高速传输带宽。

为了保证数据的可靠存储，配置磁盘阵列，从而大大提高了数据管理能力。

4. 维护工作站

维护工作站对系统进行方便的维护，可以对终端、站机、服务器进行维护、软件修改和升级。根据需要，维护工作站可以配置监测终端的所有功能，站机、服务器的部分功能。维护工作站还支持显示动态的网络设备信息，实时监视网络通道状态和车站采集设备的通信状态。

5. 打印机

用来打印所需要的维护资料。

三、维护工作站层结构

维护工作站层设备设在控制中心、各集中站、车辆段/停车场设备室、各正线工区、车辆段/停车场维护工区。

控制中心、各集中站、各正线工区、车辆段/停车场设备室、车辆段/停车场维护工区设置一台维护工作站和一台打印机，维修中心设置两台维护工作站、一台打印机。

维护工作站可通过维护网连接到中心智能化综合运维系统服务器，实现对全线信号设备的维护监测功能。

四、车站监测层结构

车站监测层设备设在正线集中站和车辆段/停车场。

在正线集中站、车辆段/停车场分别设置了一套采集设备，包括站机（工控机、显示器）、采集机（车站接口机、综合采集分机、通信接口分机、道岔时序采集分机、采集模块）和接口设备等。

1. 站机

站机是车站监测层的核心，负责车站信息数据的采集和处理，给用户提供维修状态信息。站机可通过网络（维护绿网）连接到中心服务器，其通信方式采用 TCP/IP 协议。站机作为基层采集和执行单元，可将车站采集的实时数据和报警传送到上层智能化综合运维系统服务器，并接收上级的控制命令。

站机设备主要包括监测主机、显示器、CAN 卡、MOXA 卡、打印机、监测桌等。

站机可通过网口与信号智能电源屏、计轴、道岔缺口监测装置相连，接收有关信息；通过串口与智能灯丝报警仪相连，接收有关信息。

（1）监测主机。监测主机是车站集中监测系统的核心，负责监测系统所需开关量、模拟量、报警、预警等信息数据的采集、分类、逻辑分析处理、报警输出、统计汇总和存储回放等功能,并提供了人性化的人机交互接口,以图形、列表及曲线等方式给维护人员提供有价值的维修状态信息,同时接收用户的输入,实现实时交互式浏览和查询。

站机配置:工业控制机;主频,双核 2.8 GHz;适配卡为 CAN 卡、MOXA 卡;内存 2 GB;硬盘 250 GB;显示器为 22 in 彩显。

工控机面板指示灯如图 2-3 所示,其含义见表 2-1。

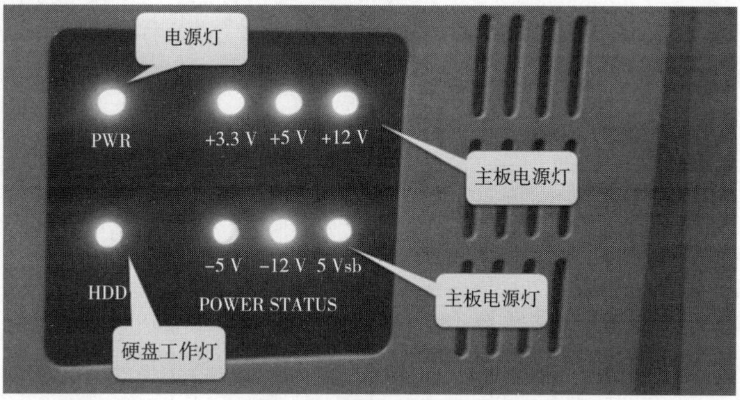

图 2-3 工控机面板指示灯

表 2-1 工控机面板指示灯含义

序号	代号	名称	含义
1	工控机主机电源灯	PWR	点亮:表示主机的电源已经接通 熄灭:表示主机的电源没有接通
2	工控机硬盘工作灯	HDD	点亮:表示主机硬盘处于工作状态 熄灭:表示主机硬盘未工作
3	工控机主板电源灯	+3.3 V	点亮:表示主机主板供电正常 熄灭:表示主机主板供电异常
4		+5 V	
5		+12 V	
6		-5 V	
7		-12 V	
8		5 Vsb	

(2)CAN 卡。CAN 卡主要用于实现监测主机与监测采集机柜 CAN 总线通信接口,安装在监测主机的 ISA/PCI 插槽。

CAN 卡右上角的指示灯为总线电源灯,用于显示 CAN 是否供电。中间红色底座的指拨开关为 CAN 端口地址设置开关,通常默认为 2 在 OFF 位,其他在 ON 位,对应端口地址为 280。CAN 卡左下角 4 位一组的跳线用于设置 CAN 卡的中断号,通常如图中将“IRQ11”所对的跳线短接,即设置中断号为 11。

(3)MOXA 卡。MOXA 卡主要实现 RS-422/RS-485 通信功能,用于监测车站子系统与联锁、电源屏、计轴、灯丝报警仪等其他系统串口通信。

监测主机使用的串口卡为 4 串口 ISA 插槽的 MOXA 卡,型号为 CI-134IS。

MOXA 卡的 4 个串口均可设置 RS-422 或 RS-485 通信方式，设置的指拨开关在左上角。其中右边的一组指拨开关用于设置工作模式，可默认设为 AUTO，左边的一组开关上、下拨分别对应 RS-485 和 RS-422 通信方式。

2. 采集机柜

采集机柜内主要安装的设备有综合采集层、12 V 电源、交换机、接口通信分机、大功率电源等。

采集机柜的主要功能有：放置综合采集机和接口通信分机，以实现对应采集数据的收集；放置交换机等联网设备，以实现车站与中心的连接；提供车站监测系统的输入/输出用电。

采集机柜的结构如图 2-4 所示。

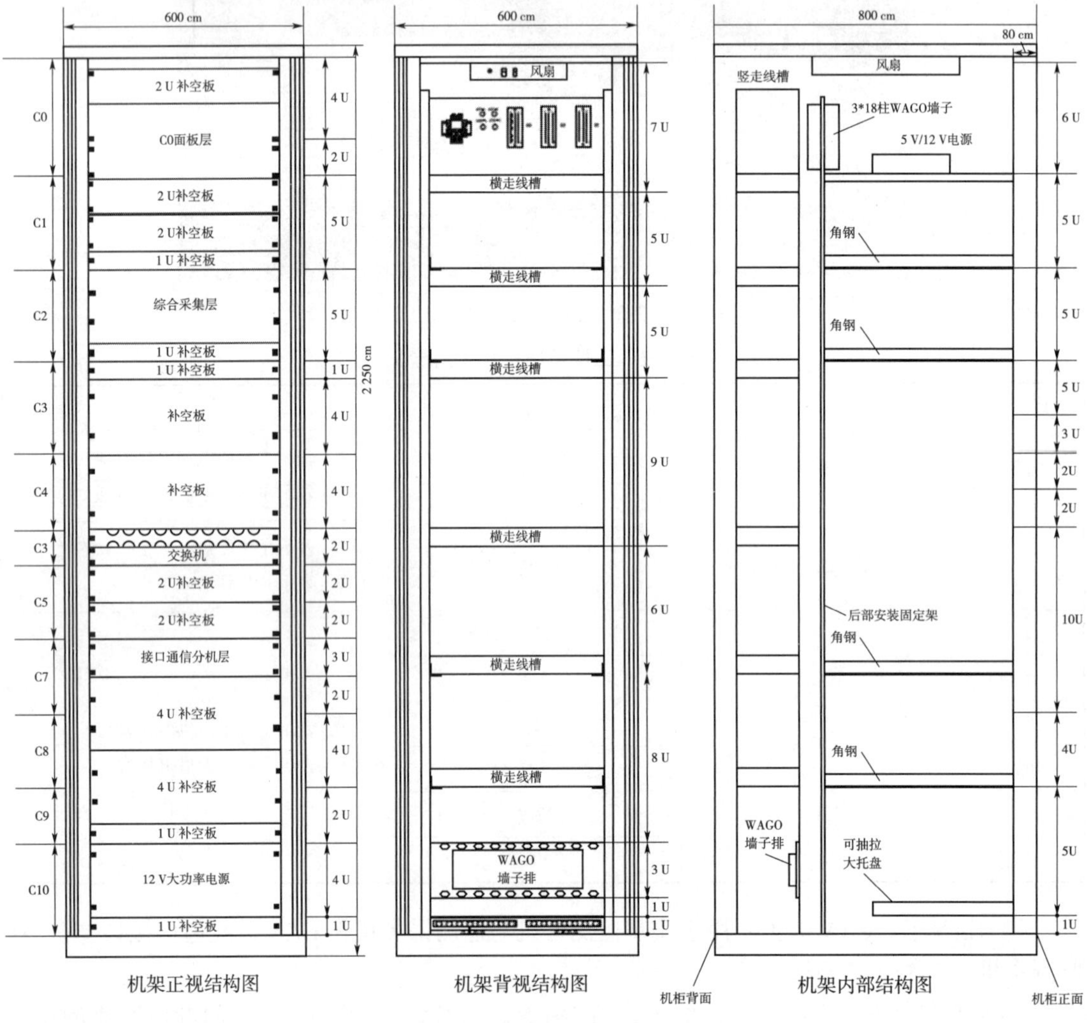

图 2-4　采集机柜的结构

（1）C0 电源层。C0 层前面板为电源灯及系统铭牌，内部安装 12 V 直流电源。C0 层布置如图 2-5 所示。

C0 层后面板共有 3 组 3×18 柱 WAGO 端子。其中，D_1 用于配置综合采集层转接的电源（如综合 24 V，综合正负 12 V）；D_2 用于 12 V 开关量电源输出配线；D_3 用于模块的 12 V 供电。1DQJ、轨道、道岔 DBJ/FBJ 开关量状态采集电源由 D_2 供出，综合层 12 V、24 V 电源由 D_1 供出。

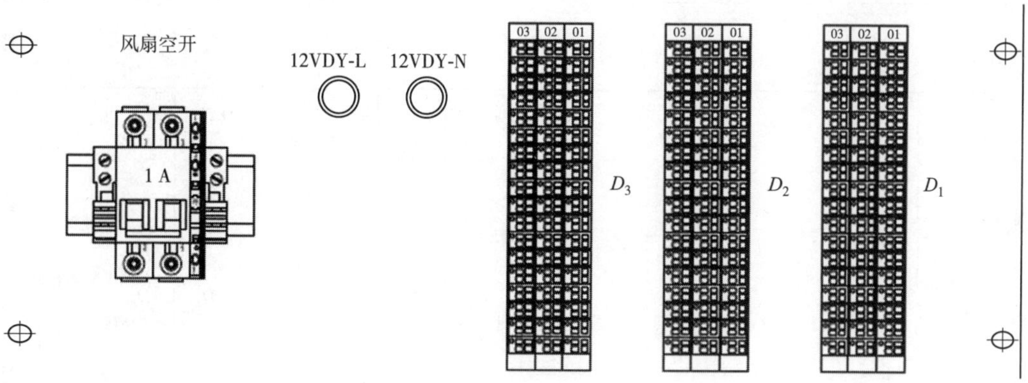

图 2-5 C0 层布置图

CSM 的直流电源系统如图 2-6 所示，可分为综合层电源、开关量 12 V 电源和 12 V 大功率电源。综合层电源分为综合正负 12 V 和综合 24 V 两组。开关量 12 V 电源安装在采集机柜 C0 层内部，经 C0-D2 输出。

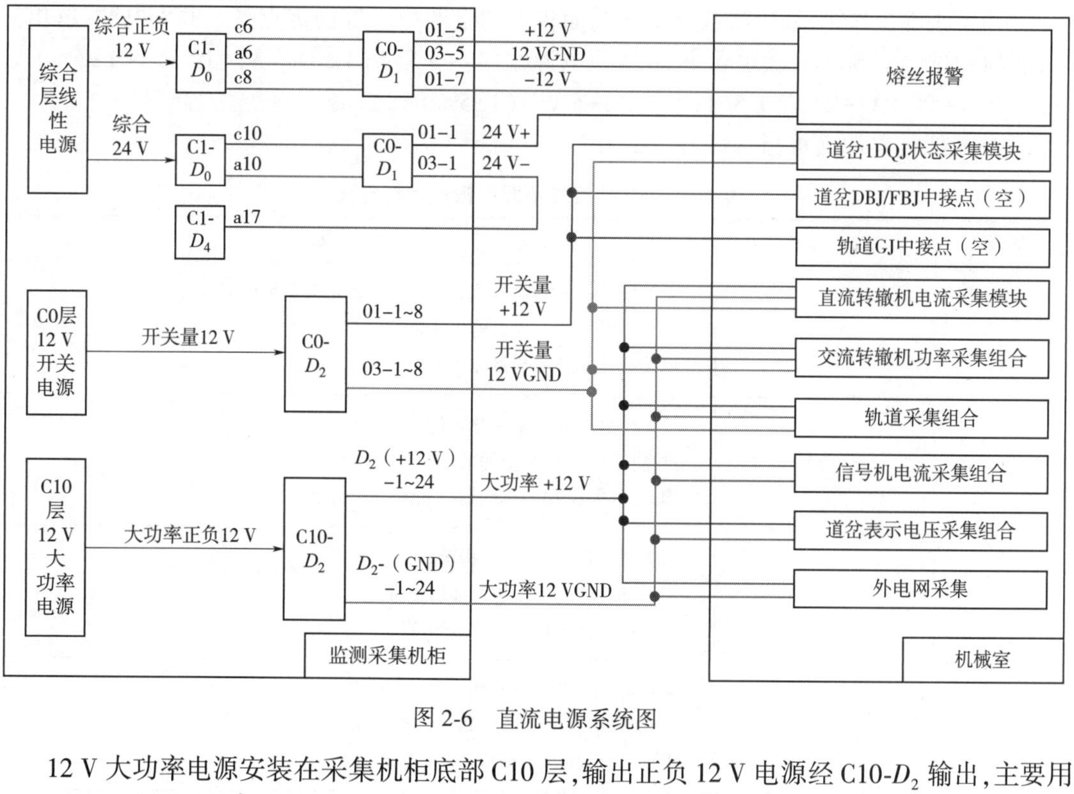

图 2-6 直流电源系统图

12 V 大功率电源安装在采集机柜底部 C10 层，输出正负 12 V 电源经 C10-D_2 输出，主要用于采集单元工作。

（2）综合采集层。综合采集层主要用于实现断路器报警采集等功能，同时也是 CAN 总线通信的主要输入/输出配线点。

综合采集层布置如图 2-7 所示。图中从左至右分别对应采集机线性电源、D_0-CPU 板、D_2/D_3-开入板。

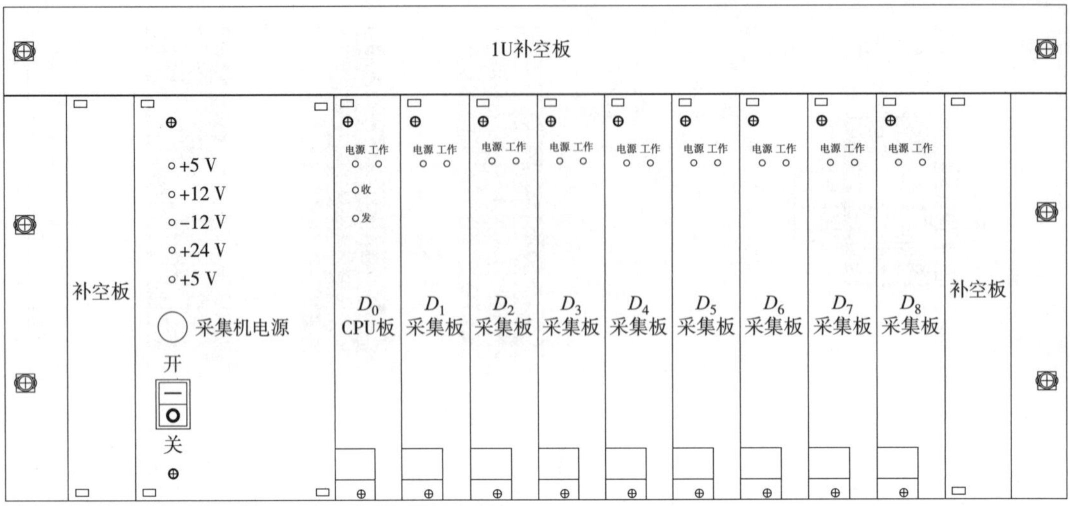

图 2-7　综合采集层

①采集机线性电源。采集机线性电源主要提供综合层各采集板的工作用电和输入/输出用电。当电源正常工作时,采集机线性电源前面板上的电源指示灯稳定点亮。输入电源:单相交流 220(1±10%)V,50 Hz,额定功率 80 W。电源输出:+5 V/5(1±5%)A;+12 V/1(1±5%)A;-12 V/1(1±5%)A;+24 V/0.5(1±5%)A;+5 V/1(1±5%)A。

采集机线性电源面板指示灯含义见表 2-2。

表 2-2　采集机线性电源面板指示灯含义

编码	名称	含　义
1	+5 V	采集机 5 V 电源输出指示灯,用于采集层采集板供电 点亮:采集机 5 V 电源输出正常 熄灭:采集机 5 V 电源输出故障
2	+12 V	采集机 12 V 电源输出指示灯 点亮:采集机 12 V 电源输出正常 熄灭:采集机 12 V 电源输出故障
3	-12 V	采集机-12 V 电源输出指示灯 点亮:采集机-12 V 电源输出正常 熄灭:采集机-12 V 电源输出故障
4	+24 V	采集机 24 V 电源输出指示灯,用于开入板供电 点亮:采集机 24 V 电源输出正常 熄灭:采集机 24 V 电源输出故障
5	+5 V	采集机 5 V 电源输出指示灯,用于 CPU 板 CAN 通信供电 点亮:采集机 5 V 电源输出正常 熄灭:采集机 5 V 电源输出故障
6	电源开关	采集机供电开关

②CPU 板。CPU 板可将采集层各采集板获得的信息进行计算并编码实现 CAN 总线通信,同时能控制开出板的电源输出位。

CPU 板正常工作时,电源灯稳定点亮,工作灯闪烁。当 CAN 通信联通时,收发工作灯均快速闪烁。

CPU 板上的 CAN 通信配线用于设置通信匹配电阻,通常默认跳上。CPU 板的地址跳线为 4 位一组的跳线,通常默认为全部跳上。

工作电压:2 路独立 DC 5 V(4. 75~5. 25)。

CPU 板面板指示灯含义见表 2-3。

表 2-3 CPU 板面板指示灯含义

编码	名称	含义
1	电源	点亮:表示 CPU 板的电源已经接通 熄灭:表示 CPU 板供电异常
2	工作	闪烁:表示 CPU 板处于工作状态 熄灭或其他:表示 CPU 板未工作
3	收、发	CPU 板 CAN 通信指示灯 两灯交替快速闪烁:CPU 板与监测主机通信正常 两灯熄灭或常亮或其他:CPU 板与监测主机通信中断

③开入板。每块开入板均有 48 路开关量输入,按每 16 个一组可分成 3 组。当整块板采集使用同一种电源时,可通过开入板上的跳线将 3 组采集的环线环接在一起。

综合层常用的是 24 V 开入板,即通用采集电源为直流或交流 24 V,主要用于采集断路器报警。开入板输入采用光耦隔离,确保对被采集电源不产生影响。工作电压:DC 5 V(4. 75~5. 25);采样电压:DC 24 V(22. 8~25. 2)。

如图 2-8 所示,开入板正面并排的两个灯为电源灯和工作灯,正常情况下电源灯常亮,工

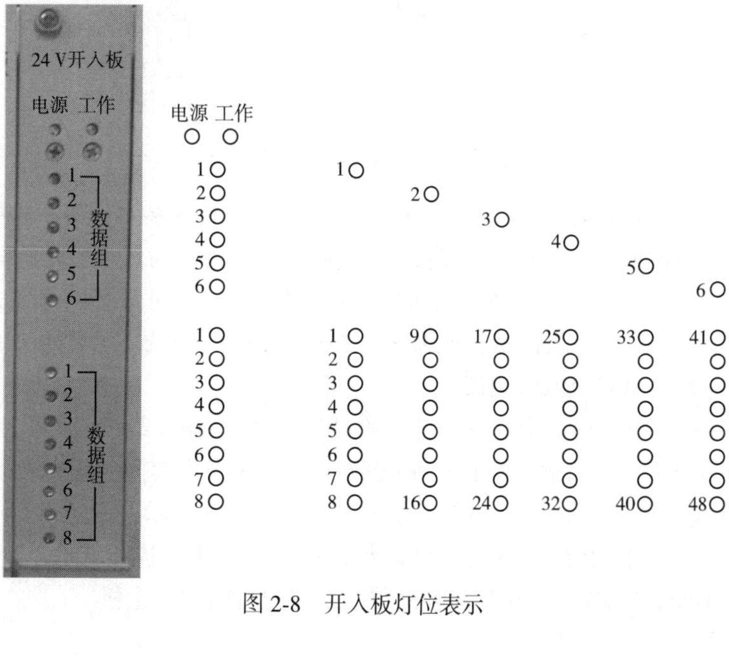

图 2-8 开入板灯位表示

作灯闪烁。往下排列为两组显示灯，一组 6 个，另一组 8 个，相互组合总共显示开入板采集输入的 48 个开关量状态。上面 6 个灯，每个灯对应 1 组 8 个位。即当上面第一个灯亮时，下面 8 个灯的状态表示开入板第 1～8 个采集的输入状态，当上面第 2 个灯亮时，下面 8 个灯表示第 9～16 个采集的输入状态，依此类推。当开入板正常工作时，上面一组的 6 个灯依次循环检测，同时下面一组的 8 个灯分别显示各组采集状态。

④综合层配线输入端子。综合采集层后部的配线端子如图 2-9 所示。CAN 总线端子用输出到监测主机的 CAN 线以及其他系统 CAN 接口的输入配线。D_0 端子对应于 CPU 板和线性电源的输入/输出配线。D_2/D_3 对应开入板采集输入配线，外部用于采集断路器报警配线。

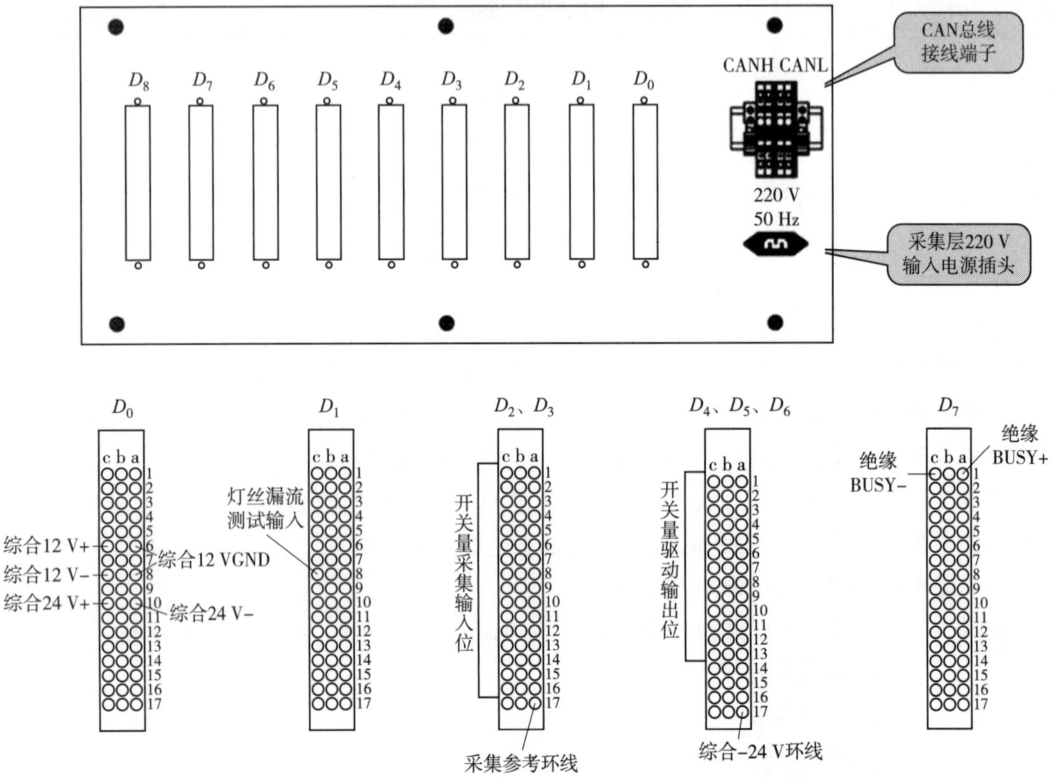

图 2-9　综合采集层后部配线端子

(3)道岔时序继电器采集分机。道岔时序继电器采集分机安装在采集机柜中，通过对道岔继电器的高频采集，经网络方式将采集信息送至站机，可实现道岔动作时序过程监测及记录。

(4)绝缘漏流机箱。绝缘漏流机箱集中安装在采集机柜中，可通过网络方式与站机通信。绝缘漏流机箱采用了机笼式设计，可按照车站的规模进行灵活配置，主要用来实现下列功能：线缆绝缘测试、电源对地漏泄电流测试。

如不设线缆绝缘测试、电源对地漏泄电流测试功能，则不需要绝缘漏流机箱。

(5)接口通信分机。接口通信分机用来接收并处理各采集单元传输来的数据信息，同时通过网络通信方式将数据传给站机。接口通信分机如图 2-10 所示。

接口通信分机主要使用 RS-485 通信接口与各监测采集单元连接获取单元采集上传的数据信息，同时通过网线与交换机连接，将各采集信息组包传给监测主机。

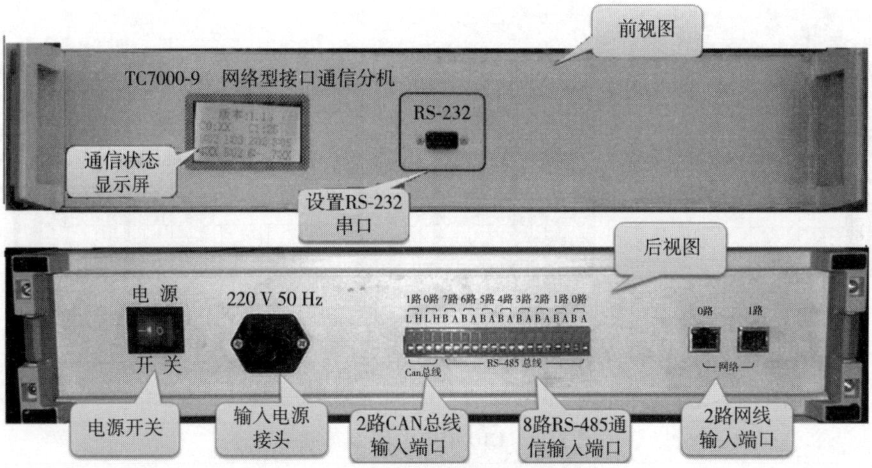

图 2-10 接口通信分机

每台接口通信分机有 8 路 RS-485 通信输入端口,每路通信可最多连接 20 个监测采集单元;2 路 CAN 通信输入端口,每路通信可最多连接 32 个监测采集单元。

每台接口通信分机有两个网口用于网络连接,可设置两个不同的 IP 地址,通常使用第 0 路网口。

接口通信分机前方为状态液晶显示屏和设置 RS-232 串口;RS-232 串口用于设置接口通信分机的配置和 IP 地址。液晶显示屏显示状态如图 2-11 所示。

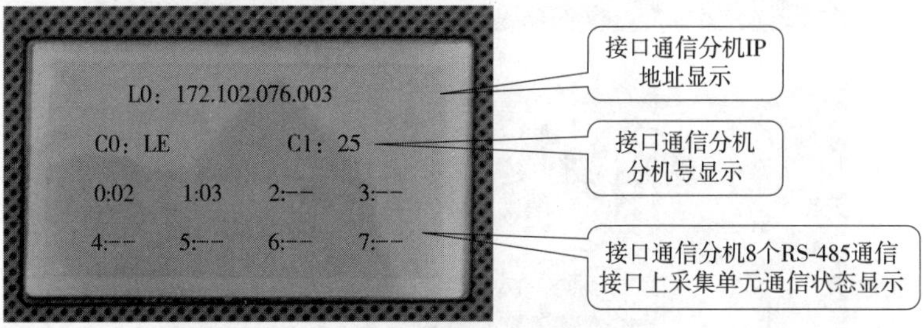

图 2-11 接口通信分机液晶显示屏

接口通信分机液晶显示屏共分 4 行。第一行表示网络通信分机的 IP 地址,0 口和 1 口的地址交替显示。第二行 C0 无意义,C1 表示此分机的分机号为 25。下面两行冒号前面的 0~7 对应通信分机的 8 个 RS-485 串口。“--”表示此串口上所有采集模块通信均正常,0 口上的“02”表示第 0 路 RS-485 串口总线上的第二个地址单元通信中断。“××”表示该路 RS-485 串口总线没有配置传感器。

(6)C10 电源层。C10 主要为机柜的 220 V 交流输入/输出配线,以及安装机柜内 12 V 大功率电源输出保险及采集模块电源线(12 V 电源区-D_2),如图 2-12 所示。

①大功率电源。12 V 大功率电源安装在机柜底部 C10 层,输出正负 12 V 电源经 C10-D_2 输出。大功率电源为各种监测采集模块提供±12 V 的电源。如果大功率电源设备数量超过两台,则安装在监测组合柜上,电源供出配置在监测组合柜侧面。

+12 V 和−12 V 电源指示灯表示+12 V 和−12 V 输出状态,平时亮稳定红灯,当指示灯熄灭时,表示该路电源输出有故障。

大功率电源如图 2-13 所示。

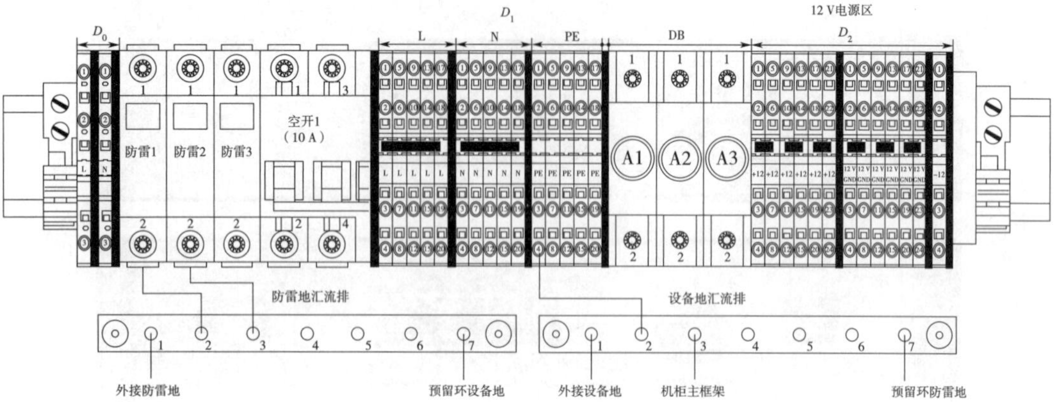

图 2-12　C10 层电源端子布置图

（a）前视图

（b）后视图

图 2-13　MMS 电源

工作电源：AC 176～264 V(<5.2 A)，50 Hz。

输出：DC +12 V，可调范围 10.0～13.2 V(<29 A)；DC −12 V，可调范围−10.8～−13.2 V(<8.5 A)。

+12 V 输出过电流保护功能：电源输出电流超过额定电流的 105%～135%时，电源进入保护状态；故障排除后，电源自动恢复正常工作。

−12 V 输出过电流保护功能：电源输出电流超过额定电流的 110%～150%时，电源关闭输出；重启后恢复。

②交流电源。交流电源即信号稳压交流 220 V 电源，由电源屏供出至 C10 电源层电源端子，然后给 MSS 系统内部设备供电，如图 2-14 所示。

监测交流 220 V 用电主要在监测采集机柜内部和站机桌内的设备。

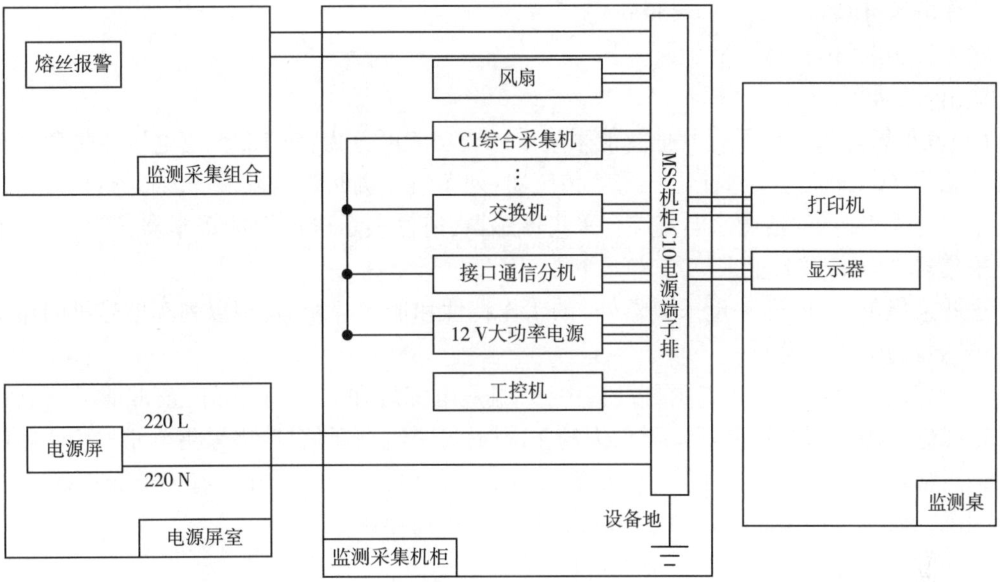

图 2-14　交流电源图

3. 车站接口机

车站接口机可通过独立网口连接深灰、浅灰网交换机，实现与联锁下位机、LATS 的接口功能；并且可通过网线与 ZC 的日志数据输出口直连，获取和记录 ZC 的日志。同时，车站接口机还能实现网络抓包功能。

早期的信号监测系统设有车站接口机，近期的信号监测系统用站机实现车站接口机的功能，不再设车站接口机。

4. 采集设备

采集模块分交直流电压采集、交直流电流采集等，可按照车站的规模进行灵活配置，通过 CAN 通信接口输出至通信接口分机。

(1)外电网质量综合测试仪。外电网质量综合测试仪用于对外电网 380 V 输入进行监测，包括电压、电流、相位角、瞬间断电报警等，一般安装在机械室配电箱旁边。外电网质量综合测试仪如图 2-15 所示。

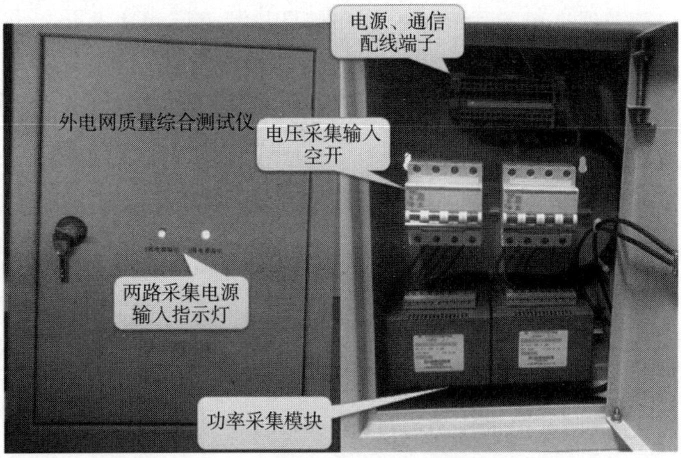

图 2-15　外电网质量综合测试仪

工作电源：DC 11～12.5 V(<50 mA)。

输入：220 V(100 mA),50 Hz。

输出：RS-485。

(2)其他智能采集单元。其他智能采集单元按功能可分为：50 Hz 轨道电压相位角高精度采集传感器；50 Hz 轨道交直流电压采集传感器；列车信号机回路电流采集传感器；提速道岔电流功率综合采集传感器；道岔电流综合采集传感器；道岔表示电压智能采集器；道岔表示电压智能采集器 2 合 1；开关量采集器。

这些采集单元(除开关量采集器外)的工作特性和形状都相似,现以列车信号机回路电流采集传感器为例进行说明。

两组灯是采集单元工作表示灯。其中,一组是电源灯和 CPU 工作灯,正常情况下电源灯亮稳定绿灯,CPU 工作灯亮闪烁绿灯,大约 2 次/s；另一组是通信灯,当采集单元与接口通信分机通信正常时,两个灯亮交替闪烁的绿灯。所以,采集单元正常工作时,有 1 个绿灯常亮,3 个绿灯闪烁。这两组灯是通用型的,在所有采集单元中均存在。

工作电源：DC 11～12.5 V(<50 mA)。

输入：220 V,50 Hz。

输出：RS-485。

二进制 8421 码指拨开关。由于一个接口通信分机口最多连 20 个智能采集单元,地址码只能在 1～20 范围内；指拨开关利用其 1～5 就够了,7 和 8 用于波特率设定,一般不需要改动。开关拨至 ON 侧为 0,数字侧为 1。第 1 个开关位置对应地址为 1(二进制 1),第 2 个开关位置对应地址为 2(二进制 10),第 3 个开关位置对应地址为 4(二进制 100),第 4 个开关位置对应地址为 8(二进制 1000),第 5 个开关位置对应地址为 16(二进制 10000)。计算地址码的方法有两种：

①将各位置开关状态(0、1)乘以对应的地址(1、2、4、8、16)然后相加,即地址 $=0\times1+1\times2+0\times4+0\times8+0\times16=2$。同理,如果前 5 个开关全拨向 ON 的对侧,即数字侧,则采集单元地址 $=1\times1+1\times2+1\times4+1\times8+1\times16=1+2+4+8+16=31$。

②按照 5～1 由高位到低位将各位置的状态用二进制形式写出来,即地址 = 00010,这个二进制数值转换成十进制就是 2。同理,如果前 1、4、5 个开关全拨向 ON 的对侧,即数字侧,则采集单元地址 = 11001,对应的十进制地址 $=1\times16+1\times8+0\times4+0\times2+1\times1=16+8+0+0+1=25$。

进行模块更换时,需保证更换的模块地址和型号与被更换模块一致。

第二节　信号监测系统网络结构

一、网络结构

如图 2-1 所示的信号监测系统,利用了信号红、蓝网,信号深灰、浅灰网,并为此专设了维护网(绿网)。

维修中心服务器通过信号红、蓝网与 ATC-CC/LC/ZC 相连,通过信号深灰、浅灰网与 ATS 相连。

维修中心服务器、站机、维护工作站通过维护网互连组网。

如果需采集非集中站电源屏,需通信提供非集中站到集中站通道。

除此之外,也可采用图 2-16 所示的信号监测系统网络结构。维修中心服务器通过维护网与 ATS 相连。维修中心服务器、站机通过通信网互连组网。

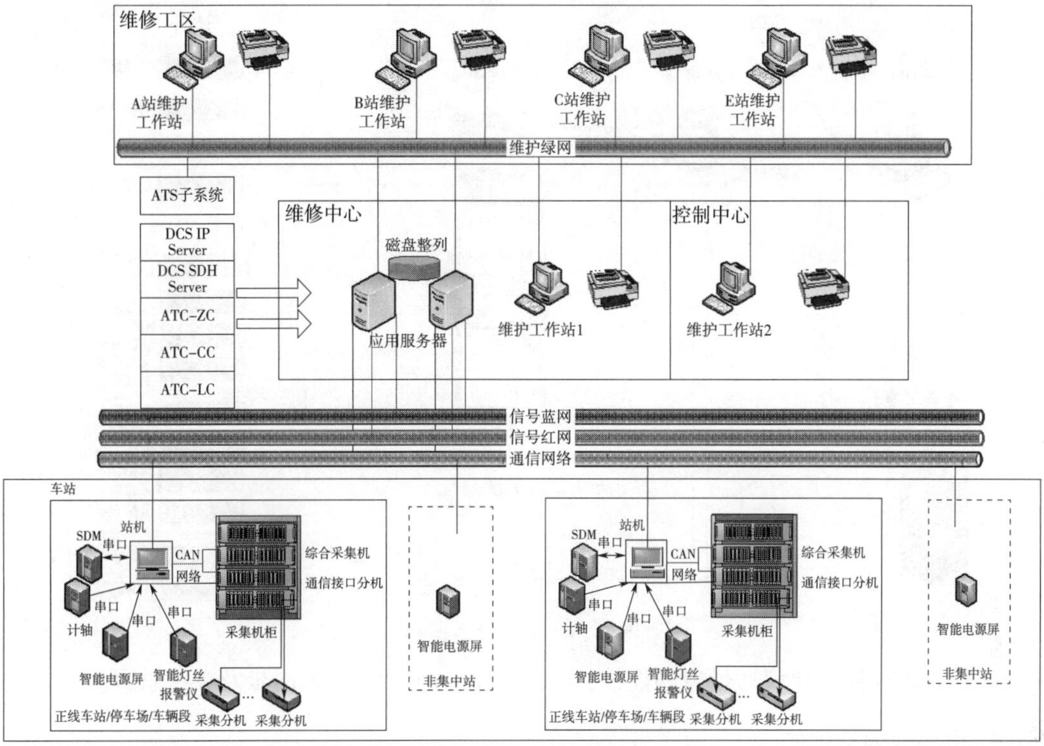

图 2-16 信号监测系统网络结构

二、车站局域网

车站、车辆段/停车场的站机、交换机及通信接口分机、环境监测分机、道岔表示缺口监测设备、计轴诊断系统组成了局域网,如图 2-17 所示。它们之间通过网线相连。

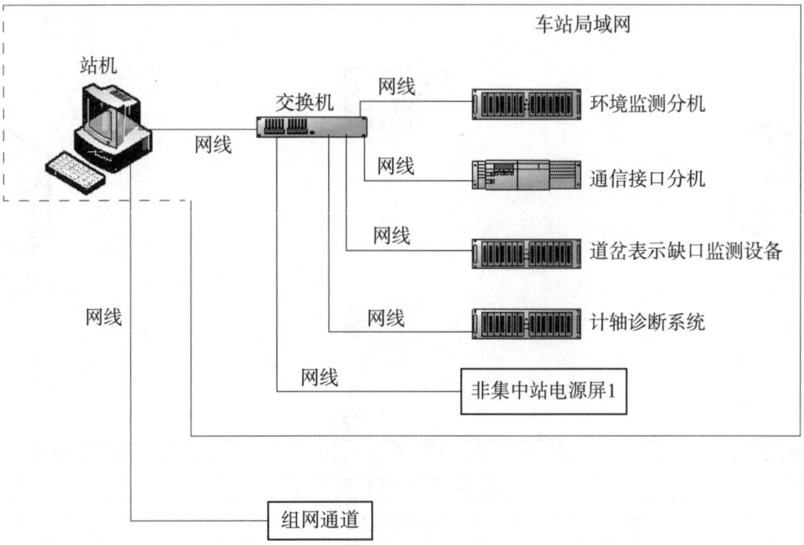

图 2-17 车站局域网

站机和电源屏通过网线相连，站机和工作站通过网线相连，站机和采集机通过 CAN 传输总线相连，采集机和各采集器、采集组合通过 RS-485 总线相连，如图 2-18 所示。

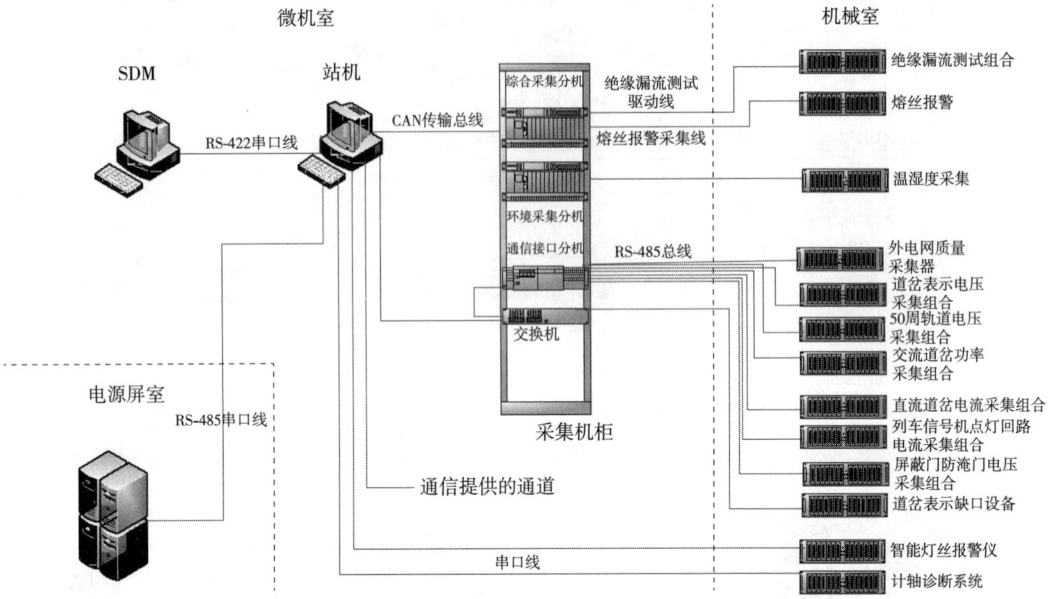

图 2-18 车站设备连接

ATS 与 MSS 接口建议通过绿网连接，以便于 MSS 与 ATS 时钟同步及在线杀毒。

三、中心层网络连接

每台应用服务器有 8 个网口，以实现与信号网双网和维护网的连接，如图 2-19 所示。其中，三个网口分别连接红、蓝信号网和维护网；两个网口连接两台交换机，作心跳线用；一

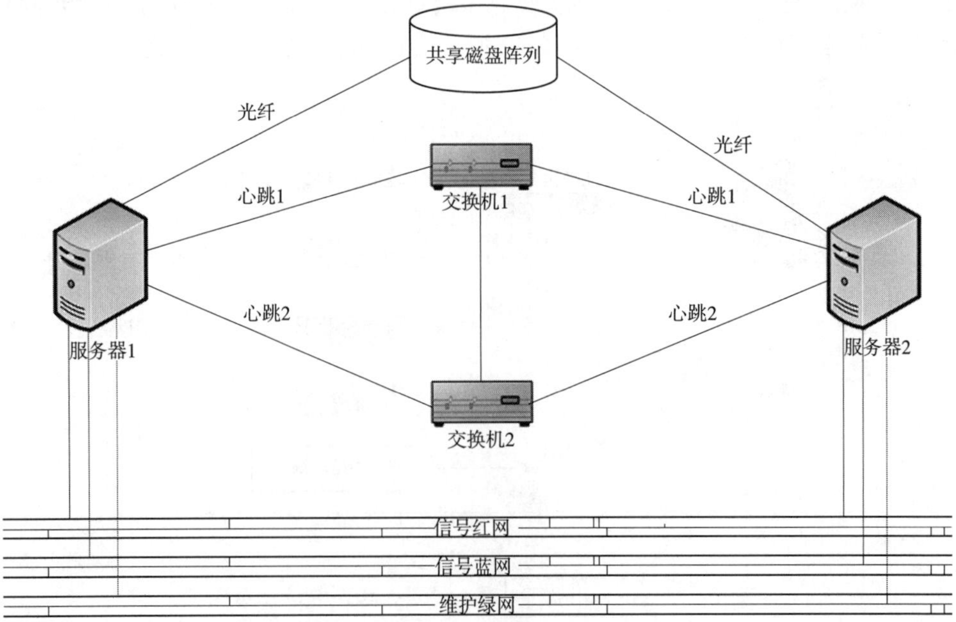

图 2-19 MSS 服务器网络连接图

个网口连接到维护网,实现车站到中心的通信,同时作为 Oracle 的公共对外服务连接。在 HP/Oracle 服务器上,还会有一个 Team 网口,它是将两个连接心跳线的网口绑定为一个 Team,实现心跳线的冗余管理。

复习思考题

1. 简述信号监测系统总体结构。
2. 中心服务器层由哪些部分组成？各起什么作用？
3. 维护工作站层由哪些部分组成？各起什么作用？
4. 车站维护监测层由哪些部分组成？各起什么作用？
5. 简述站机的组成和作用。
6. 简述采集机的组成和作用。
7. 简述车站接口机的组成和作用。
8. 简述信号监测系统的网络结构。
9. 简述车站局域网的结构。
10. 中心层网络如何连接。

第三章　信号监测系统的功能

信号监测系统的功能定位为就地监测、远程报警、数据分析。在正线车站、车辆段具备对相应的基础信号设备运行工作状态和主要电气性能进行在线监测的功能，包括外电网状态、道岔状态、信号机状态、计轴设备状态、电缆绝缘（可选）、电源对地漏泄电流（可选）、道岔缺口、道岔动作电流、联锁设备状态等；除传统的维护监测功能外，还可通过专家智能诊断和大数据分析实现故障快速诊断定位和提前预警。对 ATS、ATP、ATO、CI、电源、计轴等各子系统具有较完善的自检和自诊断功能，对正线车站及轨旁设备、车辆段设备、车载设备进行实时监督、记录和故障报警，并准确报警到板级。

第一节　中心层功能

一、与有关系统接口

信号维护系统在中心层与 ATS、ATP、ATO、联锁、DCS 及计轴、智能电源屏（UPS 电源及蓄电池）、灯丝报警仪等系统或设备进行接口，收集维护数据，能监测至最小现场可更换单元的运行状态。报警信息能够传至维修中心的数据库中存储，并能在维护工作站上显示和报警。相关工作站/终端上表示的状态信息和故障信息如下：

1. CC 监测内容

主要包括：应答器天线状态、编码里程计状态、VIOM 安全输入/输出模块状态、车载交换机状态。

2. ZC 监测内容

主要包括：主电源单元状态、风扇单元状态、电源单元状态、计算通道状态、多媒体卡状态、ID 插头状态、以太网通信单元状态、输入/输出电源单元状态等。

3. LC 监测内容

主要包括：主电源单元状态、风扇单元状态、电源单元状态、计算通道状态、多媒体卡状态、ID 插头状态、以太网通信单元状态、输入/输出电源单元状态等。

4. DCS 监测内容

主要包括：网络节点状态、交换机状态、无线控制器状态、LTE 相关无线设备状态。

5. ATS 监测内容

主要包括：CATS 状态、LATS 状态、ATS 工作站状态、ATS 数据库服务器状态、ATS 大屏接口计算机状态、ATS 外部接口状态、发车计时器设备状态等。

二、信息处理

维修中心的监测报警设备可接收、统计和处理整个信号系统的故障报警信息，具备设备故障报警的统计和历史数据回放功能，能按要求生成所有信号设备报警与各单项设备的日表、月表、季表和年表，并复制输出。

维修中心完成对列车运行的监视和整个信号系统所有设备的集中报警功能和操作记录等，并对所有在线运行的信号设备进行维护管理和支持，对操作员所进行的操作、时间、对象、内容、结果等信息进行记录。维护监测子系统对所有信号设备的维护信息具备自动存储、回放和打印功能，数据保留不低于 1 年。

显示的报警由智能化综合运维系统服务器根据预定规则和错误事件进行发送，提供预防性和校正性维护。

维修中心的监测报警设备具有智能化，不仅满足对信号系统设备的监测报警和统计报表功能，还可对信号系统的各设备进行维护信息分析，提出对信号设备的维护管理计划，提供维护支持。信号设备故障时，在相应的工作站上显示相关的维护引导指令，以帮助维护人员迅速排除故障。

第二节　维护工作站功能

维护工作站可实施远程设备状态监测、故障集中报警、故障诊断定位和维护管理，在现场能使用便携计算机实施故障诊断，对设备故障诊断定位到板级。维护工作站具备管辖范围内系统设备的历史数据回放功能。

一、设备图显示

系统采用了全图形化展示方式，能更加形象直观地予以显示；同时通过对系统线路图，室内、室外关键设备状态的图形化状态展示，能便捷快速地辅助用户定位故障或异常设备，提升维护效率。

1. 车站室内及室外设备图主界面

车站室内及室外设备图主界面如图 3-1 所示。

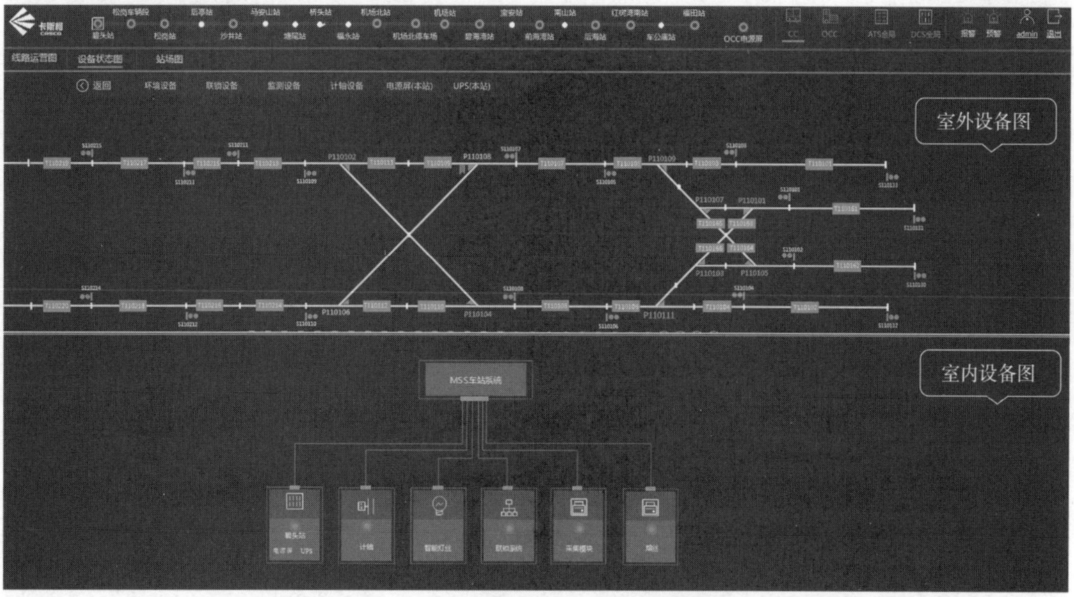

•彩图•

图 3-1

图 3-1　车站室内及室外设备图主界面

2. 联锁设备状态图

联锁设备状态图如图 3-2 所示。

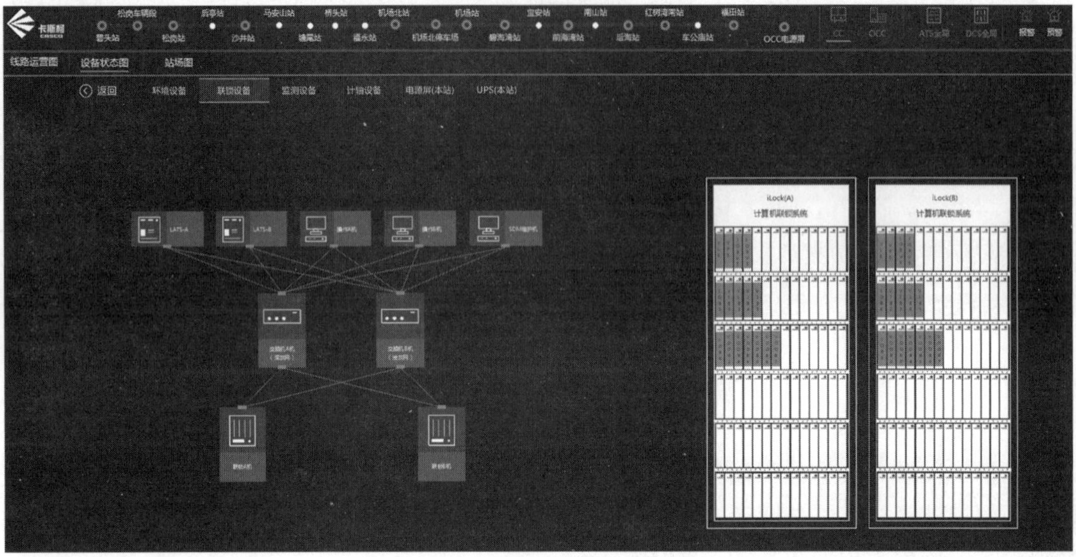

• 彩图 •

图 3-2

图 3-2　联锁设备状态图

3. 计轴设备状态图

计轴设备状态图如图 3-3 所示。

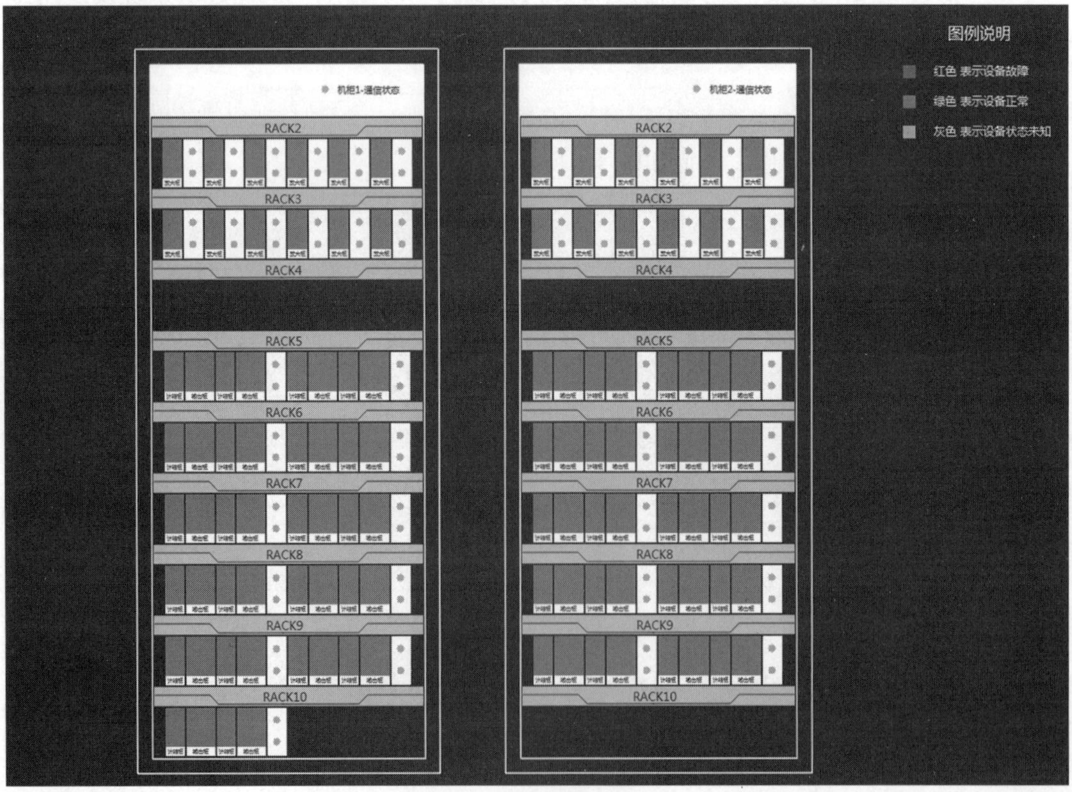

• 彩图 •

图 3-3

图 3-3　计轴设备状态图

4. 车载设备状态图

车载设备状态图如图 3-4 所示。

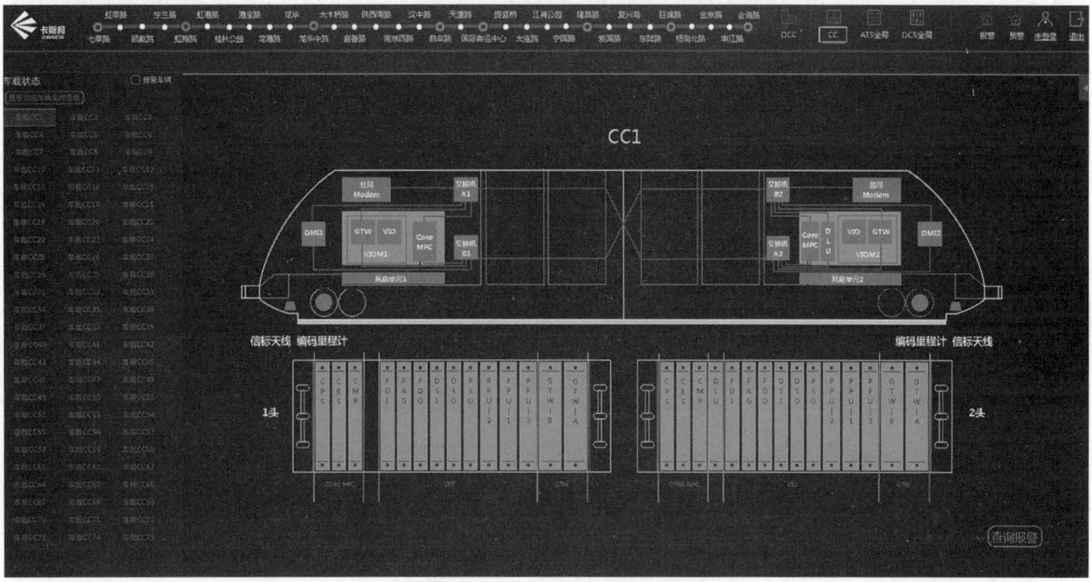

• 彩图 •

图 3-4

图 3-4　车载设备状态图

5. ATS 设备状态图

ATS 设备状态图如图 3-5 所示。

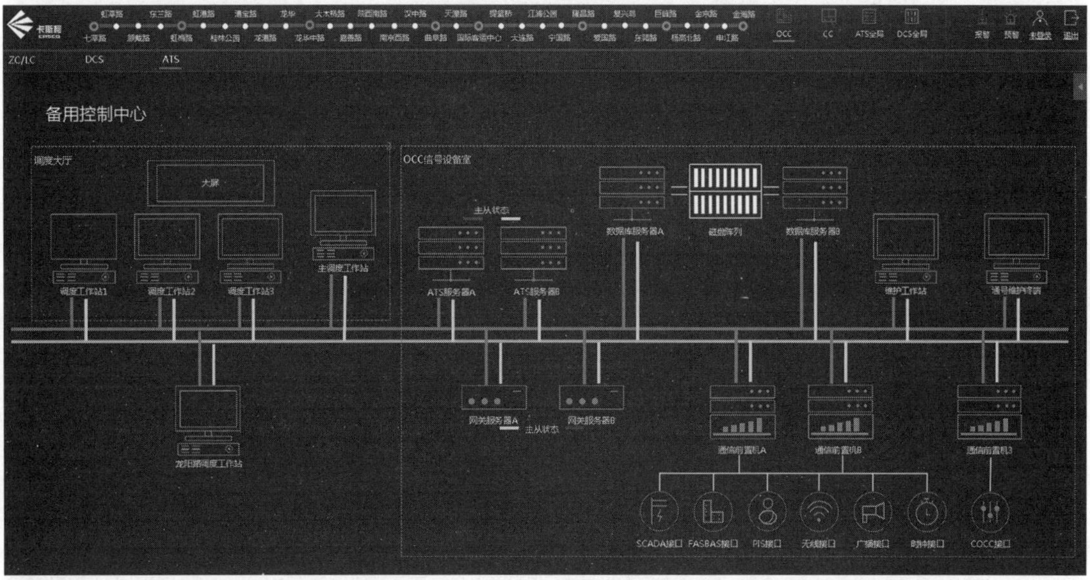

• 彩图 •

图 3-5

图 3-5　ATS 设备状态图

6. ZC/LC 设备状态图

ZC/LC 设备状态图如图 3-6 所示。

• 彩图 •

图 3-6

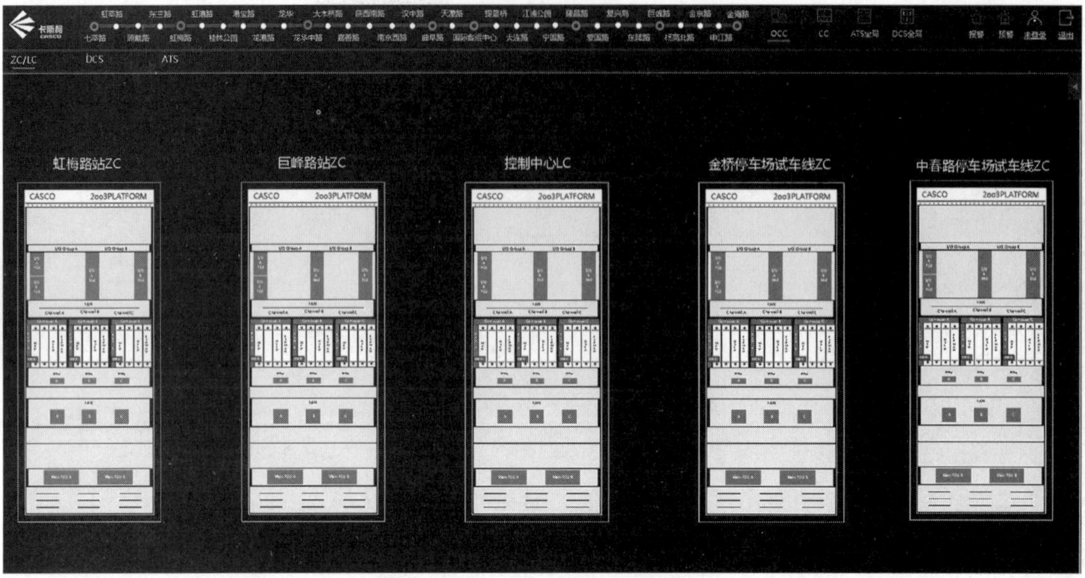

图 3-6　ZC/LC 设备状态图

二、设备基础状态监测

1. 实时值显示

基于设备视角,实现设备实时状态的综合展示,包括设备开关量、模拟量的当前值、实时曲线、超限及状态不一致显示等功能。图 3-7 所示为道岔监测实时值显示界面。

• 彩图 •

图 3-7

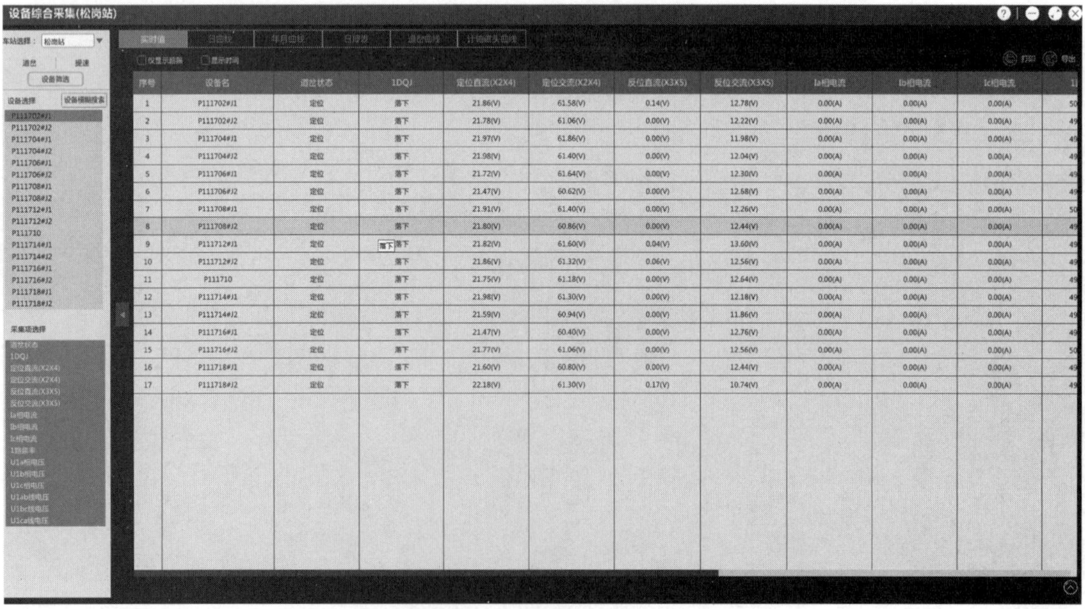

图 3-7　道岔监测实时值显示界面

实现实时状态量和历史状态量数据信息的查询,支持文本过滤查询功能,通过对状态量的定位查询能进行相关的状态量数据分析。图 3-8 所示为中心 ATS 接口实时状态量查询界面。

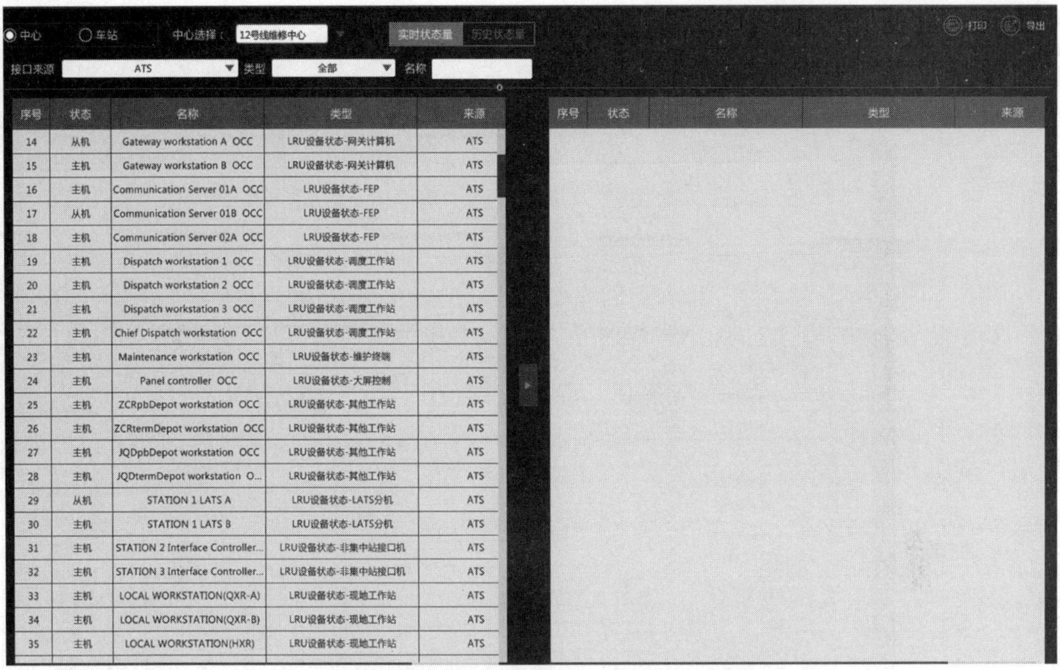

• 彩图 •

图 3-8

图 3-8　中心 ATS 接口实时状态量查询界面

2. 在线监测

实现电缆绝缘、电源漏流测试功能及历史记录查询功能。电缆绝缘、电源漏流测试界面分别如图 3-9 和图 3-10 所示。

• 彩图 •

图 3-9

图 3-9　电缆绝缘测试界面

• 彩图 •

图 3-10

图 3-10　电源漏流测试界面

3. 状态量查询

实现实时状态量和历史状态量数据信息的查询，支持文本过滤查询功能，通过对状态量的定位查询能进行相关的状态量数据分析。图 3-11 所示为中心 ATS 接口实时状态量查询界面。

• 彩图 •

图 3-11

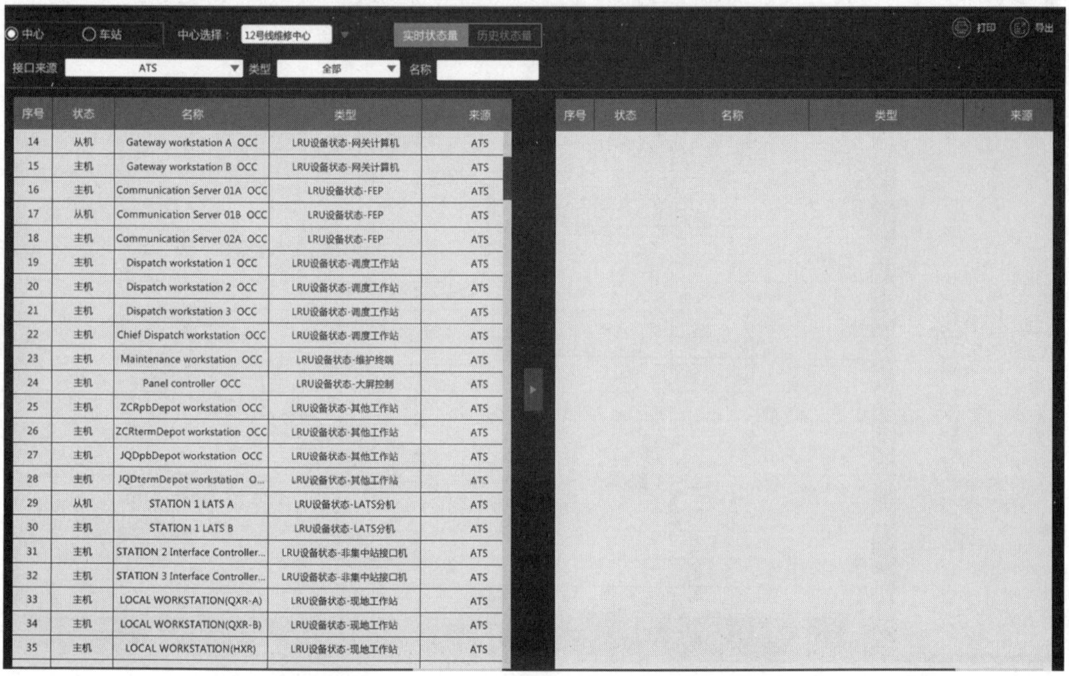

图 3-11　中心 ATS 接口实时状态量查询界面

图 3-12 所示为中心 ATS 历史状态量查询界面。

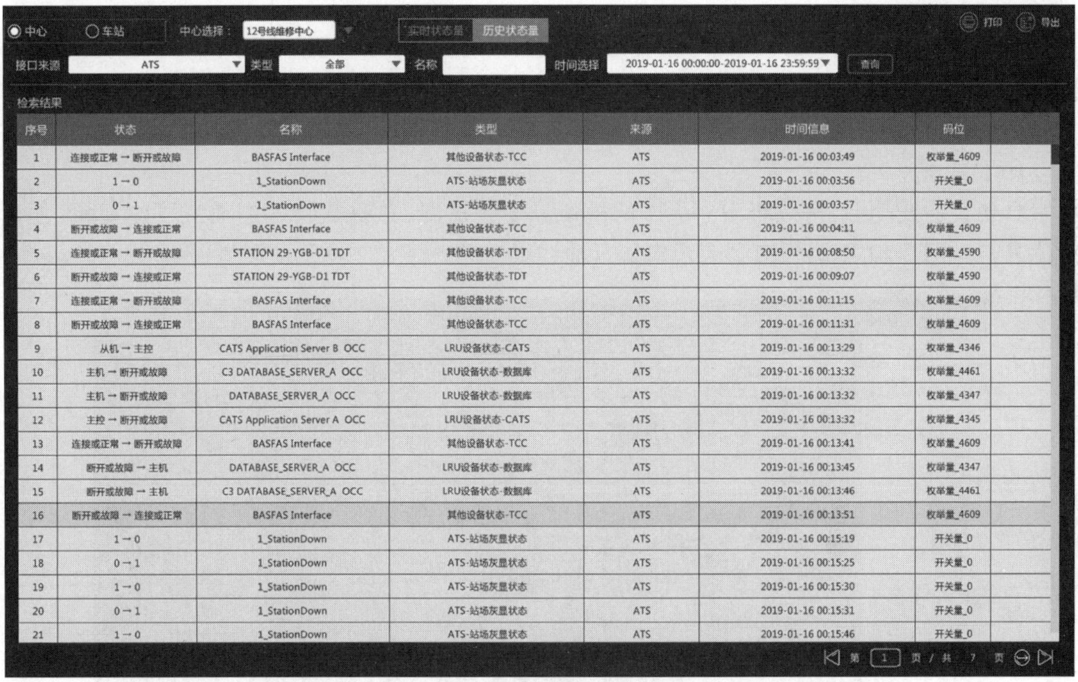

序号	状态	名称	类型	来源	时间信息	码位
1	连接或正常 → 断开或故障	BASFAS Interface	其他设备状态-TCC	ATS	2019-01-16 00:03:49	枚举量_4609
2	1 → 0	1_StationDown	ATS-站场灰显状态	ATS	2019-01-16 00:03:56	开关量_0
3	0 → 1	1_StationDown	ATS-站场灰显状态	ATS	2019-01-16 00:03:57	开关量_0
4	断开或故障 → 连接或正常	BASFAS Interface	其他设备状态-TCC	ATS	2019-01-16 00:04:11	枚举量_4609
5	连接或正常 → 断开或故障	STATION 29-YGB-D1 TDT	其他设备状态-TDT	ATS	2019-01-16 00:08:50	枚举量_4590
6	断开或故障 → 连接或正常	STATION 29-YGB-D1 TDT	其他设备状态-TDT	ATS	2019-01-16 00:09:07	枚举量_4590
7	连接或正常 → 断开或故障	BASFAS Interface	其他设备状态-TCC	ATS	2019-01-16 00:11:15	枚举量_4609
8	断开或故障 → 连接或正常	BASFAS Interface	其他设备状态-TCC	ATS	2019-01-16 00:11:31	枚举量_4609
9	从机 → 主控	CATS Application Server B OCC	LRU设备状态-CATS	ATS	2019-01-16 00:13:29	枚举量_4346
10	主机 → 断开或故障	C3 DATABASE_SERVER_A OCC	LRU设备状态-数据库	ATS	2019-01-16 00:13:32	枚举量_4461
11	主机 → 断开或故障	DATABASE_SERVER_A OCC	LRU设备状态-数据库	ATS	2019-01-16 00:13:32	枚举量_4347
12	主控 → 断开或故障	CATS Application Server A OCC	LRU设备状态-CATS	ATS	2019-01-16 00:13:32	枚举量_4345
13	连接或正常 → 断开或故障	BASFAS Interface	其他设备状态-TCC	ATS	2019-01-16 00:13:41	枚举量_4609
14	断开或故障 → 主机	DATABASE_SERVER_A OCC	LRU设备状态-数据库	ATS	2019-01-16 00:13:45	枚举量_4347
15	断开或故障 → 主机	C3 DATABASE_SERVER_A OCC	LRU设备状态-数据库	ATS	2019-01-16 00:13:46	枚举量_4461
16	断开或故障 → 连接或正常	BASFAS Interface	其他设备状态-TCC	ATS	2019-01-16 00:13:51	枚举量_4609
17	1 → 0	1_StationDown	ATS-站场灰显状态	ATS	2019-01-16 00:15:19	开关量_0
18	0 → 1	1_StationDown	ATS-站场灰显状态	ATS	2019-01-16 00:15:25	开关量_0
19	1 → 0	1_StationDown	ATS-站场灰显状态	ATS	2019-01-16 00:15:30	开关量_0
20	0 → 1	1_StationDown	ATS-站场灰显状态	ATS	2019-01-16 00:15:31	开关量_0
21	1 → 0	1_StationDown	ATS-站场灰显状态	ATS	2019-01-16 00:15:46	开关量_0

• 彩图 •

图 3-12

图 3-12　中心 ATS 历史状态量查询界面

4. 日报表

日报表界面可以列表形式显示当前设备采集信息界面左侧设备列表中所有设备所选采集项的日报表信息。列表内容包括序号、设备名、采集项名称、日报表项目(如最大值、最小值、平均值等)、日报表值、日报表值对应的时间。图 3-13 所示为道岔表示电压日报表显示界面。

序号	设备名	定位直流(X2X4)最高/时间	定位直流(X2X4)最低/时间	定位直流(X2X4)平均/时间	定位交流(X2X4)最高/时间	定位
1	201#J	19.67(V)/05:13:11	18.95(V)/17:40:15	19.43(V)/23:59:59	63.26(V)/15:03:19	
2	201#X	20.25(V)/16:01:04	19.57(V)/12:11:14	19.95(V)/23:59:59	63.00(V)/17:40:16	
3	203#J	20.19(V)/06:57:19	19.77(V)/09:57:07	19.97(V)/23:59:59	63.26(V)/06:57:19	
4	203#X	19.76(V)/04:08:30	19.37(V)/01:28:59	19.55(V)/23:59:59	62.58(V)/05:13:08	
5	205#J	20.25(V)/01:27:59	19.48(V)/08:10:50	19.76(V)/18:29:47	63.52(V)/01:27:56	
6	205#X	19.81(V)/04:03:52	19.34(V)/18:27:01	19.58(V)/18:29:47	62.00(V)/01:32:48	
7	207#	19.96(V)/04:03:52	19.50(V)/18:25:33	19.72(V)/18:29:47	61.60(V)/02:02:43	
8	209#J	20.44(V)/14:00:42	19.98(V)/06:10:45	20.19(V)/23:59:59	62.34(V)/06:08:00	
9	209#X	20.65(V)/12:24:12	20.15(V)/06:11:28	20.34(V)/23:59:59	62.90(V)/12:24:12	
10	211#J	20.65(V)/12:48:26	20.20(V)/07:02:47	20.42(V)/23:59:59	62.08(V)/04:20:20	
11	211#X	20.66(V)/14:44:19	20.23(V)/02:09:33	20.44(V)/23:59:59	62.38(V)/01:31:59	
12	213#J	20.25(V)/04:03:54	19.79(V)/09:58:51	20.04(V)/15:02:05	63.00(V)/02:02:50	
13	213#X	20.37(V)/04:24:54	19.89(V)/09:57:41	20.15(V)/15:02:05	61.78(V)/04:58:23	
14	215#J	20.17(V)/00:59:47	19.71(V)/07:02:44	19.96(V)/23:59:59	61.10(V)/02:09:33	
15	215#X	20.20(V)/00:59:48	19.74(V)/07:02:49	20.01(V)/23:59:59	61.72(V)/02:39:43	
16	217#J	20.25(V)/09:43:18	19.78(V)/07:58:31	20.03(V)/17:34:16	62.42(V)/02:00:49	
17	217#X	20.26(V)/12:00:46	19.81(V)/07:58:41	20.08(V)/17:34:16	62.00(V)/04:54:08	

• 彩图 •

图 3-13

图 3-13　道岔表示电压日报表显示界面

三、曲线显示

系统可根据采集的模拟量实时值信息，生成相应的曲线，主要包括转辙机动作电流曲线、功率曲线，信号机电流日、月、年曲线，电源屏电压/电流日、月、年曲线等。同时该系统支持下列操作：时间设置，以方便曲线查询；跨设备曲线查询，以便于比对分析；对曲线进行保存或打印。

1. 日曲线

具备日曲线功能，可以查看一天中的模拟量变化情况，并且支持多组曲线同时显示，便于对比分析。图 3-14 所示为道岔表示电压日曲线。

• 彩图 •

图 3-14

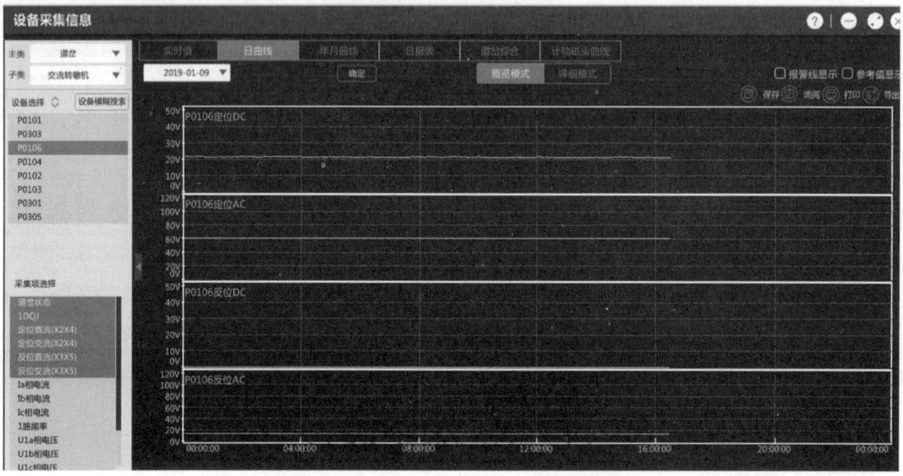

图 3-14　道岔表示电压日曲线

2. 年月曲线

年月曲线界面支持通过按年、按月、自定义时间三种模式查看当前所选设备的年月曲线信息，并且通过单击按钮可切换查看模式。图 3-15 所示为道岔表示电压年月曲线。

• 彩图 •

图 3-15

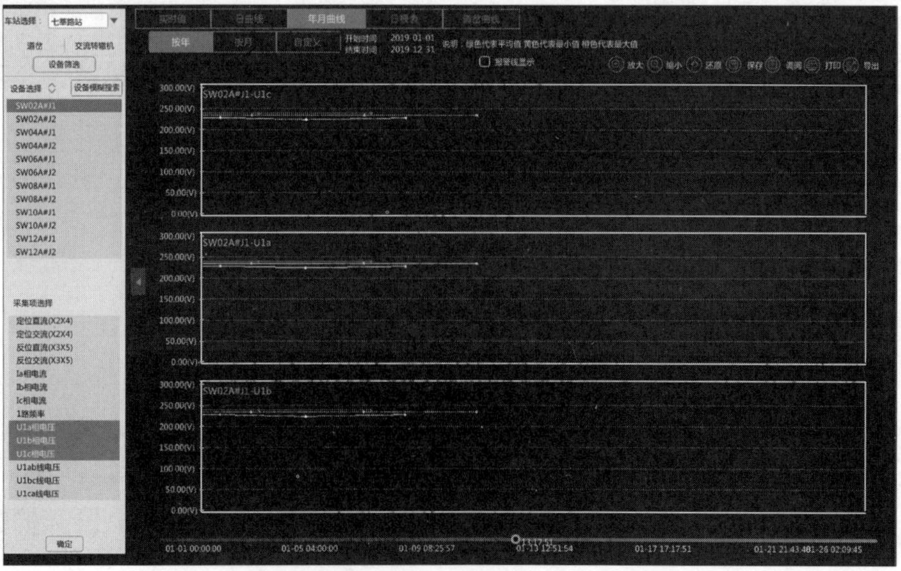

图 3-15　道岔表示电压年月曲线

3. 道岔曲线

道岔曲线如图 3-16 所示。通过对道岔扳动时道岔曲线(功率、电流)的实时监测,可对道岔当前运用状况进行分析,辅助定位道岔可能存在的问题。该功能界面支持设置道岔参考曲线、摩擦曲线,对单条曲线进行放大查看。

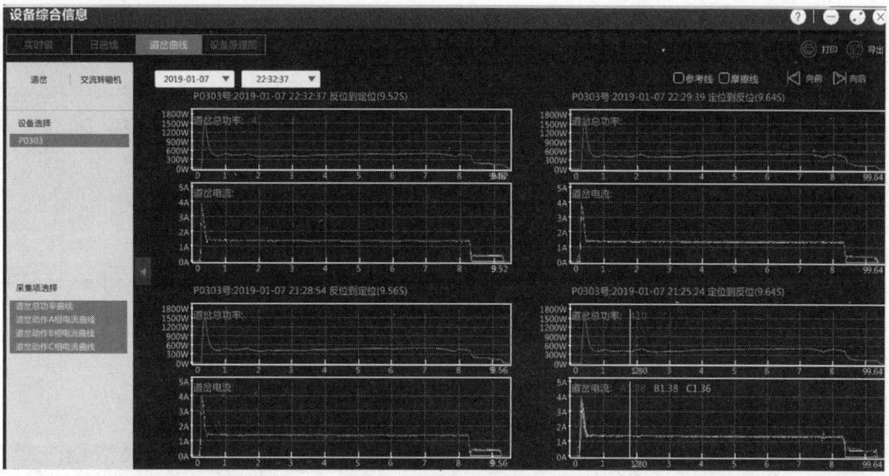

图 3-16 道岔曲线

• 彩图 •

图 3-16

4. 外电网瞬间断电曲线

通过对外电网瞬间断电时进行高频数据点采集,辅助分析外电网瞬间异常,重现异常时刻的高频数据信息。

四、设备综合信息显示

1. 关键设备综合信息显示

对信号关键设备(道岔、轨道区段、信号机)的综合信息进行整合性展示,展示的内容包括关联设备信息、近期报警信息、当前实时信息、日曲线、设备原理图等。道岔综合信息显示界面如图 3-17 所示。通过单击切换实现关联信息的关联性展示。

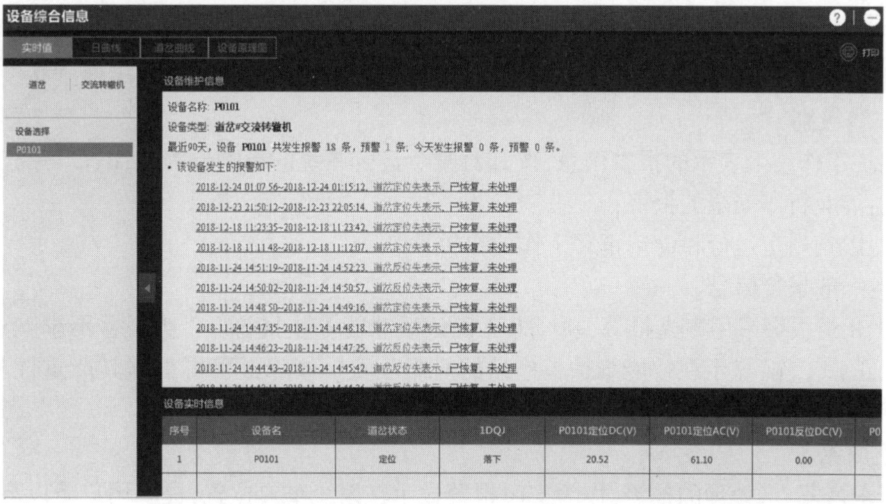

图 3-17 道岔综合信息显示界面

• 彩图 •

图 3-17

2. 其他设备综合信息显示

单击图形化中可查看状态的设备可显示设备综合信息界面。电源设备综合信息界面如图 3-18 所示，通过该界面可查看历史报警列表信息、包含的采集项点值信息，辅助对该设备进行细化分析。

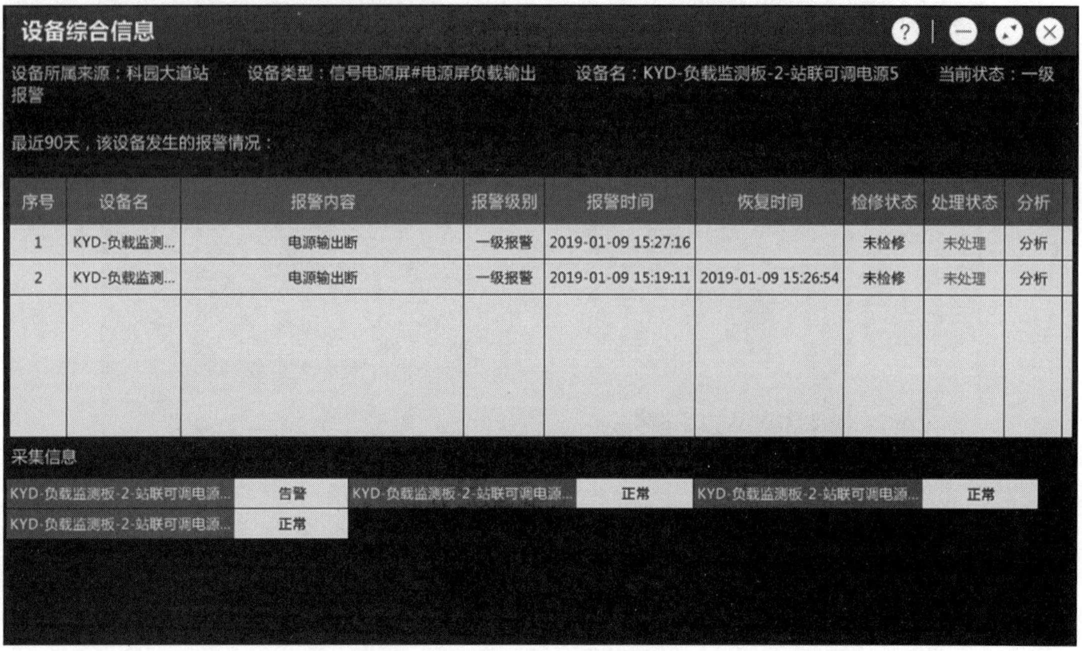

图 3-18　电源设备综合信息显示

五、报警

维护工作站获取权限后能显示维修中心智能化综合运维系统服务器发送的所有报警信息。这些报警信息可根据维护操作员的设置定制，并过滤和检索，在维护工作站上显示所需的报警信息。

显示的报警不串接，即错误产生的报警不会再产生另一报警。显示的报警信息由智能化综合运维系统服务器根据预定规则和错误事件进行发送，提供预防性和校正性维护。

1. 报警级别

在维护工作站上表示的报警信息，按其对整个运营系统的影响分为 A、B、C 三类。

A 类：涉及行车安全的报警；

B 类：影响列车运行和设备正常工作的报警；

C 类：一般报警信息。

A 类、B 类报警采用声光报警，须经人工确认后才能停止报警。C 类报警不影响列车运行和设备的正常工作，显示在智能维护工作站的显眼位置。故障报警可根据其严重性及确认和处理的状态显示为不同的颜色，并给出提示信息。

2. 实时报警

对于未恢复、未处理的报警，作为实时报警显示在系统重要位置，提示用户予以高度重视。实时报警界面展示如图 3-19 所示。

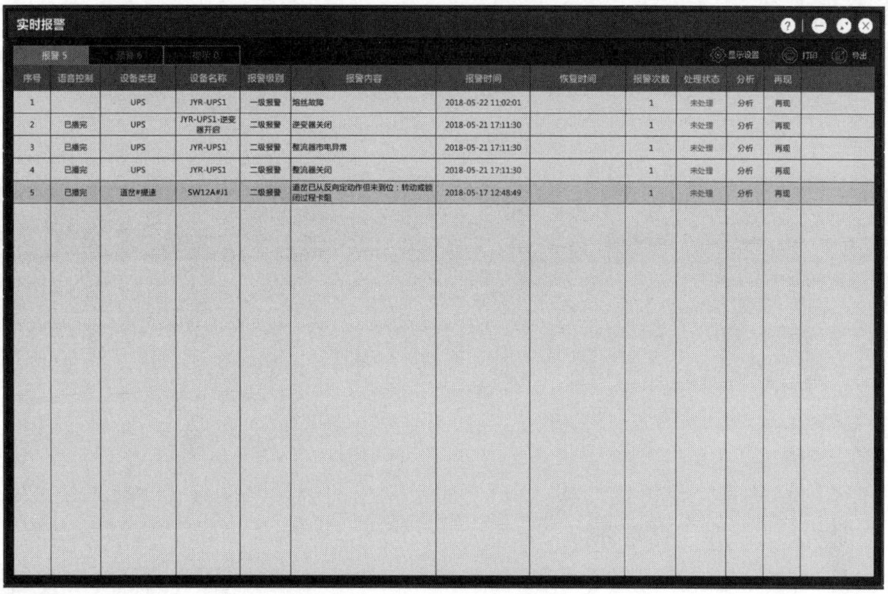

图 3-19 实时报警界面

监测过程中,若发现信号设备工作状态异常或电气性能指标偏离预定界限,实时地给出报警及设备状态信息。

维护工作站平时显示全线的线路及车站布局,故障报警时,车站图元将显示红色。单击进入后图形中可以看到故障设备显示红色。

3. 历史报警

历史报警界面可通过多种维度的过滤查询条件满足用户对已发生故障报警的调阅查看,支持的查询过滤条件包括时间、报警类型、设备类型、处理状态、处理人、恢复状态等。历史报警界面如图 3-20 所示。

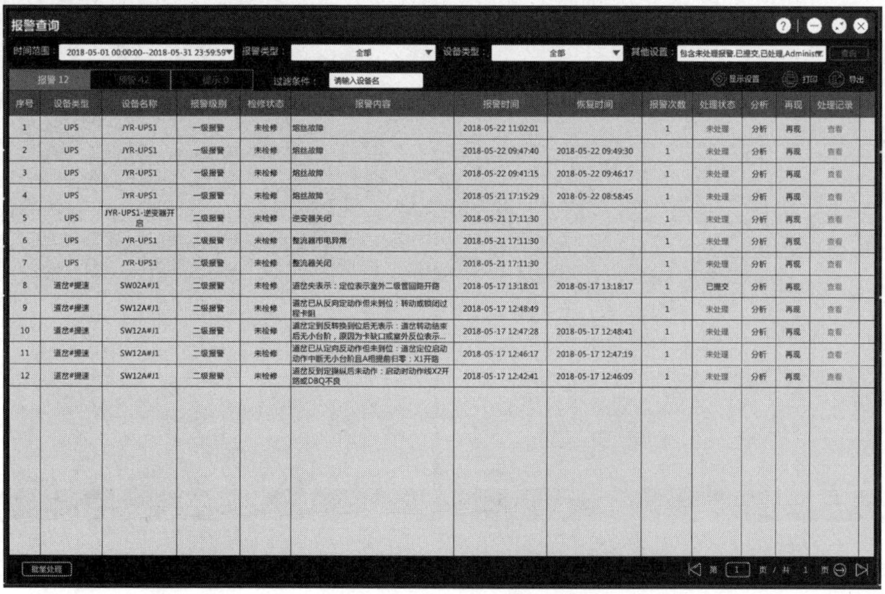

图 3-20 历史报警界面

4. 报警处理

通过实时报警界面和历史报警界面，能实现报警的人工处理过程。通过填写处理人、处理过程和处理状态信息，可完成报警处理。同时，该功能支持批量处理。报警处理界面如图 3-21 所示。

• 彩图 •

图 3-21

图 3-21 报警处理界面

六、回放和再现

维护工作站具备回放及再现功能，既可实时显示当前的站场图及设备图状态，也可回放历史状态，便于辅助用户进行故障分析。

报警发生时除具有明确的表示外，还能被信号监测系统自动记录，记录的内容包括故障的时间、地点、内容等。所有子系统或设备的状态、事件和报警等维护管理数据都保存在历史数据库中，保存这些信息时带有时间戳。系统具有历史数据查询和导出功能。操作员可根据系统/子系统/设备进行历史信息分类查询和回放，另外，也可根据需要截取某个时间段内的历史文件保存为再现文件。再现文件不会被滚动删除，永久保存。实现所有信号设备维护信息的集中统一处理（汇总、分类、分级、报告、显示、打印、回放等），并具有自动存储功能，开关量数据保留不低于 1 年。

开关量、模拟量回放和再现分别如图 3-22 和图 3-23 所示。

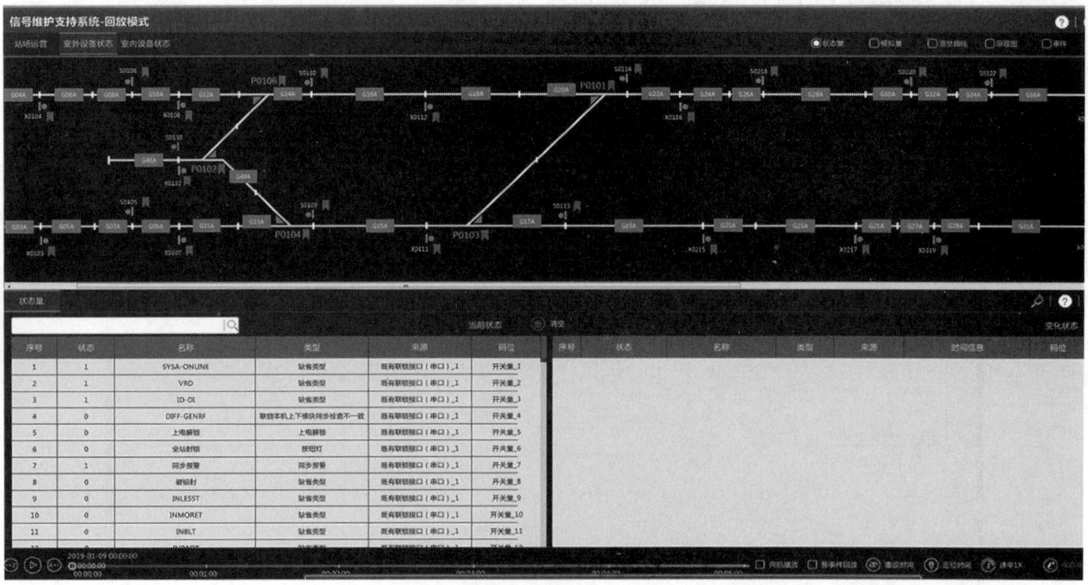

• 彩图 •

图 3-22

图 3-22 回放示意图(开关量)

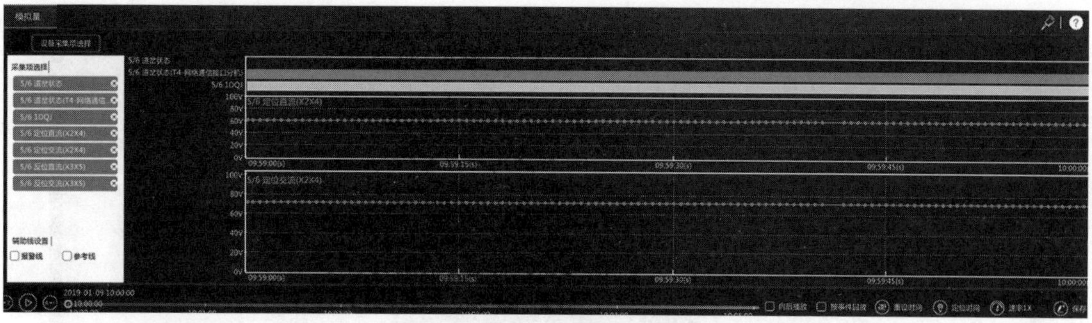

• 彩图 •

图 3-23

图 3-23 回放示意图(模拟量)

通过选择打印报警信息类别,可实现报警信息在事件打印机上实时打印输出。

七、运用统计

系统具备关键设备统计功能,包括设备故障统计、按钮运用统计、信号机开放统计、道岔动作次数统计等,并能按要求导出、打印,同时生成运用统计曲线。图 3-24 所示为道岔动作次数统计。

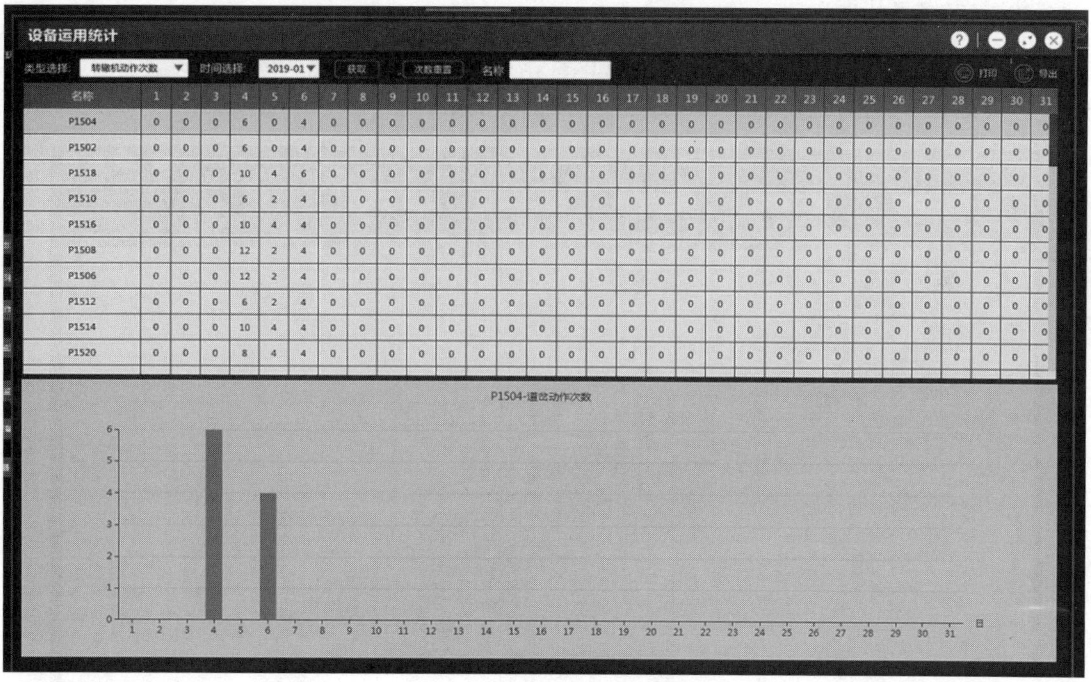

• 彩图 •

图 3-24

图 3-24 道岔动作次数统计

八、检修管理

通过设置计划或实时检修时间,可实现检修时间段内的无效报警过滤,避免检修时间段的内容干扰到实际的报警查看和处理过程,如图 3-25 所示。该功能支持从维护工作站下达检修任务至车站。

• 彩图 •

图 3-25

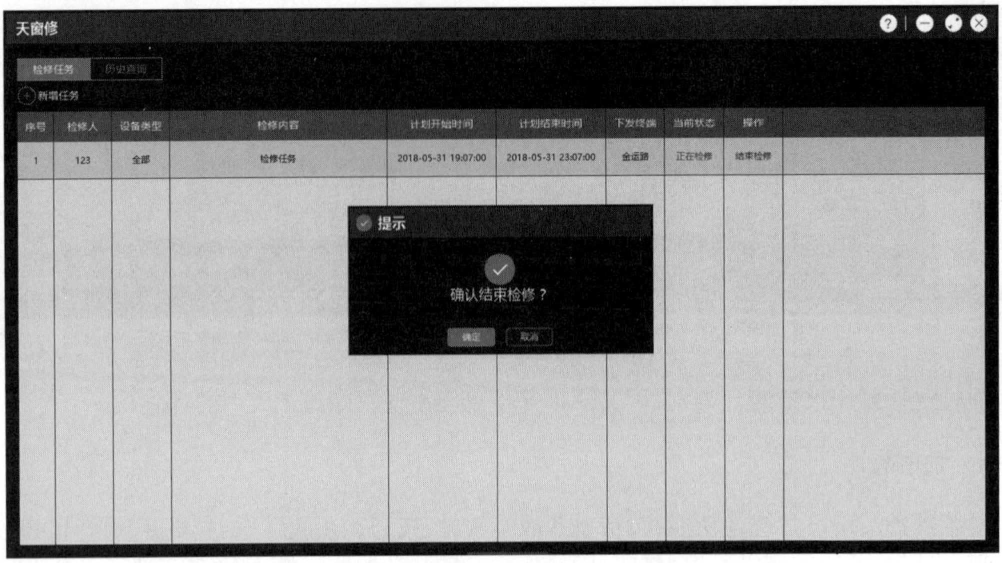

图 3-25　检修管理

九、参数设置功能

系统支持用户对采集量进行参数修改设置，以便更准确地反映实际采集值，如图 3-26 所示。可设置的参数包括量程上下限、标准值、报警上下限等。

• 彩图 •

图 3-26

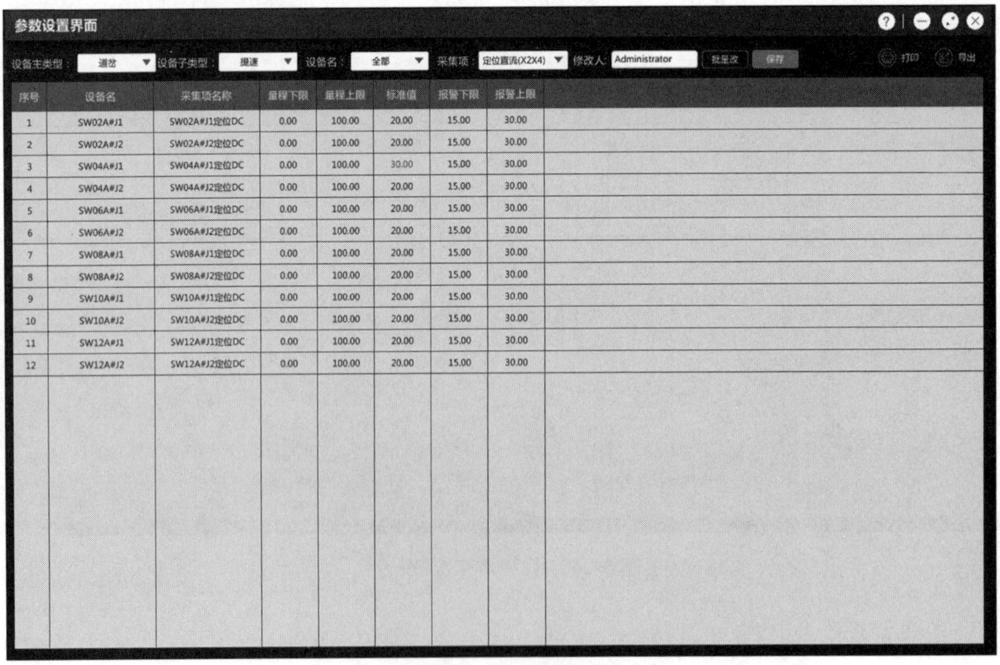

序号	设备名	采集项名称	量程下限	量程上限	标准值	报警下限	报警上限
1	SW02A#J1	SW02A#J1定位DC	0.00	100.00	20.00	15.00	30.00
2	SW02A#J2	SW02A#J2定位DC	0.00	100.00	20.00	15.00	30.00
3	SW04A#J1	SW04A#J1定位DC	0.00	100.00	30.00	15.00	30.00
4	SW04A#J2	SW04A#J2定位DC	0.00	100.00	20.00	15.00	30.00
5	SW06A#J1	SW06A#J1定位DC	0.00	100.00	20.00	15.00	30.00
6	SW06A#J2	SW06A#J2定位DC	0.00	100.00	20.00	15.00	30.00
7	SW08A#J1	SW08A#J1定位DC	0.00	100.00	20.00	15.00	30.00
8	SW08A#J2	SW08A#J2定位DC	0.00	100.00	20.00	15.00	30.00
9	SW10A#J1	SW10A#J1定位DC	0.00	100.00	20.00	15.00	30.00
10	SW10A#J2	SW10A#J2定位DC	0.00	100.00	20.00	15.00	30.00
11	SW12A#J1	SW12A#J1定位DC	0.00	100.00	20.00	15.00	30.00
12	SW12A#J2	SW12A#J2定位DC	0.00	100.00	20.00	15.00	30.00

图 3-26　参数设置

十、案例库

系统支持用户将已发生过的故障保存到案例库的操作。保存后该故障截图将录入案例库,可随时调阅案例库。通过对案例库案例的收集,有助于进一步优化提升系统的诊断范围。以道岔曲线为例,案例库如图 3-27 所示。

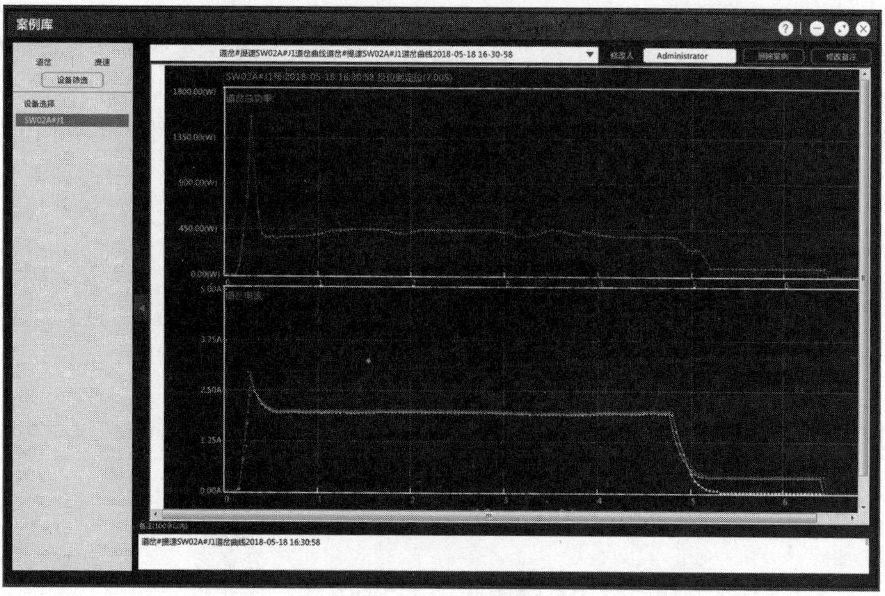

图 3-27　案例库

十一、系统运行日志

系统运行日志包括系统运行过程中的异常信息、系统工作日志信息、用户操作记录信息三大内容,如图 3-28 所示。通过对系统日志的调阅及分析,有助于解决系统的异常,同时对用户的使用情况进行跟踪。

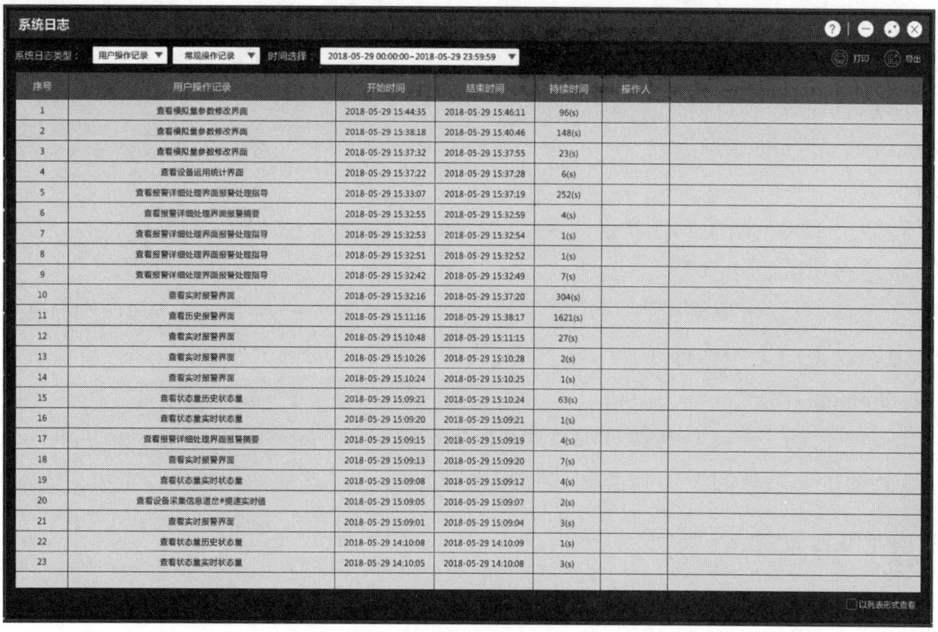

序号	用户操作记录	开始时间	结束时间	持续时间	操作人
1	查看模拟量参数修改界面	2018-05-29 15:44:35	2018-05-29 15:46:11	96(s)	
2	查看模拟量参数修改界面	2018-05-29 15:38:18	2018-05-29 15:40:46	148(s)	
3	查看模拟量参数修改界面	2018-05-29 15:37:32	2018-05-29 15:37:55	23(s)	
4	查看设备运用统计界面	2018-05-29 15:37:22	2018-05-29 15:37:28	6(s)	
5	查看报警详细处理界面报警处理指导	2018-05-29 15:33:07	2018-05-29 15:37:19	252(s)	
6	查看报警详细处理界面报警摘要	2018-05-29 15:32:55	2018-05-29 15:32:59	4(s)	
7	查看报警详细处理界面报警处理指导	2018-05-29 15:32:53	2018-05-29 15:32:54	1(s)	
8	查看报警详细处理界面报警处理指导	2018-05-29 15:32:51	2018-05-29 15:32:52	1(s)	
9	查看报警详细处理界面报警处理指导	2018-05-29 15:32:42	2018-05-29 15:32:49	7(s)	
10	查看实时报警界面	2018-05-29 15:32:16	2018-05-29 15:37:20	304(s)	
11	查看历史报警界面	2018-05-29 15:11:16	2018-05-29 15:38:17	1621(s)	
12	查看实时报警界面	2018-05-29 15:10:48	2018-05-29 15:11:15	27(s)	
13	查看实时报警界面	2018-05-29 15:10:26	2018-05-29 15:10:28	2(s)	
14	查看实时报警界面	2018-05-29 15:10:24	2018-05-29 15:10:25	1(s)	
15	查看状态量历史状态量	2018-05-29 15:09:21	2018-05-29 15:10:24	63(s)	
16	查看状态量实时状态量	2018-05-29 15:09:20	2018-05-29 15:09:21	1(s)	
17	查看报警详细处理界面报警摘要	2018-05-29 15:09:15	2018-05-29 15:09:19	4(s)	
18	查看实时报警界面	2018-05-29 15:09:13	2018-05-29 15:09:20	7(s)	
19	查看状态量实时状态量	2018-05-29 15:09:08	2018-05-29 15:09:12	4(s)	
20	查看设备采集信息道岔#提速实时值	2018-05-29 15:09:05	2018-05-29 15:09:07	2(s)	
21	查看实时报警界面	2018-05-29 15:09:01	2018-05-29 15:09:04	3(s)	
22	查看状态量历史状态量	2018-05-29 14:10:08	2018-05-29 14:10:09	1(s)	
23	查看状态量实时状态量	2018-05-29 14:10:05	2018-05-29 14:10:08	3(s)	

图 3-28　系统运行日志

第三节　车站层功能

车站层包括车站和车辆段/停车场具备对相应设置的基础信号设备运行的工作状态和主要电气性能进行在线监测功能,包括信号机、断路器、电源屏、UPS、计轴设备、电缆绝缘、对地漏泄电流、道岔缺口、道岔动作电流等。当设备的工作状态异常或电气性能偏离预定界限时及时报警。

一、对基础信号设备的模拟量在线监测

主要包括但不限于以下内容:

(1)电源屏输入状态、输出电压。

(2)电源对地漏泄电流(可选)。

(3)转辙机动作电流、动作电压、动作总功率及三相电流曲线,道岔定、反位表示电压。

(4)道岔缺口。

(5)轨道电路接收端交流电压、相位角。

(6)计轴磁头电压及过车波形。

(7)站台安全门接口继电器 GMJ、KMJ、PDKJ、PDQCJ 电压。

(8)电缆对地绝缘(可选)。

(9)外电网综合质量,包括输入相电压、线电压、电流、频率、相位角、功率。

(10)温湿度。

二、对基础信号设备的开关量在线监测

主要包括但不限于以下内容:

(1)基础信号设备的运行状态。

(2)站台紧急关闭按钮的状态。

(3)按钮状态、控制台表示状态。

(4)信号机灯丝断丝报警。

(5)挤岔。

(6)转辙机 1DQJ、DBJ、FBJ 状态采集。

(7)轨道占用或空闲状态。

(8)各设备驱动/采集继电器的开关量。

(9)电源设备的工作状态。

(10)断路器报警。

(11)站台安全门接口继电器 GMJ、KMJ、PDKJ、PDQCJ 的接点。

(12)其他主要设备的工作状态和故障报警等。

三、道岔缺口监测

主要功能如下:

(1)转辙机缺口实时视频监测,包括缺口图像、实时缺口间隙值、实时缺口表示状态、实时

缺口偏移状态。

(2)道岔牵引阻力监测。

(3)转辙机的重要参数形成日报、月报、年报表。

(4)转辙机内温度和湿度监测。

(5)转辙机各种参数超限声光报警。

对于电液转辙机,还包括油缸油位状态、道岔油压曲线。

四、电源屏监测

对电源屏输入和输出电压、电流,UPS 输入和输出电压、电流,报警状态进行监测。

五、信号机灯丝断丝监测

通过与灯丝报警仪接口获取信号机灯丝的状态,有信号机断丝时及时给出报警,定位到每个灯位。

六、计轴监测

通过标准接口与计轴主机通信获取计轴板卡及室外磁头的状态,及时给出报警。

七、计算机联锁状态监测

通过标准接口从联锁系统获取相关状态信息,包括基础信号设备的运行状态及报警信息;按钮状态、控制台表示状态,并可进行历史回放;对计算机联锁 CPU 板、输入板、输出板、驱动板的监测,一旦出现故障,可以定位到板卡位置。

复习思考题

1. 信号监测系统有哪些主要功能?
2. 信号监测系统中心层与哪些系统有接口?接收哪些信息?如何处理?
3. 信号监测系统维护工作站有哪些功能?
4. 报警如何分级?实时报警如何进行?历史报警如何进行?
5. 如何进行回放和再现?
6. 信号监测系统车站层有哪些功能?
7. 对基础信号设备的模拟量如何在线检测?
8. 对基础信号设备的开关量如何在线检测?
9. 对道岔缺口如何监测?
10. 对计算机联锁状态如何监测?

第四章　信号监测系统的采集原理

信号监测系统可通过强电转换为弱电、电流信号转换为电压信号、模拟信号转换为数字信号等手段采集车站各主要设备(包括外电网、电源屏、道岔、轨道电路、信号机等)的电气特性,采集内容包含电压、电流、频率、相位角、关键继电器状态、电缆绝缘。

为保证信号系统的安全性,信号监测系统使用了各种隔离技术,进行与被测信号之间的隔离防护,并制定了绝缘耐压防护标准,确保采集不会对被测对象产生影响。

第一节　采集器件

一、电压互感器

电压互感器(PT)的结构类似于变压器,是一个被限定结构和使用形式的特殊变压器。电压互感器用于变换线路上的电压,主要用来给测量仪表供电,以测量线路的电压、功率和电能。因为线路上的电压高低不一,若要直接测量这些低压和高压,就需要制作相应的低压和高压电压表。直接在高压线路上测量电压是不可能的,也是不允许的。电压互感器的容量很小,一般都只有几伏安、几十伏安,最大也不超过一千伏安。

电压互感器是带铁芯的变压器,主要由一、二次线圈,铁芯和绝缘组成。两个绕组都装在或绕在铁芯上。两个绕组之间以及绕组与铁芯之间都有绝缘,使两个绕组之间以及绕组与铁芯之间都有电的隔离。电压互感器在运行时,一次绕组并联在线路上,二次绕组并联仪表。因此在测量高电压时,尽管一次电压很高,但二次电压却是低压,可以确保操作人员和仪表的安全。改变一次或二次绕组的匝数,可以产生不同的一次电压与二次电压比,这就可组成不同比的电压互感器。

电压互感器可按比例关系将高电压变换成 100 V 或更低等级的二次电压,供仪表使用。同时,使用电压互感器可以将高电压与电气工作人员隔离。信号监测系统所用的电压互感器多为 500 V 以下的电压,通过电压互感器及其后级调理电路将车站各种电压信号隔离并调整为 5 V 以下信号,便于 DSP 芯片进行处理及运算。

电压互感器的外壳采用金属阻燃材料封装,内部真空,不会出现烧损的情况。当输入极端高压而损坏电压互感器时,不会对安全造成影响。为防止极限情况下短路,在电压输入线串入限流器件热敏电阻(PTC)和熔丝。PTC 可将电流限制在 50 mA,如果 PTC 损坏,当电流达到 200 mA 时,熔丝会熔断,因此也不会对被测设备造成影响。

电压互感器主要是电磁式的,另外还有非电磁式的,如电子式、光电式。

二、电流互感器

在供电线路中电流相差悬殊,为便于测量,需要转换为可测的电流,另外线路上的电压都比较高,直接测量是非常危险的,电流互感器起到变流和电气隔离作用。

电流互感器与变压器类似,也是根据电磁感应原理工作的。电流互感器变换的是电流,其一次绕组接被测电流,二次绕组接测量仪表。电流互感器可通过一定的变比把数值较大的一次电流转换为数值较小的二次电流,从而进行测量。

电流互感器一次绕组的电流与二次绕组的电流比值,称为电流比。

电流互感器具有如下特点:

(1)可测量任意波形的电流,如直流、交流和脉冲波形等,也可以对瞬态峰值进行测量,副边电路可以真实地反映原边电流的波形。

(2)精度高。互感器模块在工作区域内的精度优于1%,该精度适合任何波形的测量。

(3)线性度优于0.1%。

(4)动态性能好。互感器的动态响应时间小于1 μs,跟踪速度高于50 A/μs。

(5)工作频带宽。可在0~100 kHz 频率范围内正常工作。

(6)可靠性高。平均无故障时间大于50 000 h。

三、传感器

1. 温度传感器

温度传感器是采用热敏电阻来测量温度的。热敏电阻大都由纯金属材料制成,目前应用最多的是铂和铜。

温度传感器能感受温度并将其转换成可用的输出信号。温度传感器是温度测量仪表的核心部分,按测量方式可分为接触式和非接触式两大类,按照传感器材料及电子元件特性分为热敏电阻和热电偶两类。

在半导体技术的支持下,相继开发了半导体热电偶传感器、PN 结温度传感器和集成温度传感器。

温度传感器有四种主要类型:热电偶、热敏电阻、电阻温度检测器(RTD)和 IC 温度传感器。IC 温度传感器又包括模拟输出和数字输出两种类型。

接触式温度传感器的检测部分与被测对象有良好的接触,通过传导或对流达到热平衡,从而使其示值能直接表示被测对象的温度。一般其测量精度较高。常用的接触式温度传感器有热敏电阻和温差电偶等。

热电偶是最常用的温度传感器。热电偶由在一端连接的两条不同金属线构成。当热电偶一端受热时,热电偶电路中就有电势差,可用测量的电势差来计算温度。电压和温度间是非线性关系,需要为参考温度作第二次测量,并利用测试设备软件或硬件在仪器内部处理电压-温度变换,以最终获得热偶温度。热电偶温度范围宽,适应各种大气环境,而且结实、价低,无须供电,但它不适合高精度的测量。

热敏电阻是用半导体材料,大多为负温度系数,即其阻值随温度升高而降低。温度变化会造成大的阻值改变,因此它是最灵敏的温度传感器。但热敏电阻的线性度极差,并且与生产工艺有很大关系。热敏电阻对温度变化的响应也很快,并不会造成热负载,但需要使用电源,对自热误差极为敏感。

非接触式温度传感器的敏感元件与被测对象互不接触,可用来测量运动物体、小目标和热容量小或温度变化迅速(瞬变)对象的表面温度,也可用于测量温度场的温度分布。光纤温度传感器将来自光源的光经过光纤送入调制器,待测参数温度与进入调制区的光相互作用后,导致光的光学性质(如光的强度、波长、频率、相位等)发生变化,称为被调制的信号光。再经过光纤送入光探测器,经解调后,获得被测参数。

2. 湿度传感器

湿度传感器分为电阻式和电容式两种,都是在基片涂覆感湿材料形成感湿膜。空气中的水蒸气吸附于感湿材料后,元件的阻抗、介质常数发生变化,从而制成湿敏元件。

湿敏元件是最简单的湿度传感器。湿敏元件主要有电阻式、电容式两大类。

湿敏电阻的原理是在基片上覆盖一层用感湿材料制成的膜,当空气中的水蒸气吸附在感湿膜上时,元件的电阻率和电阻值都发生变化,利用这一特性即可测量湿度。湿敏电阻的种类很多,如氧化锂湿敏电阻、氧化铝湿敏电阻、硅湿敏电阻、陶瓷湿敏电阻等。湿敏电阻的优点是灵敏度高,主要缺点是线性度和产品的互换性差。

湿敏电容一般是用高分子薄膜电容制成的。常用的高分子材料有聚苯乙烯、聚酰亚胺、醋酸纤维等。当环境湿度发生改变时,湿敏电容的介电常数发生变化,使其电容量也发生变化,其电容变化量与相对湿度成正比。湿敏电容的主要优点是灵敏度高、产品互换性好、响应速度快、湿度的滞后量小、便于制造、容易实现小型化和集成化,其精度一般要比湿敏电阻低一些。

湿敏元件的线性度及抗污染性差。在检测环境湿度时,湿敏元件要长期暴露在待测环境中,很容易被污染而影响其测量精度及长期稳定性。

除电阻式、电容式湿敏元件之外,还有电解质离子型湿敏元件、重量型湿敏元件(利用感湿膜重量的变化改变振荡频率)、光强型湿敏元件、声表面波湿敏元件等。湿敏元件的线性度及抗污染性差,在检测环境湿度时,湿敏元件要长期暴露在待测环境中,很容易被污染而影响其测量精度及长期稳定性。

温度、湿度监测示意图如图 4-1 所示。

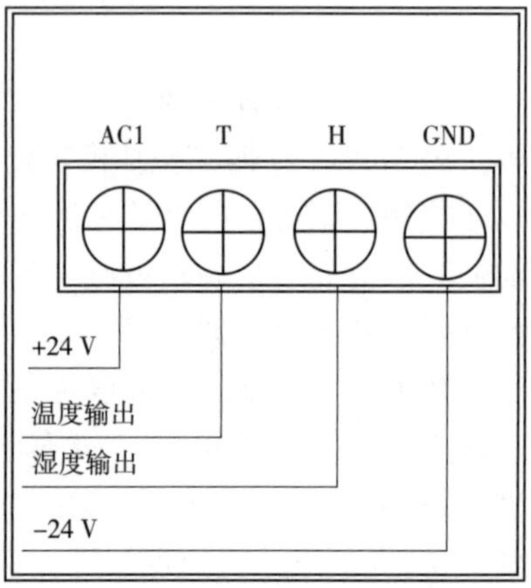

图 4-1　温度、湿度监测示意图

四、线性光耦

线性光耦是一种用于模拟信号隔离的光耦器件。和普通光耦一样,线性光耦真正隔离的是电流。线性光耦能够保护被测试对象和测试电路,并减小环境干扰对测试电路的影响。

线性光耦的隔离原理与普通光耦没有差别,只是将普通光耦的单发单收稍加改变,增加了一个用于反馈的光接收电路。因此,虽然两个光接收电路都是非线性的,但两个光接收电路的非线性特性是一样的,可以通过反馈通路的非线性来抵消直通通路的非线性,从而达到实现线性隔离的目的。光隔离只有光的耦合,没有电的联系。

第二节　采 集 原 理

一、外电网

1. 外电网采集原理

外电网的质量会影响电源屏的输出质量,从而影响信号设备的工作,特别是瞬间断电会造成信号设备故障。信号监测系统对外电网进行监测,可为信号设备的供电质量分析提供依据。

外电网综合质量监测的采集对象为外电网输入电压和电流,并计算频率、相位角、功率,提供断电、断相、错序报警。其采集电路如图 4-2 所示,采集设备主要有外电网质量监测箱中的采集防护空气开关、外电网质量采集模块及外电网输入配电箱中的三个电流互感器。每个外电网质量采集组合有两套质量采集器和电流互感器,可供两路外电网输入电源用。

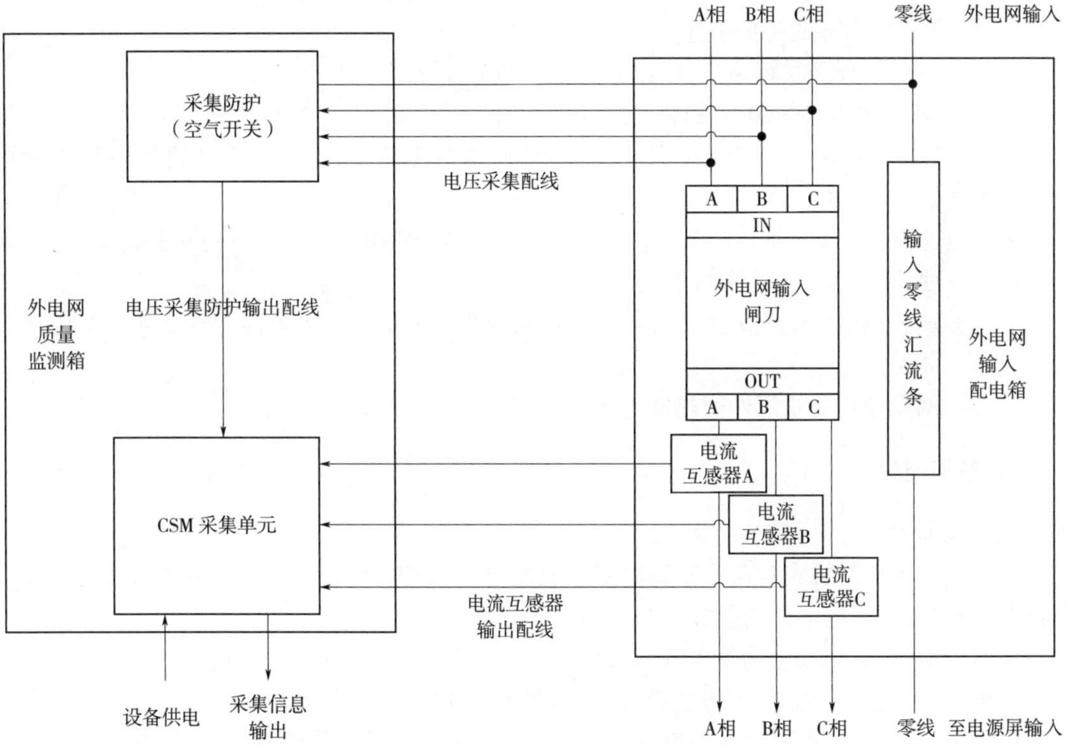

图 4-2 外电网采集原理

电压采集点在配电箱闸刀外侧外电源引入端子处,将 380 V A/B/C 三相电压引入外电网质量监测箱的空气开关上,经过空气开关隔离后进入信号监测系统的外电网质量采集模块。

电流监测点设置在配电箱闸刀内侧。电流采集用非接触的开口式电流互感器夹在输入开关的输出端。电流互感器与设备不直接接触,其输出线通过低压端子进入外电网质量监测箱。电流互感器为无源模块,输出配线不能太长(在 1 m 以内),因此外电网质量监测箱必须安装在配电箱的附近。

外电网质量采集模块使用的是 12 V 直流电源,由监测机柜供给;输出为 RS-485 通信,接通信分机的一个串口。

断相、错序、瞬间断电开关量的采集周期为 50 ms,电压、电流的采集周期为 250 ms,瞬时断电波形的采集周期小于或等于 2. 5 ms。

2. 安全隔离

安全隔离措施如下:

(1)三相电压经过空气开关隔离后进入外电网综合质量采集单元,监测设备短路或开路故障对采样点均无影响,空气开关断开,反向隔离对被监测设备的影响。信号监测系统站机接口处设有光电隔离设备,使内部电路与外壳隔离并阻燃。电流互感器与设备不直接接触。所有对外接口全部采用电磁隔离或者光电隔离。

(2)空气开关、外电网综合质量采集单元等采集设备安装在胶木板上,与外壳绝缘(绝缘电阻大于 25 MΩ)。

(3)配电箱内的防雷设备是第一级防护设备,如果击穿防雷设备,外电网质量监测箱中的空气开关进行第二级防护。

(4)采集设备内部的防护措施。

①采集设备的外壳材料为阻燃 ABS,阻燃等级为 V-0 级。

②总线保护,可承受 400 W 的瞬时脉冲电压自动热关断和 ESE 保护等功能。

③I/O 端口的保护,用 TVS(瞬态电压抑制器)等抗电磁干扰措施,保证输入端口指标达到:脉冲群,2 kV;静电,8 kV。

④串行通信芯片采用抗雷击串行收发器,芯片内置 4 个瞬时高压保护管、可承受高达 600 W 的 TVS,并外加保护器件,确保抗干扰能力。

⑤电源输入侧采用全隔离方式确保浪涌的可靠保护。极间绝缘电阻大于 2 MΩ,其他绝缘电阻大于 5 MΩ。

⑥外电网质量监测箱配件耐热能力,960 ℃不燃烧。

二、轨道电路

1. 采集原理

信号监测系统站机实时监测轨道电路接收端电压值和相位角的变化,并对轨道曲线进行分析,可及时掌握轨道电路调整状态和分路状态的工作情况。

50 Hz 相敏轨道电路分为继电式和微电子式,两者在采集原理上是一致的。

如图 4-3 所示,对 50 Hz 相敏轨道电路,信号监测系统采集从分线柜送到轨道继电器线圈两端的电压,实际采样点通常在轨道测试盘侧面端子处。当没有轨道测试盘时,可从交流二元继电器组合侧面端子或微电子接收器组合侧面端子处采集。

信号监测系统轨道电路采集采用高阻隔离和电压互感器隔离的方式,将采集后的信号调理成 CPU 能直接采集的信号。CPU 对采集的数据进行处理,可得到每路轨道信号的电压有效值和相位角,然后将轨道电源电压相位角与局部电源电压相位角进行比较得到相位差。

25 Hz 相敏轨道电路的采集周期为 500 ms。

2. 安全隔离

(1)对外电的防护,有两层:第一层为轨道变压器的防护,当强干扰源通过扼流变压器窜至轨道变压器二次侧时,很难窜至一次侧;第二层为熔丝的防护,强干扰源会使轨道箱内的断路器脱扣,断开室内外电气设备的连接。

(2)轨道电路在分线柜处接有防雷设备,大部分能量从防雷设备入地,不会对主体设备造成影响。

(3)采集设备内部的防护措施同电源屏采集。

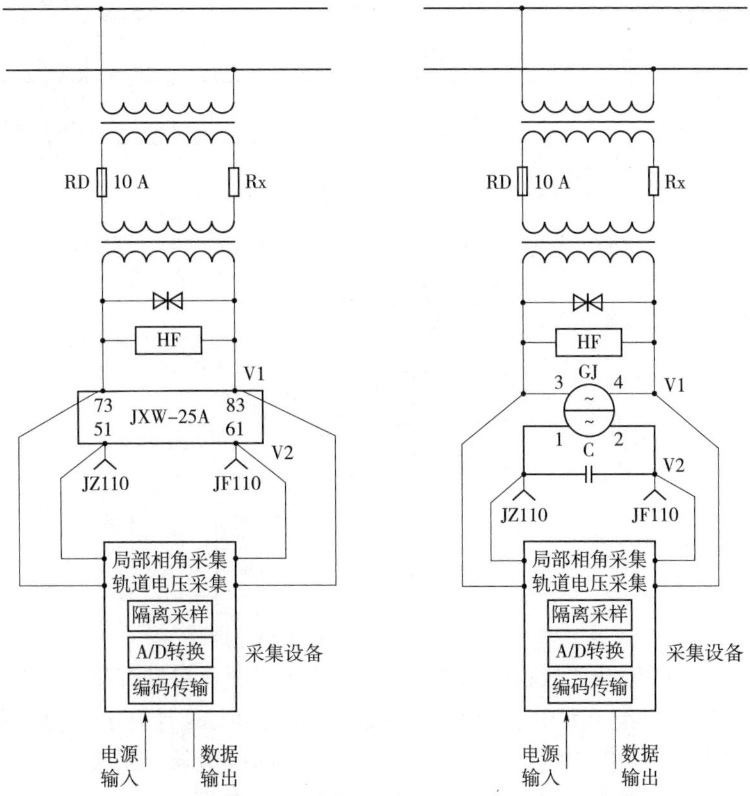

(a) 微电子轨道电路采集　　(b) 交流二元轨道电路采集

图 4-3　50 Hz 相敏轨道电路电压测试原理

三、转辙机监测

1. 交流转辙机采集原理

监测转辙机是反映道岔动作过程中所受的阻力情况,对应的是电动机的输出功率。需要测试其电压、电流和功率因数,并绘制出功率曲线才能实时反映道岔的动作情况、故障情况,以指导维修。交流转辙机的监测内容包含电压、电流、功率、1DQJ 状态、定反位表示状态。

(1)采集原理。如图 4-4 所示,三相交流转辙机功率采集单元设置在组合柜附近,一个采集单元采集一组转辙机的三相电压、电流,1DQJ 和定反位表示开关量。电压的采集点 U_a、U_b、U_c 平时不直接与外线相接,经 1DQJ 和 1DOJF 的接点断开外线,只有在道岔扳动时,1DQJ 吸起过程中,采样点才与外线接通。

三相电压采集点在断相保护器(DBQ)的输入端子 11、31、51 上。新增配线至组合侧面端子,然后接至监测采集组合。

三相电流采集采用互感器方式,在 DBQ 输出端子 21、41、61 到 1DQJ、1DQJF 的启动电源线间,穿芯采集。孔内道岔电流向室外的流向要与电流互感器上标记的电流方向一致。

1DQJ 的状态采集,由开关量采集器隔离采集 1DQJ 或 1DQJF 的一组低压半空接点的中接点和后接点,常用的采集位置在 1DQJ/1DQJF 的第 4 组接点上。

道岔定反位分表示状态/采集通常采用 DBJ 和 FBJ 的一组空接点。将采集电源送至对应的中接点上,从前接点配线至采集单元。

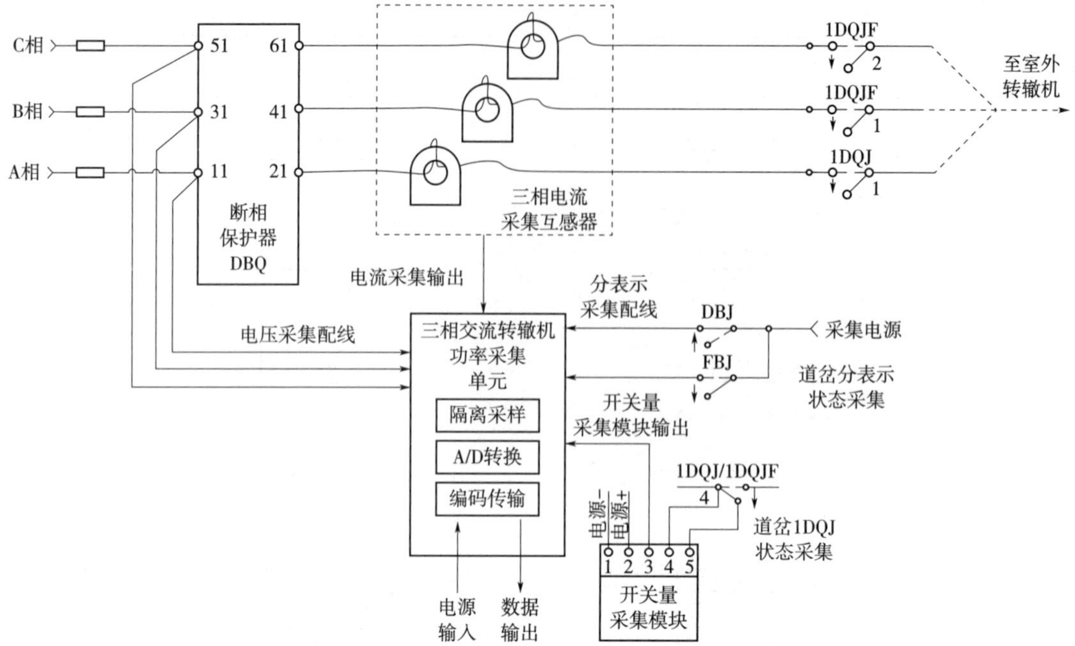

图 4-4　三相交流转辙机采集原理

当 1DQJ 动作时，产生开关量状态的变化；开关量状态变化启动互感器采集电动机动作时的电压和电流，在功率采集单元中进行隔离、A/D 转换，每 40 ms 计算出有功功率，并顺次记录下来。等一组完整动作结束（以 1DQJ 落下为标志，单条曲线最长可采集 40 s），以总线通信方式将电压、电流实时值（40 ms 一个点），电流曲线以及有功功率曲线（40 ms 一个点），1DQJ 以及定反位表示状态送往站机进行显示及处理。

采集周期：40 ms。

电流采集模块为有源模块，使用 12 V 直流电源，由监测机柜供给。电流采集模块安装在道岔组合内断相保护器底座的背面，用安装支架托起。

（2）安全隔离：

①采集点经过 1DQJ 和 2DQJ 的反向隔离，雷电不会窜至互感器。

②有 1DQJ 和 2DQJ 的防护，采集点 51、31、11 平时不直接与外线相接，由 1DQJ 和 1DQJF 接点断开外线，只有在道岔扳动时，1DQJ 励磁过程中，采集点才与外线接通。

③电流采集采用穿芯方式，与被采集系统是电气隔离的，采集电路的短路及开路都不会对信号设备有任何影响。

④如果 DBQ 动作电压采集处短路，只会引起 DBQ 的断路器脱扣，使道岔扳不动，不会造成更加危险的后果。

⑤采集设备内部的防护措施同电源屏采集。

2. 直流转辙机采集原理

（1）采集原理。直流转辙机的监测包含电流、1DQJ 状态、定反位表示状态。四线制直流转辙机道岔电流采集原理如图 4-5 所示。

对四线制道岔电路，在分线柜选取动作电流回线采集电流，使用电流互感器穿芯方式采集从分线柜 X4 到道岔组合侧面的电缆，绕 3 匝。通过霍尔效应，电流互感器孔内的直流电流按一定比例输出至 DPS 芯片，经数字处理后由 RS-485 传送。

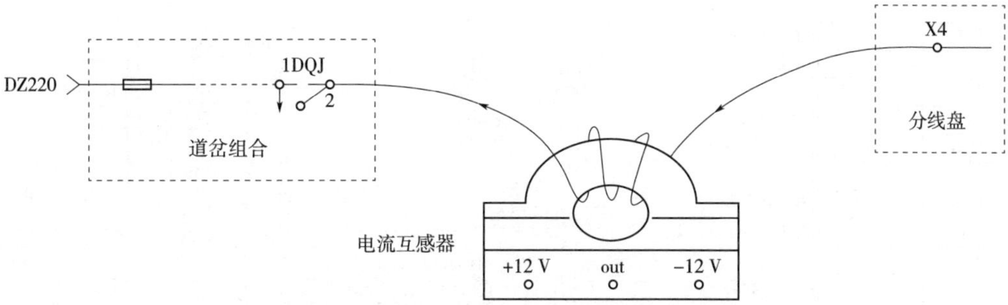

图 4-5 四线制直流转辙机道岔电流采集原理

电流采集单元可集中安装在分线柜的空位或靠近分线柜的组合柜一层空的位置上。

1DQJ 状态的采集以及道岔定反位表示状态的采集与交流转辙机的采集方式相同。

直流转辙机道岔电流曲线的采集周期为 40 ms。

每个电流采集模块可供 3 组道岔采集用,将 1DQJ 采集模块输出配线到电流采集模块的 K_1、K_2、K_3 上。电流采集模块使用 12 V 直流电源,由监测机柜供给。

(2)安全隔离:

①电流互感器均采用可开口式,与道岔动作电流回路隔离。每一组道岔动作电流回路对应一个互感器。需要注意的是直流电动机动作回路的采集线穿过电流互感器时是有方向要求的,电流反向流过穿线孔时,互感器输出为负,经滤波输出为零。具体的穿线方向参照互感器标识。

②将电流采集和开关量采集集中到同一个采集单元上,可以增加 1DQJ 开关量、定反位表示开关量与电流曲线模拟量之间的联动关系,避免错误标识转辙机转换曲线的方向。

四、道岔表示电压监测

1. 道岔表示电压监测采集原理

(1)直流转辙机采集原理。对于直流转辙机,X3 是表示回线,连接到 DBJ 和 FBJ 继电器线圈两端的电路也相同。当道岔处于定位时,1DQJ 落下,2DQJ 定位,DBJ 线圈两端经过继电器接点分别连到分线柜的 X1 和 X3,与室外构成表示回路。当道岔处于反位时,1DQJ 落下,2DQJ 反位,FBJ 线圈两端通过继电器接点分别连到分线柜的 X3 和 X2,与室外构成表示回路。直流转辙机道岔表示电压采集原理如图 4-6 所示。

道岔定位表示电压采集分线柜 X1、X3,X1 为正,X3 为负。道岔反位表示电压采集分线柜 X2、X3,X3 为正,X2 为负。

(2)交流转辙机采集原理。采用五线制道岔控制电路时,X1 既是表示回线,又是电流回线。当道岔处于定位时,1DQJ 落下,2DQJ 定位,DBJ 线圈两端分别连到分线柜 X4 和 X2,X2 与 X1 连接,与室外形成表示回路。当道岔处于反位时,1DQJ 落下,2DQJ 反位,FBJ 线圈两端分别连到分线柜 X3 和 X5,X3 与 X1 连接,与室外形成表示回路。交流转辙机道岔表示电压采集原理如图 4-7 所示。

道岔定位表示电压采集分线柜 X2、X4,X4 为正,X2 为负。道岔反位表示电压采集分线柜 X3、X5,X3 为正,X5 为负。

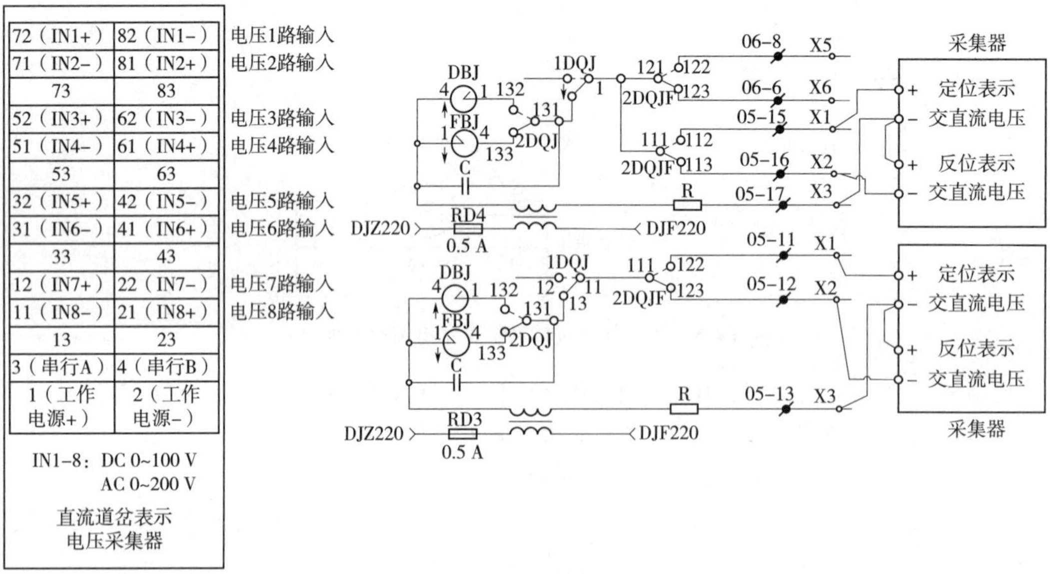

图 4-6　直流转辙机道岔表示电压采集原理

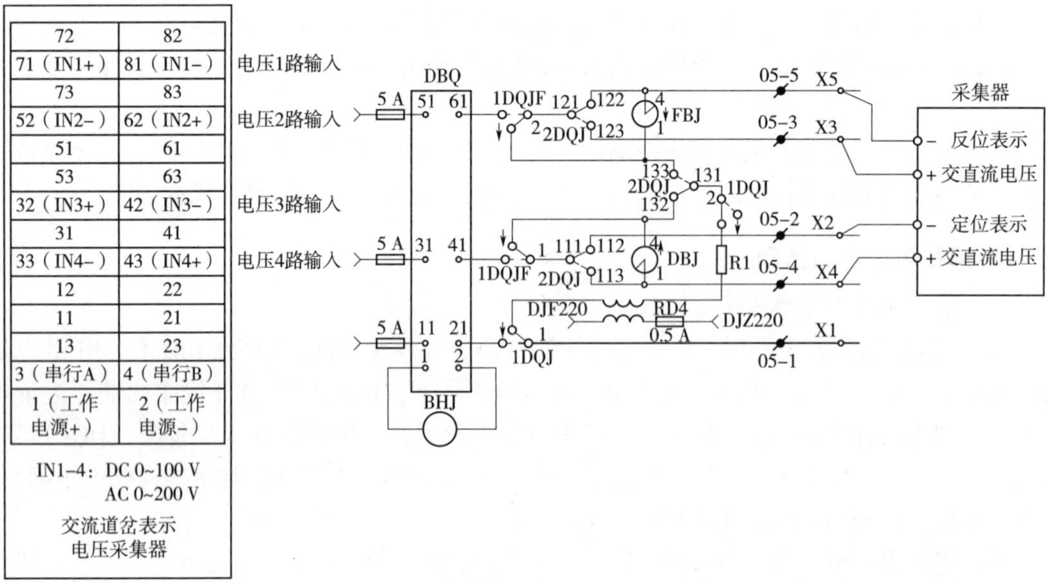

图 4-7　五线制道岔控制电路的交流转辙机道岔表示电压采集原理

采用八线制道岔控制电路时，X1 ~ X5 是动作回线，X6 ~ X8 是表示回线。当道岔处于定位时，1DQJ 落下，2DQJ 定位，DBJ 线圈两端分别连到分线柜 X6 和 X8，与室外形成表示回路。当道岔处于反位时，1DQJ 落下，2DQJ 反位，FBJ 线圈两端分别连到分线柜 X7 和 X8，与室外形成表示回路。交流转辙机道岔表示电压采集原理如图 4-8 所示。

道岔定位表示电压采集分线柜 X6、X8，X8 为正，X6 为负。道岔反位表示电压采集分线柜 X7、X8，X8 为正，X7 为负。

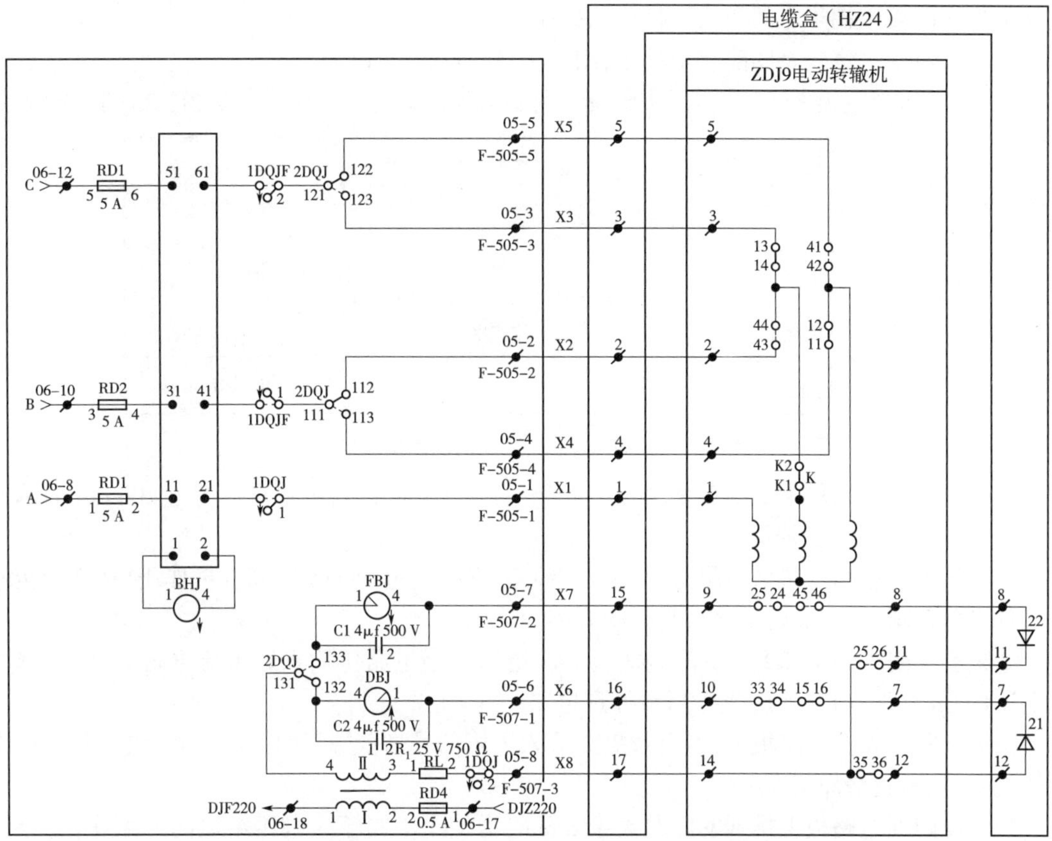

图 4-8　八线制道岔控制电路的交流转辙机道岔表示电压采集原理

应在分线柜附近增加监测采集器组合，以集中安装道岔表示采集器。道岔表示电压采集的四根线引入道岔表示零散定型组合侧面，经继电器底座进入继电器内部，经过隔离防范后进入采集器主板。经过隔离转换后，采用现场总线方式通过光电隔离进入接口通信分机。接口通信分机将采集器采集的信息处理后送至 CSM 站机。采集器的工作电源经过熔断器防护后，配线到道岔表示采集零散定型组合。

对于直流转辙机，一个采集器采集 4 组道岔表示电压。对于交流转辙机，一个采集器采集 2 组道岔表示电压。

同一组转辙机可能产生高压的电压输入端子隔开排列，不同组转辙机表示线的输入端子之间空出两排端子。

道岔表示电压的采集周期为 500 ms。

2. 安全隔离

道岔控制电路不设防雷，存在雷电干扰的可能，所以要采取如下隔离防范措施。

(1)继电器封装方式：

①被采集电压在组合柜通过继电器封装方式隔离后再进入监测机柜。

②外壳采用国铁集团指定的铁路信号专用继电器外壳和底座，这样即使外部接触端子由于击穿而打火，也不会影响继电器内部的电路板及元器件。

③对于道岔表示电压采集,同一组道岔可能产生高压的采集端子排列在对角位置;不同组道岔采集线的输入端子之间空出一排或两排端子。

④每组道岔采集线之间隔一个端子,耐压为 AC 4 000 V 以上。

(2)输入端至主板之间的隔离保护措施。输入端至主板之间的隔离保护措施如图 4-9 所示。

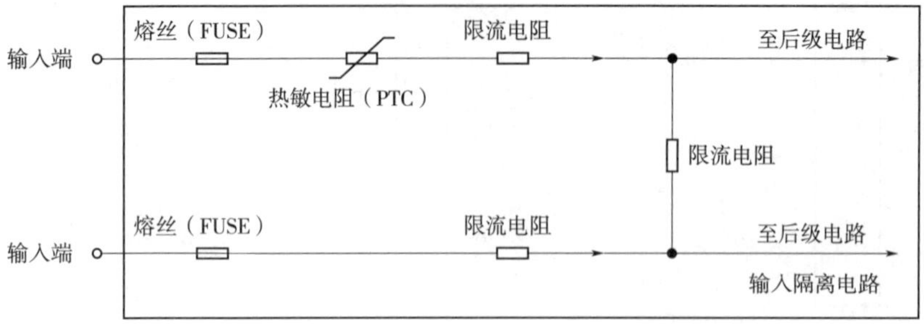

图 4-9　输入端至主板之间的隔离保护措施

①采集器输入高低端之间分别增加熔丝(标称值为 64 mA),可在电流超过 200 mA 时瞬间熔断,防止输入端子之间短路。

②分压回路中串入热敏电阻 PTC,输入端回路电流超过 64 mA 时其发挥作用,在几十至几百毫秒内阻值增至几兆欧,直至自身烧毁开路。

③限流电阻采用 1 MΩ、2 W 的氧化金属膜电阻。强电高压输入经限流电阻分样后,降为低电压信号(几百毫伏量级)进入后级处理电路。

限流电阻焊接在电路板上,可有效提高输入电压信号高低端间的距离,同时也可防止电阻发热烧穿电路板,增加了安全性。

限流电阻在电路板上排列的间距大于 8 mm,增加了不同输入电压组之间的耐压值,一组信号故障后不会影响到其他组的信号。同时,竖起的电阻用一块固定板固定,保证不会因过车震动而碰在一起。

④隔离电路与继电器输入端子的接线采用 200 ℃高温阻燃导线。

(3)电路板的布线严格遵照电磁兼容的设计准则。高压部分与低压部分走线区域严格区分,表示电压输入部分的走线间隔大于 5 mm;不同道岔的输入线焊盘之间间隔大于 5 mm。如果不满足安全间隙,开宽度大于 1 mm 的隔离槽。这样既提高了模块的安全性能,又减少了高压线路对低压部分的干扰。

(4)采集器内部采用厚膜集成电路。提高了产品的集成度,减少了占用的面积,可以留出更大的空间用于输入端隔离电路,保证焊盘之间的安全距离,提高产品整体安全性。

(5)一、二次侧隔离耐压措施。传感器一次侧与二次侧之间采用光耦与 DC/DC 变压器隔离,耐压标准达到 DC 2 500 V;并在二次侧的模块工作电源处串入熔丝,这样即使存在高压将一次与二次电路击穿,熔丝也将及时熔断,不会形成一、二次的电流回路,避免了高压窜入后级的机柜中。

同时,后级电路中配备 TVS 管、线性光耦,防止高压冲击而串入后级的测量电路中,提高了模块耐高压的能力。

五、断相保护器输出直流电压采集

采用断相保护器输出直流电压采集器采集 3 相交流道岔的断相保护器输出至 $BHJ_{1\text{-}4}$ 线圈的 24 V 直流电压,以判断具体故障点,原理如图 4-10 所示。

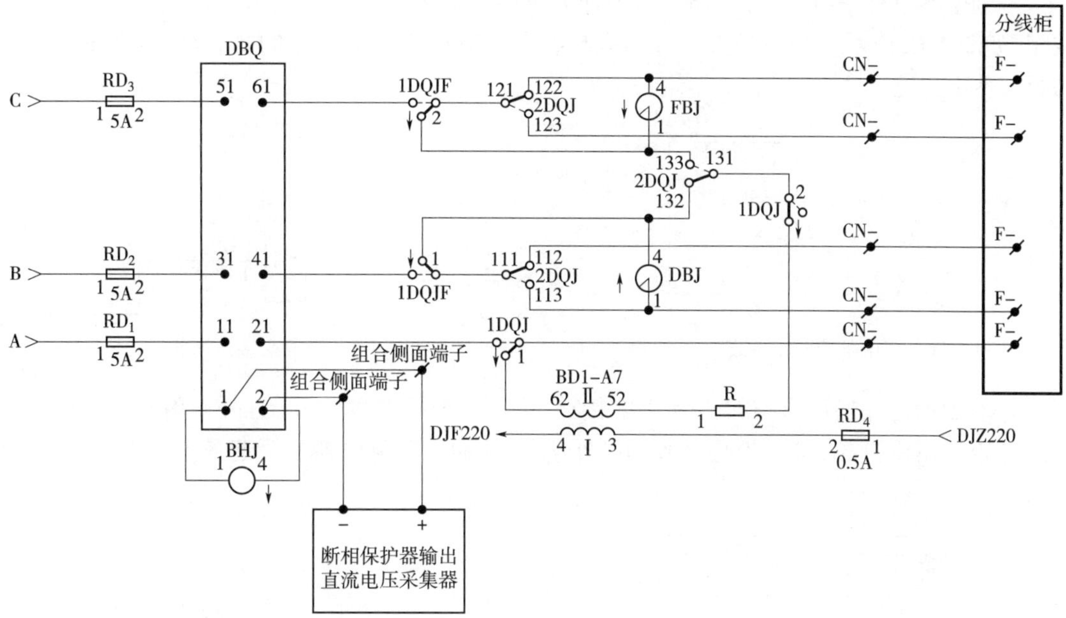

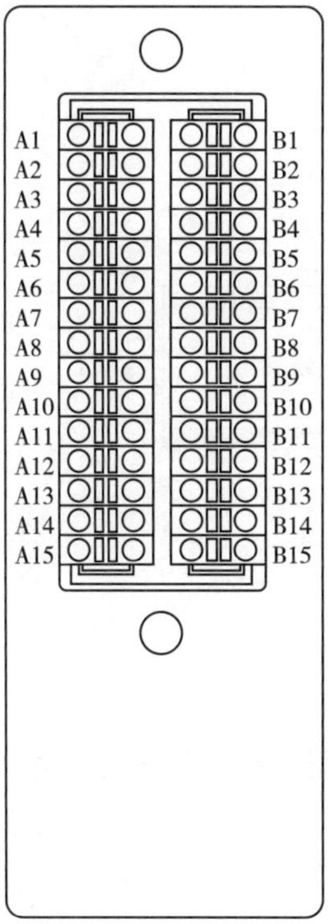

A1	IN1+	B1	IN1−
A2	IN2+	B2	IN2−
A3	IN3+	B3	IN3−
A4	IN4+	B4	IN4−
A5	IN5+	B5	IN5−
A6	IN6+	B6	IN6−
A7	IN7+	B7	IN7−
A8	IN8+	B8	IN8−
A9		B9	
A10		B10	
A11		B11	KGND
A12		B12	CANL
A13		B13	CANH
A14		B14	12 VGND
A15		B15	+12 V

IN1：断相保护器电压1
IN2：断相保护器电压2
IN3：断相保护器电压3
IN4：断相保护器电压4
IN5：断相保护器电压5
IN6：断相保护器电压6
IN7：断相保护器电压7
IN8：断相保护器电压8

图 4-10 DBQ 输出直流电压采集原理

六、道岔继电器时序监测

对于有空接点的继电器，直接采集继电器的一组空接点，如图 4-11 所示。采集分机以是否采集到+12 V 电判断继电器是吸起还是落下状态。

当继电器只有一组半空接点时，增加开关量采集器采集。开关量采集器内部为一个感应线圈，如图 4-12 所示。采集分机通过感应与继电器节点构成的回路的闭合状态，判断继电器的吸起落下情况。

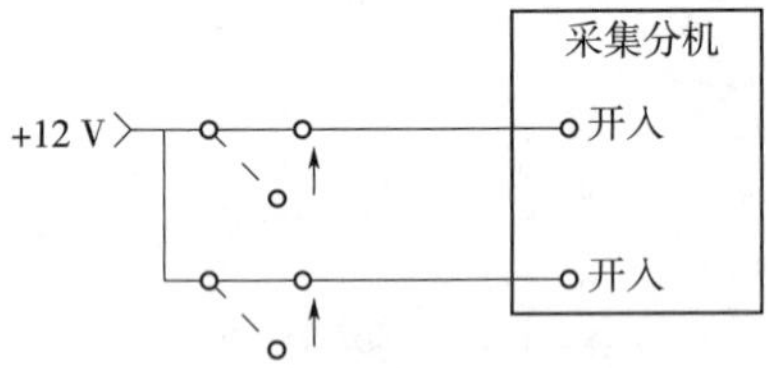

图 4-11　继电器空接点采集

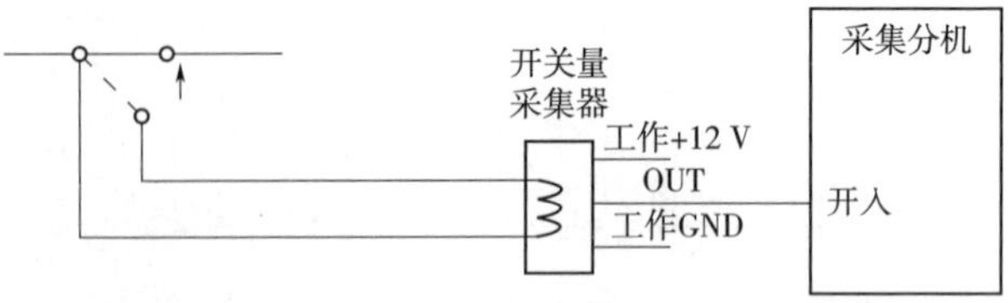

图 4-12　继电器半空接点采集

对于 2DQJ，一般没有空接点和半空接点，采用红外探测的方式，红外发射管发射的红外光束是否被衔铁遮挡，接收管是否收到红外信号，从而判断继电器是吸起还是落下，如图 4-13 所示。

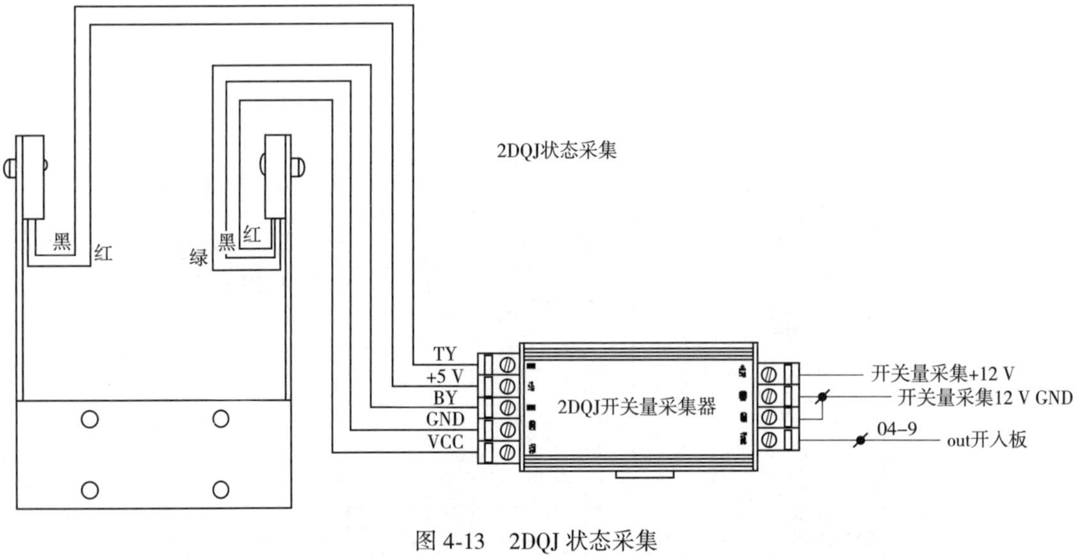

图 4-13　2DQJ 状态采集

七、电缆绝缘监测采集原理

1. 采集原理

电缆对地绝缘不好，轻则影响设备的正常工作，重则引起电源屏断路器脱扣，引发规模性设备故障。通过电缆绝缘电阻的测量，可及时了解电缆绝缘的情况，保证设备正常工作。电缆绝缘测试是指电缆芯线全程对地绝缘电阻的测试，并支持随机人工启动全测或单测。

采集点在分线柜或区间综合柜零层或电缆测试盘处。

电缆绝缘测试流程如图 4-14 所示。

采集机通过开关量输出板驱动安全型继电器，由继电器接点组成的多级选路网络将所选的电缆芯线接入绝缘转换单元。选路网络具有互切特性，可保证同时只有一条电缆芯线被选通，不会发生混线现象。兆欧表通过 500 V 电压对接入的电缆测试采集，再将采样电压转换成脉冲信号后送入采集板，经选通送至 CPU 进行 A/D 转换和数据处理。

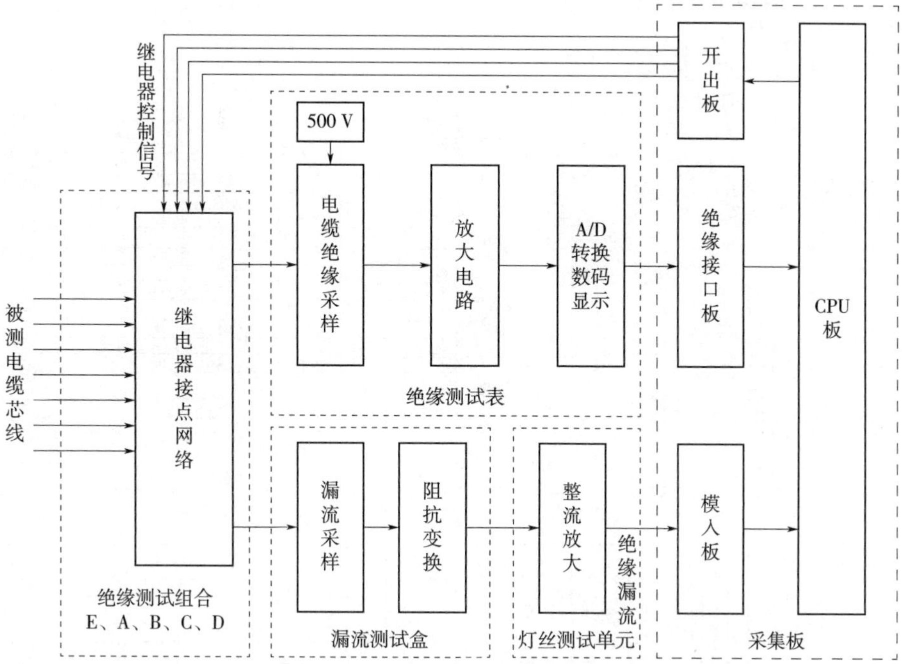

图 4-14　电缆绝缘测试流程

绝缘转换单元采用 500 V 直流高压在线测试方法，绝缘测试原理如图 4-15 所示。将 500 V 直流高压加至电缆芯线，把电缆芯线全程对地绝缘电阻 Rx 接入测试回路，Rx 和回路内部取样电阻串联，可从取样电阻上获得取样电压。Rx 的大小决定回路电流的大小，亦即决定取样电压的大小。

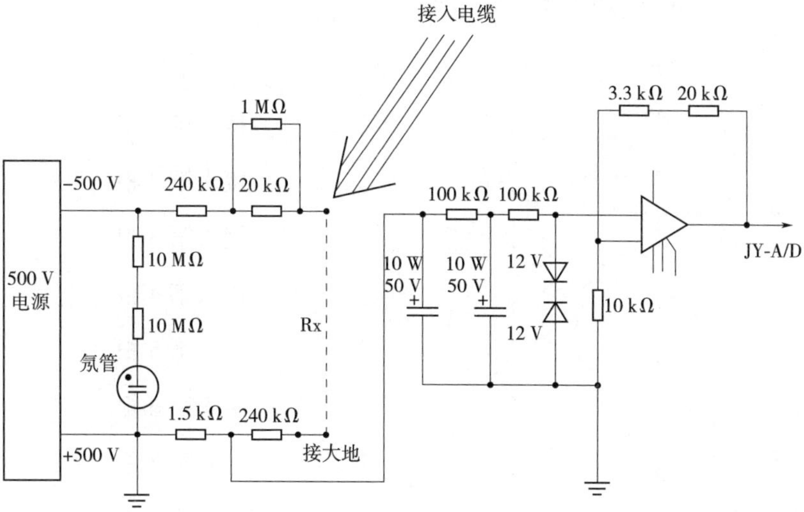

图 4-15　绝缘测试原理

电缆芯线数量众多，且只能一根一根地测试，因此借助测试继电器的树状阵列接点开关，即继电器多级选路网络和互切电路，将每条电缆顺序地、逐一地接入测试电路。

测试继电器的基本层逻辑图如图 4-16 所示，接线层逻辑图如图 4-17 所示（接线层 B、C、D 与此相同）。

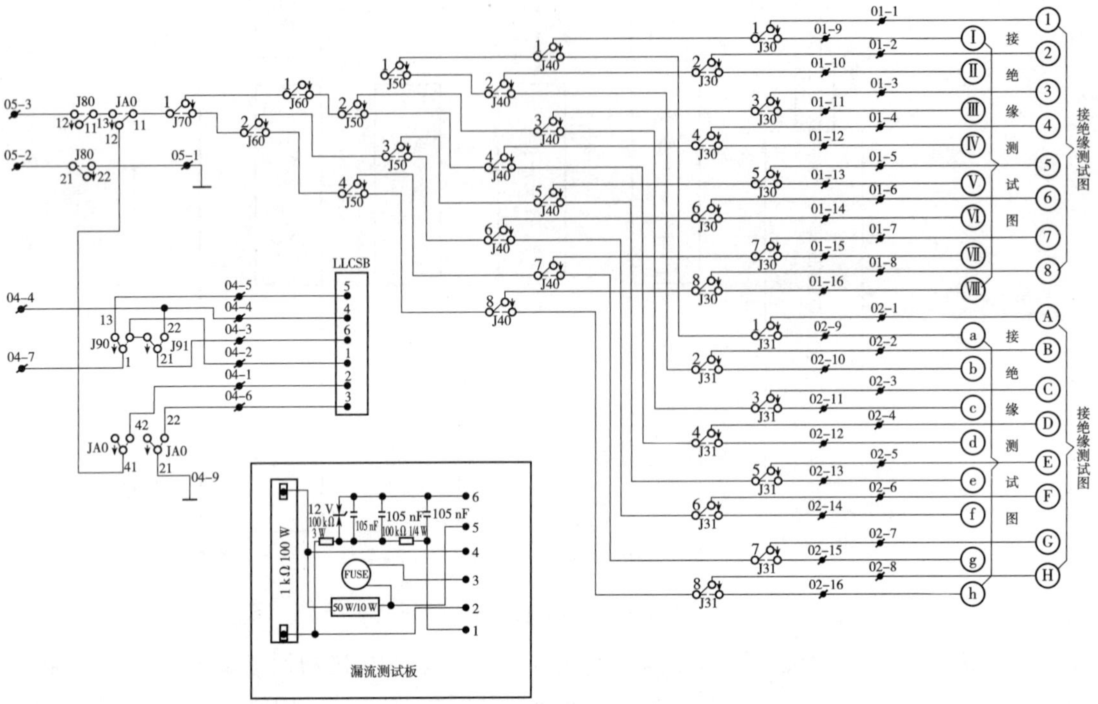

图 4-16　基本层逻辑图

通过三个继电器 J50、J60、J70 吸起和落下的排列组合，以它们的接点构成区分条件，可实现电缆顺序地、逐一地接入测试电路，如下所示：

J70	J60	J50	
↑	↑	↑	接入第 1 根
↑	↑	↓	接入第 2 根
↑	↓	↑	接入第 3 根
↑	↓	↓	接入第 4 根
↓	↑	↑	接入第 5 根
↓	↑	↓	接入第 6 根
↓	↓	↑	接入第 7 根
↓	↓	↓	接入第 8 根

J80 继电器平时落下，切断所有电缆测试电路；当接到命令时吸起，接通电缆测试电路。JA0 继电器是电缆绝缘测试与电源漏流测试的电路区分条件。

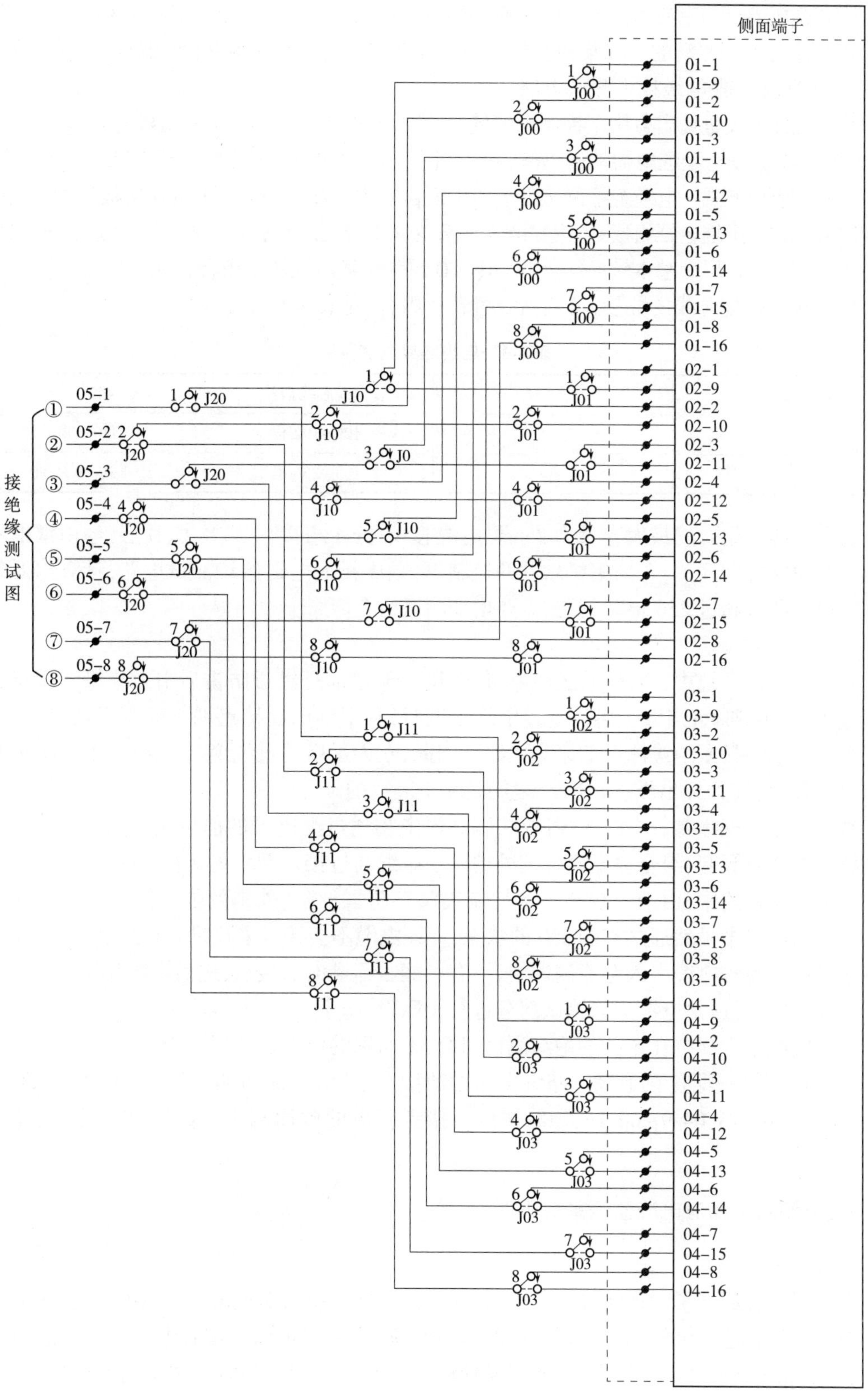
侧面端子
接绝缘测试图
①
②
③
④
⑤
⑥
⑦
⑧
05-1
05-2
05-3
05-4
05-5
05-6
05-7
05-8
J20
J10
J0
J11
J00
J01
J02
J03
01-1
01-9
01-2
01-10
01-3
01-11
01-4
01-12
01-5
01-13
01-6
01-14
01-7
01-15
01-8
01-16
02-1
02-9
02-2
02-10
02-3
02-11
02-4
02-12
02-5
02-13
02-6
02-14
02-7
02-15
02-8
02-16
03-1
03-9
03-2
03-10
03-3
03-11
03-4
03-12
03-5
03-13
03-6
03-14
03-7
03-15
03-8
03-16
04-1
04-9
04-2
04-10
04-3
04-11
04-4
04-12
04-5
04-13
04-6
04-14
04-7
04-15
04-8
04-16

图 4-17　接线层逻辑图

测试继电器的吸起或落下(准确讲应是继电器的排列组合),是由采集机通过开关量输出板开关量输出条件驱动的。采集机根据接收的命令,确定阵列中哪些继电器吸起,哪些继电器落下,从而将那一根电缆接入测试电路。

采集机的开关量输出板用于控制电缆绝缘测试继电器动作。每块输出板有 40 路开关量输出,能驱动 40 个安全型继电器动作,如图 4-18 所示。1~35 路开关量输出分别控制 35 个继电器,专用于电缆绝缘测试。电缆绝缘测试继电器按组合方式配置。每块开关量输出板均能驱动一整套测试组(由 35 个继电器组成)。测试组合共分为 5 个分层组合,分别以 A 层、B 层、C 层、D 层、E 层命名。其中 E 层为基本转换组合,A、B、C、D 层为电缆芯线转换组合,接配电缆芯线。

根据被测电缆芯线的数量,可灵活配置转换组合,见表 4-1。

表 4-1 电缆绝缘测试范围

电缆芯线数量	组　　合	电缆芯线数量	组　　合
1~64 根	E+A	129~192 根	E+A+B+C
65~128 根	E+A+B	193~256 根	E+A+B+C+D

每一套测试组合的最大容量为 256 根电缆芯线,分 4 组接入 A、B、C、D 层,经由继电器接点组成的树状阵列开关,在采集机软件的控制下,顺序接入电缆绝缘测试电路,计算出对地绝缘值。电缆芯线超过 256 根时,要按需要增加测试组合。

2. 安全隔离

在信号监测系统中,道岔、轨道电路、信号机等电缆都是经过防雷后引入绝缘测试组合的侧面端子 01-04 列上;当人工启动电缆绝缘测试时,利用继电器接点网络的逻辑切换,逐一将需要测试的电缆接入绝缘测试的采集电路。因此,在人工启动电缆绝缘测试前,测试电缆与绝缘测试采集设备(如开出板、CPU 板)之间是完全隔离的。

继电器接点网络是一个二叉树网络,测试电缆均通过继电器的前后接点隔开。在测试网络中继电器任意吸起,组合也不会将室外的两根电缆通过接点网络短接在一起。

在电气化铁路中,由于分线柜道岔控制线没有防雷设备,外来的强干扰信号有侵入的可能。在测试电路中虽然通过控制 J80 的状态,保证电缆不会接入采集机,但存在牵引回流等强干扰信号通过道岔电缆串入绝缘测试组合,有可能击穿继电器接点,进而影响其他绝缘测试设备。因此,必须对道岔电缆绝缘测试部分进行特殊设计。

道岔电缆集中配置在单独的绝缘测试组合,不与别的电缆在一层混用。

道岔电缆统一配置在绝缘选路继电器的前接点上,对应侧面端子为 01-9~01-16、02-9~02-16、03-9~03-16、04-9~04-16,绝缘测试后接点对应的侧面端子不配线,以增强线缆之间的耐压能力。

八、电源对地漏泄电流监测采集原理

1. 采集原理

电源屏电缆或端子对地绝缘不良时,存在经过绝缘阻抗后对地溢出的电流,称为漏流。漏流会对电气设备造成电气伤害。通过电源对地漏流的测试,可以了解各电源线是否破损或接地,及时发现线路故障。特别是,电源屏各种输出电源对地漏流的测试关系到安全生产,为以防万一,规定只在天窗时间内人工启动、自动测量。

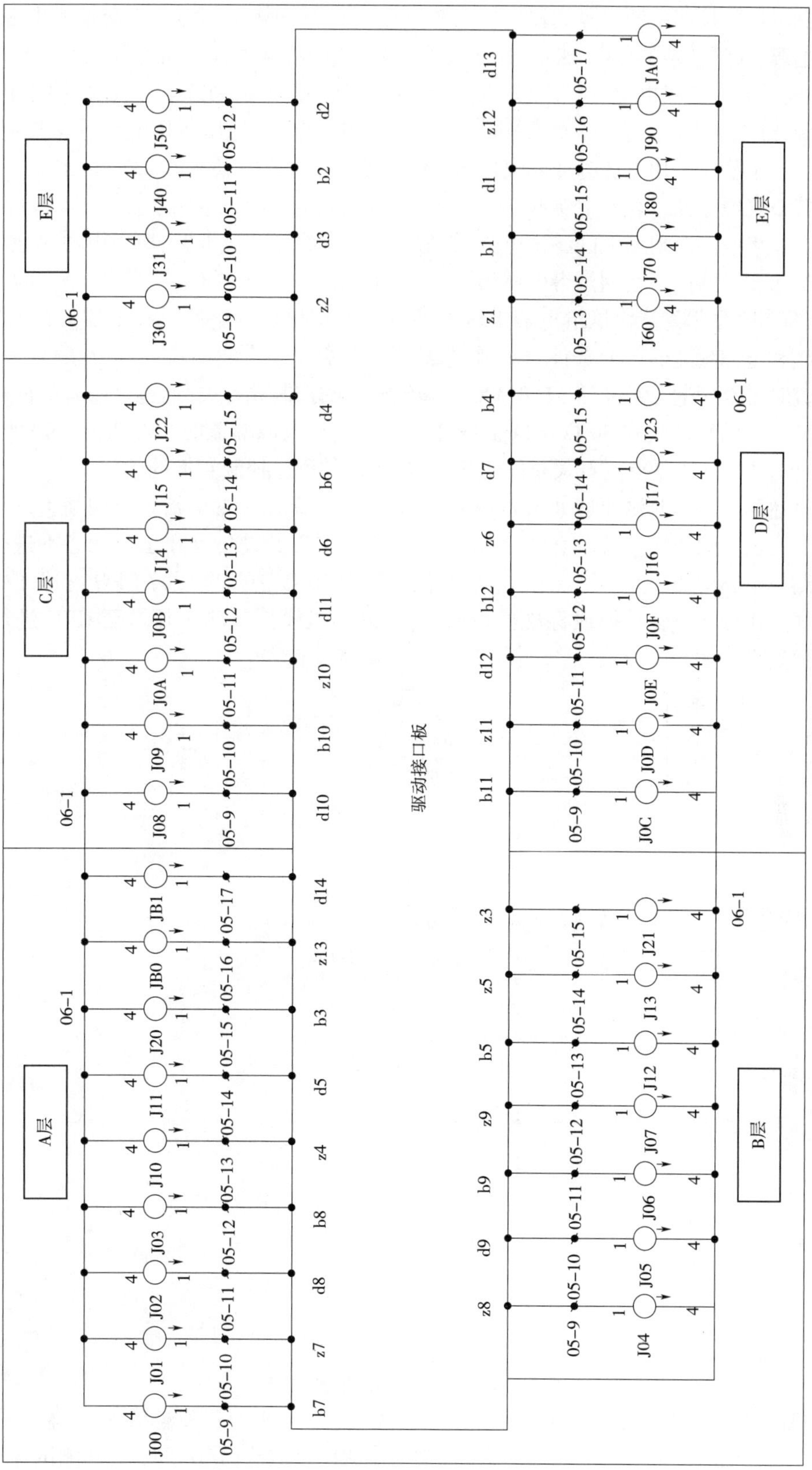

图4-18 电缆绝缘测试继电器电路图

漏流测试通常检测电源屏隔离输出的电源电缆,包括联锁机柜电源、光交换机电源、以太网交换机电源、光纤转换器电源、SDH 节点电源、LATS 电源、网关计算机电源、SDM 及打印机电源、维护终端及打印机电源、信号点灯电源、轨道电路电源、轨道局部电源、道岔动作电源、道岔表示电源、继电器电源、信号监测系统电源、断路器报警电源、稳压备用电源等交直流电源。电源屏输入和不稳压备用电源为非隔离电源,不测试漏流。采集点在电源屏输出端。各种电源经保险接至绝缘测试组合的电源测试端子上,接入电缆绝缘测试电路。

电源屏输出电源对地漏流的测试电路,类似于电缆绝缘的测试电路,所以电源对地漏流测试与电缆绝缘测试共用一套测试继电器组合,而且电源屏输出电源有交、直流之分,为了提高测试精度,只是在电缆绝缘测试继电器组合的基本层 E 层增加两个测试继电器。JA0 作为测试电缆绝缘和电源漏流的区分条件,J90 作为测试交流漏流和直流漏流的区分条件。测试交流电源漏流时 JA0 吸起、J90 落下(JA0、J90 是漏流测试的控制总开关,通过这两者的配合完成直流和交流漏流的测试),在 50 Ω 电阻上取样。测试直流电源漏流时 JA0 吸起、J90 吸起,在 1 kΩ 电阻上取样。JA0、J90 受开关量输出板控制,由软件程序控制它们的动作。

电源对地漏泄电流测试原理如图 4-19 所示,电源屏电源通过继电器接点网络引入漏流测试盒。漏流测试与耐压测试、接地保护测试的不同之处在于其设备是在运用状态下进行测试的。漏流测试电路中要串入一个保护电阻(交流电压为 50 Ω,直流电压为 1 kΩ)和保护熔丝。

将取样电压信号量化转换成标准模拟电平,经采集机模拟量输入板送至 CPU 进行 A/D 转换和数据处理。

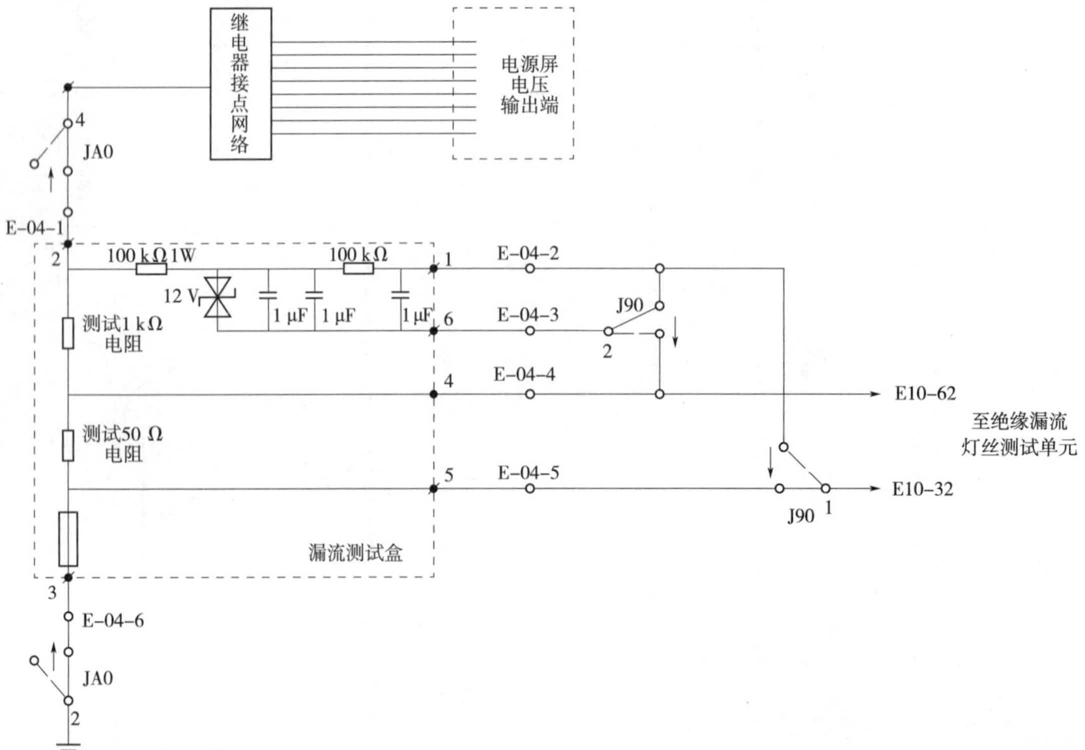

图 4-19　电源对地漏泄电流测试原理

采集机的开关量输出板,每块可输出 40 个开关量(41~48 为开关量输入),前 35 个用于电缆绝缘测试组合,第 36、37 个开关量用于控制漏流测试继电器(JA0、J90)。其测试容量与电缆绝缘一样,只要在 256 路之内均可。

2. 安全隔离

(1)电源屏的输出电压都是通过电源屏输出断路器后再经过监测熔丝组合接到漏流测试组合侧面,同时通过继电器接点断开既有设备的连接,雷电和牵引回流等瞬间干扰、大干扰不会窜至采集机或机柜中。

(2)电源屏的电压输出自身有断路器防护,信号监测系统的绝缘漏流采集点设在电源屏输出断路器后端。被测电源再经过信号监测系统设置的 0.3 A 熔丝隔离后,进入绝缘漏流测试组合。一旦绝缘漏流测试回路配线发生短路,熔丝将熔断,使电源屏端子与绝缘组合配线断开,不影响电源屏的工作。

(3)不测试漏流时,监测电路与被测电源之间通过继电器接点断开;测试漏流时,只能接通一路被测电源,不会造成各路电源之间的短路。

(4)电源屏各种输出电源对地漏流的测试关系到安全生产,所以规定在天窗时间内人工启动测量。在测试启动前,增加"天窗点内人工启动"提示,测试人员确认后须输入用户名及密码,才能进行电源对地漏泄电流测试。

九、信号机点灯回路电流监测采集原理

1. 采集原理

信号监测系统可以在点灯电路中的电气特性偏离正常工作值但未形成故障之前发现故障隐患,将故障消灭在萌芽状态。

信号监测系统采用电流互感器测试点灯回路电流,将 DJ 的点灯去线穿过电流互感器,在电流互感器的输出端产生感应电压,采集设备通过测试感应电压得出回路中的电流值。列车信号机点灯电流采集原理如图 4-20 所示。

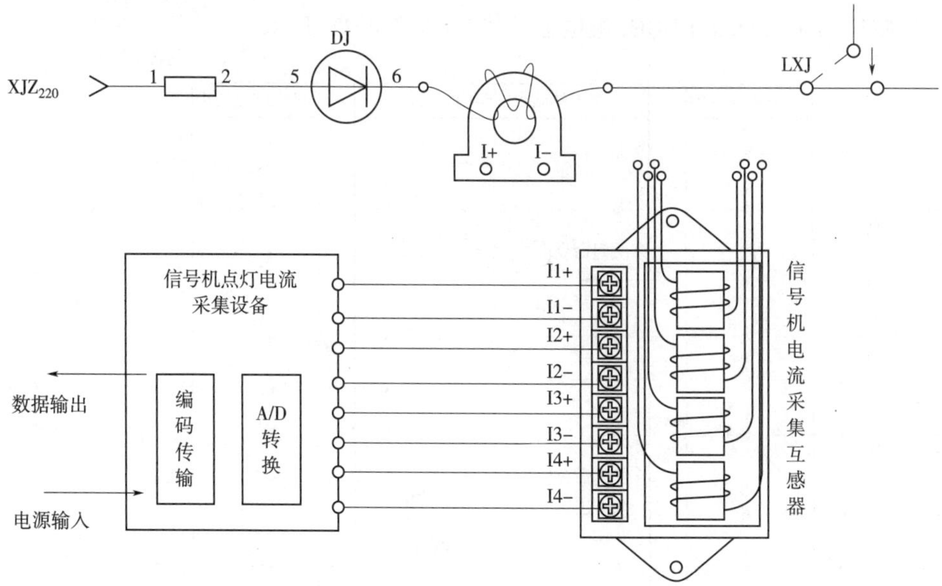

图 4-20 信号机点灯电流采集原理

信号机点灯回路电流采集模块安装在信号组合 DJ 的后面,便于配线。

信号机电流采集周期为 500 ms。

2. 安全隔离

采集设备与被监测设备没有任何电气连接,被监测电流信号以穿芯方式通过模块,模块采用电磁隔离方式,采集设备发生断路和短路故障均不会对被监测设备产生不良影响。

十、断路器报警采集

断路器断丝报警是为了监测各组合柜上的相关断路器情况,当出现断路器脱扣时,及时将对应断路器位置信息显示在监测终端。

1. 采集原理

车站一般都加装断路器报警设备,信号监测系统没有必要对每个断路器的状态进行监测。一般的采样方法是直接采集排架报警器,如图 4-21 所示。

2. 采集隔离方式

采集隔离方式为开关量采集板隔离。

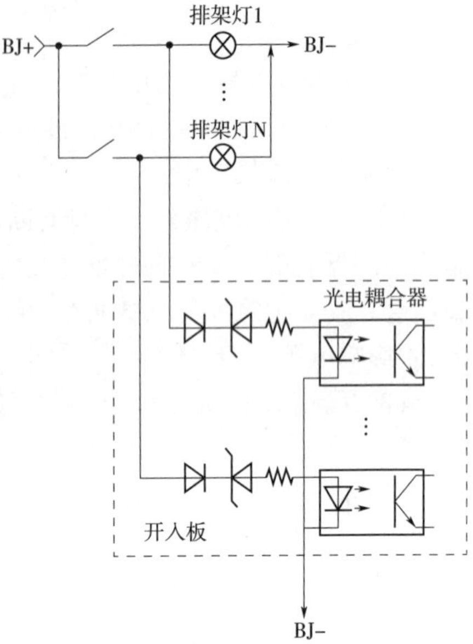

图 4-21 断路器报警采集

十一、站台安全门采集

对于维护人员来说,需要确认站台安全门输出给信号系统的锁紧或切除信号是否正常;信号系统输出给站台安全门开关门信号是否正常工作。

信号系统与站台门接口分界点在信号设备室分线柜,因此在分线柜采集信号系统与站台门的接口电压,包括开门前端/后端电压、关门前端/后端电压、锁紧表示电压、切除表示电压,同时采集 KMJ、GMJ、PDKJ、PDQCJ 继电器的状态,如图 4-22 所示。

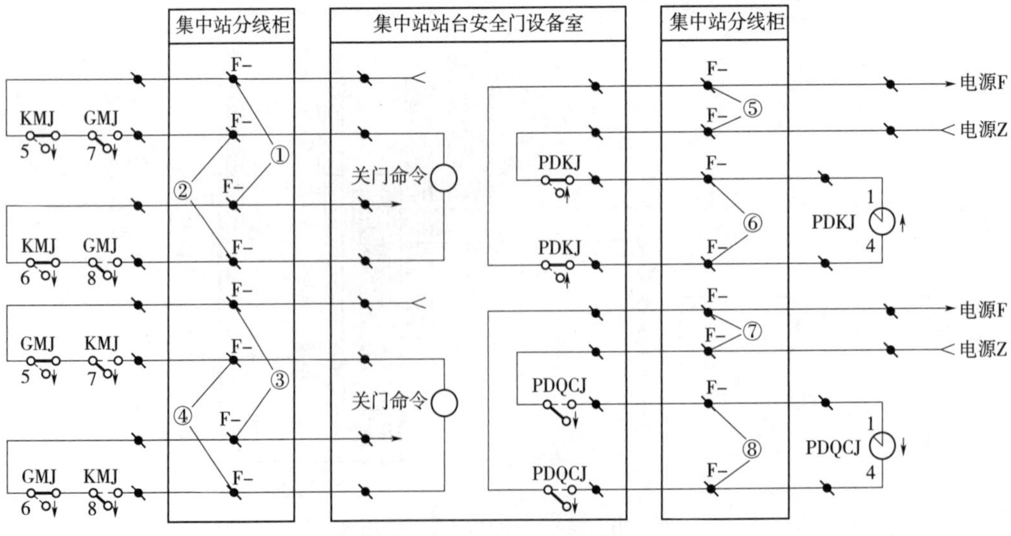

(a) 站台门电压采集原理图

图 4-22 站台安全门采集原理图

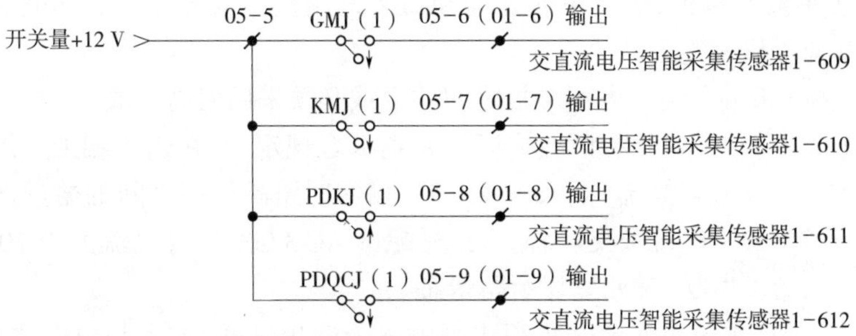

（b）站台门继电器状态采集原理图

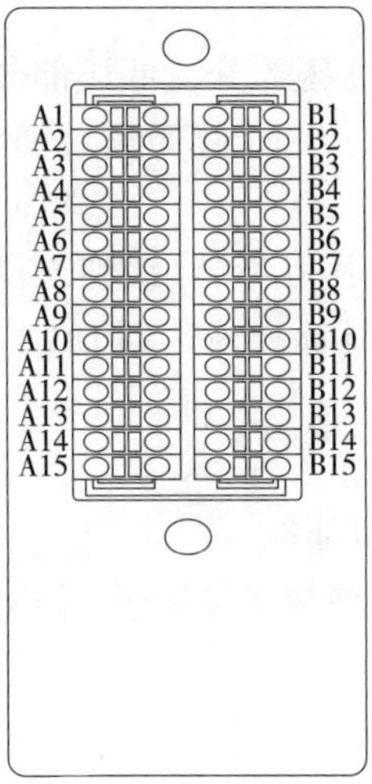

A1	IN1+	B1	IN1−
A2	IN2+	B2	IN2−
A3	IN3+	B3	IN3−
A4	IN4+	B4	IN4−
A5	IN5+	B5	IN5−
A6	IN6+	B6	IN6−
A7	IN7+	B7	IN7−
A8	IN8+	B8	IN8−
A9	K1	B9	K8
A10	K2	B10	
A11	K3	B11	KGND
A12	K4	B12	CANL
A13	K5	B13	CANH
A14	K6	B14	12 V GND
A15	K7	B15	+12 V

IN1：开门后端电压
IN2：关门后端电压
IN3：锁紧电压
IN4：切除电压采集
IN5：开门前端电压
IN6：关门前端电压
IN7：PDKJ输入电压
IN8：PDQCJ输入电压
K1：KNJ状态
K2：GNJ状态
K3：PDKJ状态
K4：PDQCJ状态

（c）交直流电压智能采集传感器配线端子定义

图 4-22　站台安全门采集原理图(续)

①—关门前端电压采集；②—关门后端电压采集；③—开门前端电压采集；④—开门后端电压采集；
⑤—PDKJ 输入电压采集；⑥—锁紧电压采集；⑦—PDQCJ 输入电压采集；⑧—切除电压采集

十二、温湿度监测

温度探头是采用热敏电阻测量温度。热敏电阻大都由纯金属材料制成，目前应用最多的是铂和铜。

湿度传感器分为电阻式和电容式两种，都是在基片涂覆感湿材料形成感湿膜。空气中的水蒸气吸附于感湿材料后，元件的阻抗、介质常数发生变化，从而制成湿敏元件。

温湿度的监测原理就是在温度和湿度探头后部加装采集传感器，将温湿度探头的电阻变化转换成电压模拟量，并送至信号监测系统采集机的模拟量输入板上。采集周期为 1 s。

这类监测项目只对机房内的环境信息监测，与信号设备无任何连接，不会对信号设备造成异常影响。

第三节　采 集 安 全

一、对采集电路的规定

(1)道岔表示电压采集，采集单元的隔离设备和转换设备应就近放置于组合柜上，经隔离转换后再传回集中监测机柜，采集单元外壳和封装采用铁路信号专用的继电器外壳和底座。内部器件必须与监测机柜绝缘。

(2)从采集单元板端子引入内部母板之间的引线必须采用耐高温线。

(3)采集板或采集单元电路板焊盘之间的距离符合规定，并在输入端加入熔丝，当输入电压超出额定输入3倍以上且电流大于200 mA时，输入回路高低端之间的熔丝熔断，对外呈现断路状态。对于道岔表示电压采集，当输入信号超出AC 3 000 V且电流大于200 mA时，输入回路高低端之间的熔丝熔断，对外呈现断路状态。

(4)采取措施保证采集单元或采集板内部输入与输出之间、输入与电源之间的耐压都高于DC 2 500 V。

①电路板的布线严格遵照电磁兼容的设计准则，即高压部分与低压部分走线区域严格区分，一次侧电压输入端走线间隔至少2 mm，输入500 V以上的走线间隔大于5 mm，如不能满足该要求则应开宽度大于1 mm的隔离槽进行防护。

②采集单元或采集板输入端与输出端之间应采用电压互感器、线性光耦与变压器隔离等器件，确保内部器件故障不反向传递到输入端。隔离电压标准须达到DC 2 500 V。在二次电源处要求串接熔丝。

(5)防混线措施：

①零散定型组合由工厂生产，减少组合内部混线的可能性。

②从分线柜等采样端子至组合侧面端子采用插接化弹簧压接端子，减少混线的可能性。

③各采集线用颜色区分，两端标签齐全。

二、信号监测系统监测项目的安全规定

1. 外电网综合质量监测

外电网综合质量监测包括电压采样和电流监测。电压采样点在配电箱闸刀外侧。电流监测使用开口式电流传感器，采样点在配电箱闸刀内侧至电源屏输入之间。

外电网综合质量采集箱盒靠近配电箱安装。

2. 电源屏监测

信号监测系统通过串行总线与信号智能电源屏接口并获取输入、输出电压、电流等信息。

3. 电缆绝缘监测

电缆绝缘测试按照规定周期进行。

信号集中监测绝缘测试界面上增加“天窗点内人工启动”提示，维护人员确认后输入用户名及专用密码，才能进行绝缘测试。

室内至室外设备的电缆通常为成对的电源线，定义为去线和回线，通常只测回线端子。

4. 电源对地漏泄电流测试

测试电源屏隔离输出的电源电缆，电源屏输入和不稳压备用为隔离电源，不测漏流。

漏流必须从电源屏自身设置的熔丝或空开隔离输出后聚端子上测试，并通过集中监测系统在监测机柜(或接口柜)设置的0.3 A的熔丝隔离后再进入漏流测试组合。

电源对地漏泄电流测试按照规定周期进行。

集中监测电源对地漏泄电流测试界面上增加“天窗点内人工启动”提示，维护人员确认后输入用户名及密码，才能进行电源对地漏泄电流测试。

三、信号监测系统采集项目安全等级要求

信号监测系统采集项目分为三个安全层次。

第一层次的采集项目是直接与分线柜相连的电压采集项目,且信号设备本身没有防护措施,安全性要求最高。这类采集项目有:道岔表示电压、道岔电缆绝缘。

第二层次的采集项目是与被监测设备直接连接,但信号设备本身具有防护措施,属于室内采集项目的,其安全性要求次之。这类采集项目有:外电网输入相电压、线电压;电源屏输入、输出电压;电源对地漏泄电流;50 Hz 相敏轨道电路电压;交流转辙机动作功率;电缆绝缘(不含道岔电缆)。

第三层次的采集项目是实施可靠的监测项目,实现方案比较成熟,基本采用半组接点、电流互感器采样或全空接点(光耦隔离)采样,不存在安全性问题。这类采集项目有:外电网输入电流;电源屏输出电流(监测自采集);信号智能电源屏输出电压、电流;直流转辙机动作电流;交流转辙机动作电流;信号机点灯回路电流;1DQJ 状态采集;断路器报警采集。

复习思考题

1. 信号监测系统采用哪些采集器件?
2. 简述电压互感器的结构和工作原理。
3. 简述电流互感器的结构和工作原理。电流互感器与电压互感器有何不同?
4. 简述传感器的结构和工作原理。
5. 简述外电网采集原理。
6. 简述轨道电路采集原理。
7. 简述转辙机采集原理。
8. 为什么直流转辙机采集电流互感器穿芯方式要绕砸,而交流转辙机只要穿过?
9. 简述道岔表示电压采集原理。
10. 简述断相保护器输出直流电压采集原理。
11. 简述道岔继电器时序监测采集原理。
12. 简述电缆绝缘监测采集原理。
13. 简述电源对地漏泄电流采集原理。
14. 简述信号机点灯回路电流监测采集原理。
15. 简述断路器报警采集原理。
16. 简述温湿度监测采集原理。
17. 为保证采集安全,对采集电路有哪些规定?
18. 对信号监测系统监测项目有哪些安全规定?
19. 信号监测系统采集项目安全等级有哪些要求?
20. 总结信号监测系统的采集安全措施。

第五章　信号监测系统接口

信号监测系统功能实现所需要的状态数据除由采集机提供外,还需要从其他系统获取。

中心服务器层应实现与 ATP 系统、ATS 系统、DCS 等接口,获取各系统的报警信息及关键数据。

车站层监测子系统应实现与计算机联锁、ZC(若有)、计轴、智能电源屏、智能灯丝报警仪、道岔缺口监测系统接口,获取各系统的报警信息及关键数据。

用户可以查看各系统的接口状态。

第一节　中心服务器层接口

一、与 ATS 子系统接口

系统通过标准网络接口与 ATS 维护工作站通信,获取 ATS 设备监测信息,包括 CATS 状态、LATS 状态、ATS 工作站状态、ATS 数据库服务器状态、TDT 设备状态、ATS 大屏接口计算机状态、TS 外部接口状态等。

二、与 ATP 子系统接口

系统通过标准网络接口与 CC、LC、ZC 通信,采用 SNMP 协议获取 CC、LC、ZC 设备状态信息。

1. 与 CC 接口

车载信号设备状态及报警信息通过无线网络传输到地面,与信号监测系统相连。

监测内容主要包括:应答器天线状态;编码里程计状态;VIOM 安全输入/输出模块状态;车载交换机状态;风扇单元状态;车轮打滑监测等。

2. 与 LC 接口

监测内容主要包括:主电源单元状态;风扇单元状态;电源单元状态;计算通道状态;多媒体卡状态;ID 插头状态;以太网通信单元状态;输入/输出电源单元状态等。

3. 与 ZC 接口

(1)数据传输内容:

①ZC 设备工作状态和通信接口状态。包括各类硬件板卡的工作状态,ZC 与计算机联锁、ATS、相邻 ZC 之间通信的接口状态。

②ZC 业务数据流信息。包括计算机联锁传输的进路信息、相邻 ZC 边界设置信息、车站和区间区段空闲与区段占用的码位信息。

③ZC 维护报警信息。主要有各类板卡的故障报警、ZC 系统 A/B 机工作异常的报警、A/B 机主备状态及同步状态、与计算机联锁接口报警、与 ATS 接口报警、与相邻 ZC 接口报警、与 LEU 接口报警以及有源应答器异常报警。

(2)接口方式。ZC 与 CSM 的接口是 ZC 的维护终端与中心服务器通过标准网络接口交互实现的。维护终端与中心服务器之间的数据传输采用 TCP 协议。ZC 维护终端为服务端,CSM 站机为客户端。维护终端与中心服务器间按 500~1 000 ms 固定周期交互数据。双方的 IP 地址设定按照 CSM 网络分配原则统一分配。

在车站监测层,ZC 维护终端与 CSM 站机之间采用 RJ-45 通信,连接电缆采用超五类网线。

三、与 DCS 设备接口

系统通过标准网络接口与 DCS 设备通信,采用 SNMP 协议获取 DCS 设备状态信息。

监测内容主要包括:无线 AP 状态;AP、Switch 温度超限报警;AP、Switch 流量超限报警;车载调制解调器状态;交换机状态;通信节点设备状态。

第二节 车站监测层接口

一、与计算机联锁接口

1. 数据传输内容

CSM 从计算机联锁的电务维修机获取含轨道区段、道岔、信号机、按钮、报警、表示灯及设备状态等信息。

(1)轨道区段信息。包括轨道区段的占用状态、锁闭状态和空闲状态等信息。

(2)道岔信息。包括道岔定位表示和道岔反位表示,道岔总定位、总反位状态,引导总锁闭状态,道岔单独解锁、道岔单独操纵、道岔单独封锁状态等信息。

(3)信号机信息。各种信号显示状态及灯丝断丝等信息。

(4)按钮状态信息。控制台上总人解按钮、总取消按钮、事故解锁按钮、按钮单封状态、故障通知按钮的状态信息;列车按钮、调车按钮、开灯按钮、关灯按钮的状态信息。

(5)报警信息:

①站场信息报警。包括轨道停电报警、挤岔报警、主灯丝断丝报警、断路器报警。

②计算机联锁系统故障报警。包括计算机联锁系统的上位机故障报警、CPU 板故障报警、输入板故障报警、输出板故障报警、主机和备机故障报警。

③计算机联锁系统与其他系统的通信故障报警。包括计算机联锁系统与 ZC、ATS 通信故障报警等。

(6)其他表示信息。主电源、副电源等的状态信息。

CSM 接收到上述数据后进行实时处理,并以站场图的形式直观、及时地向信号维护人员提供准确、可靠和丰富的设备运行状态显示。除了接收计算机联锁传输的信号设备数据外,CSM 还对计算机联锁的工作状态进行监视和记录。

从对话框中可查看计算机联锁的工作状态,包括计算机联锁硬件板卡的状态、计算机联锁主备机状态、计算机联锁主备机同步状态,以及计算机联锁与 CSM 的通信状态、计算机联锁与 ZC 的通信状态、计算机联锁与 ATS 的通信状态等。

电务维修机的数据采样周期不大于 150 ms。当开关量信息发生变化时,电务维修机自动存储变化的信息,并及时向 CSM 发送,CSM 将接收的数据处理后显示。

2. 接口方式

计算机联锁与 CSM 的接口是通过计算机联锁的电务维修机与 CSM 的站机交互实现的。两者之间通过标准网络接口通信,通信双方均增加光电隔离及防病毒措施。

由电务维修机定时单向发送,CSM 接收。CSM 站机将接收到的信息进行实时处理,真实反映计算机联锁获取的车站信号设备状态及计算机联锁设备的报警信息,并显示计算机联锁系统与其他系统的连接状态,发现故障及时以声光报警方式提醒信号维护人员。

二、与智能电源屏接口

1. 数据传输内容

信号智能电源屏的监测单元对电源屏的运行状态及参数进行实时监测、显示、记录、存储故障报警的设备,周期性地采集屏内的各类信息,向 CSM 传送信息。

CSM 获取信号智能电源屏信息和 UPS 信息。

(1)信号智能电源屏的监测信息:

信号智能电源屏模块状态信息:包括各模块的工作、保护、故障状态,交流接触器的状态。

模拟量监测信息:包括各电源屏输入电压、电流;各路输出电压、电流;50 Hz 电源输出电压、频率、相位角。

报警信息:包括交流输入停电、系统输入停电、电源输出支路断电、各模块故障。

(2)UPS 相关信息:

模拟量信息:包括输入相电压、电流、频率、功率;电池组电压、旁路相电压;UPS 后备时间或后备容量;UPS 输出电压、频率、功率、峰值比。

报警信息:交流输入停电、系统输入停电、UPS 输出断电、UPS 故障、UPS 告警。

2. 接口方式

站机通过标准网络接口与电源屏监控单元进行通信,获取电源屏(含 UPS、蓄电池)相关监测信息。通信双方均增加光电隔离及防病毒措施,如图 5-1 所示。

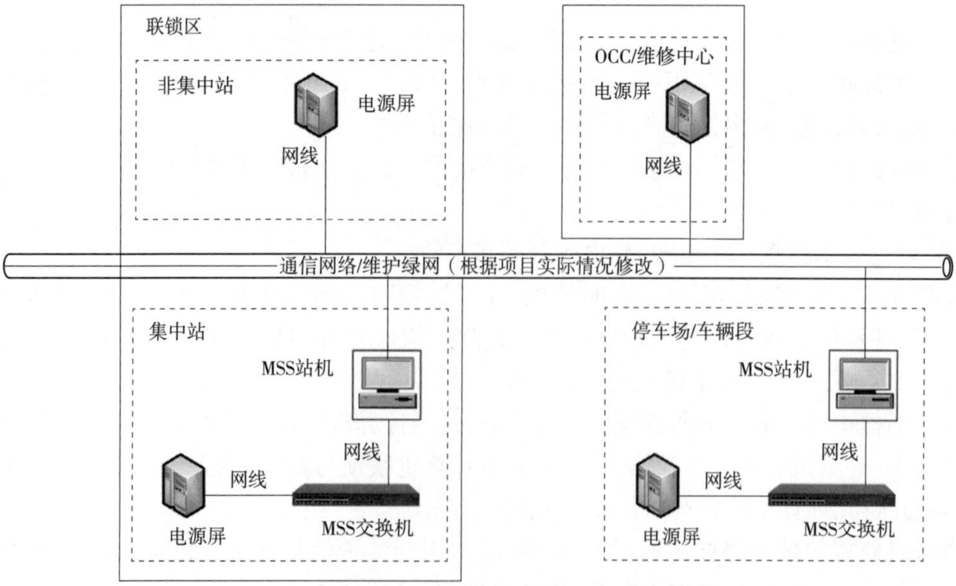

图 5-1　与智能电源屏接口

非集中站电源屏通过维护网将监测信息送至集中站站机,站机对接收的所有信息进行处理及存储,同时传送至中心智能化综合运维系统服务器。各维护工作站可从智能化综合运维系统服务器调阅电源屏监测信息。

信号智能电源屏的监测单元定时主动向 CSM 站机发送车站的全部模拟量和开关量最新信息。由智能电源屏的监测单元单向发送,CSM 接收。CSM 站机接收数据及时处理后复示,如有报警亦复示报警。

三、与智能灯丝报警仪接口

1. 数据传输内容

站机与智能灯丝报警仪通信,获取信号机各灯位的断丝报警信息,并定位到每个灯位。CSM 接收到智能灯丝报警单元传送的各个信号机各个灯位的灯丝状态信息,进行实时处理,实现对信号机灯位级别的断丝报警。若列车信号机主灯丝完好,CSM 则正常显示;一旦列车信号机灯丝出现断丝,CSM 便立即将断丝信号机的报警信息以声光报警方式复示,提醒用户前往现场处理。

2. 接口方式

站机通过标准接口方式与智能灯丝报警单元通信,通信的双方均采用光电隔离措施。智能灯丝报警单元每隔 1 s 向 CSM 站机发送 1 次心跳帧,当车站的列车信号机主灯丝出现断丝时,智能灯丝报警单元将报警信息及时发送给 CSM。信息由智能灯丝报警单元单向发送,CSM 接收。

四、与计轴接口

1. 数据传输内容

计轴板卡及室外磁头的状态,获取报警信息。

2. 接口方式

站机通过网络或串口接口方式与计轴维护系统通信,获取计轴相关报警信息。

五、与转辙机缺口监测系统接口

1. 数据传输内容

CSM 从转辙机缺口监测系统获取的内容包括缺口值信息、缺口报警信息、缺口图像信息、缺口视频信息、缺口设备状态和转辙机内温度、湿度信息。

(1)缺口值信息。道岔在定位时采集定位缺口值,在反位时采集反位缺口值。转辙机缺口监测系统将采集的缺口值发送给 CSM,CSM 进行实时显示和统计。缺口值信息包括动态缺口值和静态缺口值。

①动态缺口值。动态缺口值包括道岔定反位操纵后的缺口值和过车时的缺口值。道岔定反位操纵后的缺口值即道岔操纵完成后且无过车影响时(由轨道继电器 DGJ 或振动传感器来判断)采集的缺口数值。过车时的缺口值即列车通过本道岔区段过程中采集到的缺口数值。

②静态缺口值。静态缺口值是除道岔定反位操纵后的缺口值和过车时的缺口值之外,由系统定时轮巡或按人工指令采集的缺口数值。

(2)缺口报警信息。转辙机缺口监测系统根据缺口值进行报警和预警。转辙机缺口监测系统将报警信息及缺口图像一起传给 CSM,CSM 进行实时报警和语音报警提示。

①缺口图像。缺口图像有缺口的基准线和缺口线,基准线用蓝色表示,缺口线定位时用绿色表示,反位时用黄色表示。

缺口图像包括报警图像、道岔振动后的图像、轮询图像和实时缺口图像。

报警图像是报警发生时转辙机缺口监测系统主动送给 CSM 的。

道岔振动后的图像和轮询图像是 CSM 通过命令从转辙机缺口监测系统调看的。

实时缺口图像是 CSM 向转辙机缺口监测系统发送实时抓拍命令,缺口监测系统收到命令后立即进行缺口图像的抓拍和缺口计算,并上送给 CSM 的。

②缺口视频。缺口视频包括道岔振动过程视频和过车视频。视频通过 H. 264 进行编码压缩。CSM 可向转辙机缺口监测系统发送命令进行调看,并调用视频播放插件进行播放。

③缺口设备状态和温湿度信息。缺口设备状态主要为转辙机缺口监测系统的采集设备状态。

转辙机缺口监测系统通过在转辙机内安装温、湿度传感器进行转辙机内温度、湿度的实时监测,以方便维护人员了解转辙机内的环境。

2. 接口方式

站机通过标准接口方式与转辙机缺口监测系统通信,传输采用 TCP 协议,IP 地址由 CSM 统一分配。转辙机缺口监测系统侧设置网络隔离装置。

转辙机缺口监测系统为服务端,CSM 为客户端。

在运行过程中,双方通过心跳判断连接是否正常;如果 1 min 内没有收到对方的心跳,则判为接口中断。

在数据帧中,对于缺口值、报警及报警图像、设备状态和温湿度信息,转辙机缺口监测系统采集后主动传送给 CSM,CSM 进行显示并存储;对于缺口最新值、振动后图像、轮询图像、实时图像和视频信息,CSM 通过发送命令从转辙机缺口监测系统调看,CSM 不存储。

第三节 接口安全

一、系统接口安全

CSM 与各信号系统接口时,必须保证系统间数据传输的正确性、数据显示的实时性及完整性信息互不干扰。

CSM 主要采用下列技术保证接口安全:

(1)通信方式以单向为主,CSM 仅作为接收端,必要时增加心跳信息。

(2)对接口原始数据进行完整存储,保证数据信息完整性。

(3)通信协议中增加校验机制,如序号校验法、CRC 校验等。

(4)时钟对比机制,保证历史回放数据同步。

二、串口通信安全

接口方式:RS-232/RS-422/RS-485,硬件光电隔离,由对方系统单向发送给 CSM。

测试方式:以全体包的方式传输,变化时也发送全体包。

安全校验:接口协议中增加 CRC 校验。

三、CAN 总线通信安全

接口方式:采用 CAN1.0 总线规范,并结合国铁集团关于采集机的通信协议,硬件光电隔离。

测试方式:应答帧加主动帧的方式,数据交互周期需满足相关标准。

安全校验:接口协议中增加 CRC 校验。

四、网络通信安全

接口方式:对方系统设立独立的接口服务器,通过 RJ-45 方式接口;对方系统侧需增加网闸或硬件防火墙以保障系统安全通信。

测试方式:以对方系统主动上传为主,CSM 侧配置对应心跳包即可。传输周期不得超 1 s。

安全防护:

(1)对方系统内增设硬件防火墙或网闸设备,保证网络通信不受网络病毒感染,保障数据传输稳定性。

(2)对方系统需记录一周以内的发送数据,以保障双方系统随时可以进行原始数据查看,保障数据传输完整性。

(3)系统间接口不推荐使用网络型接口。

复习思考题

1. 中心服务器层与哪些系统接口?
2. 中心服务器与 ATS 系统有哪些数据传输内容?采用何种接口方式?
3. 中心服务器与 ATP 系统有哪些数据传输内容?采用何种接口方式?
4. 中心服务器与 DCS 设备有哪些数据传输内容?
5. 车站监测层与哪些系统接口?
6. 车站监测层与计算机联锁有哪些数据传输内容?采用何种接口方式?
7. 车站监测层与智能电源屏有哪些数据传输内容?采用何种接口方式。
8. 车站监测层与智能灯丝报警仪有哪些数据传输内容?采用何种接口方式。
9. 车站监测层与计轴设备有哪些数据传输内容?采用何种接口方式。
10. 车站监测层与转辙机缺口监测系统有哪些数据传输内容?采用何种接口方式。
11. 简述信号监测系统的接口方式。
12. CSM 对接口安全如何保证?
13. 如何保证串口通信安全?
14. 如何保证 CAN 总线通信安全?
15. 如何保证网络通信安全?

第六章　信号监测系统的网络管理

信号监测系统的网络管理是指对组成网络的各种硬软件设施的综合管理，以充分发挥这些设施的作用，并保证网络向用户提供可靠的通信服务。

第一节　网络管理

信号监测系统的网络管理包括拓扑状态管理、安全管理、网络故障管理、网络配置管理、网络性能管理等。

一、拓扑状态管理

拓扑状态管理指对管辖区域内的网络节点状态进行自动收集，自动生成广域网拓扑结构图，以真实反映各个节点间的网络连接情况。拓扑状态图可以真实反映城市轨道交通子系统的网络结构；显示服务器、工作站、路由器、交换机及各个节点的工作状态信息。

拓扑图呈现的网元除路由器、交换机等网络设备外，还包括采集板卡、采集器和智能传感器。在拓扑图中用不同的图标来区分不同的网元类型。

拓扑图监视可以实时反映网元告警类别与告警级别。可以通过网元图标、链路变色，闪光的方式显示不同类型、级别的告警状态，还可以发出告警声音提示。

用户可以编辑现有的拓扑图，在拓扑图上添加、删除和修改网元设备及连线。拓扑图编辑器能预先自动生成部分拓扑图，并提供手工编辑拓扑图的功能。用户可以根据需要设置背景地图，摆放网元。在拓扑图中增加网元后，能根据配置信息生成该网元与其他网元之间的连线。编辑的拓扑数据结果能保存下来，以后被加载显示。

二、安全管理

安全管理指通过各种手段确保网络设备、各种主机、服务器、网络服务器本身以及它们之间的数据通信安全。安全管理为用户提供了灵活的工具，以鉴别用户及其数据，控制用户对资源的存取，同时对网上的机密信息实施保护。

网络管理系统中存储和传输的管理和控制信息对网络的运行和管理是至关重要的，一旦出现信息泄漏、被篡改和被伪造，将给网络造成灾难性的破坏，因此必须保证网络管理系统自身的安全。

安全管理采取数据链路加密、病毒免疫、灾难恢复等措施来控制对网络资源的访问，确保网络安全可靠地运行，具体有：

(1)管理信息存储和传输的加密与完整性。供网络管理系统内部各子系统或与其他系统的信息传输采用安全的套接字层传输协议，对管理信息加密传输并保证其完整性；内部存储的机密信息如登录口令、用户名等也要加密处理。

(2)网络管理用户分组管理与访问控制。按任务的不同将用户分成若干组,不同的用户组有不同的权限范围;对用户的操作由访问控制检查保证用户不能使用网络管理系统。

(3)系统日志应记录用户的所有操作。使系统的操作对网络对象的修改有据可查,同时有助于故障的跟踪与恢复。

(4)网络资源的访问控制。通过管理网络访问控制列表,完成防火墙的管理功能,即从网络层和传输层控制对网络资源的访问,保护网络内部的设备和应用服务,防止外来攻击。

(5)告警事件分析。接收网络对象所发出的告警事件,分析与安全相关的信息,如路由器等设备或系统的登录信息、SNMP(简单网关协议)认证失败信息,实时向网络管理员报警,并提供历史安全事件的检索与分析机制,以及时发现正在进行的攻击或可疑的攻击迹象。

(6)系统的安全漏洞检测。实时监测系统的重要服务状态,提供安全监测工具,以搜索系统可能存在的安全漏洞或隐患,并借助智能辅助决策系统给出弥补措施的建议。

三、网络故障管理

1. 故障管理的内容

网络故障管理用于检测网络环境中的异常操作和现象。通过对管理信息的分析和处理,网络管理人员可以发现问题,并通过跟踪分析和故障隔离等,逐步确定故障的原因和位置,进行故障报警并实施有效的隔离。具体有:

(1)故障检查。网络管理系统探测或接收网络中的各种事件信息,并识别出其中与网络和系统故障相关的内容,对其中的关键部分持续跟踪,生成网络故障记录。

(2)故障报警。接收故障监测模块传送来的报警信息,根据报警策略驱动不同的报警程序,即启动故障辅助智能决策系统,以报警窗口和声光报警发出网络故障警报。

(3)检索/分析故障信息。提供可视化的良好人机界面,并以关键字检索查询故障管理系统数据库中所有的记录,定期收集故障记录数据,给出被管网络系统、线路和设备的可靠性和安全性参数。

(4)排除故障支持。网络管理系统向管理人员提供一系列实时检测工具,测试被管设备状态并记录测试结果,供技术人员分析和处理,可根据已有的处理经验和管理员对故障的描述,给出故障处理流程、提示和指导。

(5)故障管理配置。接收管理员输入和其他配置信息,对故障管理系统进行配置,包括故障优先级、查询时间间隔等内容。

2. 故障管理的功能

(1)集中监控,实时呈现。用户可以在一个告警控制台上监控整个网络的各种故障事件,做到集中监控。一个告警事件的产生到呈现是实时的。

①声音报警。根据告警级别和告警类别的不同组合设置告警声音。监控人员可自定义每种报警声音的类型、开关状态,同时需要系统提供修改维护界面。

②显示界面。告警监视器显示所有活动告警和已确认但未清除的告警,每条告警通过颜色标识相应的告警级别。属于不同类型、确认情况、活跃情况的告警,应该归类到同一告警窗口的不同栏目,并同时显示出来。

(2)事件过滤。告警数据过滤用于从底层提取的告警信息中过滤掉监控人员认为不重要的信息,减少轻微告警的干扰,以提高监控与处理的效率。过滤的条件有:告警网元、告警级别、告警类别、告警标题、告警类型。

告警数据过滤的开启状态可以手工设定。

(3)标准化和重定义。采集层采集到的原始告警数据要经过告警数据处理层的标准化处理。标准化过程包含了告警重定义的处理。重定义后,告警级别分为:紧急告警、严重告警、一般告警、提示告警、未确定告警。告警类别分为:通信告警、环境告警、设备告警、处理错误告警、服务质量告警。

(4)告警传递。为了保证底层对象的告警信息能及时显示,监控界面对底层对象的告警应逐层传递,达到实时监控的目的。

(5)故障定位。对于发生的故障,系统可以提供比较具体的定位,如 CPU/路由模块、网络接口卡等。

(6)存储和备份。系统能自动存储所有告警记录,原始告警信息在系统中保留一个月以上;分类后的告警信息在数据库中按照告警类别、告警级别、业务种类、网元类别保存;处理后的告警数据至少保留三个月。逾期信息使用磁带或光盘等介质备份。

系统提供界面能够按照维护人员的要求或时间表的设置对所采集的告警数据进行备份或删除。数据备份方式有增量备份和周备份两种形式。

四、网络配置管理

网络配置管理负责控制网络的配置信息,提供有关的工具手段,使网络管理者可以生成、查询和修改网络各部分运行参数和条件。网络配置管理提供了所有被管对象的配置信息,同时为其他网络管理功能提供了重新配置网络的功能。

网络的配置信息通常包括网络设备的拓扑关系、域名、IP 地址、运行参数、备份条件和配置更改条件等所有管理范围内设备的静态和动态信息。网络配置管理就是通过修改被管对象的属性来控制被管对象,保证网络的正常运转。

网络配置管理包括定义配置信息、设置和修改管理对象的属性值、定义和修改管理对象间的关系、定义和更改管理域、通过网络发布新软件等。

1. 定义配置信息

定义对网络管理有意义的管理对象的状态和属性。CSM 综合采用简单列表和关系型数据库的方式组织配置信息数据。当采用简单列表方式存储配置信息时,每一项对应于某一属性值。当采用关系型数据库时,数据库中的每一项代表相应网络元素的某一特性,数据库的结构代表网络元素之间的关系。

2. 设置和修改管理对象的属性值

网络管理员远程设置和修改被管对象的属性值。在执行该操作时必须进行严格的认证检查,只有符合要求的管理者才能够运用该功能。必须严格限制可修改设备的数量、参数和响应时间,保证在修改配置属性时,不会导致整个网络的瘫痪或主要服务功能的丧失。

3. 定义和修改管理对象间的关系

在不影响任何一部分网络的条件下,动态修改、增加、删除网络设备之间的相互联系、连接关系以及彼此间的依赖条件,如网络拓扑关系、层次关系以及管理域等。

4. 定义和更改管理域

通过修改有关数据来定义和更改管理域,确保管理域内管理授权和管理模式的一致。管理域指具有相同管理授权或者具有相同管理属性的被管对象的集合,如网络中的一组网络设备或一个局域网子网等。对于每个网络管理系统,都有自己的管理范围,即管理域。对于这个管理域范围外的网络设备,管理人员并不关心其配置、性能和故障管理。

5. 通过网络发布新软件。

通过网络向端系统(主机、服务器及工作站等)和中间系统(网桥、路由器)等传送新的软件,包括系统软件和应用软件。新软件的发布可通过两种方式实现:一是由被管设备发出申请,由管理者响应并发送相关的软件;二是管理者主动向被管设备发送新的软件。

五、网络性能管理

网络性能管理是对通信网中网络元素的性能及网络通信的性能进行管理。这项管理可评价网络的性能,并且可通过控制网络元素的性能来控制网络的整体性能,确保网络不会出现过度拥挤情况,以提供更好的网络通信服务。网管人员可通过该功能,方便地检查网络的性能参数,包括当前数据和历史数据。

1. 网络性能监测

系统具有性能阈值设定、性能告警、性能数据采集、性能数据统计分析等功能。根据用户的要求对每条广域链路的性能进行监测,根据业务系统服务器的性能进行监测。具体实现方法有:

(1)监控网络设备和相应的所有连接,监视设备和线路的使用率、出错率及相应的阈值,并进行阈值报警。

(2)定期分析历史数据,及时提醒管理者和决策者做出设备或线路的升级计划,保证设备和线路的容量不会因过度使用而出现网络性能急剧下降的情况。

2. 网络性能管理功能

网络性能管理包括性能监控和性能数据收集、阈值控制、性能分析、被管对象的管理及提供实时数据采集、分析和可视化工具等基本功能。

(1)性能监控和性能数据收集。定时收集被管对象的性能数据,如响应时间、访问被拒绝的比例、设备的稳定性等,自动生成性能报告。

(2)阈值控制。对每个被管对象的每种属性设置阈值。对于特定被管对象的特定属性,可针对不同的时间段和性能指标进行阈值设置。通过设置阈值并检查阈值,可在网络及其设备出现性能问题时及时向管理人员报警。

(3)性能分析。通过对性能历史数据的分析、统计和整理,计算性能指标,形成性能曲线,提供可视化的性能报告,并对性能状况进行评估。

(4)被管对象的管理。提供灵活的被管对象组织方式,用户可以根据特定的管理需求定义被管对象集合,对具有某一共同属性的被管对象进行分类、查找和性能比较。

(5)提供实时数据采集、分析和可视化工具。对流量、负载、丢包、设备温度、网络延时、工作状态等信号和网络设备及线路的性能指标进行实时检测,并可任意设置数据采集的时间间隔。

第二节　网络安全

一、系统防病毒

1. 系统内防病毒

信号监测系统有专用的防病毒服务器，各子系统需安装网络版杀毒软件，且需定时更新、定时杀毒。此外，在系统中增设漏洞扫描设备及入侵检测设备（可在系统中心单独设置或在系统中心及车站同时增设）。

网络版杀毒软件需合理设置，以保证不影响现有系统稳定运行。

2. 系统中心层防病毒硬件

系统中心设置网络版防病毒服务器、硬件防火墙、入侵检测系统、漏洞扫描系统。

(1)网络版防病毒服务器。防病毒服务器采用网络版杀毒软件。防病毒服务器系统软件是将防病毒软件与高级威胁防御功能相结合的安全防护软件，可以为服务器提供恶意软件防护能力。

该杀毒软件包含三个模块：病毒和间谍软件防护、网络威胁防护、主动型威胁防护。这三个模块相结合能有效地阻截恶意软件，如病毒、间谍软件，防止安全违规事件的发生。

该杀毒软件具备管理控制台功能，在管理控制台中无缝集成了基本安全技术，提高了防护能力，还有助于降低管理开销。

在信号监测系统中设立防病毒服务器，其他各级子系统均需与服务器连接进行安装及升级。系统维护人员需对防病毒服务器进行升级。

(2)硬件防火墙。在车站网络接入电务段子系统的入口处，增加防火墙设备。

(3)入侵检测系统。入侵检测系统是对防火墙有益的补充，可与防火墙共同使用。它是防火墙之后的第二道安全闸门，可对网络进行检测，对内部攻击、外部攻击和误操作实时监控，提供动态保护，大大提高了网络的安全性。

入侵检测系统有以下特点：

①事前警告。入侵检测系统能在入侵攻击对网络系统造成危害前，及时检测到入侵攻击，并进行报警。

②事中防御。入侵攻击发生时，入侵检测系统可以通过与防火墙联动、TCP Killer 等方式进行报警及动态防御。

③事后取证。被入侵攻击后，入侵检测系统可以提供详细的攻击信息，便于取证分析。

这样，防火墙提供静态防御，入侵检测系统提供动态防御，防火墙和入侵检测系统相结合，给网络带来全面防御。

入侵检测系统可实时检测网络流量，监控各种网络行为，对违反安全策略的流量给予及时报警和阻断，实现从事前警告、事中防护到事后取证的一体化解决方案。

网络版入侵检测系统由安全中心、网络探测器及升级站点组成，方便各种网络环境的灵活部署和管理。

①入侵检测。对缓冲区溢出、SQL 注入、暴力猜测、DOS 攻击、扫描探测、蠕虫病毒、木马后门、间谍软件等各类黑客攻击和恶意流量进行实时检测及报警，并通过与防火墙联动、

TCP Killer、发送邮件、安全中心显示、日志数据库记录、运行用户自定义命令等方式进行动态防御。

②Web 安全。基于互联网 Web 站点的挂马检测结果,结合 URL 信誉评价技术,在用户访问被植入木马等恶意代码的网站时,进行实时警告,并录入安全日志。

③流量分析。统计当前网络中的各种报文流量,协助管理员了解实时的网络流量性质和分布,以及时做出调整,确保关键业务能够持续运转。

④用户上网行为监测。对非法上网进行监测,并提供事件告警和记录。

(4)漏洞扫描系统。漏洞扫描系统采用高效、智能的漏洞识别技术,第一时间主动对网络中的资产进行细致深入的漏洞检测、分析,并给用户提供专业、有效的漏洞防护建议,让攻击者无机可乘,形成漏洞管理体系,保障系统完整运行。

漏洞扫描系统是基于 Web 的管理方式,用户使用浏览器通过 SSL 加密通道和系统 Web 界面模块进行交互,方便用户管理。漏洞扫描系统采用了模块化设计,其主要功能包括漏洞预警、漏洞检测、风险管理、漏洞修复及漏洞审计。

①依托专业的安全技术,综合运用信息重整化等多种领先技术,自动、高效、及时、准确地发现网络资产存在的安全漏洞。

②提供 Open VM(开放漏洞管理)工作流程平台,将先进的漏洞管理理念贯穿整个产品实现过程。

③专业的 Web 应用扫描模块,可以自动进行 Web 应用、Web 服务及支撑系统等多层次、全方位的安全漏洞扫描,简化安全管理员发现和修复 Web 应用安全隐患的过程。

④对发现的网络资产安全漏洞进行详细分析,并采用权威的风险评估模型将风险量化,给出专业的解决方案;方便的资产风险管理功能,帮助安全管理员全面、快速定位企业信息资产中的风险情况。

二、主机系统安全设置

多数网络攻击和入侵目标是网络中的主机系统,因此对主机系统的保护成为网络安全防御的重中之重。

默认安装配置下的主机操作系统面临着来自网络和内部恶意用户的收集信息攻击、猜测口令攻击、拒绝服务攻击、缓冲区溢出攻击等巨大威胁,无法有效识别系统中的特洛伊木马程序和入侵者安装的黑客后门程序等,无法准确记录和定位攻击入侵者的“足迹”。经过安全加固配置的主机操作系统构成了保护主机系统的基础。

信号监测系统主机安全要求如下:

(1)需对登录信号监测系统关键服务器的用户进行身份标识和鉴别。身份标识具有唯一性,身份鉴别信息具有复杂度要求,口令长度应不少于 8 个字符,且包含大小写字母、数字、特殊符号。

(2)信号监测系统各计算机节点应采用恶意代码防护手段,免疫已知/未知恶意代码的破坏,防止非法访问。

(3)信号监测系统各计算机节点需遵循最小安装的原则,仅安装需要的组件和应用程序,加强计算环境边界管控,关闭不需要的系统服务、默认共享服务和高危端口,至少包括 135、137~139、445、3389 端口。

(4)信号监测系统各计算机节点应禁止非法外设使用,禁止使用无线上网设备进行无线网络通信。

(5)信号监测系统各网络节点禁止接入 Internet 网络。

三、网络边界安全

监测中心局域网与监测广域网之间需部署安全边界设备,进行边界安全隔离防护。

网络边界安全要求如下:

(1)信号监测系统与外部系统网络边界需部署安全边界设备,进行系统边界安全隔离。

(2)网络边界安全设备和系统边界安全设备应对源地址、目的地址、源端口、目的端口和协议等进行检查,以允许/拒绝数据包进出。

(3)安全设备应删除多余或无效的访问控制规则,保证访问控制规则数量最小化。

(4)监测中心局域网应采用入侵检测技术,及时捕获网络异常行为,分析潜在威胁,进行安全审计。

(5)调试设备接入信号监测系统网络时,应使用为调试分配的专用 IP 地址,并经过防病毒服务器杀毒软件检查。

四、身份认证

身份认证是确保网络资源按照安全策略被正确的用户访问。网络管理系统对网络元素的访问、对应用服务器系统的访问,办公系统之间的资源访问等都需要身份认证技术的保护。

身份认证技术主要包括操作系统自带的本地认证以及 Radius、Tacacs+等远程认证技术。S/Key(或 Secure ID)一次性口令认证技术可有效地防御口令窃听等网络攻击,减小口令泄露带来的安全威胁,是对认证技术的有效增强。

考虑到信号监测系统的安全需求,对主机设备使用 S/Key(或 Secure ID)认证技术可以在"实用有效"的原则下,建立一套简捷明了、行之有效的网络身份认证体系。

对于网络中的主机设备,可根据其重要性决定是否采用网络集中认证结合本地系统认证的方式满足身份认证的需求。

五、系统使用安全管理

(1)封闭终端、服务器相关的 USB 接口,不允许 U 盘直接接入。调试或更换数据时,USB 设备经统一杀毒后,仅在系统维护台使用。

(2)不允许非法设备通过网络接入。调试设备接入信号监测系统网络时,应使用为调试分配的专用 IP 地址,并经过病毒服务器杀毒软件检查。

(3)用户输入用户名及正确的密码后,才能正常使用,包括终端使用、电缆绝缘测试、相关控制命令等,均调用用户管理。信号监测系统采用了用户身份认证等机制保证连接用户身份的合法性,并对重要信息进行跟踪和加密管理。

复习思考题

1. 信号监测系统的网络管理包括哪些内容?

2. 如何进行拓扑状态管理?
3. 如何进行安全管理?
4. 如何进行网络故障管理?
5. 如何进行网络配置管理和网络性能管理?
6. 信号监测系统的网络安全包括哪些内容?
7. 如何进行系统防病毒?
8. 如何进行主机系统安全设置和网络边界安全?
9. 如何进行身份认证?
10. 如何进行系统使用安全管理?

第七章　信号监测系统的使用

第一节　服务器的使用

一、应用服务器的使用

图 7-1　iServerApp 服务器程序快捷方式

1. 启动和退出

双击桌面上图 7-1 所示的快捷图标可启动 iServerApp 应用服务器程序。

在主界面上按【Ctrl+Alt+Q】组合键,弹出“程序退出”对话框,如图 7-2 所示,此时选择退出程序。

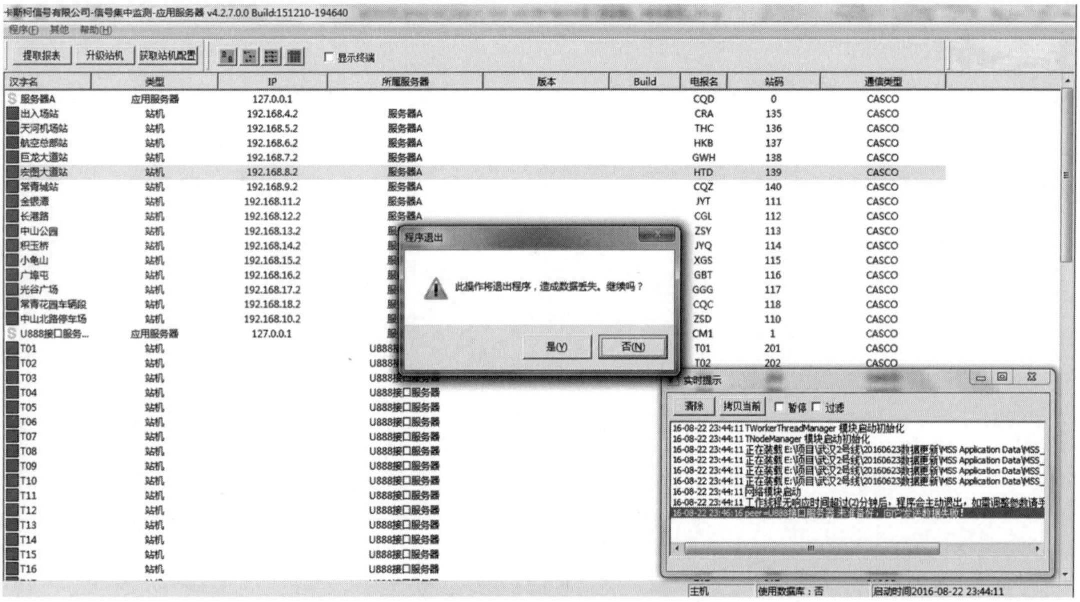

图 7-2　应用服务器退出界面

2. 主界面操作

应用服务器主界面分为 6 个区域,分别为标题栏、菜单栏、工具栏、实时提示对话框、状态栏和显示界面,如图 7-3 所示。

(1)标题栏。应用服务器标题栏显示公司名称、程序名称及版本号。

(2)菜单栏。图 7-3 中的菜单栏提供“程序(E)”“其他”“帮助(H)”三个功能选项。

单击“程序(F)”→“运行状态”命令,弹出图 7-4 所示的“程序运行状态”对话框,可以查看程序运行状态。单击“检测”按钮可获取工作线程的响应时间。

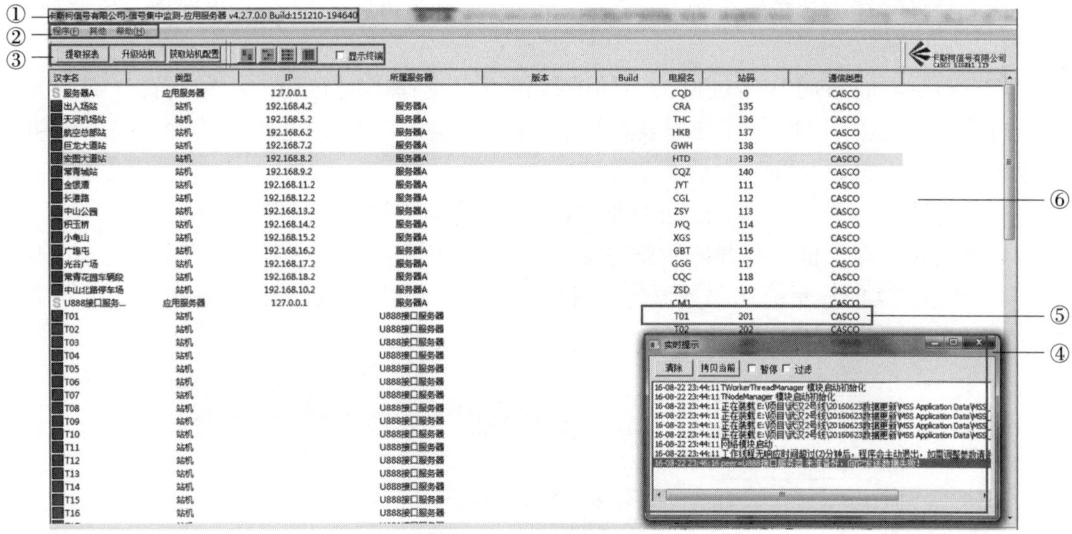

图 7-3 应用服务器主界面

单击“其他”→“查找”命令，弹出图 7-5 所示的“查找”对话框。在“电报名”文本框中输入需要查找的名字，单击“确定”按钮即可定位到需要查找的终端、车站或者服务器。

单击“帮助(H)”→“关于 iServerApp”命令，弹出图 7-6 所示的“关于应用服务器”对话框。单击“确定”按钮或“关闭”按钮，可关闭该对话框。

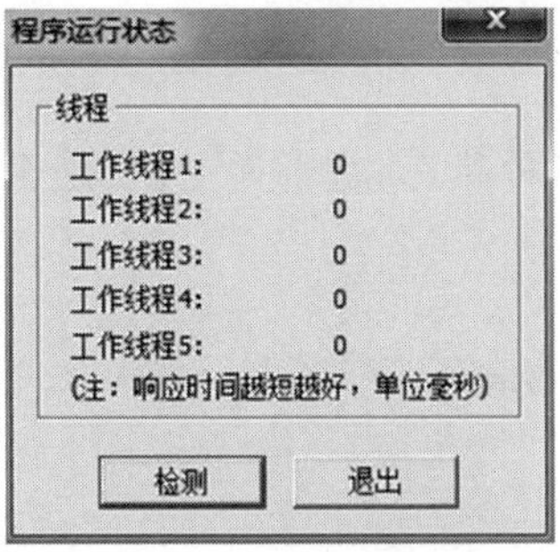

图 7-4 程序运行状态

图 7-5 查找功能

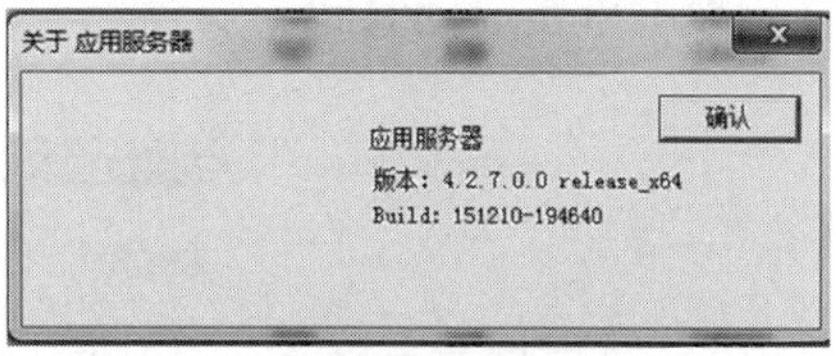

图 7-6 关于应用服务器对话框

(3)工具栏。如图 7-7 所示，工具栏主要包括三个区域：区域一，实现提取报表、升级站机、获取站机配置功能；区域二，实现调整显示界面布局的功能；区域三，实现在显示界面显示终端的功能。

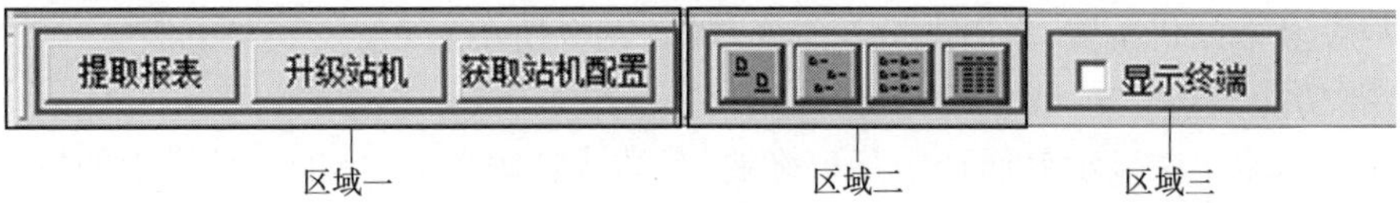

图 7-7 工具栏

“提取报表”：在选中车站的情况下，单击“提取报表”按钮，正确输入密码后，将提取车站日报表。

“升级车站”：在选中车站的情况下，单击“升级车站”按钮，正确输入密码后，可以升级站机配置。

“获取站机配置”：在选中车站的情况下，单击“获取站机配置”按钮，正确输入密码后，可以从车站站机获取车站配置。

“调整显示界面布局”：通过单击不同的按钮可以选择不同布局。从左至右分别为大图标、横向小图标、纵向小图标、详细列表。其中，详细列表可以提供汉字名、类型、IP、所属服务器、版本、Build、电报码、站码、通信类型等信息。

“显示终端”：勾选“显示终端”复选框，显示界面将会增加终端信息。

（4）实时提示对话框。打开应用服务器程序，右下角显示图7-8所示的“实时提示”对话框。该对话框将实时显示应用服务器的实时操作情况。用户可根据需求，对实时提示对话框进行清除、拷贝当前、暂停、过滤等操作。

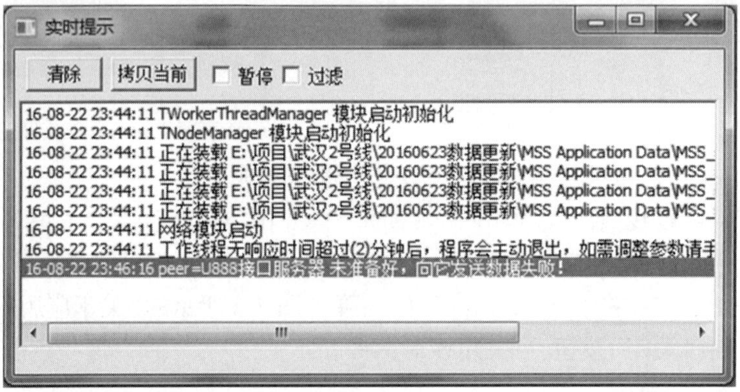

图 7-8 “实时提示”对话框

（5）状态栏。图7-9所示的区域状态栏能显示应用服务器的三种状态：是否为主机、是否使用数据库及启动时间。

图 7-9 状态栏

（6）显示界面。图7-3中的区域6为显示界面。显示界面上所辖终端/站机的表示颜色有三种：红色，该终端/站机与服务器未连接；绿色，该终端/站机与服务器本机连接；黄色，该终端/站机与另外一台备用服务器连接（在使用双机热备功能时）。

右击选择某一终端/站机，弹出快捷菜单，其中提供ping、提取报表、升级站机、获取站机配置、重启站机等命令，如图7-10所示。

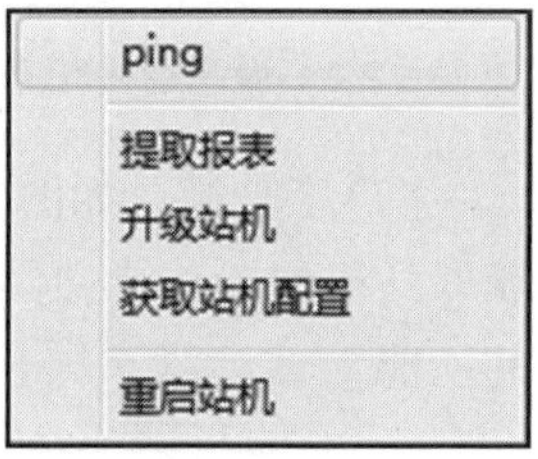

图 7-10 快捷菜单

3. 主要功能

（1）ping功能。在显示界面选中某一终端、车站或者服务器，单击工具栏中的“提取报表”或选择快捷菜单中的“ping”命令，可以检查通信状态是否正常，如图7-11所示。

（2）提取报表。在显示界面选择车站（可多选），单击工具栏中的“提取报表”按钮，或选择快捷菜单中的“提取报表”命令，弹出“请输入密码”对话框，要求用户输入密码，如图7-12所示。在用户正确输入密码后，可以提取报表信息。

双机热备时该操作仅控制与本服务器直接相连的节点。

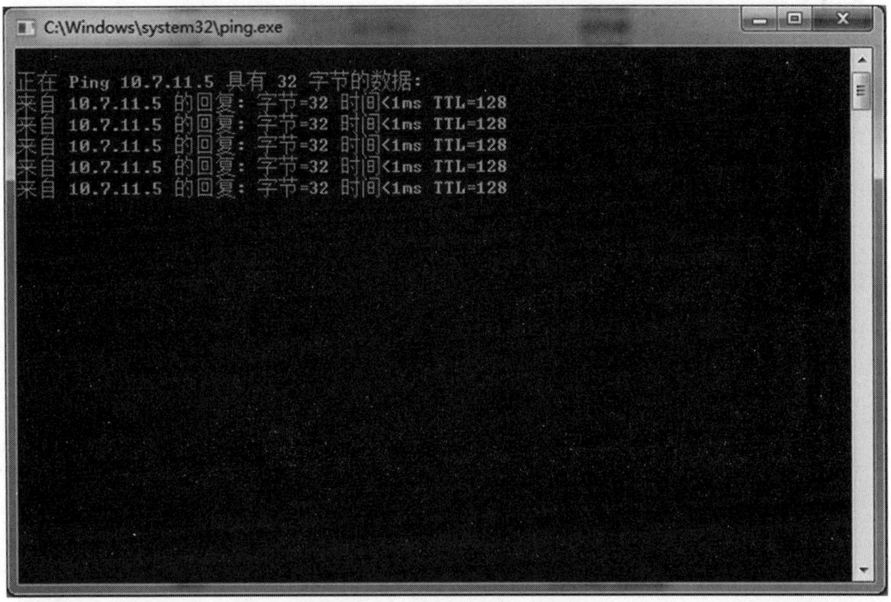

图 7-11 检查通信是否正常

(3)升级站机。在显示界面选择车站(可多选),单击工具栏中的“升级站机”按钮,或选择快捷菜单中的“升级站机”命令,弹出“请输入密码”对话框,如图 7-12 所示。在用户正确输入密码后,弹出图 7-13 所示的“升级站机”对话框,单击“是”按钮即可开始站机升级操作。

双机热备时该操作仅控制与本服务器直接相连的节点。

图 7-12 “请输入密码”对话框

(4)获取站机配置。在显示界面选择车站(可多选),单击工具栏中的“获取站机配置”按钮,或选择快捷菜单中的“获取站机配置”命令,弹出“请输入密码”对话框,如图 7-12 所示。在用户正确输入密码后,可以获取站机配置。

双机热备时该操作仅控制与本服务器直接相连的节点。

(5)重启站机。在显示界面选择车站,选择快捷菜单中的“重启站机”命令,弹出“请输入密码”对话框,如图 7-12 所示。在用户正确输入密码后,弹出图 7-14 所示的“重启站机”对话框,单击“是”按钮即可重启站机。

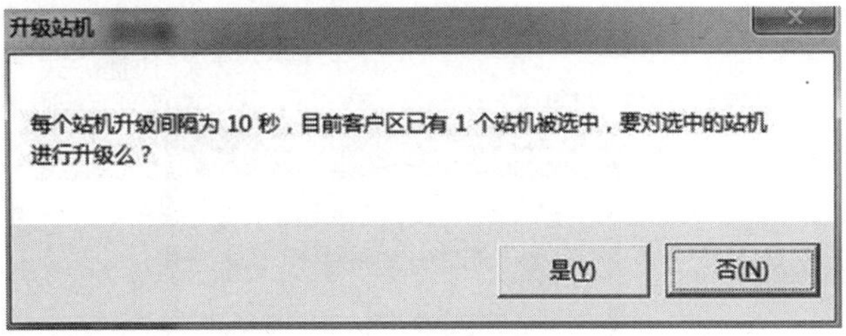

图 7-13 “升级站机”对话框

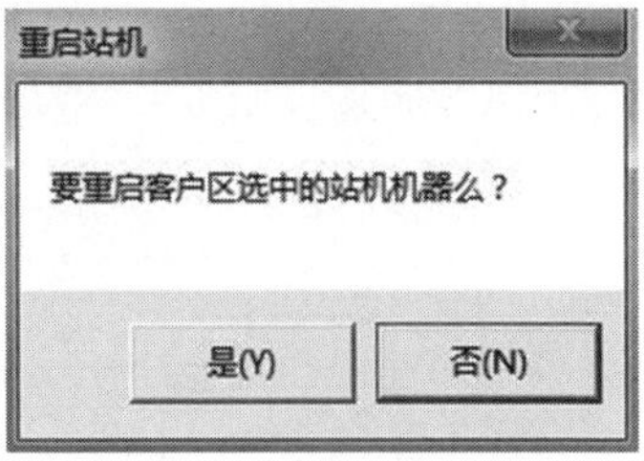

图 7-14 “重启站机”对话框

“重启站机”重启的是站机那台机器,而不是站机程序。双机热备时该操作仅控制与本服务器直接相连的节点。

4. 出错和恢复

检查硬件设备,如查看硬盘空间是否已满、网线是否插好等。查看主界面上“实时提示”对话框中的内容,查看里面有没有信息提示,如图 7-15 所示。

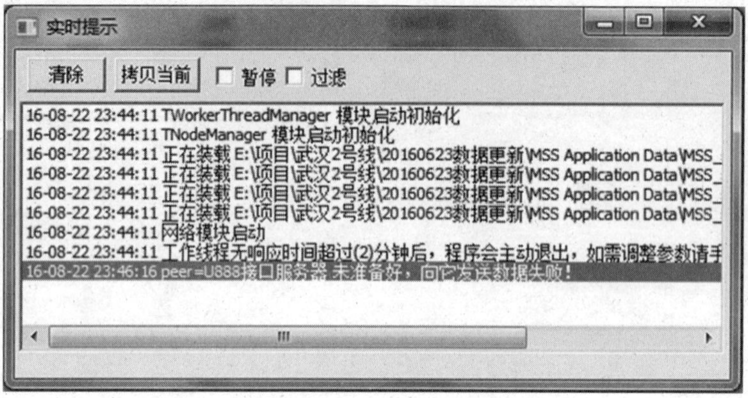

图 7-15 “实时提示”对话框

查看出错时间段内的日志,日志文件夹与可执行文件放在同一目录下;查看数据库日志。

5. 求助查询

一般情况下,发生软件故障时,可按以下步骤进行检查:

(1)检查网络连接是否正常。

(2)检查数据库是否运行正常。

(3)检查服务器和维护工作站浏览器是否兼容。

(4)检查硬件设备,如查看硬盘空间是否已满、网线是否插好等。

(5)查看集中监测模块主界面上“实时提示”对话框中的内容,看看里面有无信息提示。

(6)查看出错时间段内的程序日志。

二、接口服务器的使用

1. 启动和退出

在应用服务器已启动的前提下,双击桌面上如图 7-16 所示的快捷方式打开 U888 接口服务器。

图 7-16 U888 快捷方式

如与应用服务器连接成功,应用服务器中接口服务器为绿色。

单击“系统”→“退出”命令,或在菜单栏中右击,弹出图 7-17 所示快捷菜单,选择“关闭窗口”命令,弹出图 7-18 所示的对话框,单击“确定”按钮,即可关闭 U888 接口服务器程序。

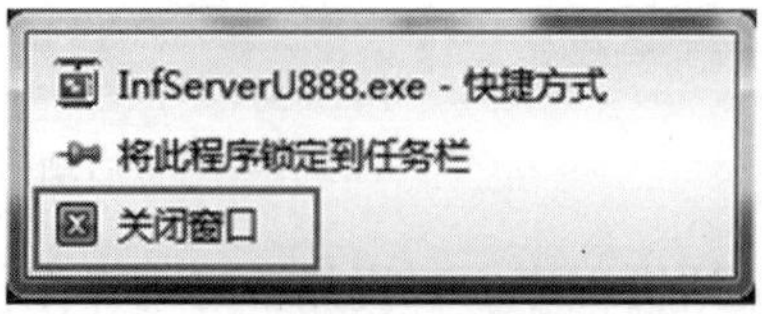

图 7-17 任务栏右键快捷菜单

图 7-18 关闭对话框

2. 主界面操作说明

如图 7-19 所示，接口服务器主界面可分为四个区域，分别为标题栏、菜单栏、通信状态栏和显示界面。

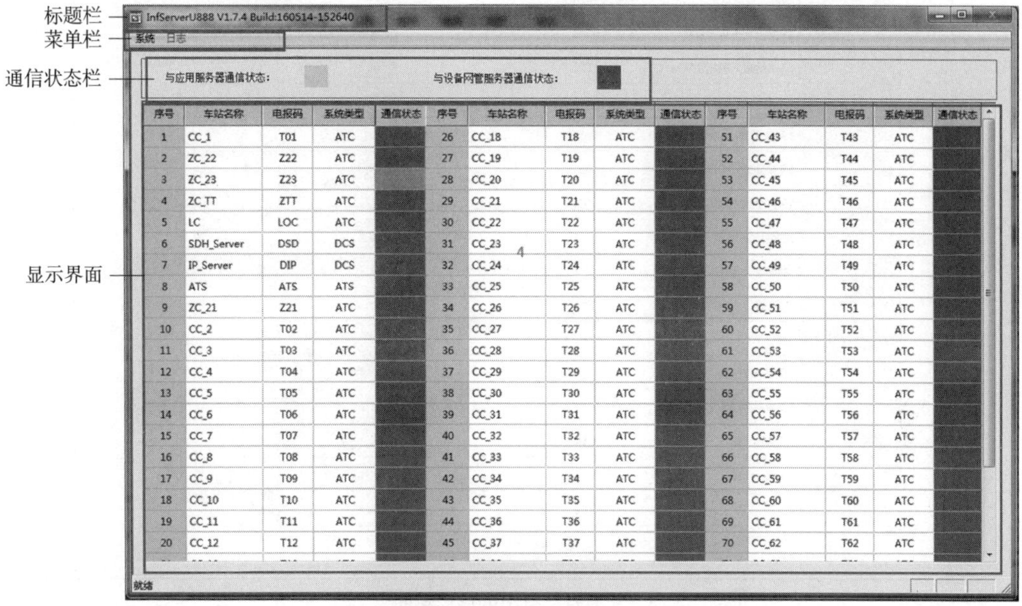

图 7-19　接口服务器主界面

(1)标题栏。接口服务器标题栏显示程序名称及版本号。

(2)菜单栏。图 7-19 中的菜单栏提供系统、日志两个功能选项。

单击“系统”→“关于 InfServerU888”命令，可以查看程序版本说明。单击“确定”按钮或右上角的“关闭”按钮，可关闭该对话框。

单击“系统”→“退出”命令，可退出程序。

(3)通信状态栏。图 7-20 所示的通信状态栏有两个状态信息，即“与应用服务器通信状态”和“与设备网管服务器通信状态”。

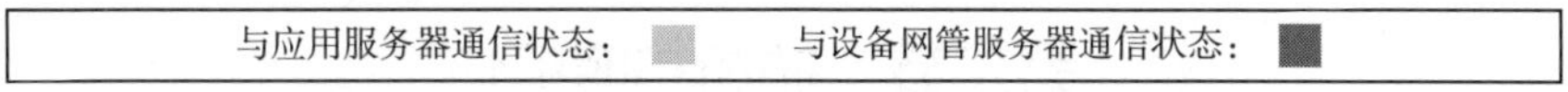

图 7-20　通信状态栏

①“与应用服务器通信状态”：红色表示与应用服务器通信中断，绿色表示与应用服务器通信正常。

②“与设备网管服务器通信状态”：红色表示设备网管服务器通信中断，绿色表示设备网管服务器通信正常。

(4)显示界面。显示界面可显示所有 U888 接口服务器轮询的车站情况，红色表示车站内有设备故障，绿色表示车站内所有设备正常。U888 接口服务器轮询的车站类型有 ATS、DCS、CC、ZC、LC。双击任一车站的通信状态，即可进入该类设备的 MIBINFO 界面，如图 7-21 所示。

MIBINFO 界面分为三个页面，即 Lru&OtherEqt、Counter 和 Gauge。

①Lru&OtherEqt 页面。展示了该车站下所有 Lru 设备的序号、设备名称、电报码和状态。若设备正常，状态栏显示“正常”并为绿色；若设备故障，状态栏显示“故障”并为红色；若设备未知，状态栏显示“未知”并为灰色。

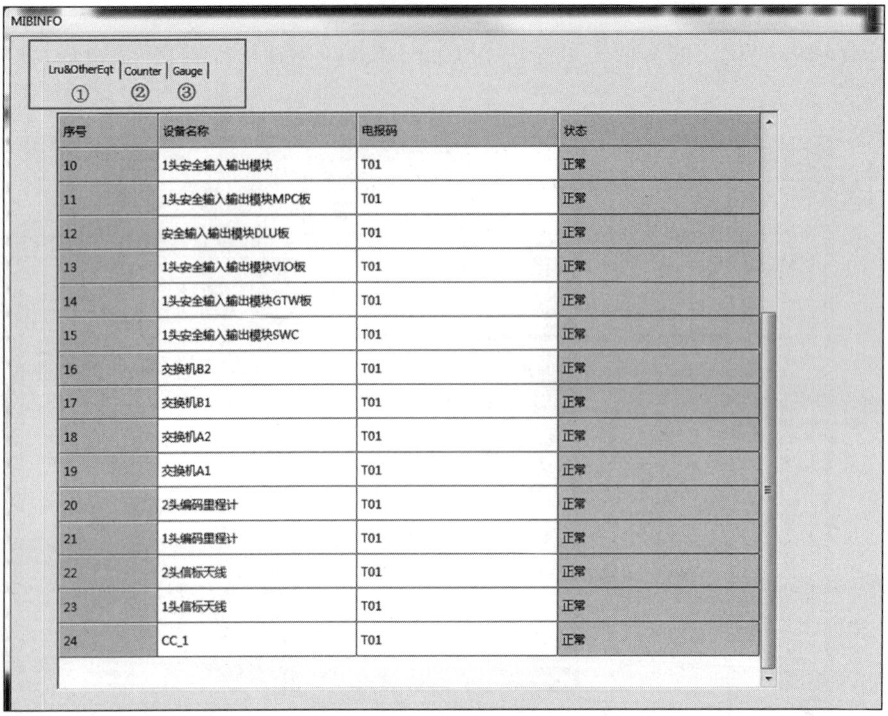

序号	设备名称	电报码	状态
10	1头安全输入输出模块	T01	正常
11	1头安全输入输出模块MPC板	T01	正常
12	安全输入输出模块DLU板	T01	正常
13	1头安全输入输出模块VIO板	T01	正常
14	1头安全输入输出模块GTW板	T01	正常
15	1头安全输入输出模块SWC	T01	正常
16	交换机B2	T01	正常
17	交换机B1	T01	正常
18	交换机A2	T01	正常
19	交换机A1	T01	正常
20	2头编码里程计	T01	正常
21	1头编码里程计	T01	正常
22	2头信标天线	T01	正常
23	1头信标天线	T01	正常
24	CC_1	T01	正常

图 7-21　MIBINFO 界面

②Counter 页面。展示了该车站下计数类报警信息。若没有,则该页为空。

③Gauge 页面。展示了该车站下 Gauge 类报警信息。若没有,则该页为空。

3. 主要功能

U888 接口服务器的主要功能为接口状态查询。通过图 7-19 可以直观地查询到不同车站设备的整体情况,红色表示车站内有设备故障,绿色表示车站内所有设备正常。通过双击车站通信状态,可以具体查看车站内每个设备的状态,若设备正常,状态栏显示“正常”并为绿色;若设备故障,状态栏显示“故障”并为红色;若设备未知,状态栏显示“未知”并为灰色。

第二节　站机的使用

一、启动和退出

1. 启动

可以通过以下两种方式启动程序:

(1)双击主程序 Csds. exe。如果主程序发生异常退出,不能自动重启,不推荐这种方式。

(2)运行看门狗程序 Control. exe,会启动主程序 Csds. exe。如果主程序退出,会让它再次启动,推荐这种方式。

2. 退出

如果主程序是以第 1 种方式启动的,在主界面状态下同时按下 Ctrl、Shift、Q 三个按键,再单击“确定”,即可退出程序。

如果主程序是以第 2 种方式启动的,首先按【Ctrl+Alt+Del】组合键打开任务管理器,终止

Control. exe，然后在主界面状态下按【Ctrl+Shift+Q】组合键退出程序。

二、功能使用

1. 主界面

站机主界面包括功能菜单、工具栏、站场图显示、分屏窗口。

其有两种模式：模式 1 和模式 2。模式 1（见图 7-22）可以通过单击设备图切换至模式 2（见图 7-23）。模式 2 可以通过单击线路图按钮切换至模式 1。

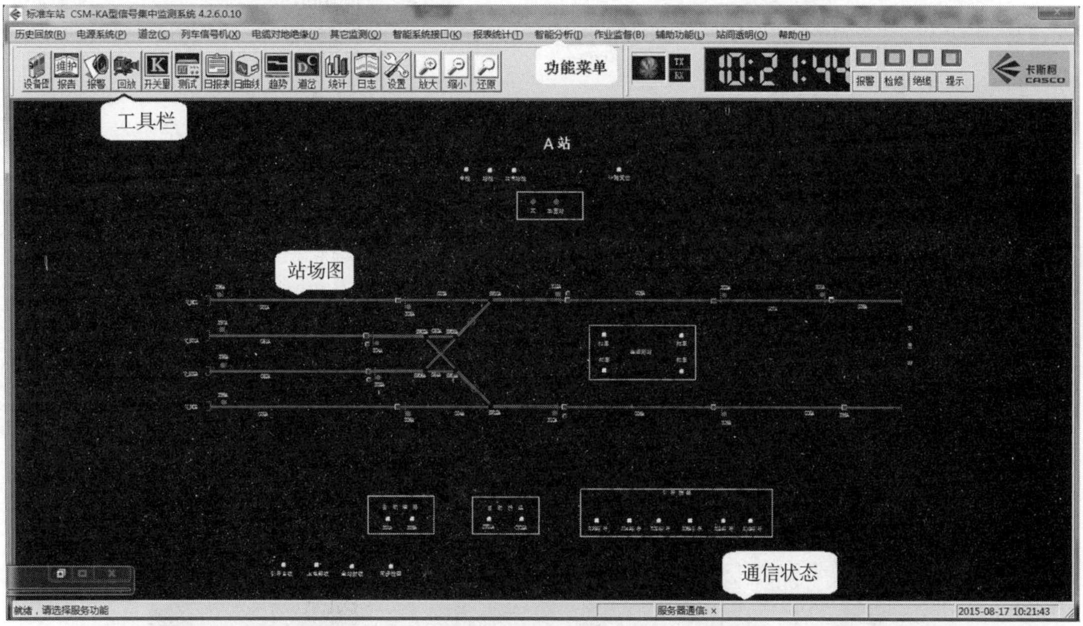

图 7-22　主界面模式 1

• 彩图 •

图 7-22

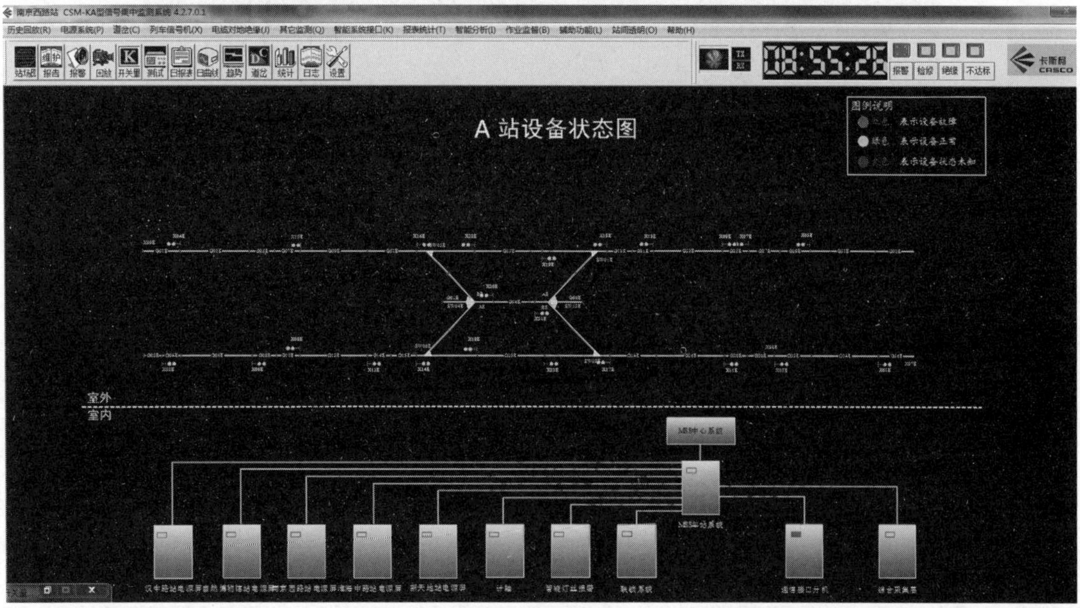

图 7-23　主界面模式 2

• 彩图 •

图 7-23

2. 功能菜单

功能菜单中包含了站机所有的功能项，如图 7-24 所示。

图 7-24　功能菜单

3. 工具栏

工具栏中包含了最常用的功能项，如图 7-25 所示。

图 7-25　工具栏

4. 左键菜单

当单击站场图上的一个设备时，会弹出与该设备相关的菜单，即左键菜单。左键菜单上提供了所单击设备的监测内容菜单项、相关联的设备以及关联设备的监测菜单项、TLE 调试码位等。

若在站场图上单击的 TLE 设备在 CSM 中有监测采集项，则通过左键菜单的子菜单项打开的监测内容对话框，将直接导航到该设备的监测内容显示界面。

(1) 轨道。当单击轨道时，将弹出对应的左键菜单，如图 7-26 所示。

• 彩图 •

图 7-26

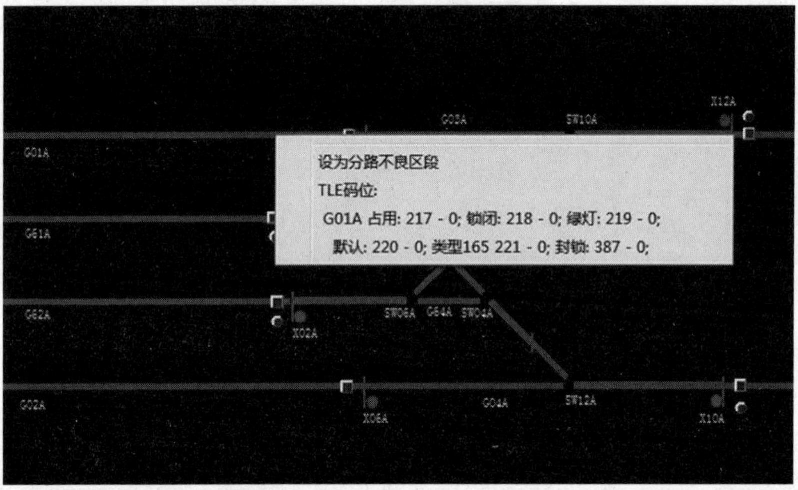

图 7-26　轨道类型设备的左键菜单

左键菜单项具体说明见表 7-1。

表 7-1　轨道左键菜单具体说明

子菜单名	说　明
设为分路不良区段	手动将该轨道设为分路不良状态，或取消分路不良状态
TLE 码位：G01A 占用：217-0 锁闭：218-0 绿灯：219-0 封锁：387-0	显示与该设备相关的开关量配置信息。如：G01A 表示该轨道的 TLE 设备名。217 为轨道占用的监测码位，后面的"0"表示当前轨道未被占用；若为"1"，则表示 G01A 当前处于占用状态。其余可根据含义依此类推

(2)道岔。用鼠标左键单击该类型设备时,弹出的左键菜单如图 7-27 所示。

道岔分为三种类型,其左键菜单的差异体现在:

第一类是单动、单机牵引的道岔。此类道岔的左键第一级菜单中显示道岔动作曲线、实测曲线、实时值等监测菜单项。

第二类是多级联动、单机牵引的道岔。该类道岔的左键第一级菜单中一般显示设备名称,而道岔动作曲线等监测菜单项放在设备名称的子菜单中。

第三类为多机牵引的道岔。该类道岔的左键第一级菜单中一般显示转辙机的名称,各转辙机的子菜单项中均有道岔动作曲线等监测菜单项。

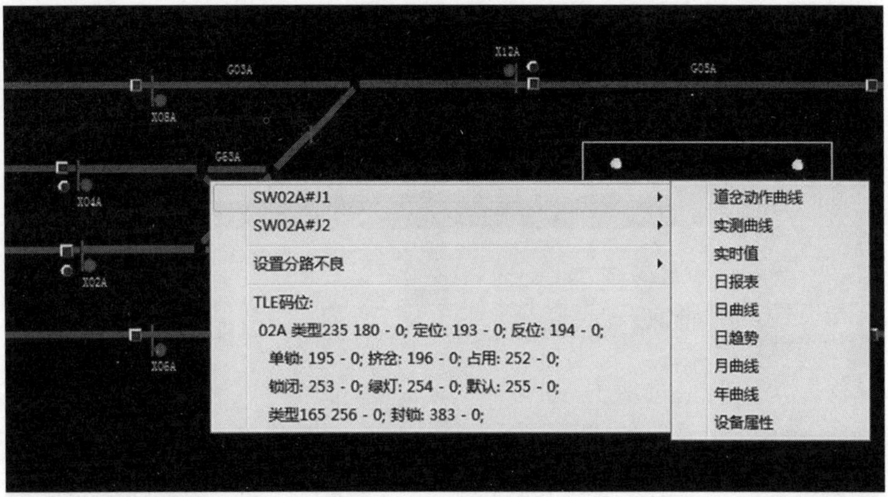

•彩图•

图 7-27

图 7-27 道岔的左键菜单

道岔的左键菜单除包括实测曲线、实时值、日报表、日曲线等子菜单项之外,还包括道岔动作曲线、对应的轨道分路不良设置等菜单项。其菜单项详细说明见表 7-2。

表 7-2 道岔左键菜单具体说明

子菜单名	说　明
道岔动作曲线	单击弹出道岔曲线对话框,显示该设备的道岔曲线
实测曲线	单击弹出实时曲线查看页,显示该设备的实时曲线
实时值	单击弹出实时值对话框,显示该类型设备的实时值
日报表	单击弹出日报表对话框,显示该类型设备的日报表数据
日曲线	单击弹出日曲线对话框,显示该设备的日曲线
日趋势	单击弹出日趋势对话框,显示该设备的日趋势曲线
月曲线	单击弹出月曲线对话框,显示该设备的月曲线
年曲线	单击弹出年曲线对话框,显示该设备的年曲线
设备属性	单击弹出设备管理对话框,可以查看设备图纸
设置分路不良	见表 7-3

续上表

子菜单名	说　明
TLE 码位:02A 定位:193-0 反位:194-0 单锁:195-0 挤岔:196-0 占用:252-0 锁闭:253-0 绿灯:254-0	显示与该设备相关的开关量配置信息 ——“02A”表示该道岔的 TLE 设备名 ——193 为道岔定位表示的监测码位,后面的“0”表示当前道岔定位开关量状态为 0;若为“1”,则表示道岔定位开关量状态为 1 ——其余可根据含义依此类推

道岔的分路不良设置菜单如图 7-28 所示。

• 彩图 •

图 7-28

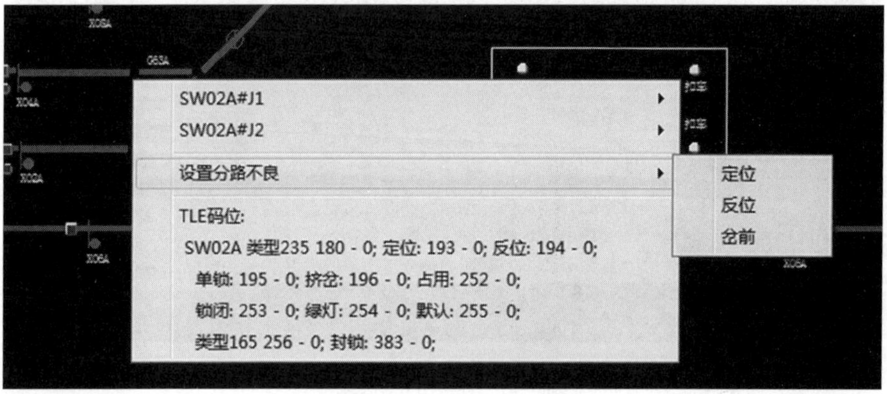

图 7-28　设置分路不良

在轨道的左键菜单中选择“设置分路不良”命令,展开的子菜单说明见表 7-3,将会提示输入用户密码,输入密码后可设置为分路不良区段。

表 7-3　分路不良子菜单设置说明

子菜单项	说　明
定位	设置或取消定位分路不良状态
反位	设置或取消反位分路不良状态
岔前	设置或取消岔前分路不良状态

(3)信号机。当单击信号机时,将弹出对应的左键菜单,如图 7-29 所示。

(4)其他。当单击站场图上的灯或按钮等类型设备时,如单击“请求/同意动岔”按钮,弹出的左键菜单如图 7-30 所示。

灯和按钮类型的左键菜单仅显示该设备的 TLE 码位信息。

5. 右键菜单

在站场图的空白区域右击时,会弹出右键菜单,如图 7-31 所示。

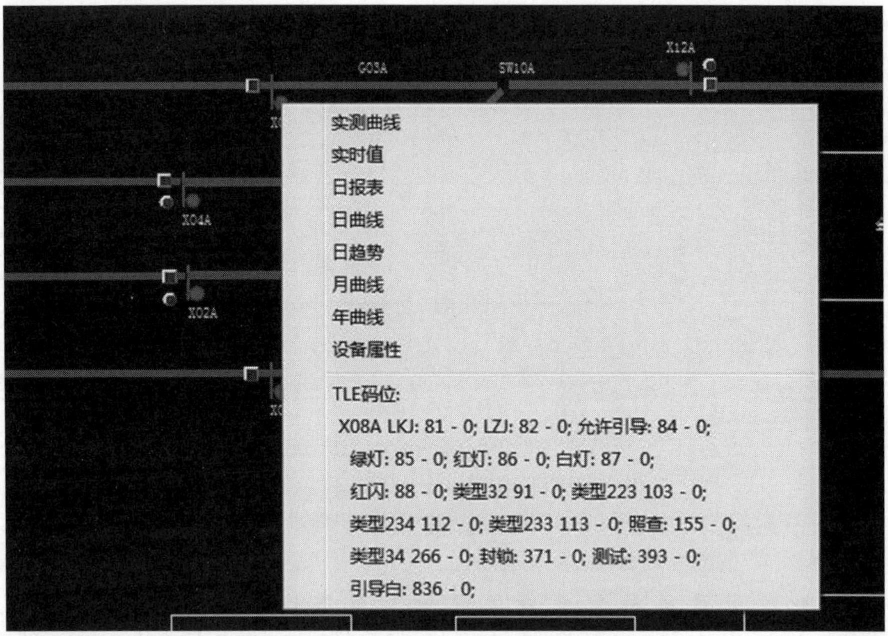

图 7-29　信号机的左键菜单

• 彩图 •

图 7-29

图 7-30　“请求/同意动岔”左键菜单

• 彩图 •

图 7-30

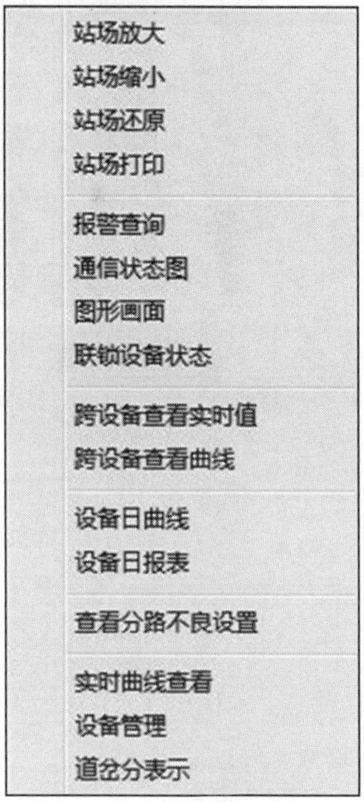

图 7-31　右键菜单

(1)站场放大。放大站场图。

(2)站场缩小。缩小站场图。

(3)站场还原。还原站场图到初始显示尺寸。

(4)站场打印。打印站场图。

(5)报警查询。参见“报表统计”中的“报警统计”。

(6)通信状态图。显示监测站机与其他接口的通信状态,包括智能接口状态(见图 7-32)、采集器状态(见图 7-33)、熔丝状态图(见图 7-34)。各接口工作正常时用绿色表示,故障或未接通时用红色表示。

图 7-32 中,上方为服务器,左侧设备为各智能分机;红色箭头表示 MSS 与服务器、各智能分机、各采集分机之间的通信异常,绿色表示通信正常。

图 7-33 中,灰色表示该节点未启用,绿色节点表示通信正常,黄色节点表示状态未知,红色节点表示通信异常。

图 7-34 中,绿色节点表示通信正常,红色节点表示通信异常。

• 彩图 •

图 7-32

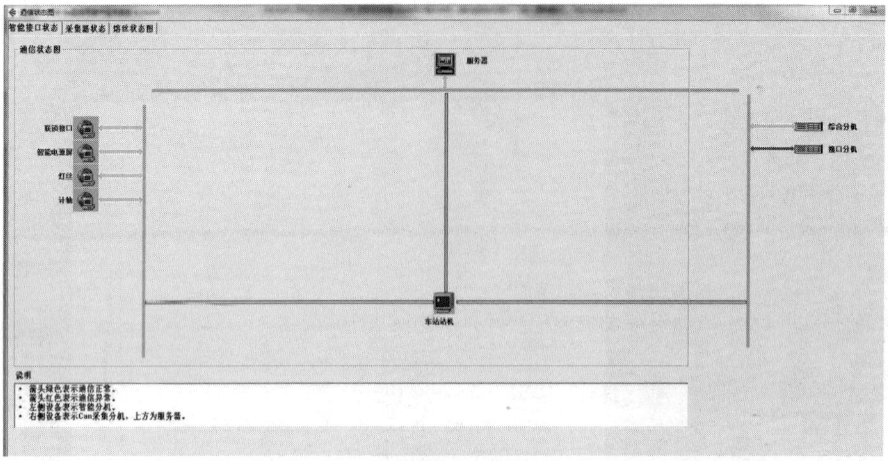

图 7-32　通信状态图——智能接口状态

• 彩图 •

图 7-33

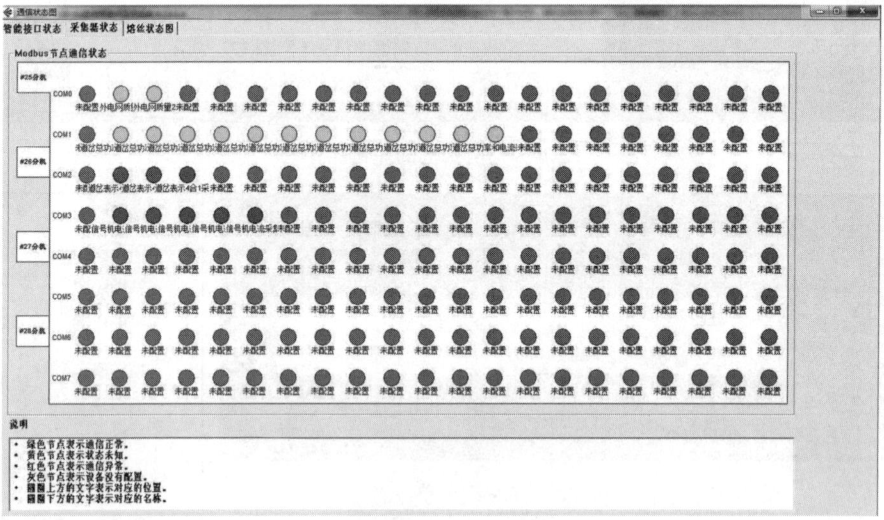

图 7-33　通信状态图——采集器状态

• 彩图 •

图 7-34

图 7-34　通信状态图——熔丝状态图

（7）图形画面。选择“图形画面”命令，将以图形化的方式显示各个设备的通信状态，如图 7-35 所示。

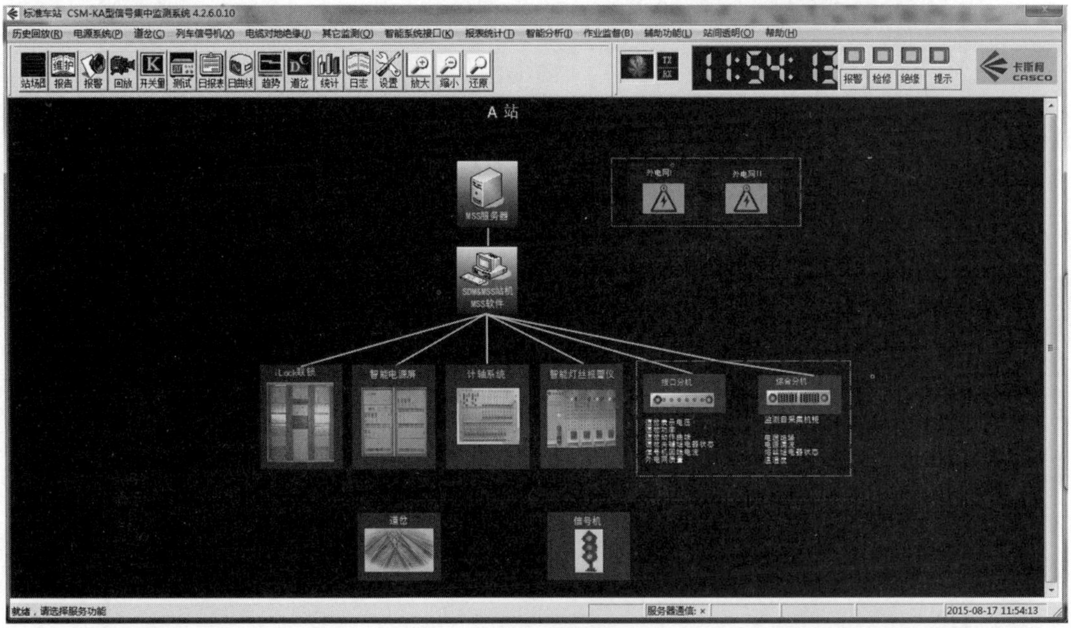

图 7-35　图形画面界面

• 彩图 •

图 7-35

（8）联锁设备状态。选择“联锁设备状态”命令，将显示联锁接口通信状态与联锁设备报警状态，如图 7-36 所示。

联锁接口: 通信正常

序号	码位	设备名称	状态
1	7	同步报警	正常
2	18	熔丝报警	正常
3	19	主灯丝报警	正常
4	25	计轴故障	正常
5	26	挤岔	正常
6	27	电铃	正常
7	28	热丝报警	正常
8	30	灯丝报警	正常
9	31	15秒	正常
10	32	2灯丝报警	正常
11	299	G01A-计轴不可用	正常
12	302	G03A-计轴不可用	正常
13	305	G05A-计轴不可用	正常
14	308	G07A-计轴不可用	正常

图 7-36　联锁设备状态界面

（9）跨设备查看实时值。跨设备查看实时值页面提供了在同一界面同时查看不同设备模拟量实时值的功能，如图 7-37 所示。

若要更换设备类型，双击左侧设备列表中的某一设备项，即可将该设备添加到右侧单元格。可将不同类型的设备添加到右侧单元格，进行实时状态对照查看。双击右侧列表中的设备项，即可将该设备从列表中删除。

（10）跨设备查看曲线。跨设备查看曲线页面提供了对照查看不同设备模拟量的功能，分“实时”和“历史”两种查看方式。曲线实际显示与历史查询的切换由“实时”按钮、“历史”按钮完成。

“实时”方式，可对照查看不同设备模拟量的实时状态。

“历史”方式，可对照查看不同设备模拟量的历史状态。

“实时”查看采集项实时状态曲线。单击“设备选择”按钮选择查看的设备类型及对应设备，可以同时查看五组曲线。其显示界面如图 7-38 所示。

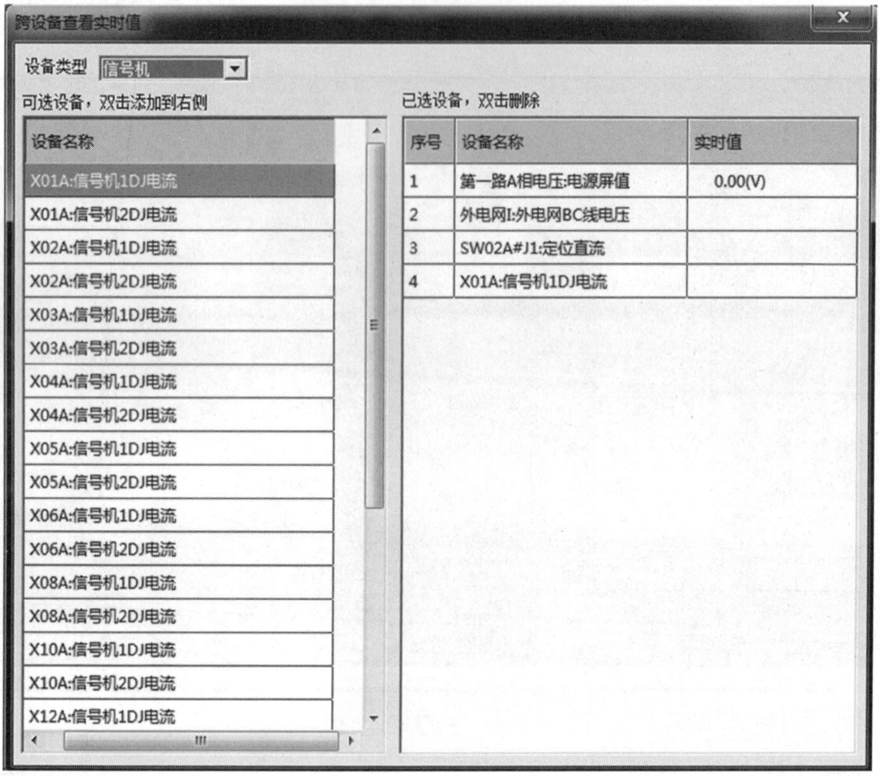

图 7-37　跨设备查看实时值界面

• 彩图 •

图 7-38

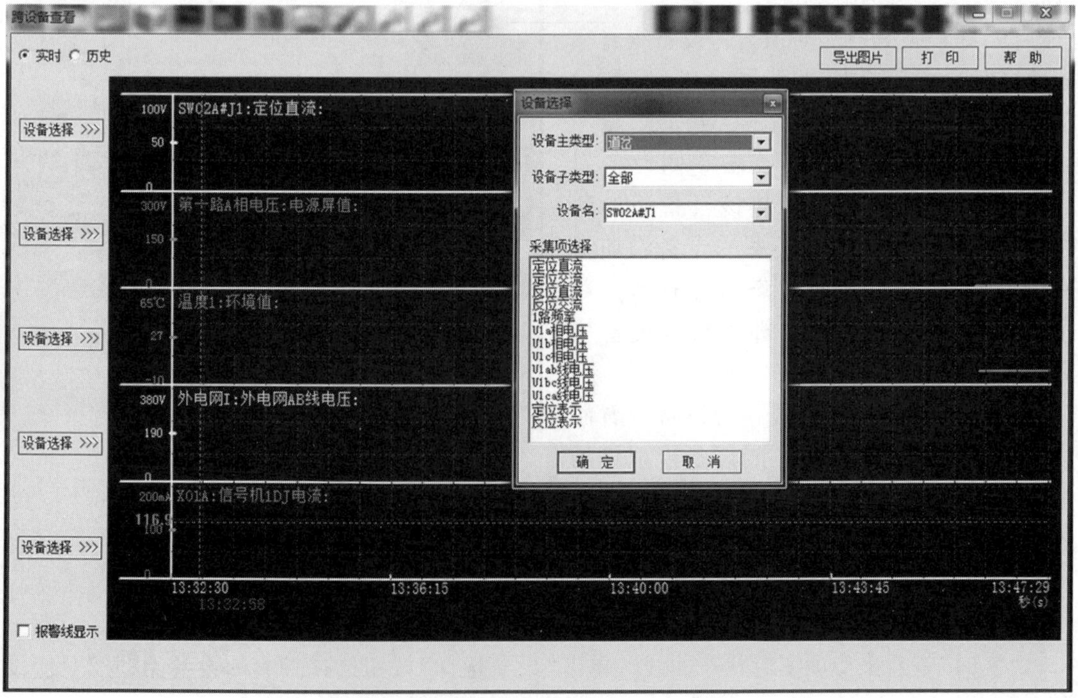

图 7-38　跨设备查询曲线——实时

"历史"查看采集项历史状态曲线。历史查询状态下的界面如图 7-39 所示。

"查询"按钮,提供对历史曲线查看起始时间的选择。

"上一页"按钮,曲线显示信息滚动至上一页(时间向前回溯)。

"后一页"按钮,曲线显示信息滚动至下一页(时间向后推移)。

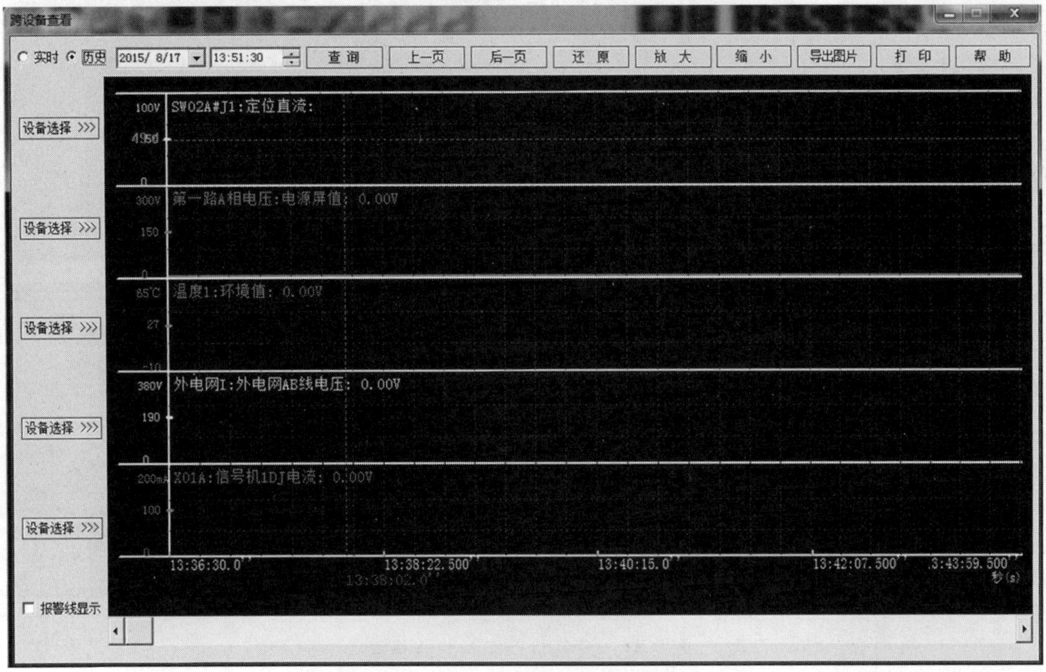

图 7-39 跨设备查询曲线——历史

• 彩图 •

图 7-39

(11)查看分路不良设置。"查看分路不良设置"可以选中某一项,单击该对话框下的查看功能可查看历史及当时的站场图情况,如图 7-40 所示。

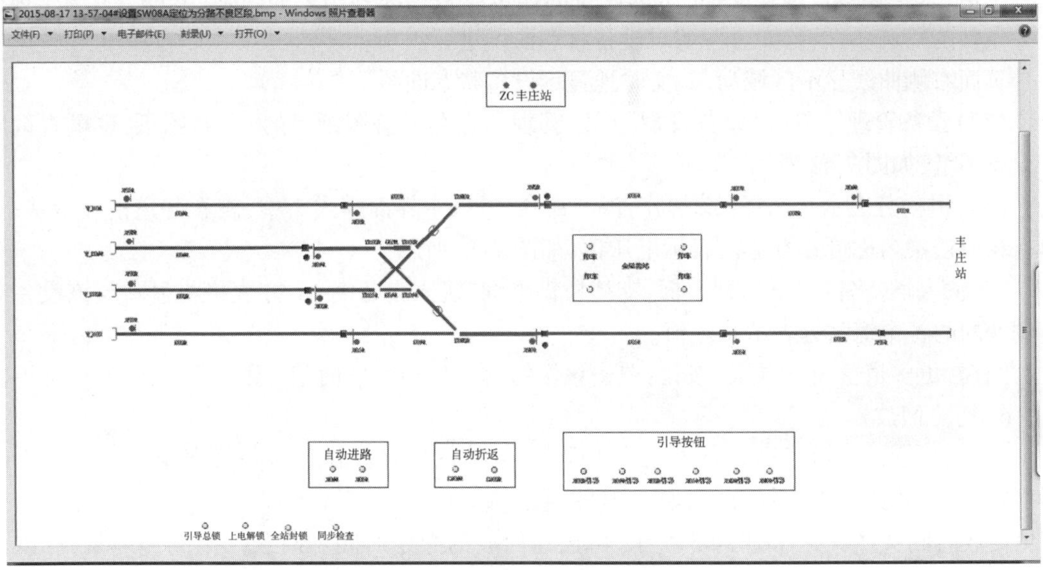

图 7-40 查看分路不良站场图

• 彩图 •

图 7-40

（12）实时曲线查看。设备状态实时曲线页面提供对各类设备实时状态曲线进行完整查询与显示，如图 7-41 所示。

• 彩图 •

图 7-41

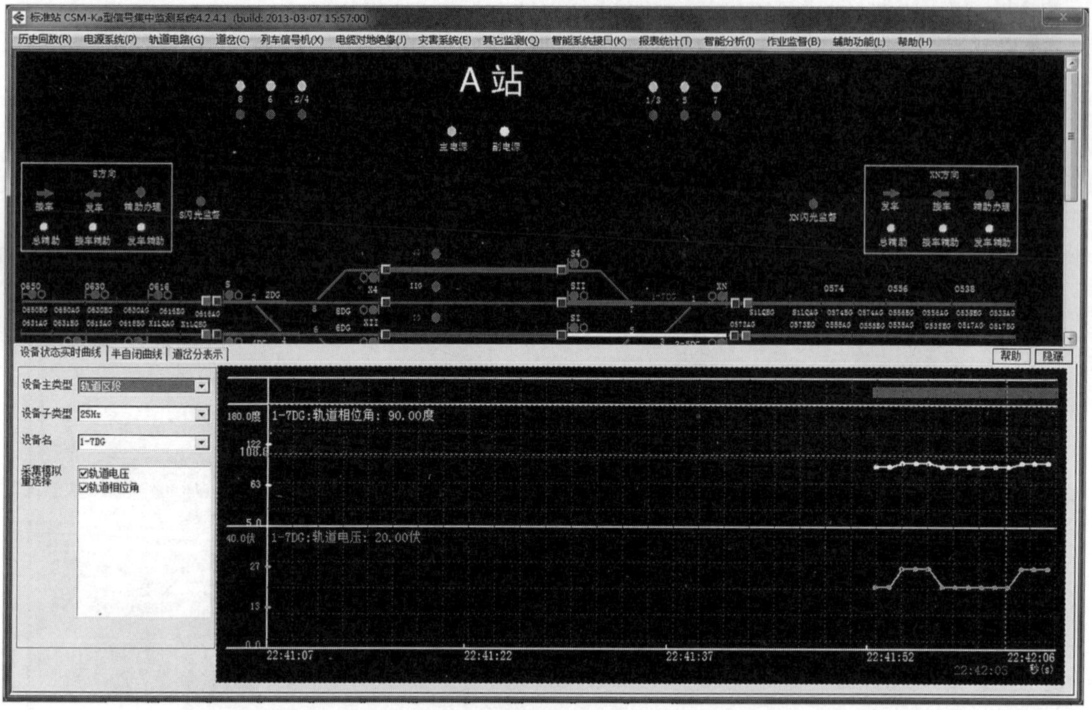

图 7-41　设备状态实时曲线页面

“设备主类型”下拉列表：提供设备主类型选择功能。

“设备子类型”下拉列表：提供子设备类型选择功能。

“设备名”下拉列表：提供设备选择功能。

单击“采集模拟量选择”会将所选设备的模拟量采集项列出。通过对“设备主类型”选择框等条件的筛选，可以有针对性地对设备状态曲线进行观察。

页面右侧曲线显示区域动态、实时地显示设备状态曲线。

（13）设备管理。单击“设备管理”可以管理和查询设备图纸，导入全站图纸，也可查询既有设备图纸，如图 7-42 所示。

（14）道岔分表示。选择“道岔分表示”命令，进入主界面模式 2 中，查看各道岔表示状态，单击相应道岔名称可查看道岔表示电压值，如图 7-43 所示。

“请输入道岔名称”下拉列表框：支持模糊查询，输入设备名，下方表格将显示与该设备名模糊匹配的各个道岔分表示状态值。

“查看更多道岔表示电压”按钮：单击该按钮，弹出“道岔实时值”窗口。

6. 历史回放

（1）历史回放。可以通过选择“历史回放”→“历史回放（R）”命令或者单击工具栏中的“回放”按钮，进入回放选择页面，如图 7-44 所示。

回放时间选择页面如图 7-45 所示，可选择回放的起始时间和时长。拖动进度条，可以进行预览。

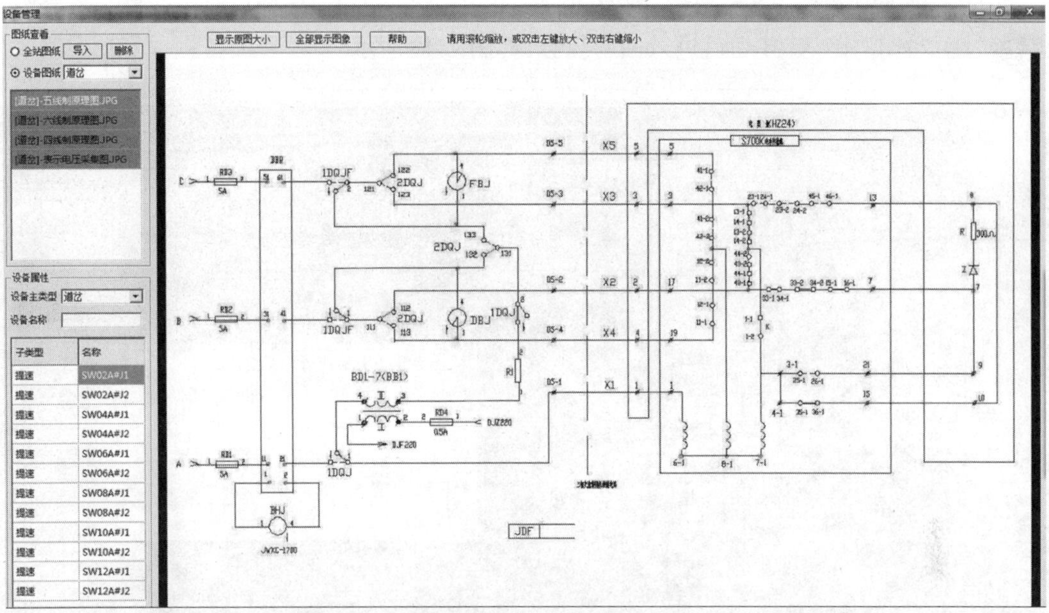

图 7-42　设备管理

• 彩图 •

图 7-42

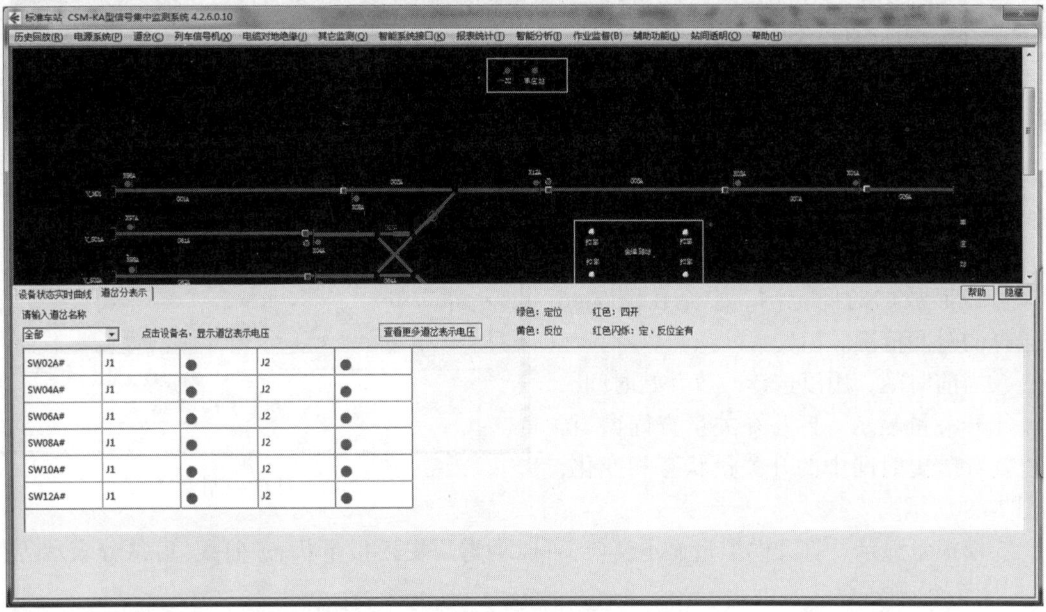

图 7-43　道岔分表示

• 彩图 •

图 7-43

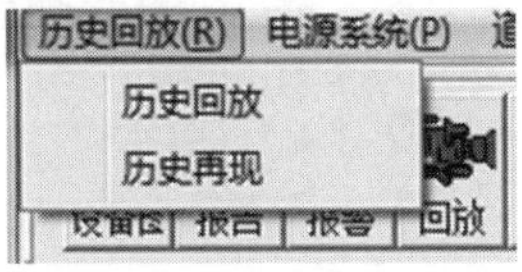

图 7-44　进入回放页面

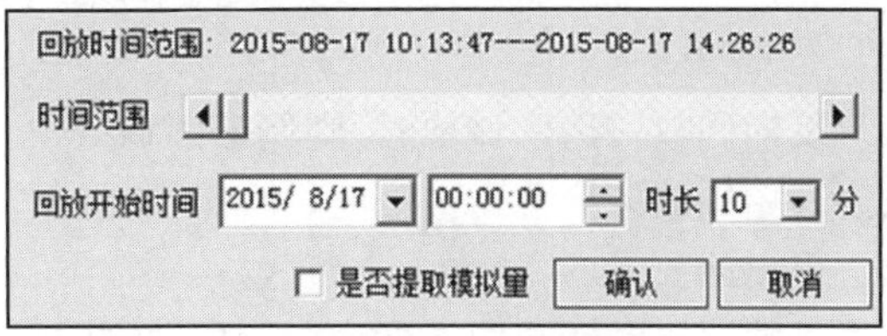

图 7-45　回放时间选择页面

如果在回放中需要查看模拟量,则勾选图 7-45 中的“是否提取模拟量”复选框。选择好回放起始时间,单击“确认”按钮后进入回放状态,如图 7-46 所示。

• 彩图 •

图 7-46

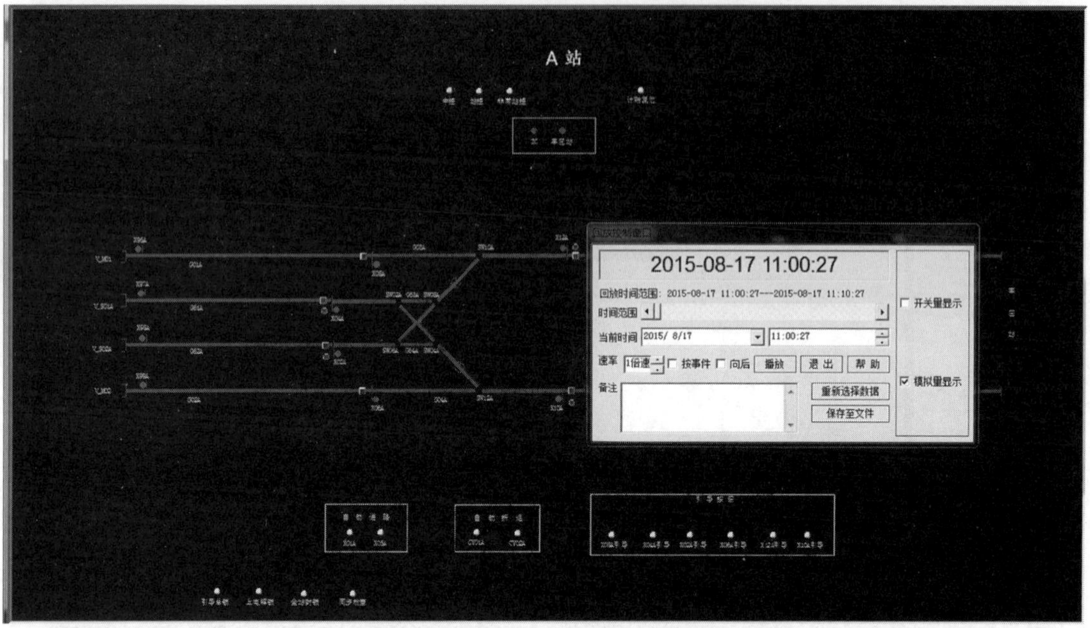

图 7-46　回放播放

回放控制窗口如图 7-47 所示。

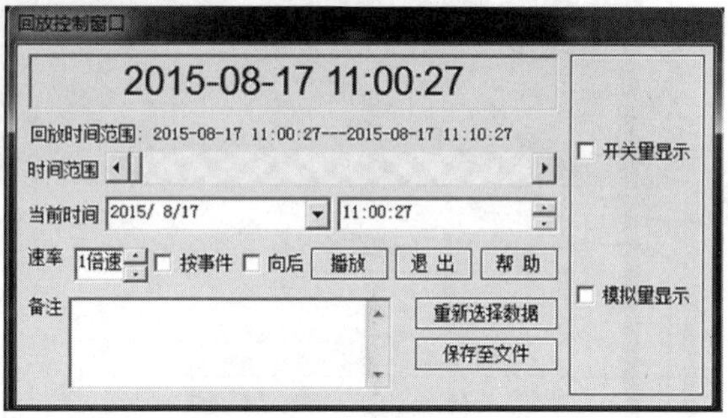

图 7-47　回放控制窗口

①窗口标题。提示用户系统现在所处的回放时间。

②回放时间范围。提示用户本次回放操作可以回放的时间范围。它是在图 7-46 中选择的时间范围。

③当前时间。用以选择回放开始时间。

④开关量显示。打开开关量查询窗口,可以查看历史时间中的开关量状态和变化,如图 7-48 所示。

⑤模拟量显示。打开模拟量显示窗口,可以查看历史模拟量状态、曲线、道岔分表示等信息,如图 7-49 所示。

⑥速率。回放播放速度。

⑦按事件。是否按开关量变化回放。不选中该项,则回放按秒进行;选中该项,则按开关量变化进行。

⑧向后。反向回放。选中该项时,则倒退回放。

⑨播放。开始回放。

⑩退出。退出回放。

⑪重新选择数据。跳转至图 7-50 所示的选择页面。

⑫保存至文件。将这段回放信息保存至移动存储介质。如图 7-50 所示,选择“存储到再现

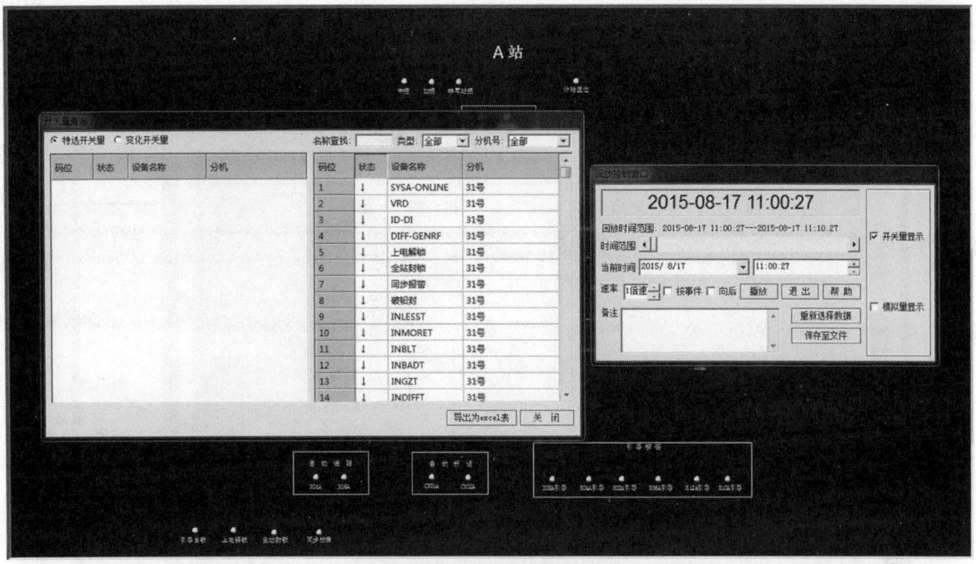

图 7-48 回放开关量显示

• 彩图 •

图 7-48

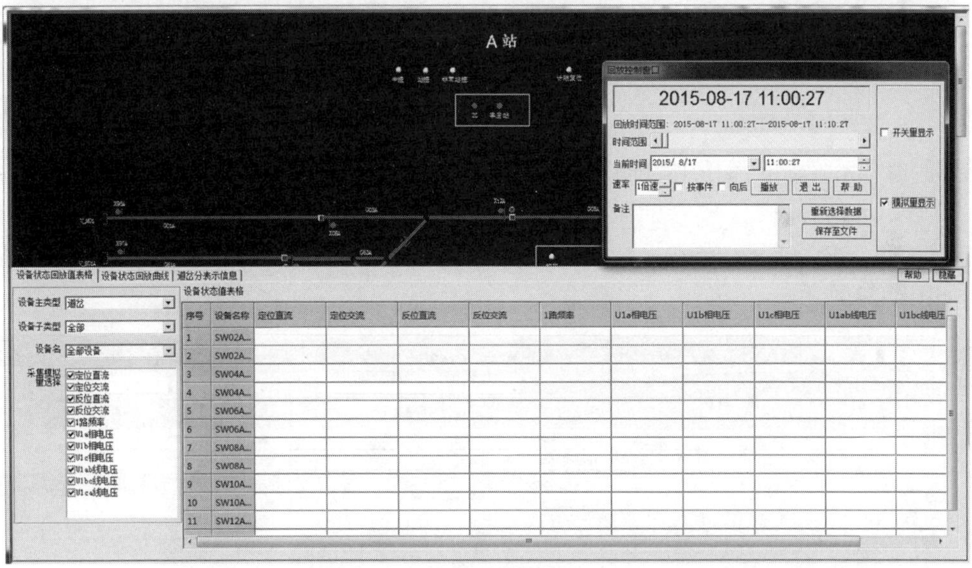

图 7-49 回放模拟量显示

• 彩图 •

图 7-49

文件”单选按钮,则将回放文件保存至工控机硬盘上;选择“存储到移动磁盘”单选按钮,然后插入移动磁盘,则将回放文件保存至移动磁盘上。

⑬备注。用于保存时输入回放的备注信息。

(2)历史再现。通过存在磁盘上的历史文件回放。选择“历史回放”→“历史再现”命令(见图 7-44),弹出图 7-51 所示的“回放文件选择”对话框。

“打开”:打开所选再现文件。

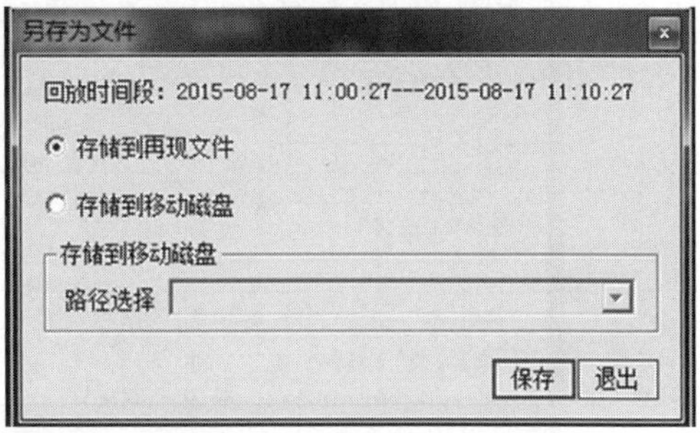

图 7-50 保存到文件

“删除”:删除所选再现文件。

“全部删除”:删除所有再现文件。

当打开再现文件后,其操作与历史回放相同。

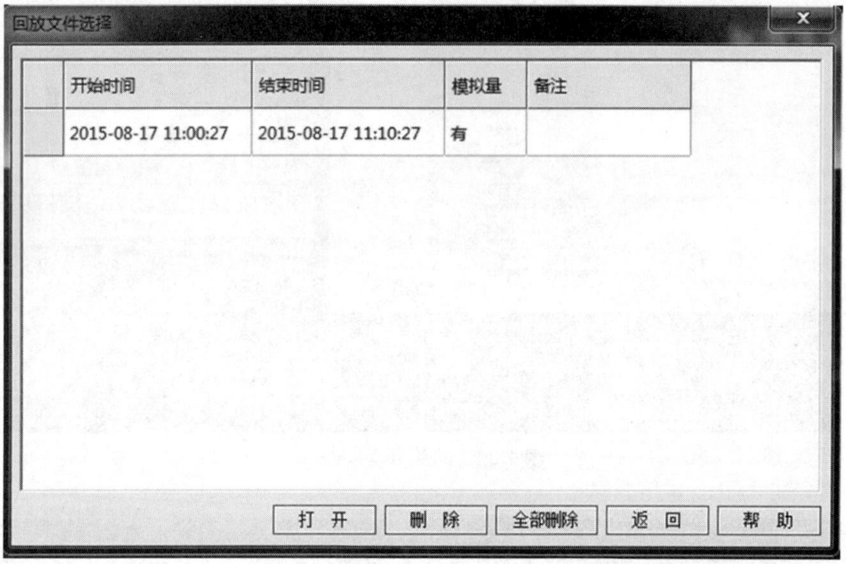

图 7-51　历史再现

7. 电源系统

选择“电源系统(P)”菜单中的命令,可以查看电源系统信息(分为电源屏信息、外电网质量)。

(1)电源屏信息。

①实时值。依次选择“电源系统(P)”→“电源屏信息”→“实时值”命令,可查看电源屏实时值,如图 7-52 所示。

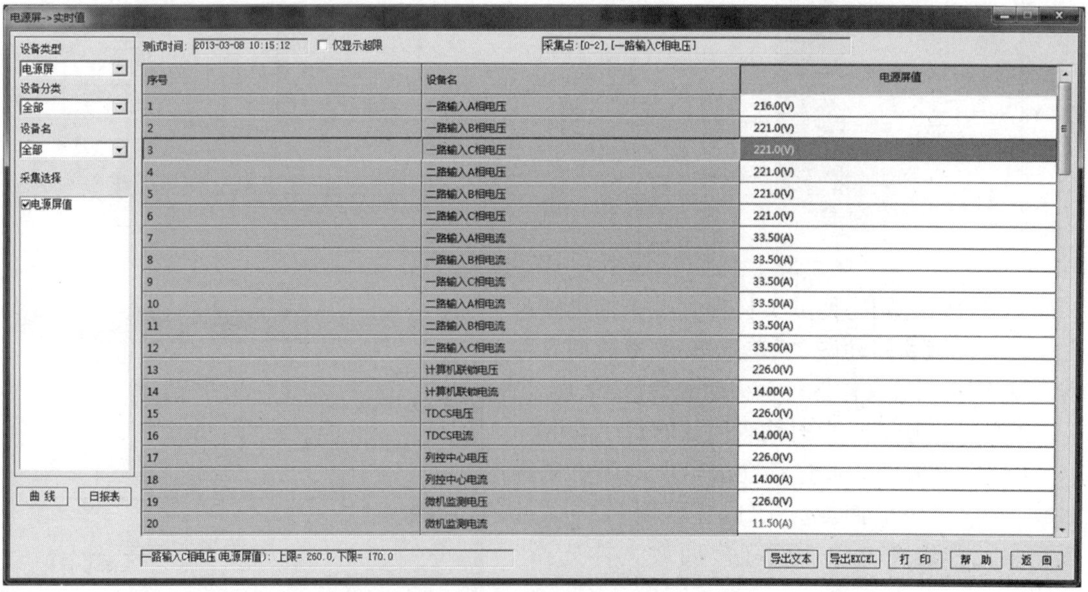

图 7-52　电源屏实时值

②日报表。记录一天中电源屏的最大值、最小值、平均值及其对应的时间点。依次选择“电源系统(P)”→“电源屏信息”→“日报表”命令,可查看电源屏日报表,如图 7-53 所示。

序号	设备名	电源屏值 最大值/时间	最小值/时间	平均值/时间
13	计算机联锁电压	226.0(V)/09:18:42	220.0(V)/09:18:45	222.7(V)/10:15:51
14	计算机联锁电流	14.00(A)/09:18:42	8.00(A)/09:18:45	10.65(A)/10:15:51
15	TDCS电压	226.0(V)/09:18:42	220.0(V)/09:18:45	222.7(V)/10:15:51
16	TDCS电流	14.00(A)/09:18:42	8.00(A)/09:18:45	10.65(A)/10:15:51
17	列控中心电压	226.0(V)/09:18:42	220.0(V)/09:18:45	222.7(V)/10:15:51
18	列控中心电流	14.00(A)/09:18:42	8.00(A)/09:18:45	10.65(A)/10:15:51
19	微机监测电压	226.0(V)/09:18:42	220.0(V)/09:18:45	222.7(V)/10:15:51
20	微机监测电流	11.50(A)/09:18:42	5.50(A)/09:18:45	8.15(A)/10:15:51
21	信号点灯1电压	226.0(V)/09:18:42	220.0(V)/09:18:45	222.7(V)/10:15:51
22	信号点灯1电流	9.00(A)/09:18:42	3.00(A)/09:18:45	5.65(A)/10:15:51
23	信号点灯2电压	226.0(V)/09:18:42	220.0(V)/09:18:45	222.7(V)/10:15:51
24	信号点灯2电流	9.00(A)/09:18:42	3.00(A)/09:18:45	5.65(A)/10:15:51
25	轨道电源电压	226.0(V)/09:18:42	220.0(V)/09:18:45	222.7(V)/10:15:51
26	轨道电源电流	8.00(A)/09:18:42	2.00(A)/09:18:45	4.65(A)/10:15:51
27	轨道电源频率	56.00(HZ)/09:18:42	50.00(HZ)/09:18:45	52.65(HZ)/10:15:51
28	轨道电源相位角	111.0(度)/09:18:42	105.0(度)/09:18:45	107.7(度)/10:15:51
29	灯丝报警电压	226.0(V)/09:18:42	220.0(V)/09:18:45	222.7(V)/10:15:51
30	灯丝报警电流	7.50(A)/09:18:42	1.50(A)/09:18:45	4.15(A)/10:15:51
31	道岔表示电压	226.0(V)/09:18:42	220.0(V)/09:18:45	222.7(V)/10:15:51

图 7-53　电源屏日报表

③日曲线。以秒为单位,将各电源屏值以曲线的形式显示出来。依次选择“电源系统(P)”→“电源屏信息”→“日曲线”命令,可查看电源屏日曲线,如图 7-54 所示。

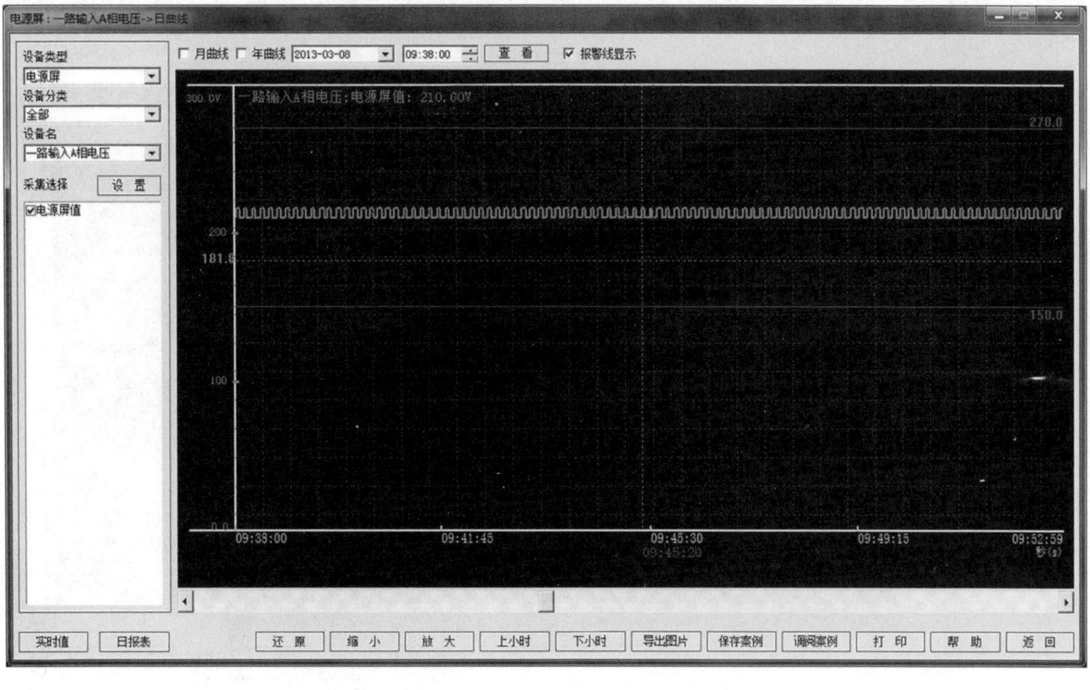

• 彩图 •

图 7-54

图 7-54　电源屏日曲线示例

④月曲线。以日为单位,记录电源屏在一个月内的状态。包括最大值月曲线、最小值月曲线和平均值月曲线。依次选择“电源系统(P)”→“电源屏信息”→“月曲线”命令,可查看电源屏月曲线,如图 7-55 所示。

• 彩图 •

图 7-55

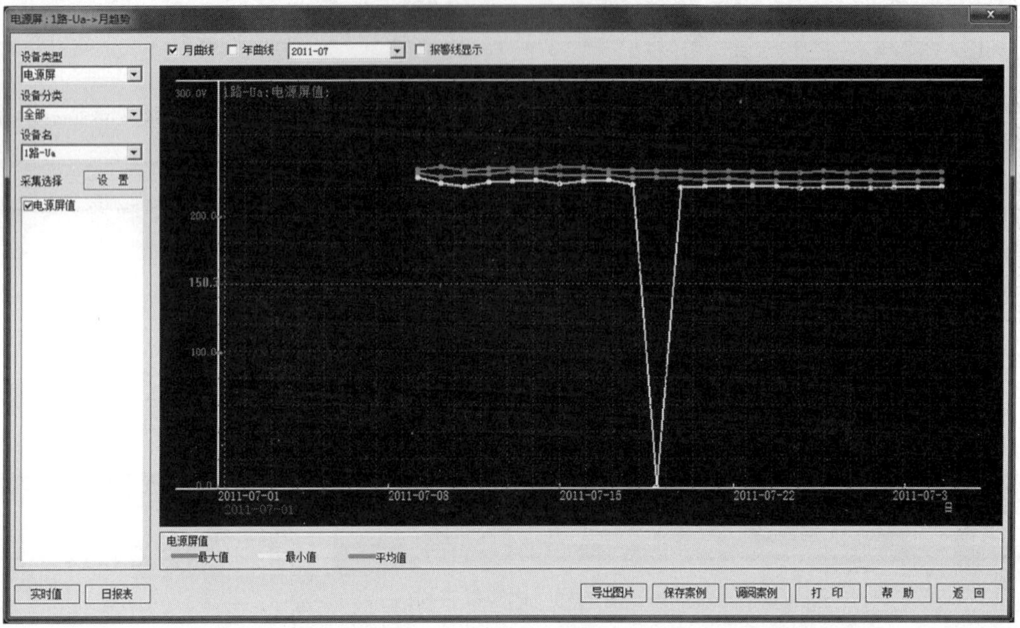

图 7-55　电源屏月曲线示例

⑤年曲线。以日为单位,记录一年内设备的工作状态。包括最大值年曲线、最小值年曲线和平均值年曲线。依次选择“电源系统(P)”→“电源屏信息”→“年曲线”命令,可查看电源屏年曲线,如图 7-56 所示。

• 彩图 •

图 7-56

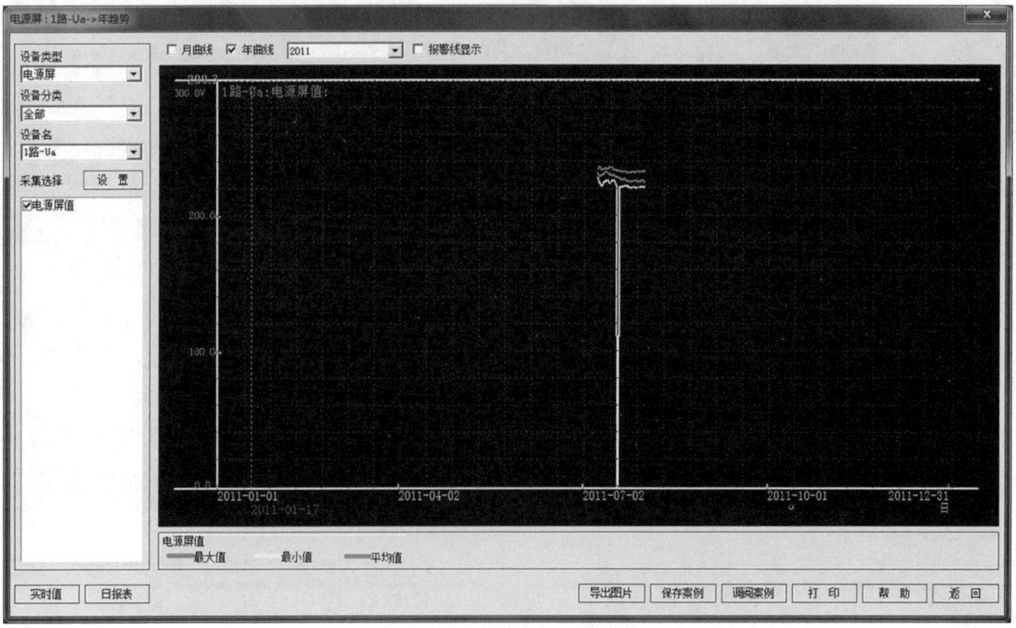

图 7-56　电源屏年曲线示例

⑥日趋势。以时间区段(5 min)为单位,记录一天内所有时间区段电源屏的工作状态最大值、最小值。依次选择“电源系统(P)”→“电源屏信息”→“日趋势”命令,可查看电源屏日趋势,如图 7-57 所示。

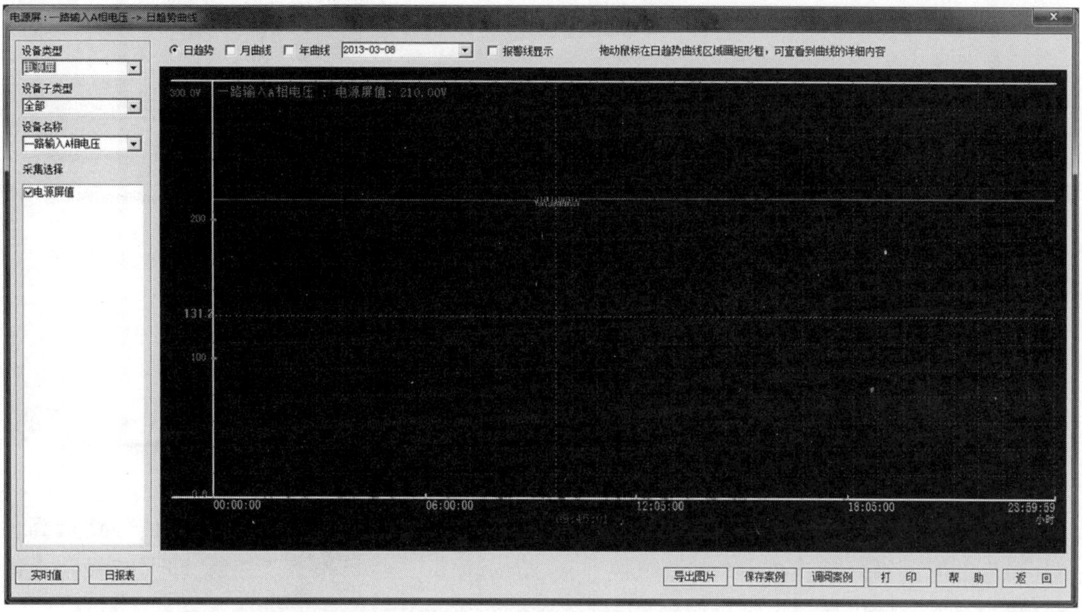

图 7-57 电源屏日趋势示例

• 彩图 •

图 7-57

(2)外电网。

①实时值。主要包括模拟量采集和报警采集,实时值主要显示外电网模拟量信息。依次选择“电源系统(P)”→“外电网质量”→“实时值”命令,即可查看外电网实时值。

②日报表。记录一天中外电网设备的最大值、最小值、平均值及其对应的时间点。依次选择“电源系统(P)”→“外电网质量”→“日报表”命令,即可查看外电网日报表。

③日曲线。以秒为单位,将外电网模拟量值以曲线的形式显示出来。依次选择“电源系统(P)”→“外电网质量”→“日曲线”命令,即可查看外电网日曲线。

④月曲线。以日为单位,记录外电网模拟量在一个月内的状态。包括最大值月曲线、最小值月曲线和平均值月曲线。依次选择“电源系统(P)”→“外电网质量”→“月曲线”命令,即可查看外电网月曲线。

⑤年曲线。以日为单位,记录一年内设备的工作状态。包括最大值年曲线、最小值年曲线和平均值年曲线。依次选择“电源系统(P)”→“外电网质量”→“年曲线”命令,即可查看外电网年曲线。

⑥日趋势。以时间区段(5 min)为单位,记录一天内所有时间区段外电网的工作状态最大值、最小值。依次选择“电源系统(P)”→“外电网质量”→“日趋势”命令,即可查看外电网日趋势。

8. 轨道电路

(1)实时值。轨道电路的实时值有轨道电压,同时标识了当前轨道的使用状态(开关量),即空闲、占用。依次选择“轨道电路”→“站内轨道”→“实时值”命令,可进行轨道区段实时状态查看,如图 7-58 所示。

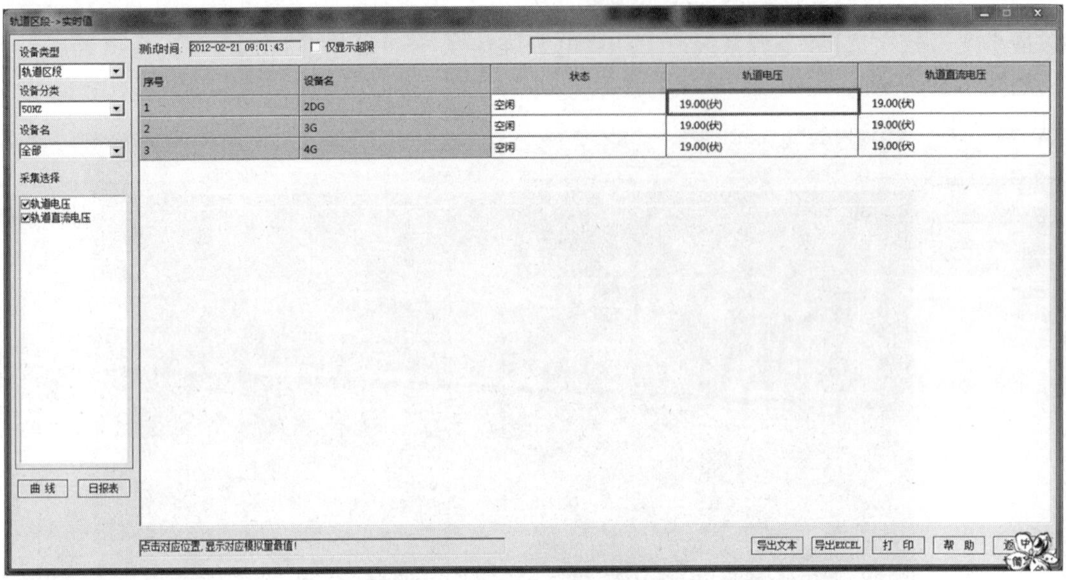

图 7-58　轨道电压实时值示例

(2)日报表。记录一天中轨道电路的调整最高值、调整最低值、调整平均值、分路最高值及其对应的时间点。依次选择“轨道电路”→“站内轨道”→“日报表”命令,即可查看轨道电压日报表,如图 7-59 所示。

图 7-59　轨道电压日报表示例

(3)日曲线。以秒为单位,将各轨道电路模拟量值以曲线的形式显示出来。依次选择“轨道电路”→“站内轨道”→“日曲线”命令,即可查看轨道电压日曲线,如图 7-60 所示。

(4)月曲线。以日为单位,记录各轨道电路模拟量在一个月内的状态。包括最大值月曲线、最小值月曲线和平均值月曲线。依次选择“轨道电路”→“站内轨道”→“月曲线”命令,即可查看轨道电路月曲线,如图 7-61 所示。

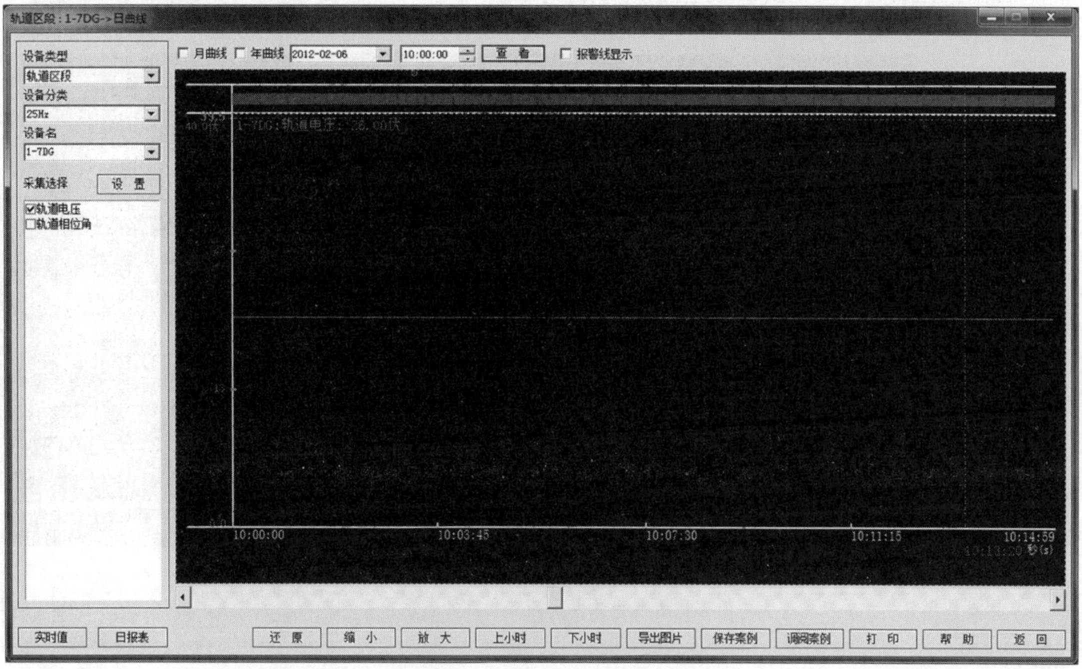

图 7-60 轨道电压日曲线示例

• 彩图 •

图 7-60

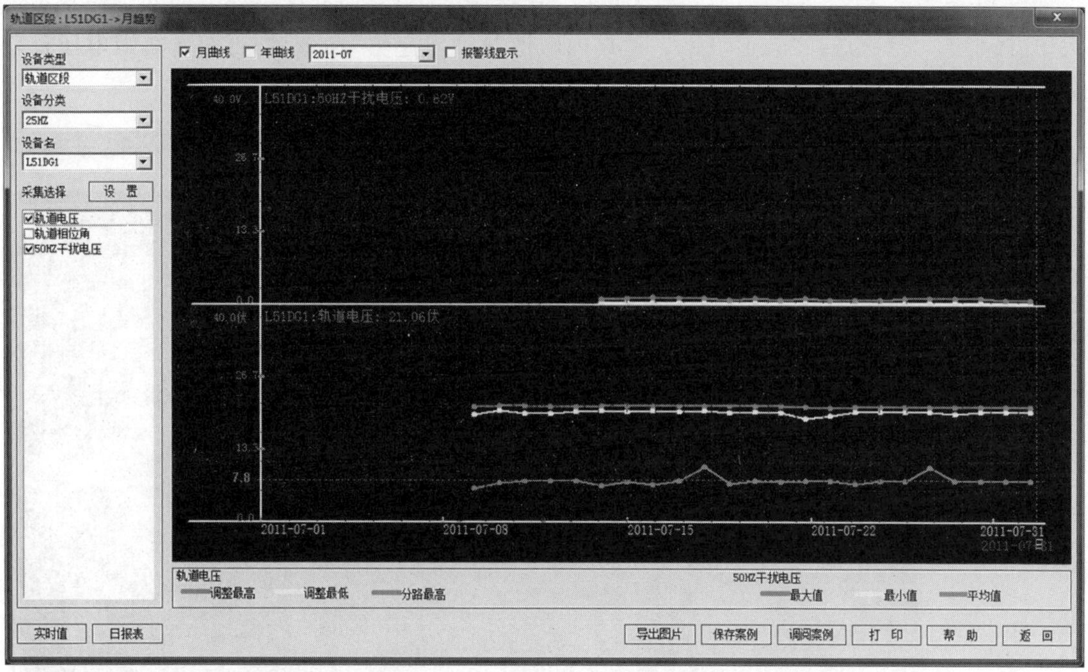

图 7-61 轨道电压月曲线示例

• 彩图 •

图 7-61

(5)年曲线。以日为单位,记录一年内轨道电路的工作状态。包括最大值年曲线、最小值年曲线和平均值年曲线。依次选择“轨道电路”→“站内轨道”→“年曲线”命令,即可查看轨道电压年曲线,如图 7-62 所示。

• 彩图 •

图 7-62

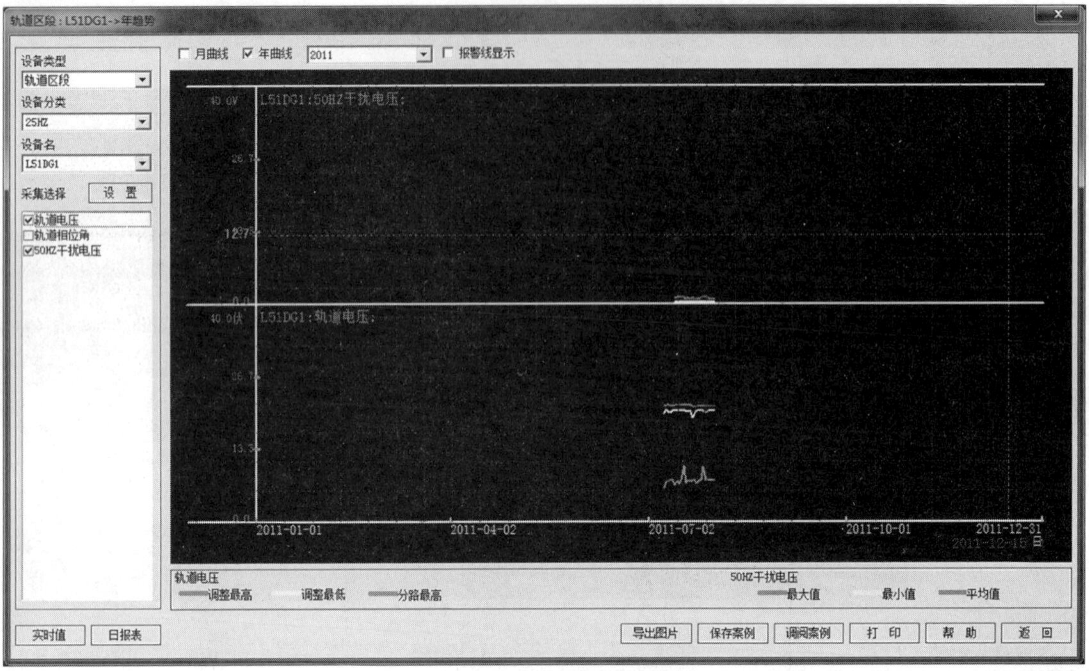

图 7-62　轨道电压年曲线示例

(6)日趋势。以时间区段(5 min)为单位，记录一天内所有时间区段外电网的工作状态最大值、最小值。依次选择“轨道电路”→“站内轨道”→“日趋势”命令，即可查看轨道电压日趋势，如图 7-63 所示。

• 彩图 •

图 7-63

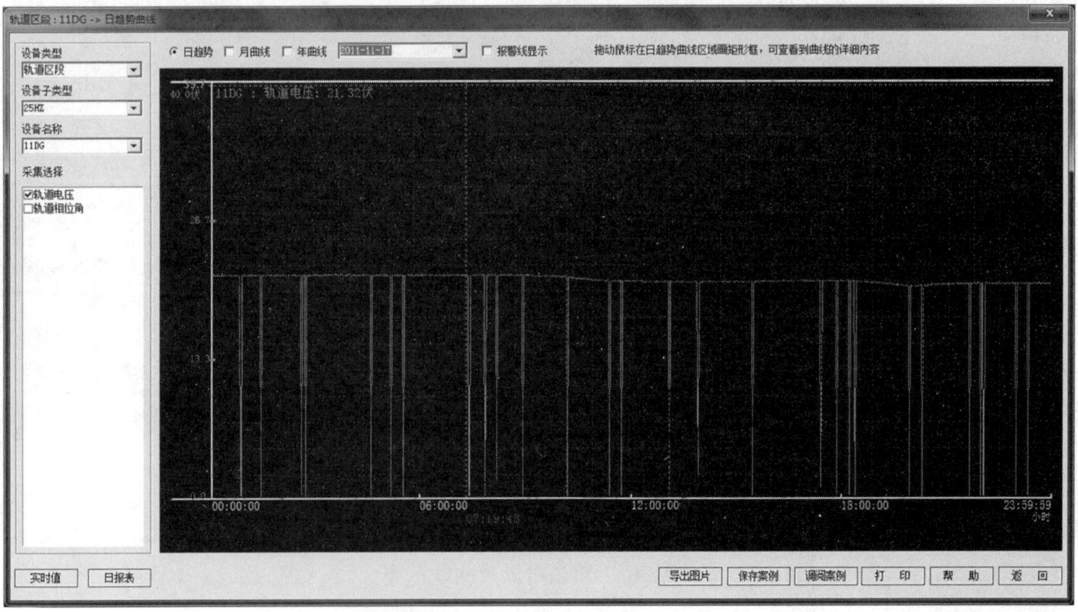

图 7-63　轨道电压日趋势示例

9. 道岔

(1)道岔动作曲线。道岔动作曲线页面提供对道岔设备定、反位启动曲线信息的完整查询、相关参考曲线的显示和设置等功能。依次选择“道岔(C)”→“启动曲线”命令,打开“道岔曲线”页面,如图 7-64 所示。

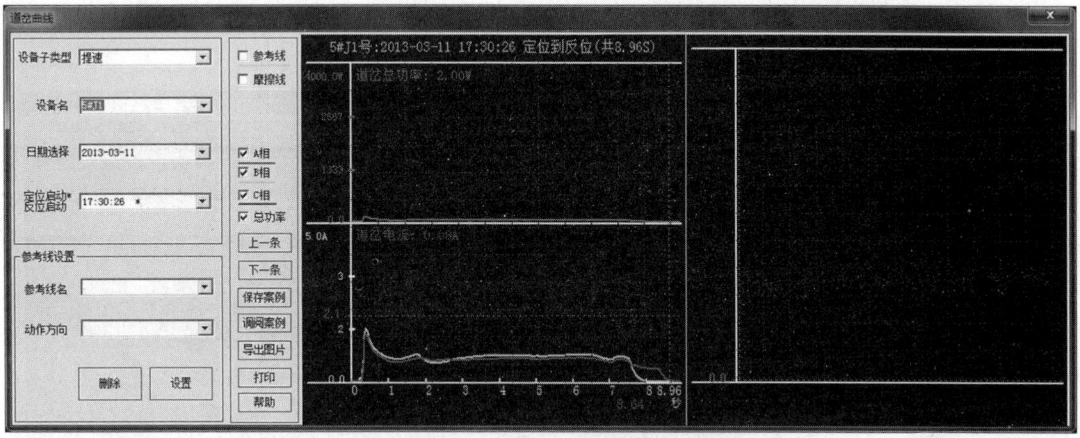

• 彩图 •

图 7-64

图 7-64 “道岔曲线”页面

“道岔曲线”页面左侧为设备选择、道岔启动曲线选择和参考曲线设置区以及相关操作按钮,右侧为定、反位曲线显示区域。

通过选择“设备子类型”“设备名”“日期选择”,可显示相应设备的启动曲线信息。

通过选择“定位启动”“反位启动”,可自动填充所选设备在所选当天的道岔启动曲线的时间信息。曲线显示区根据“定位启动”“反位启动”选择框内的时间信息,将该时间点的道岔启动曲线显示出来。

通过选择“参考线名”“动作方向”,单击“删除”或“设置”按钮可以删除或设置某一道岔设备启动电流曲线的参考线。参考线是用于智能分析时判断道岔启动曲线是否为故障曲线的参照标准。设置了参考线后,勾选“参考线”复选框,则可以显示道岔参考曲线,如图 7-65 所示。

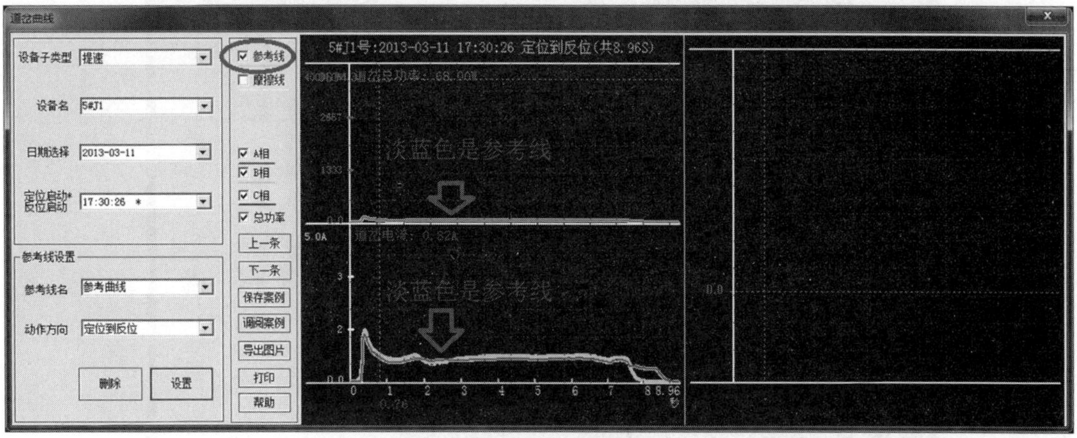

• 彩图 •

图 7-65

图 7-65 道岔参考曲线

“参考线”复选框:显示或取消该道岔启动曲线的参考曲线。

“摩擦线”复选框:显示或取消该道岔启动曲线的摩擦曲线。

“A 相”复选框:显示或取消 A 相曲线信息。

“B 相”复选框:显示或取消 B 相曲线信息。

"C 相"复选框：显示或取消 C 相曲线信息。

"总功率"复选框：显示或取消总功率曲线信息。

采用直流转辙机的道岔，只有 1 条曲线，没有 A、B、C 相及总功率复选框，其他操作与交流转辙机一致，如图 7-66 所示。

• 彩图 •

图 7-66

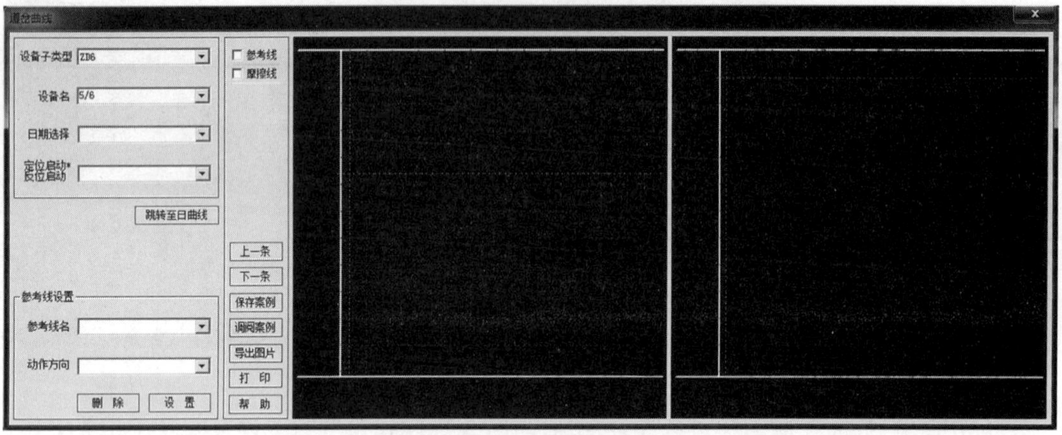

图 7-66　直流道岔动作曲线界面

"上一条"按钮：显示当前显示曲线的前一条曲线信息。

"下一条"按钮：显示当前显示曲线的下一条曲线信息。

"导出图片"按钮：将道岔曲线显示信息以图片形式进行保存。图片自动命名。

"保存案例"按钮：保存当前查看的道岔曲线，以案例形式，配以文字说明。

"调阅案例"按钮：调阅保存的道岔曲线。如图 7-67 所示，通过下拉列表可以选择所保存的道岔曲线。在备注框中修改备注，并单击"修改备注"按钮后可以修改该图片文件的备注信息。单击"删除该图"按钮可以删除保存的该图片。

• 彩图 •

图 7-67

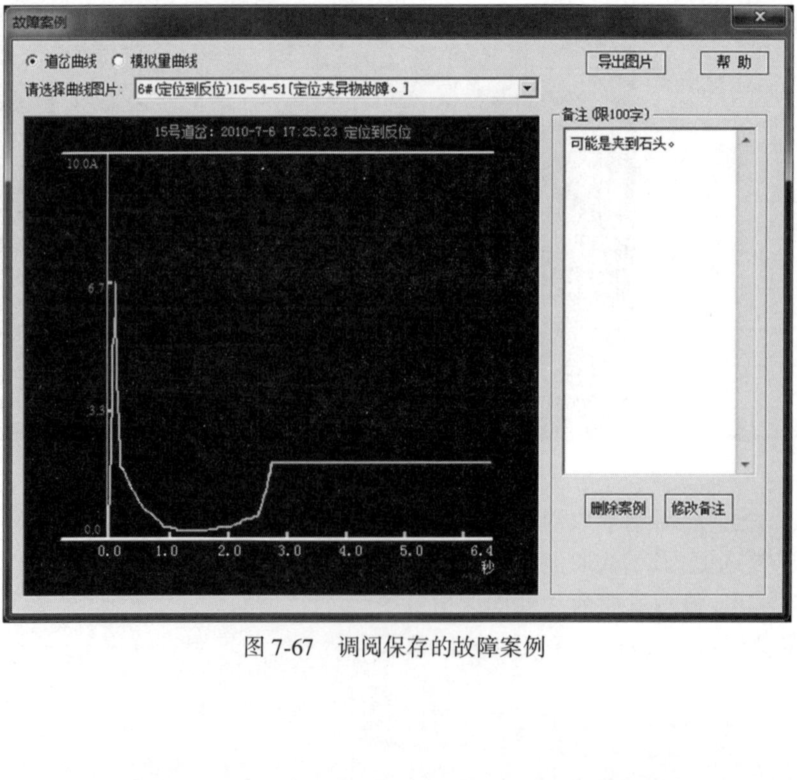

图 7-67　调阅保存的故障案例

“打印”按钮：打印道岔曲线信息。

（2）道岔表示电压。

①实时值。依次选择“道岔（C）”→“实时值”命令，或者单击工具栏中的“测试”按钮，选择“道岔”类型，即可查看各道岔的实时工作状态，如图7-68所示。图中第三列标识的是该道岔的工作状态，即四开、故障、定位、反位。

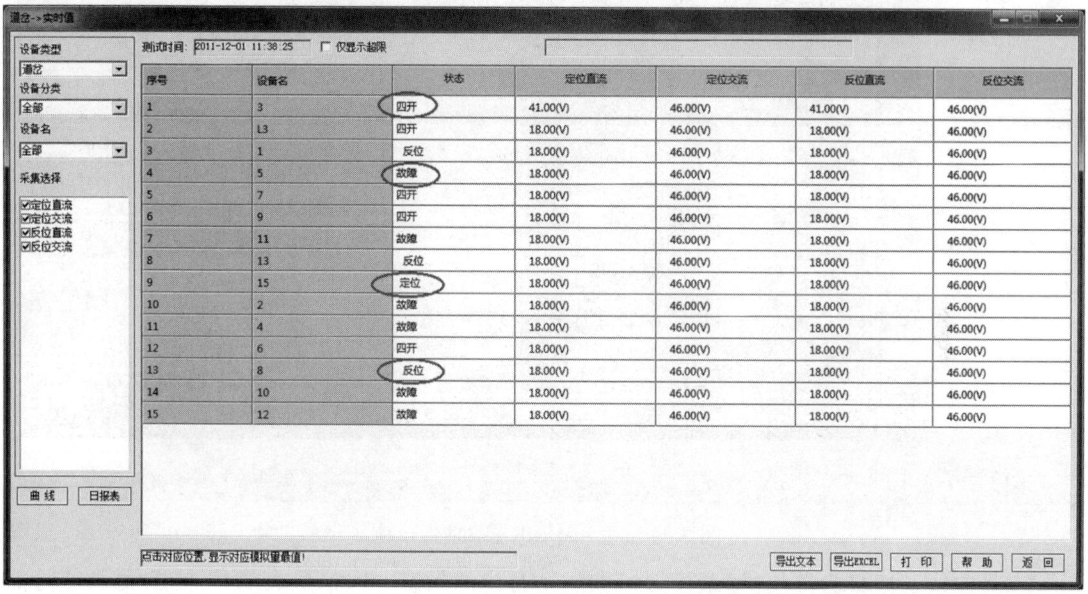

图7-68　道岔表示电压实时值示例

②日报表。记录一天中道岔表示电压的最大值、最小值、平均值及其对应的时间点。依次选择“道岔（C）”→“日报表”命令，即可查看道岔表示电压日报表，如图7-69所示。

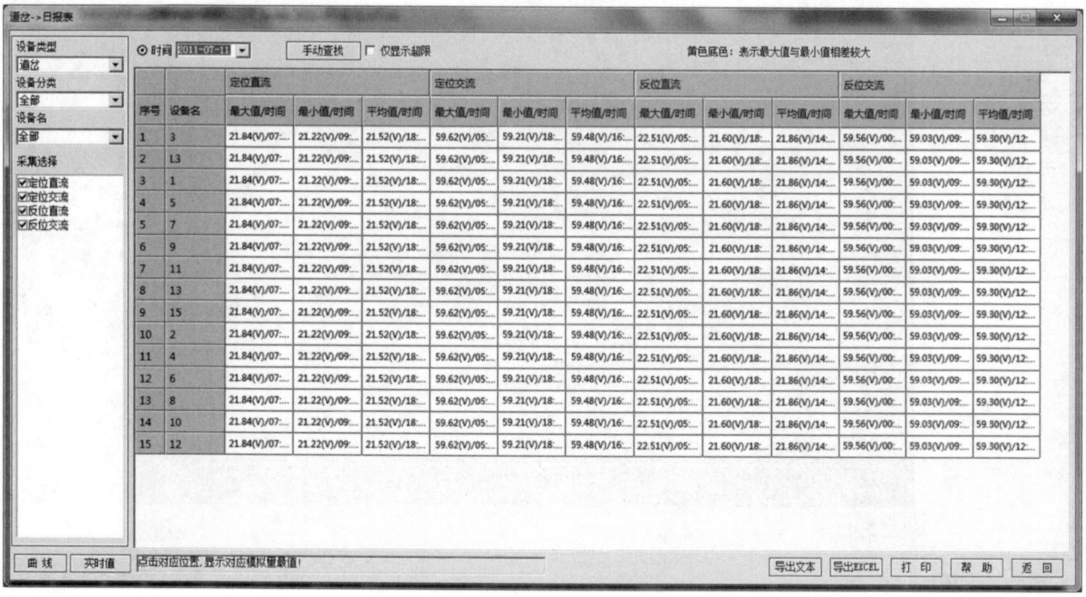

图7-69　道岔表示电压日报表示例

③日曲线。以秒为单位，将模拟量值以曲线的形式显示出来。依次选择“道岔(C)”→“日曲线”命令，即可查看道岔表示电压日曲线，如图 7-70 所示。

• 彩图 •

图 7-70

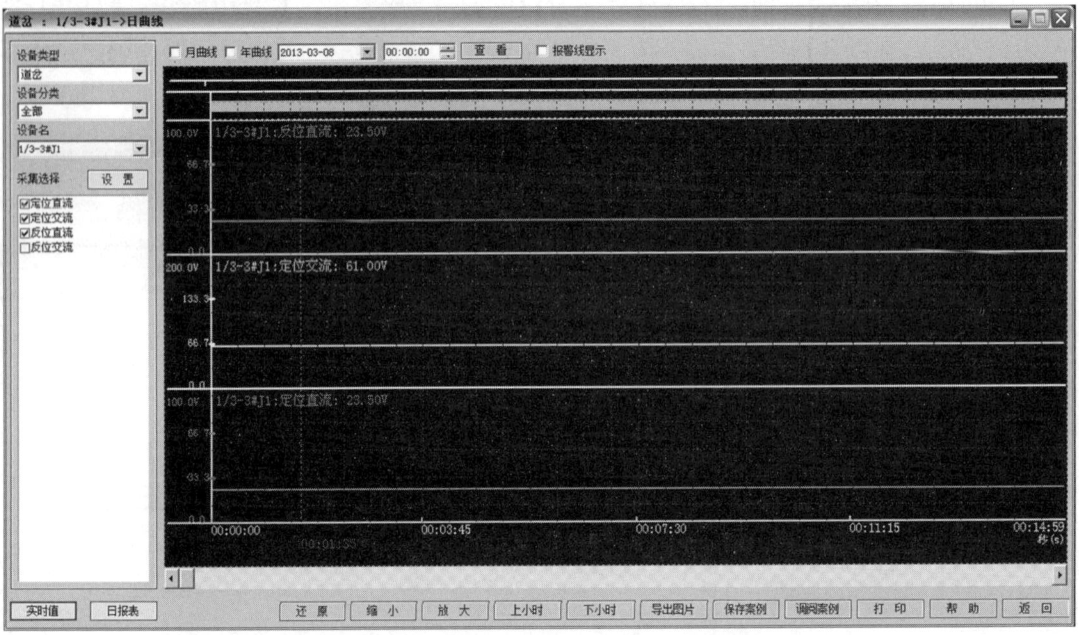

图 7-70　道岔表示电压日曲线示例

④月曲线。以日为单位，记录模拟量在一个月内的状态。包括最大值月曲线、最小值月曲线和平均值月曲线。依次选择“道岔(C)”→“月曲线”命令，即可查看道岔表示电压月曲线，如图 7-71 所示。

• 彩图 •

图 7-71

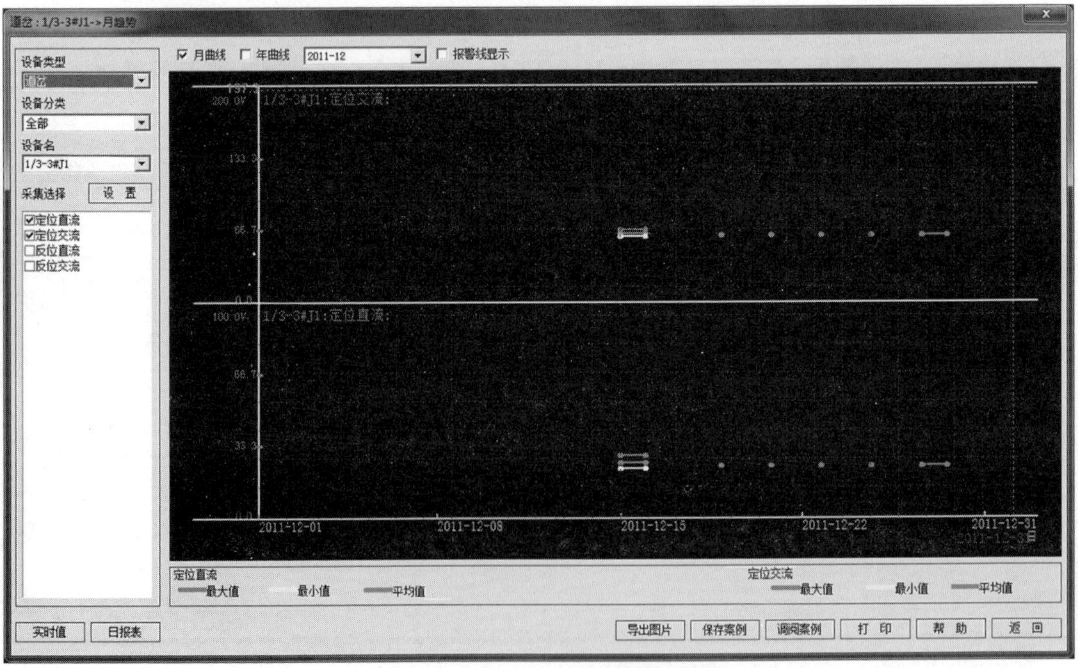

图 7-71　道岔表示电压月曲线示例

⑤年曲线。以日为单位,记录一年内设备的工作状态。包括最大值年曲线、最小值年曲线和平均值年曲线。依次选择“道岔(C)”→“年曲线”命令,即可查看道岔表示电压年曲线,如图 7-72 所示。

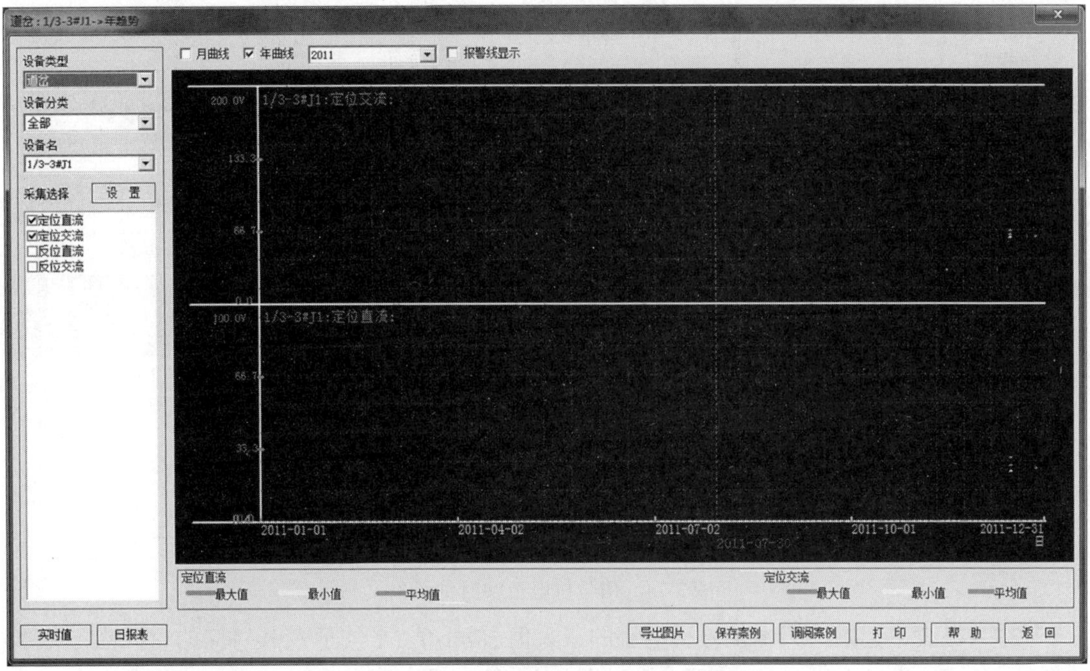

• 彩图 •

图 7-72

图 7-72 道岔表示电压年曲线示例

⑥日趋势。以时间区段(5 min)为单位,记录一天内所有时间区段的工作状态最大值、最小值。依次选择“道岔(C)”→“日趋势”命令,即可查看道岔表示电压日趋势,如图 7-73 所示。

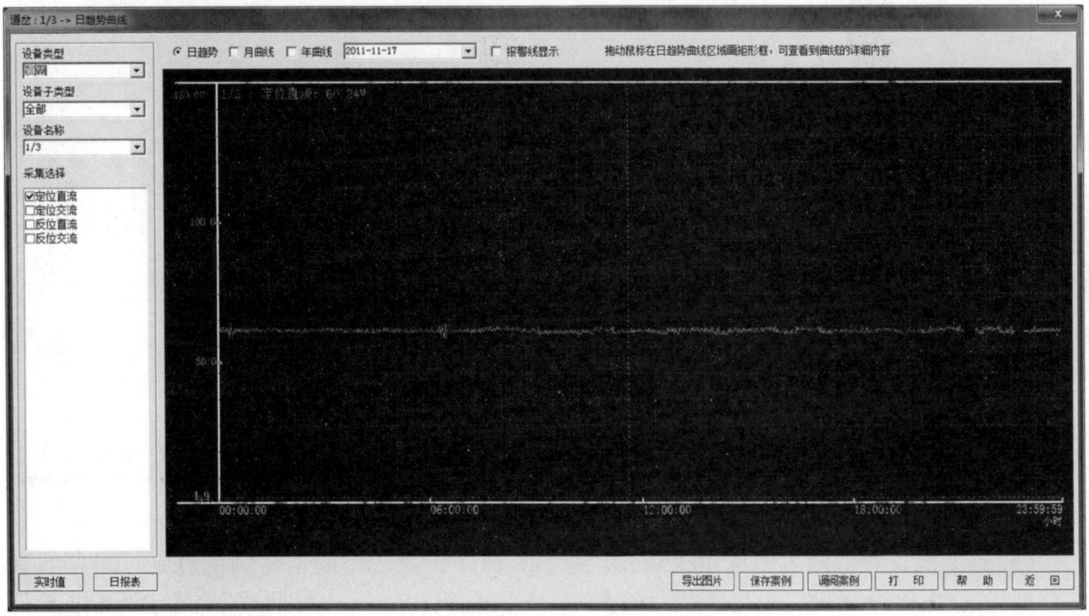

• 彩图 •

图 7-73

图 7-73 道岔表示电压日趋势示例

10. 信号机

(1)实时值。依次选择“列车信号机(X)”→“实时值”命令,或者单击工具栏中的“测试”按钮,选择“信号机”类型,即可查看各信号机电流实时值,如图 7-74 所示。

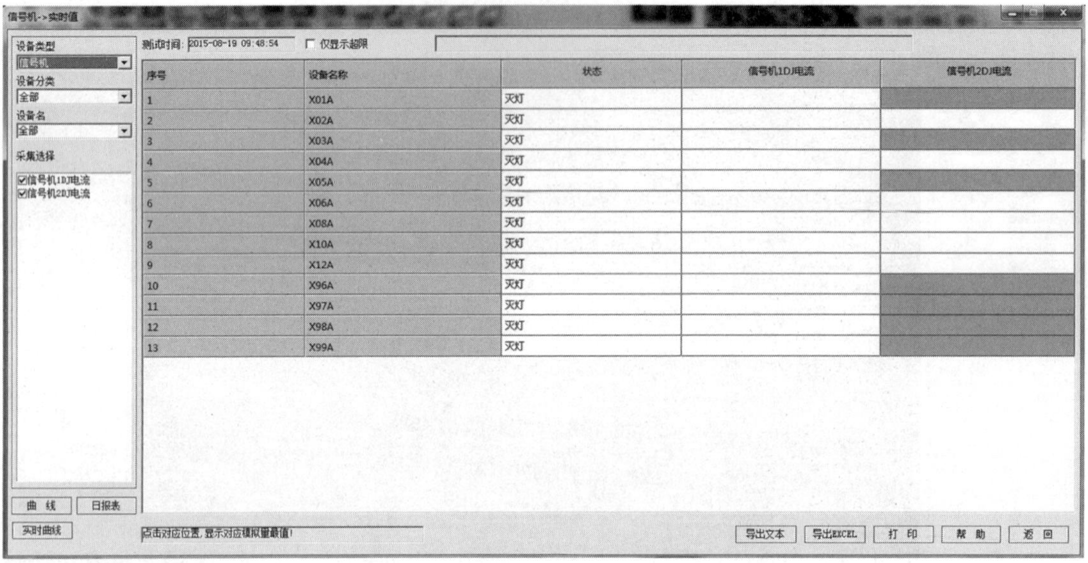

图 7-74 信号机电流实时值示例

(2)日报表。记录一天中信号机电流的最大值、最小值、平均值及其对应的时间点。依次选择“列车信号机(X)”→“日报表”命令,即可查看信号机电流日报表,如图 7-75 所示。

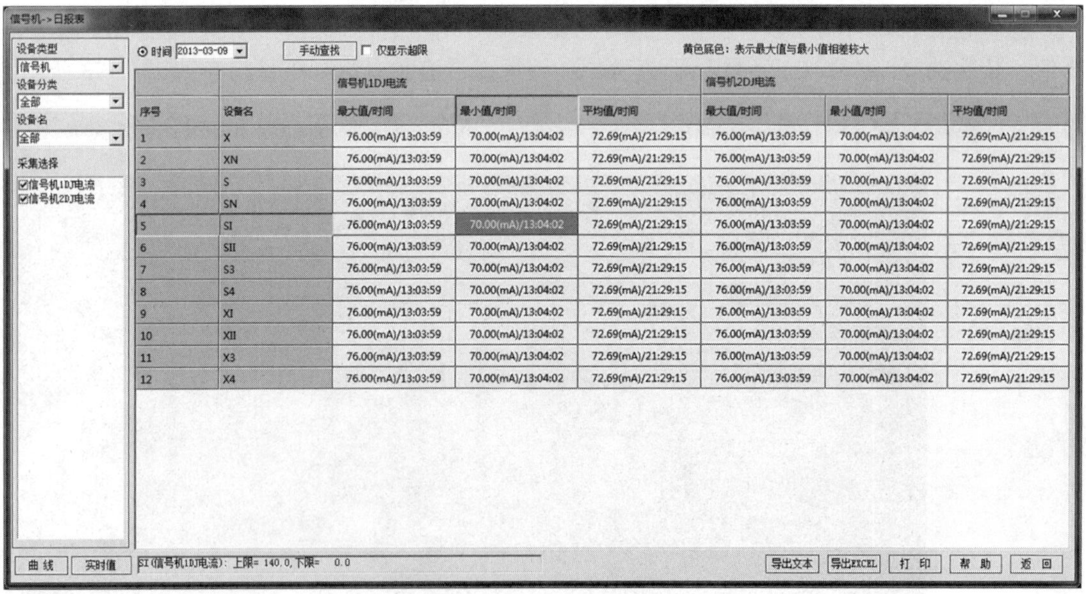

图 7-75 信号机电流日报表示例

(3)日曲线。日曲线上方的粗线条,灰、红、绿、白四种颜色代表信号机在对应时间点的状态分别为灭灯、红色、绿灯、白灯。依次选择“列车信号机(X)”→“日曲线”命令,即可查看信号机电流日曲线,如图 7-76 所示。

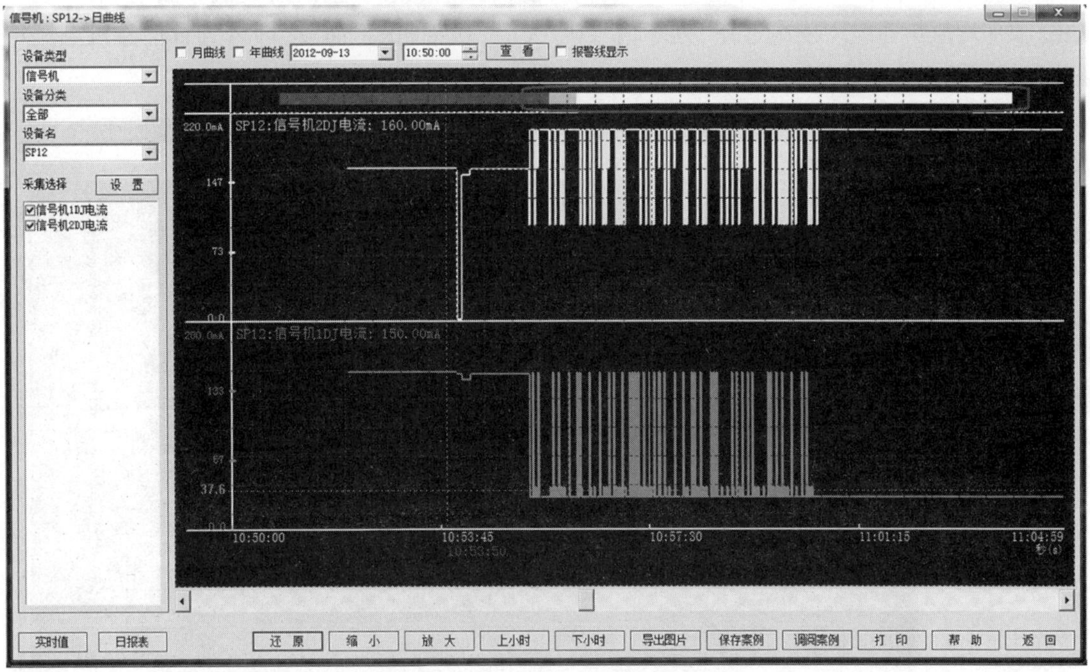

• 彩图 •

图 7-76

图 7-76 信号机电流日曲线示例

(4)月曲线。以日为单位,记录模拟量在一个月内的状态。包括最大值月曲线、最小值月曲线和平均值月曲线。依次选择“列车信号机(X)”→“月曲线”命令,即可查看信号机月曲线,如图 7-77 所示。

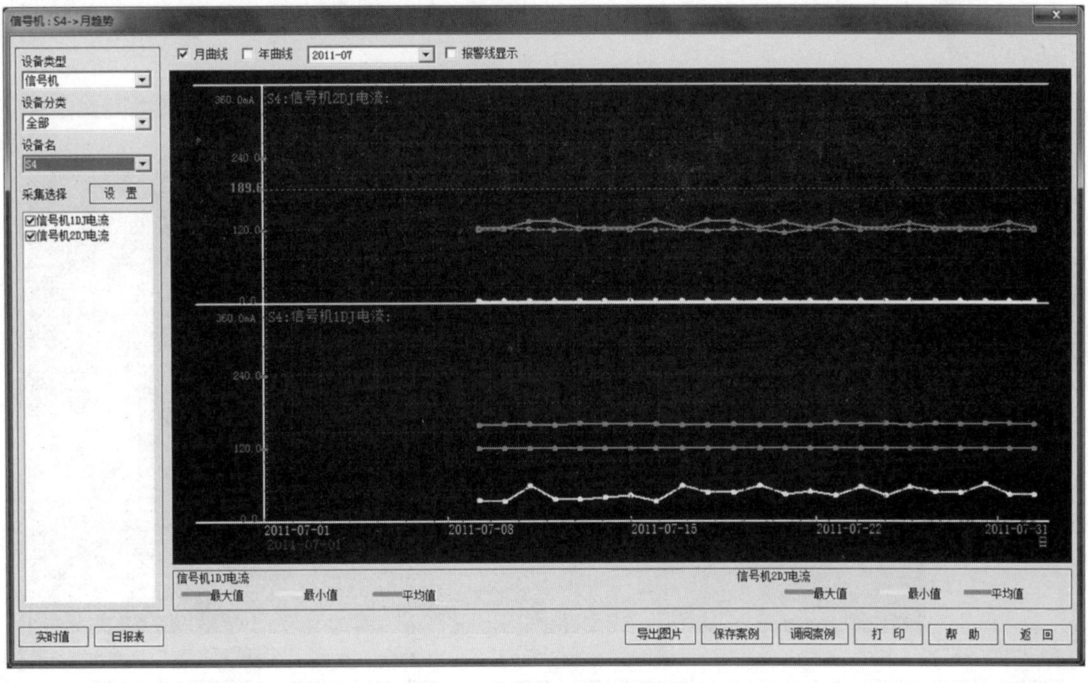

• 彩图 •

图 7-77

图 7-77 信号机电流月曲线示例

(5)年曲线。以日为单位,记录一年内信号机的工作状态。包括最大值年曲线、最小值年曲线和平均值年曲线。依次选择“列车信号机(X)”→“年曲线”命令,即可查看信号机电流年曲线,如图7-78所示。

• 彩图 •

图 7-78

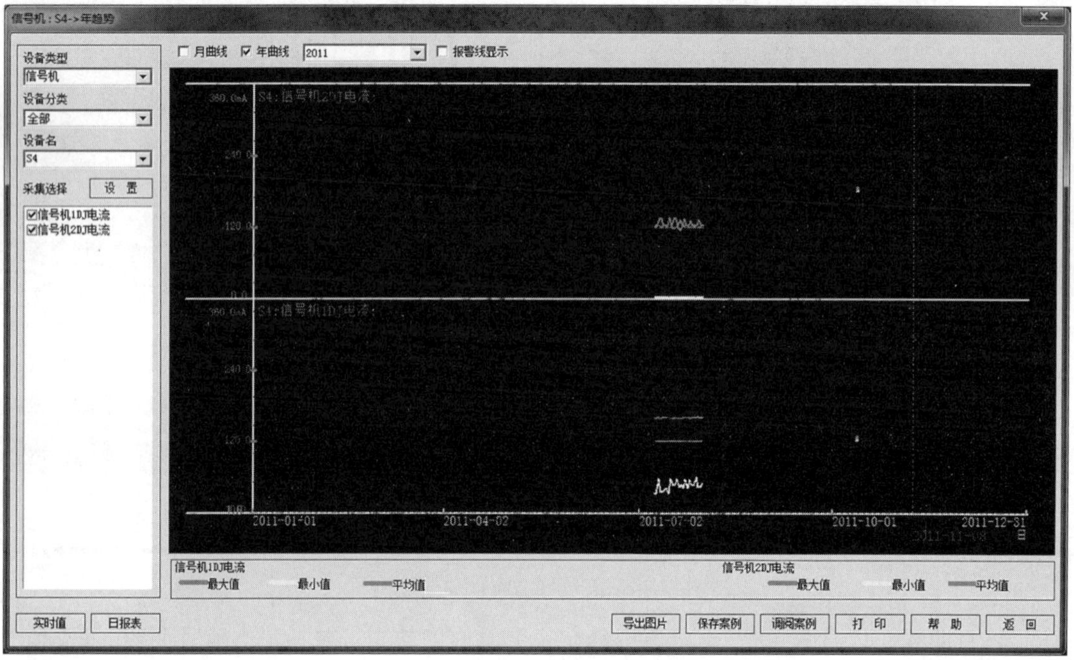

图 7-78　信号机电流年曲线示例

(6)日趋势。以时间区段(5 min)为单位,记录一天内所有时间区段信号机的工作状态最大值、最小值。依次选择“列车信号机(X)”→“日趋势”命令,即可查看信号机电流日趋势,如图7-79所示。

• 彩图 •

图 7-79

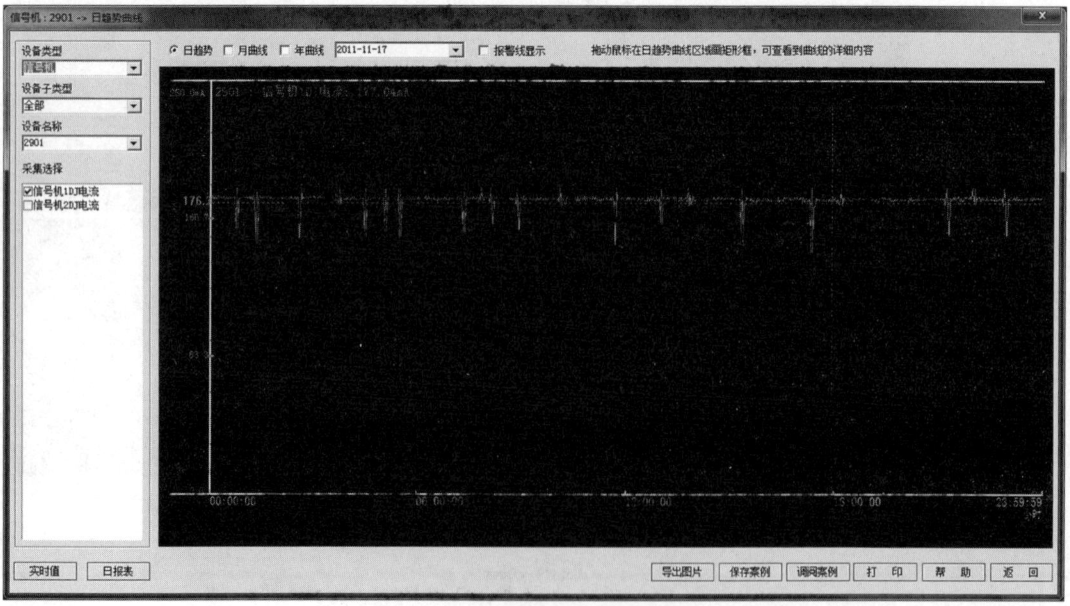

图 7-79　信号机电流日趋势示例

11. 智能系统接口

如联锁设备的状态，当系统配置的联锁接口通信中断时，不显示联锁设备状态及其状态信息。

当联锁接口通信正常时，显示联锁设备状态及其状态信息。联锁设备工作状态分为“正常”或“异常”，“正常”用黑色字显示，“异常”用红色字显示，如图 7-80 所示。

联锁接口：通信正常

序号	码位	设备名称	状态
1	7	同步报警	正常
2	18	熔丝报警	异常
3	19	主灯丝报警	异常
4	25	计轴故障	正常
5	26	挤岔	正常
6	27	电铃	异常
7	28	热丝报警	正常
8	30	灯丝报警	正常
9	31	15秒	正常
10	32	2灯丝报警	正常
11	299	G01A-计轴不可用	正常
12	302	G03A-计轴不可用	正常
13	305	G05A-计轴不可用	正常
14	308	G07A-计轴不可用	正常

图 7-80 联锁接口通信正常

12. 报表统计

报表统计由报警统计、运用统计、控制台按钮操作记录三个页面组成。

(1)报警统计。查询车站的历史报警记录，以不同的方式查询、汇总和展现给用户。依次选择“报表统计(T)”→“报警统计”命令或者单击工具栏中的“报警”按钮，即可进入报警统计页面。

①“查询类型”选择。“查询类型”选择列表位于报警统计页面左侧，可以“按报警类型”查询或“按设备类型”查询。按报警类型查询方式如图 7-81 所示。按设备类型查询方式如图 7-82 所示。

②“查询时间”选择。“查询时间”选择按钮位于报警统计页面上方，可以选择需要查询报警信息的时间，有本日查询、本周查询、本月查询和自定义查询。本日查询的时间为当日 0 点到 23:59:59。本周查询的时间为周一 0 点到周末 23:59:59。本月查询的时间为每月第一日 0 点到最后一日的 23:59:59。自定义查询的开始时间至结束时间最多为 30 天。

③“报警汇总展现”。“报警汇总展现”方式位于报警统计页面上方。

勾选“显示检修时报警”复选框，则可以查看到查询时间内在检修时段发生的报警信息；反之，则不显示。

选择“处理状态”下拉列表中的选项，如“未处理”，则只显示查询时段内状态为“未处理”的报警信息。

勾选“同名报警合并显示”复选框，则可以合并所有报警名称、设备名相同的报警信息；否则按时间顺序显示每个报警信息。

图 7-81　报警查询——按报警类型查询

图 7-82　报警查询——按设备类型查询

④报警统计信息。报警统计页面右侧的表格为报警统计信息区域,用来显示报警的汇总统计信息,分为一、二级报警及故障诊断表和三级报警及预警表。

一、二级报警及故障诊断表显示一、二级报警和维护支持系统对信号设备的故障诊断结果;三级报警及预警表显示三级报警和维护支持系统对信号设备的预警分析结果。

单击“处理”后进入故障详细信息窗口,如图 7-83 所示。

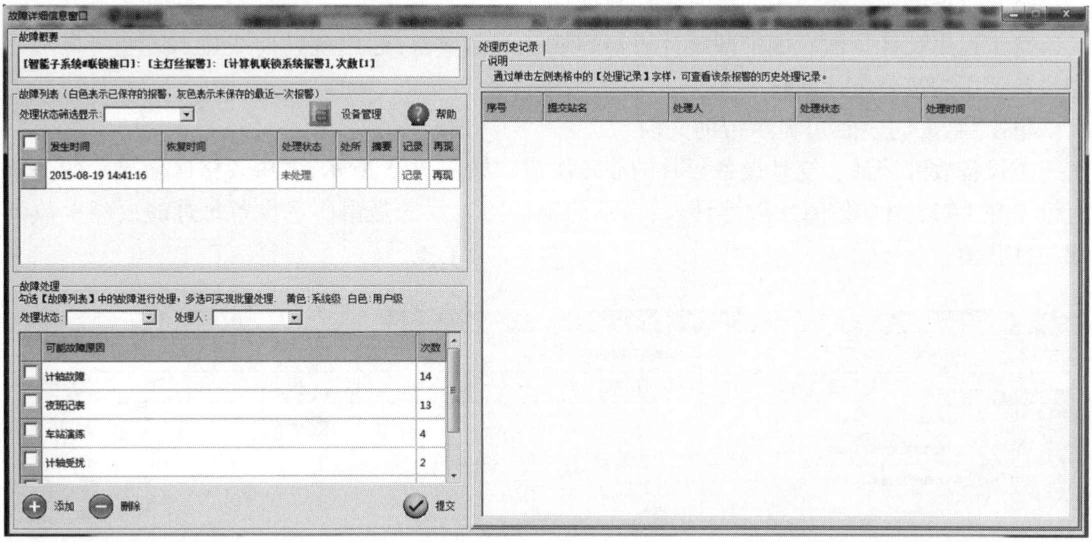

图 7-83 故障详细信息窗口

单击“再现”后进入再现界面,如图 7-84 所示。其操作与回放相同。

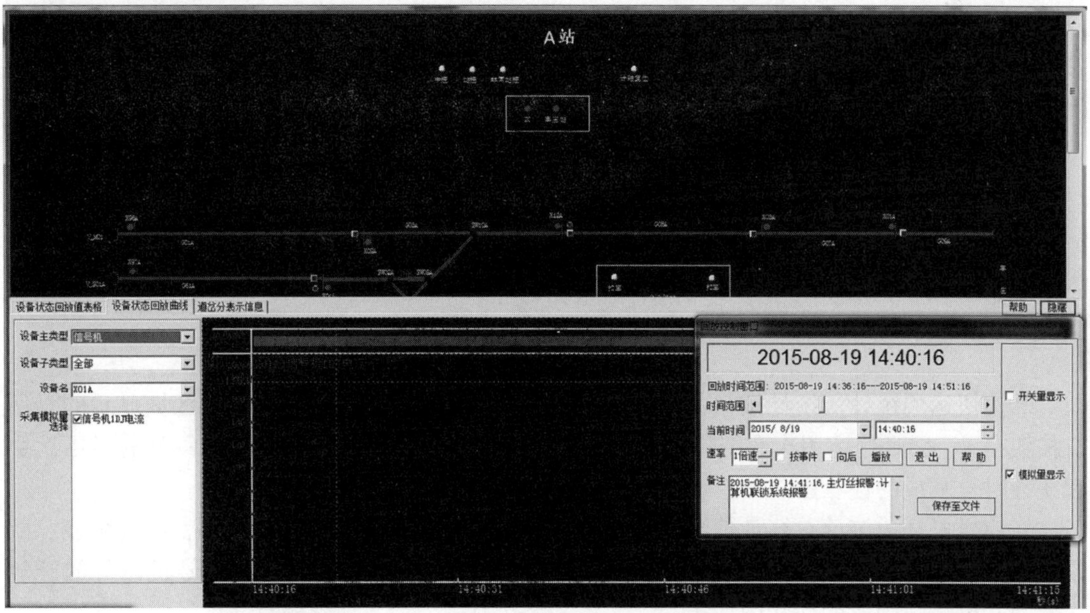

图 7-84 故障再现界面

• 彩图 •

图 7-84

单击“帮助”按钮,显示帮助文档。

单击“打印”按钮,打印报警汇总信息。

单击报警统计页面最右边的上箭头或下箭头可进行翻页,每页最多显示 500 行。

(2)运用统计。运用统计页面提供对关键设备的运用统计情况。关键设备的统计包括设备故障统计、按钮运用统计、信号机开放统计、轨道占用次数统计、破封按钮运用次数统计、道岔动作次数统计、道岔动作次数日统计等。

关键设备统计列表位于运用统计页面左侧,选中某一关键设备统计后,该页面右侧中部的表格将显示该关键设备运用的按月统计数据。

选中运用统计页面右侧中部统计表中的某一关键设备,运用统计曲线显示区域将显示相应设备运用的按月统计曲线。

单击"帮助"按钮,可显示帮助文档。

①设备故障统计。统计设备每月的故障次数。如图 7-85 所示,右中表格区域显示的是所有设备在 1~12 月的故障次数统计表;右下的统计图显示的是由所选设备每月的故障次数画成的柱状图。

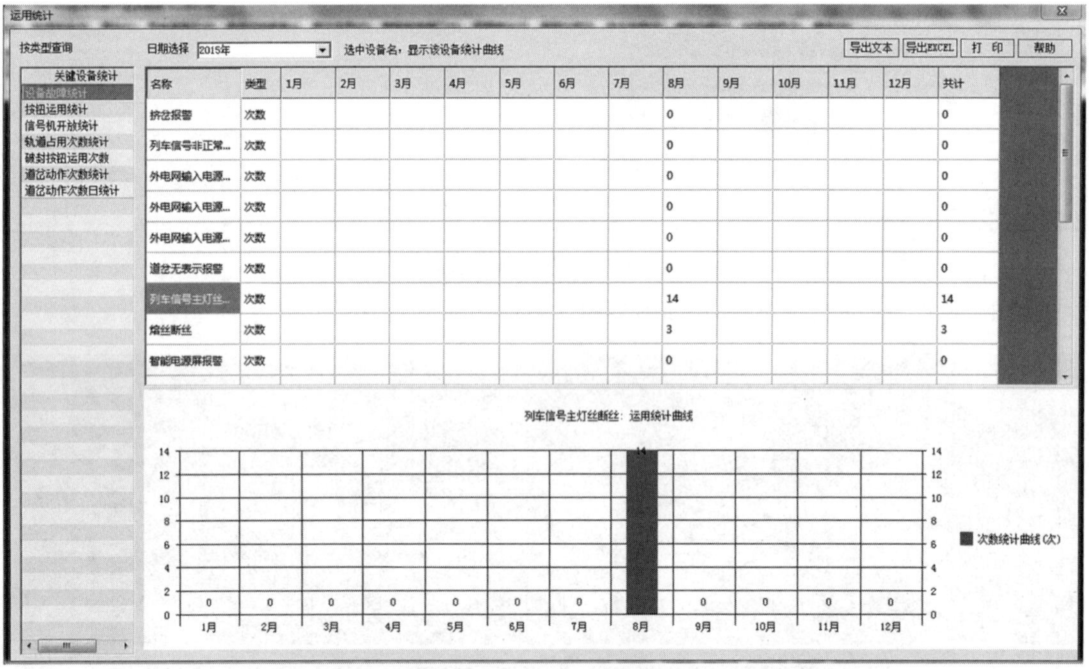

图 7-85　设备故障统计

②按钮运用统计。统计按钮每月的运用次数。如图 7-86 所示,右中表格区域显示的是所有按钮在 1~12 月的运用次数统计表;右下的统计图显示的是由"全站封锁"每月的运用次数和统计时长画成的柱状图。

③信号机开放统计。统计信号机每月的开放次数。如图 7-87 所示,右中表格区域显示的是所有信号机在 1~12 月的运用次数统计表;右下的统计图显示的是所选信号机每月的开放次数和开放时长画成的柱状图。

④轨道占用次数统计。统计轨道每月的占用次数。如图 7-88 所示,右中表格区域显示的是所有轨道在 1~12 月的占用次数统计表;右下的统计图显示的是所选轨道每月的占用次数和占用时长画成的柱状图。

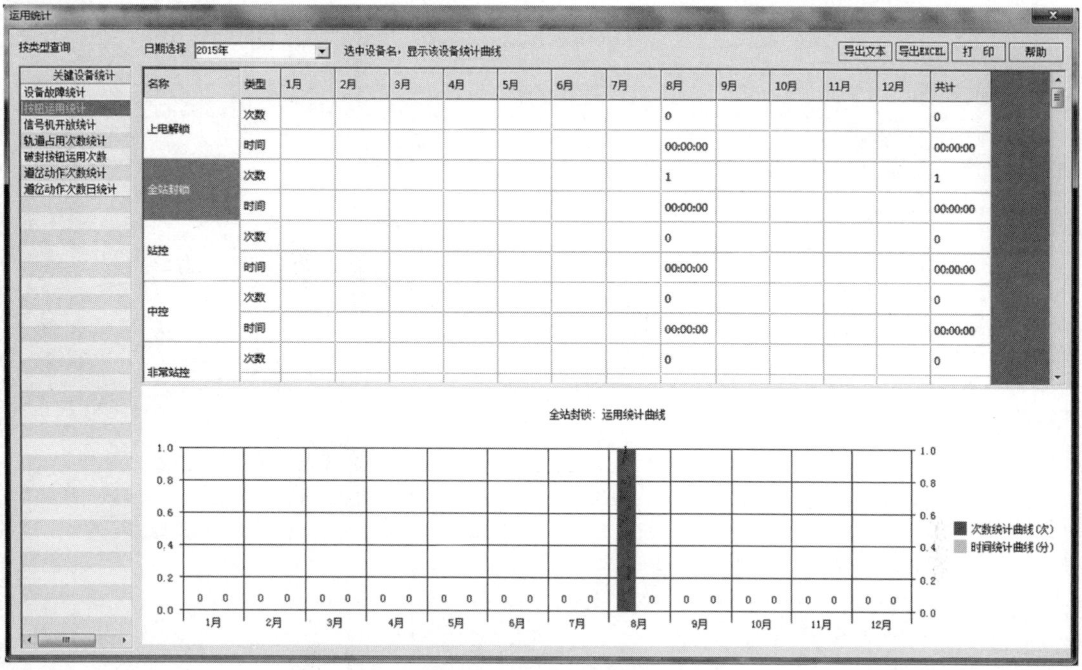

图 7-86 按钮运用统计

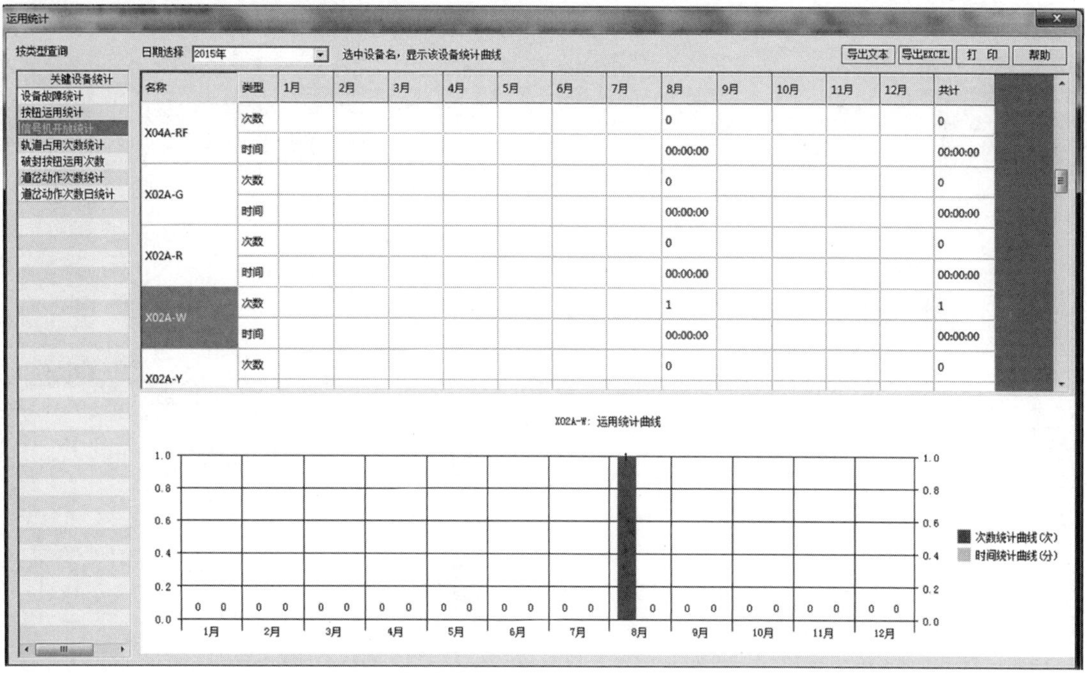

图 7-87 信号机开放统计

⑤破封按钮运用次数统计。统计破封按钮每月的运用次数。如图 7-89 所示，右中表格区域显示的是所有破封按钮在 1～12 月的运用次数统计表；右下的统计图显示的是所选按钮每月的运用次数和运用时间画成的柱状图。

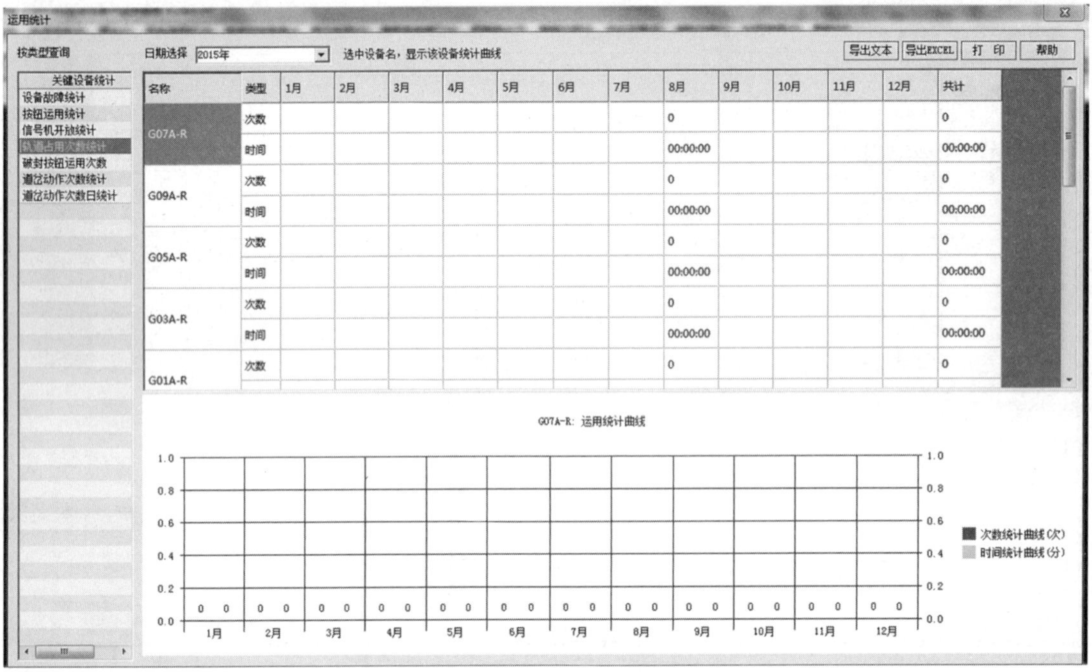

图 7-88　轨道占用次数统计

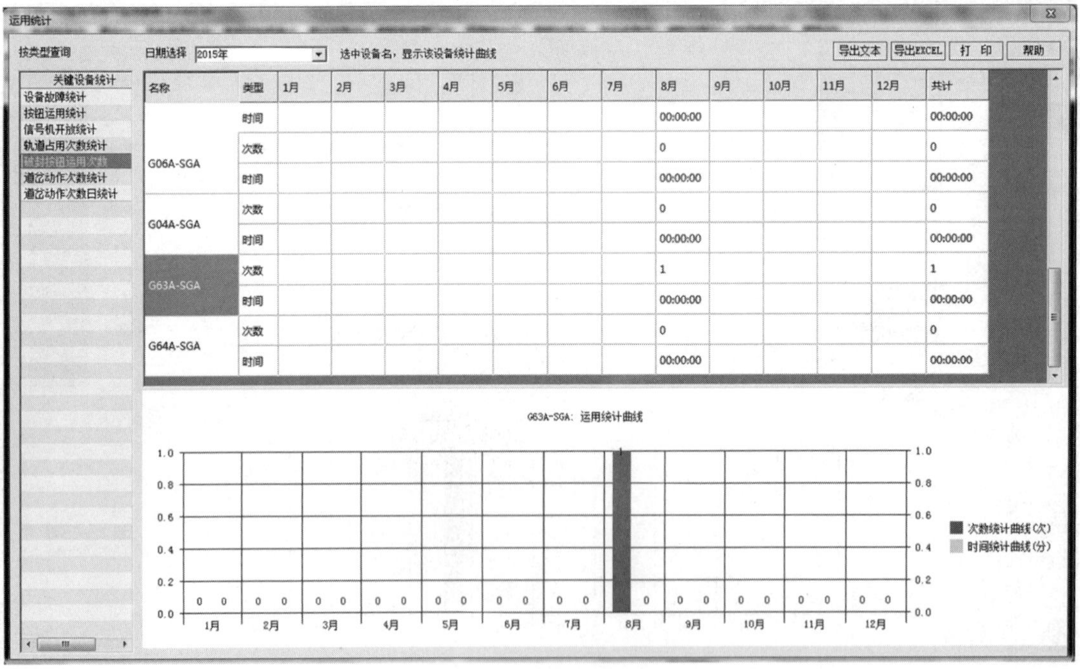

图 7-89　破封按钮运用次数

⑥道岔动作次数统计。统计每月道岔的动作次数。如图 7-90 所示，右中表格区域显示的是所有道岔 1～12 月的动作次数统计表；右下的统计图显示的是所选道岔在每月的动作次数画成的柱状图。

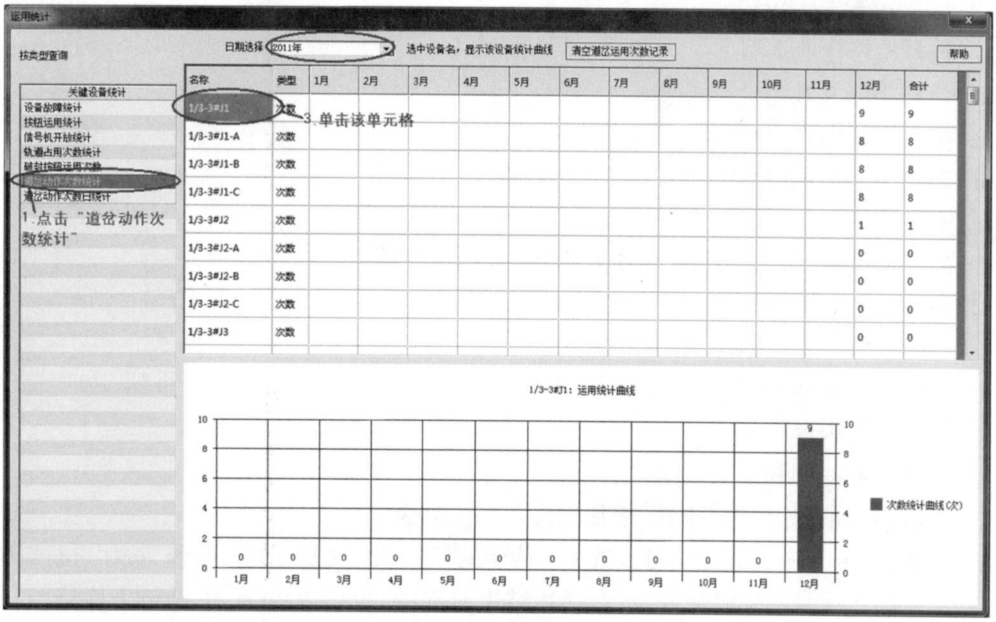

图 7-90 道岔动作次数统计

13. 作业监督

(1)天窗修记录与查询。检修作业分为人工检修和自动检修两种。人工检修是指需要人工单击开始和结束的检修方式;自动检修可以预先设定好检修作业,实现定时自动检修,如图 7-91 所示。

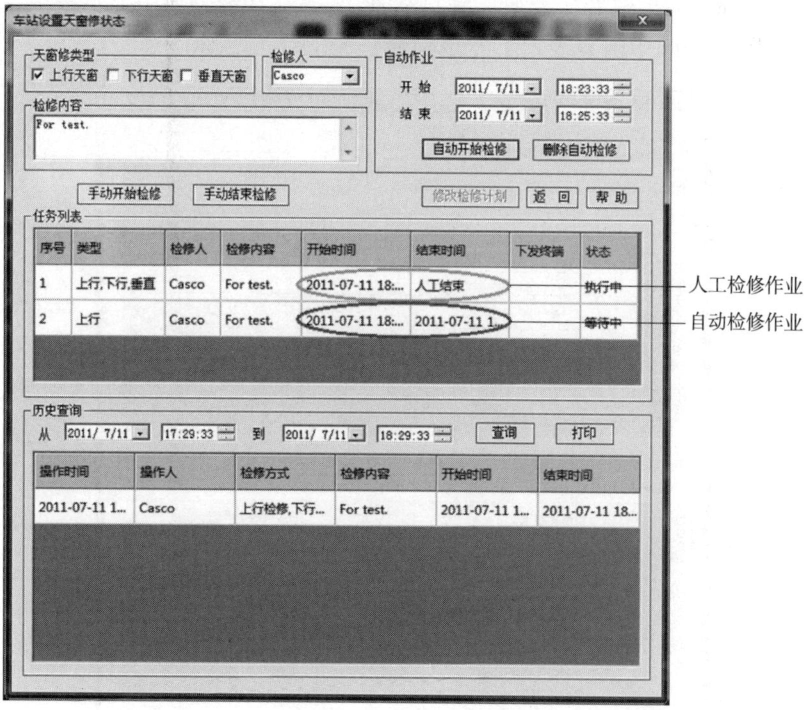

图 7-91 检修作业

①人工检修作业操作方法。

a. 选择检修作业类型。

b. 填写检修人姓名。

c. 填写检修内容。

d. 单击“手动开始检修”按钮。

e. 进行检修。

f. 在作业列表中选中该作业单击“手动结束检修”按钮。

②自动检修作业操作方法。

a. 选择检修作业类型。

b. 填写检修人姓名。

c. 填写检修内容。

d. 选择开始时间和结束时间。

e. 单击“自动开始检修”按钮,增加检修任务至列表。

f. 在自动检修任务开始之前可以选中等待中的任务,单击“删除自动检修”按钮进行删除。

g. 正在执行的自动检修任务,没有到达结束时间的,也可以单击“手动结束检修”按钮以结束检修任务。

③查询检修作业的操作。

a. 选择查询开始和结束时间。

b. 单击“查询”按钮。

c. 可以通过单击“打印”按钮打印当前的查询列表。

终端下发检修任务时,检修任务窗口会自动弹出,并在任务列表中显示终端下发的任务说明。如图 7-92 所示,椭圆中内容表示下发该检修任务的终端名称。

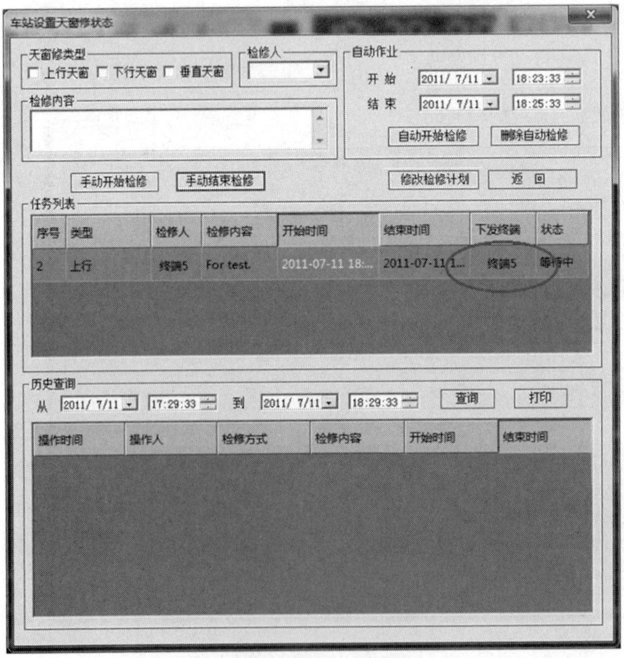

图 7-92　终端下发检修任务

如图7-93所示，单击该条任务时，可对该任务进行修改。具体步骤如下：单击任务；修改天窗修类型、检修人、检修内容；修改计划天窗修时间；单击“修改检修计划”按钮完成修改。

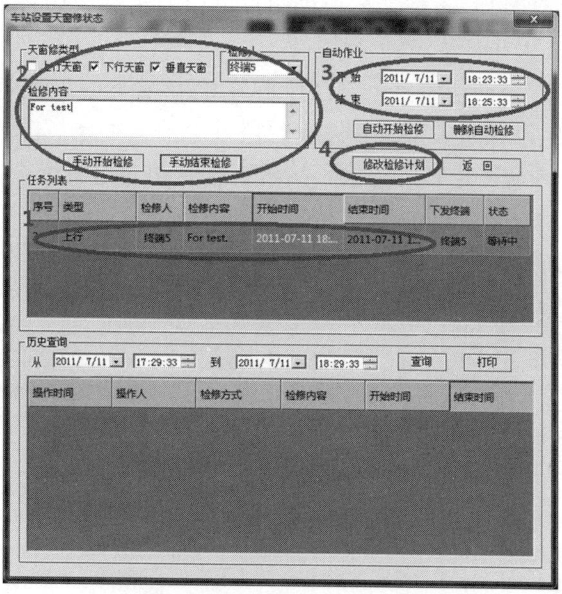

图7-93 修改终端下发检修任务

（2）信号设备巡视记录。巡视记录分为日常巡视、故障处理、工程施工，如图7-94所示。具体操作方法为：选择类型；选择/填写巡视人员；勾选“天窗点”复选框（根据实际需求勾选）；填写巡视内容；单击“添加记录”按钮进行添加。

查询记录操作方法为：选择类型；选择查询的开始、结束时间；单击“查询”按钮查看结果，如图7-95所示。

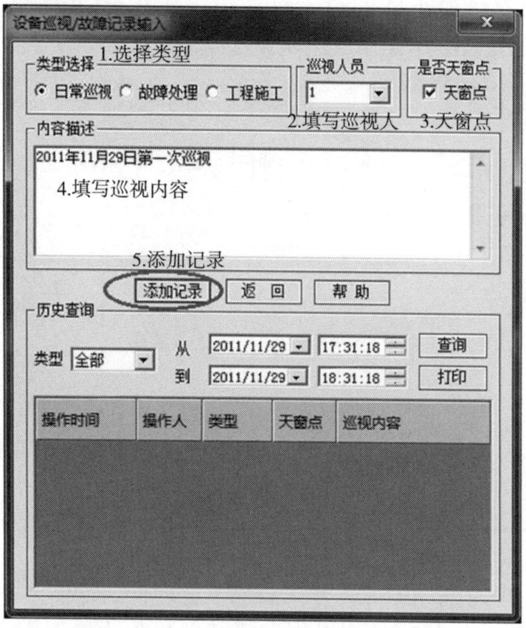

图7-94 添加巡视记录

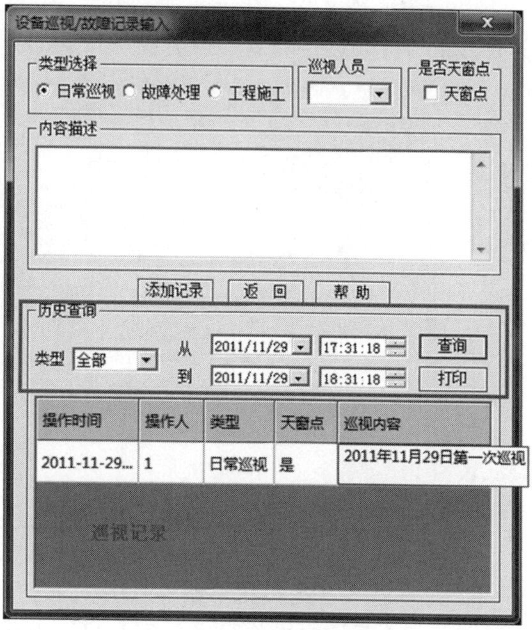

图7-95 查询巡视记录

此外,可通过指定的配置文件设置自动过滤天窗修时报警。

14. 辅助功能

(1)日志与事件。记录站机系统的各项操作日志包括系统工作日志、用户操作记录、接口工作日志、服务器通信日志和系统对钟日志。

进入方式:依次选择“辅助功能(L)”→“日志与事件”命令,选择各操作日志进入,或单击工具栏中的“日志”按钮,默认进入系统日志查看窗口。

①系统工作日志。系统工作日志记录了站机所有启动与退出记录。如图 7-96 所示,每一行为一个记录。

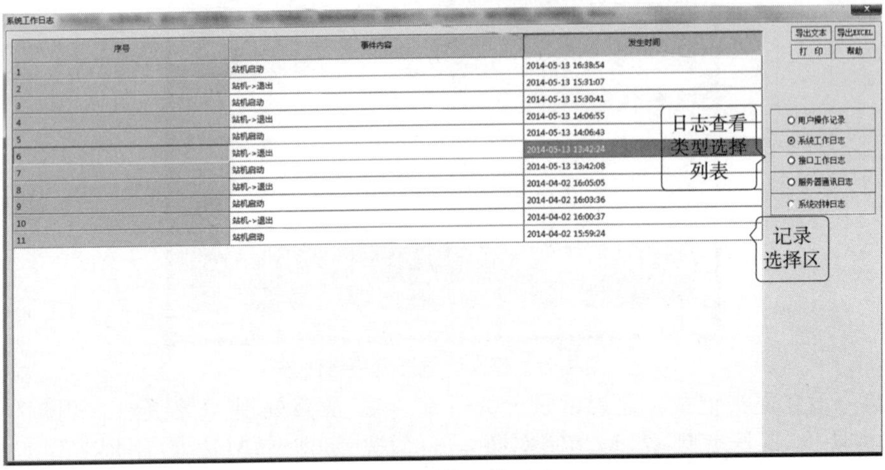

图 7-96　系统工作日志

②用户操作日志。记录用户在站机上的每一个操作记录,如“查看道岔日报表”“查看电源屏日趋势曲线”等。用户操作日志有两种查看方式:单条显示方式和列表显示方式。

a. 单条显示方式。在单条显示方式下,左侧表格显示区的每一行显示一条记录,并且可以从右侧的时间选择列表选择要查看日期的所有用户操作记录,如图 7-97 所示。

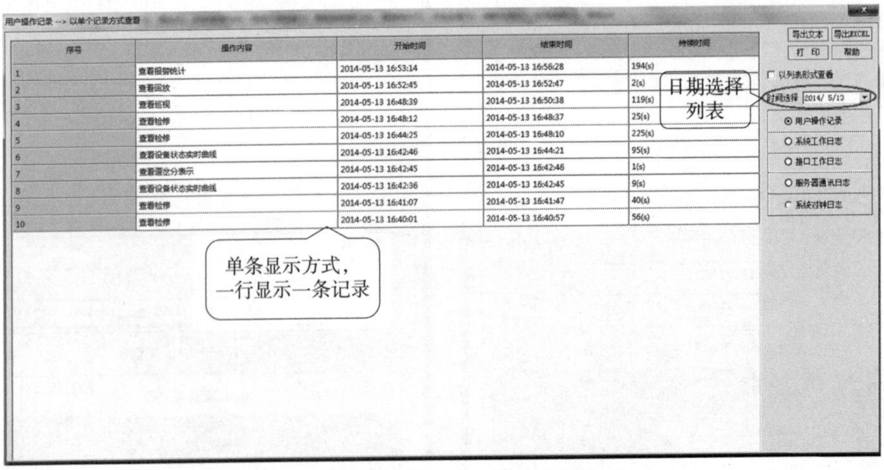

图 7-97　用户操作日志(单条显示方式)

b. 列表显示方式。在单条显示方式下,在右侧勾选“以列表方式查看”复选框,便可变为以列表方式查看用户操作日志。列表显示方式下,记录某一类型操作记录的总操作次数,并最多显示最近 10 次的操作详情。

每个操作记录包括查看的起始时间、结束时间、总时长。总时长小于 10 s 时，红色字体突出显示该次操作记录；总时长大于 10 s 时，黑色字体显示该次操作记录，如图 7-98 所示。

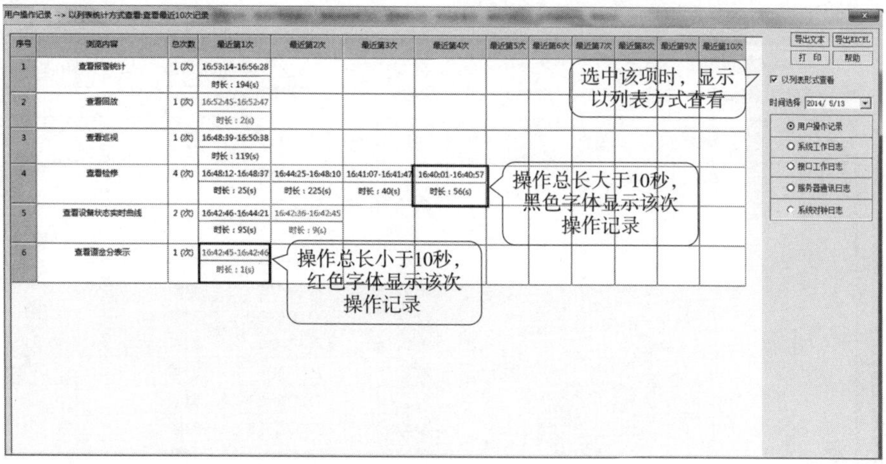

图 7-98　用户操作日志(列表显示方式)

③接口工作日志。记录所有接口的工作情况。

④服务器通信日志。记录站机与服务器的所有通信记录。

⑤系统对钟日志。记录站机与时钟服务器的对钟事件。

(2)开关量。依次选择“辅助功能(L)”→“开关量”→“开关量查询状态”命令或单击工具栏中的“开关量”按钮，即可进入开关量状态查询界面，查看开关量状态。

开关量状态分为开关量实时状态和历史变化两种。

①实时状态。开关量实时值页面如图 7-99 所示。站机当前的全体开关量状态值通过该页面右侧的表格进行展现，可将右侧列表中关注的开关量选至左侧(通过双击右侧列表中的项完成；反之，左侧列表中的项可以双击删除)。

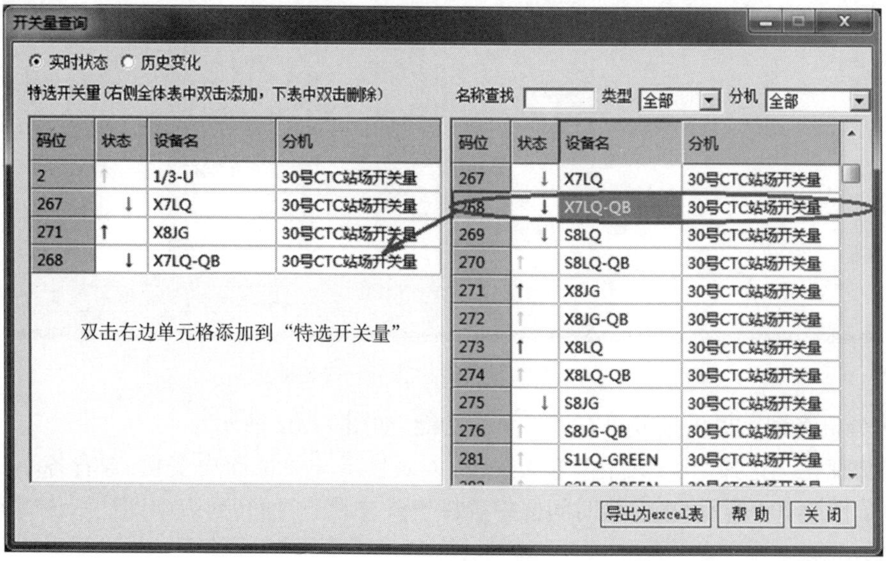

图 7-99　开关量实时状态

a. 按设备类型查找。支持按照设备类型查看开关量状态。如在“类型”中选择“轨道”，则显示所有与轨道相关的开关量状态，如图 7-100 所示。

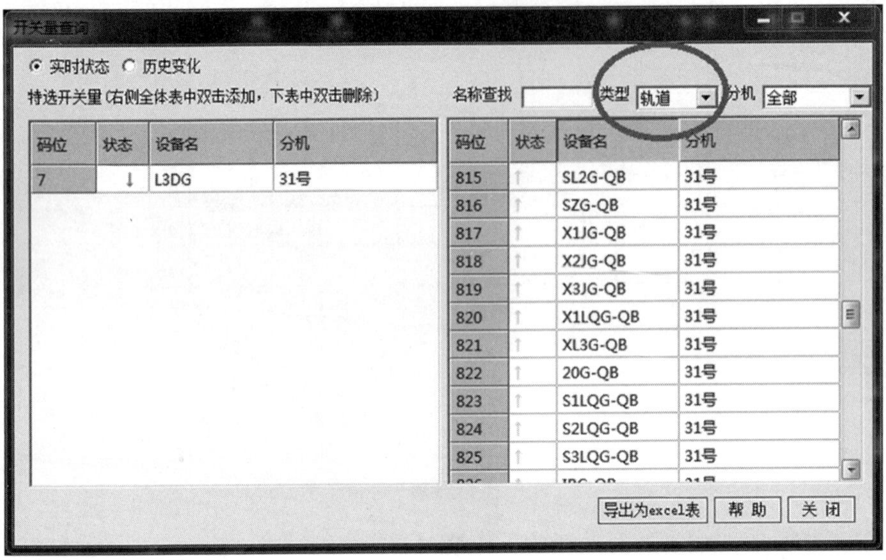

图 7-100 开关量实时状态——按设备类型查询

b. 按名称查找。支持模糊查询。例如需要查看设备名称包含字符“3”的开关量，在“名称查找”中输入“3”即可，如图 7-101 所示。

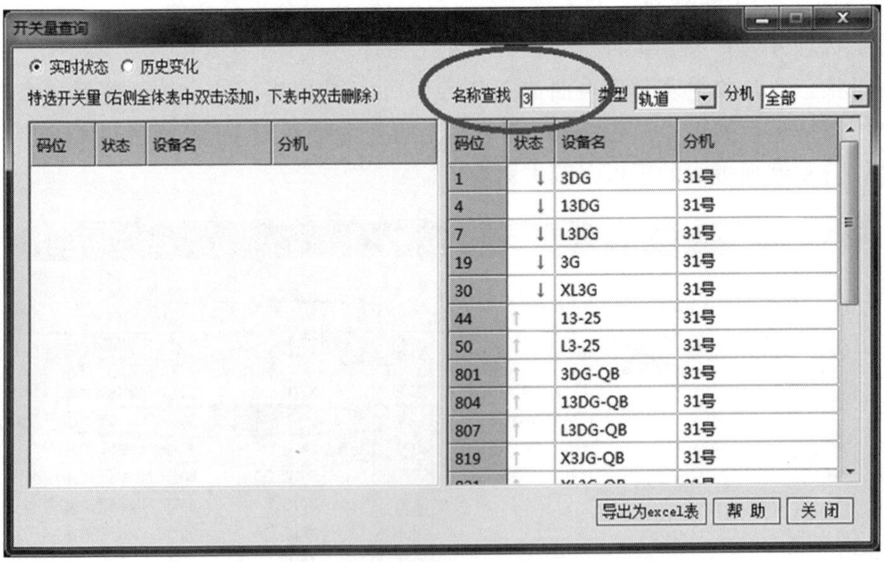

图 7-101 开关量实时状态——按名称查询

c. 按分机查询。提供按分机查询显示的功能，如图 7-102 所示。

②历史变化。选择“历史变化”单选按钮，可以显示开关量历史变化，查看各小时开关量的变化。如图 7-103 所示，在右侧时间框中选择想要查看的时间，列表中即显示该时间段的开关量变化。

开关量历史变化也支持按类型、分机查询，以及名称的模糊查询。

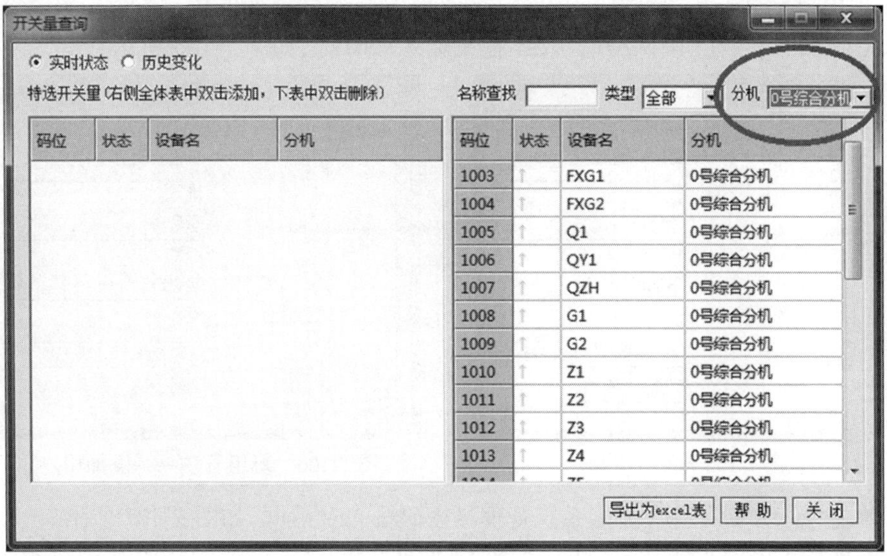

图 7-102　开关量实时状态——按分机查询

③密码管理。修改管理员密码。

④参数修改。依次选择“辅助功能(L)”→“参数修改”命令，弹出用户名和密码验证对话框；正确输入用户名和密码后，弹出修改参数对话框，如图 7-104 所示。

图 7-103　开关量历史变化

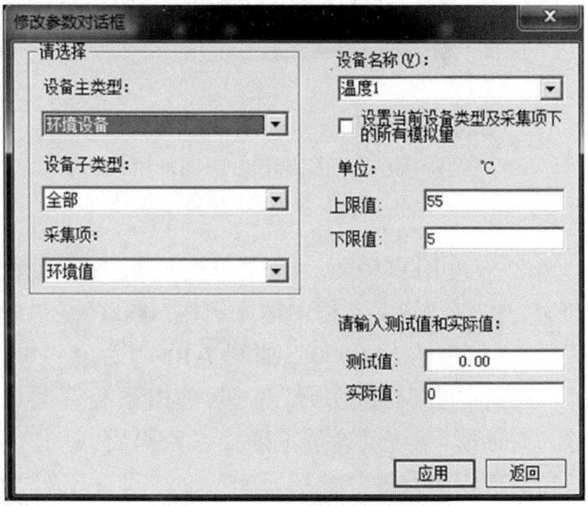

图 7-104　参数设置对话框

首先选择设备主类型、子类型、设备名称及采集项，然后系统将自动加载该设备采集项的上、下限等参数，实测值数据；如果需要重新设置采集项的调整上、下限值，则可在调整上限值的文本框中修改相应参数，然后单击“应用”按钮完成参数设置。

⑤班组管理。用于管理员增加、删除班组人员。系统管理员具有班组管理的权限。依次选择“辅助功能(L)”→“班组管理”命令，弹出班组管理对话框，如图 7-105 所示。

a. 添加用户。首先在“班组人员姓名”文本框中输入待添加的用户“××”,在“密码”文本框中输入密码“2012”,在“确认密码”文本框中输入“2012”,如图 7-106 所示。

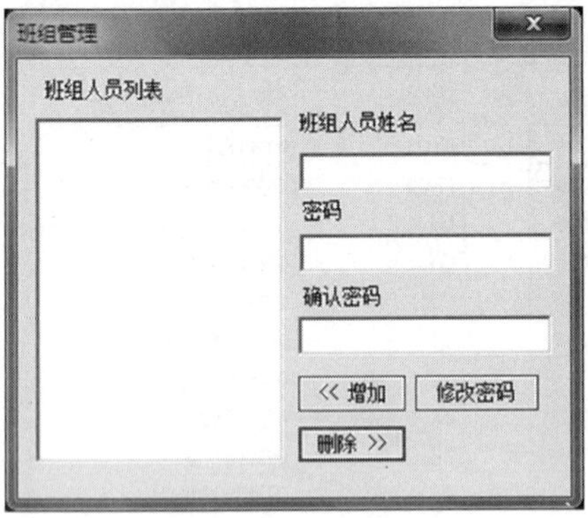

图 7-105 班组管理

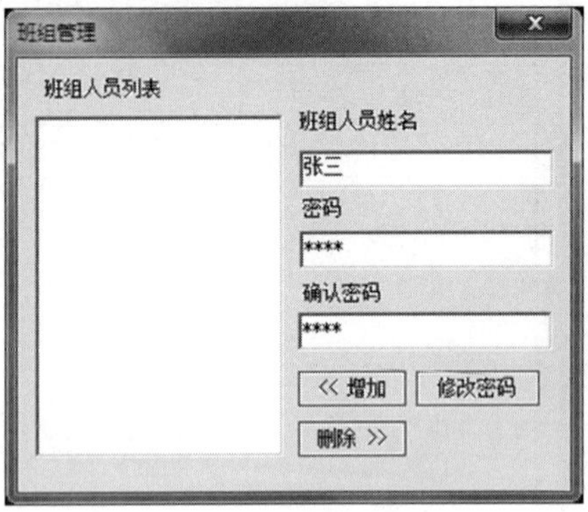

图 7-106 班组管理——添加用户

然后单击“<<增加”按钮,弹出系统管理员密码输入对话框,如图 7-107 所示。

系统管理员正确输入密码后,单击“确认”按钮,用户“××”被成功添加到班组人员列表中,如图 7-108 所示。

图 7-107 班组管理——添加用户
(输入管理员密码)

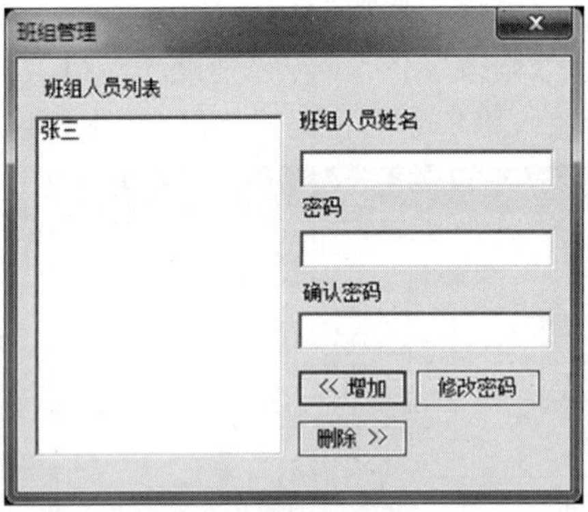

图 7-108 班组管理——添加用户
(添加完成)

b. 修改用户密码。首先单击班组人员列表中的“××”,在“密码”文本框中输入密码“0000”,在“确认密码”文本框中输入“0000”,如图 7-109 所示。

然后单击“修改密码”按钮,弹出系统管理员密码输入对话框;系统管理员正确输入密码后,单击“确定”按钮完成密码修改。此后,用户“××”可凭密码“0000”进行相关操作。

c. 删除用户。首先单击班组人员列表中的用户“张三”,如图 7-110 所示。

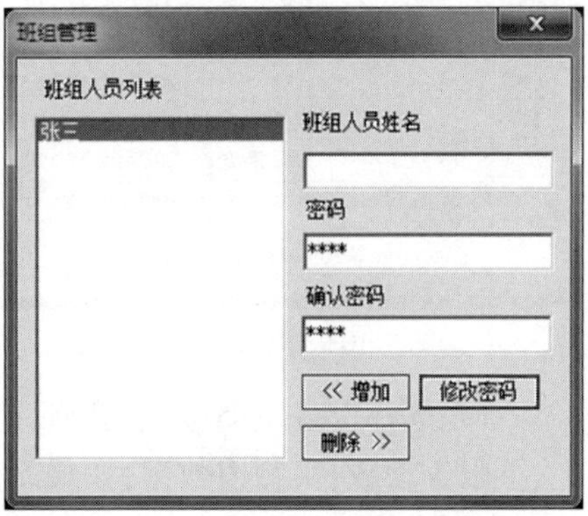

图 7-109 班组管理——修改用户密码

然后单击“删除>>”按钮,弹出系统管理员密码输入对话框;系统管理员正确输入密码后,单击“确定”按钮完成密码修改。用户“××”被从班组人员列表中删除,如图 7-111 所示。

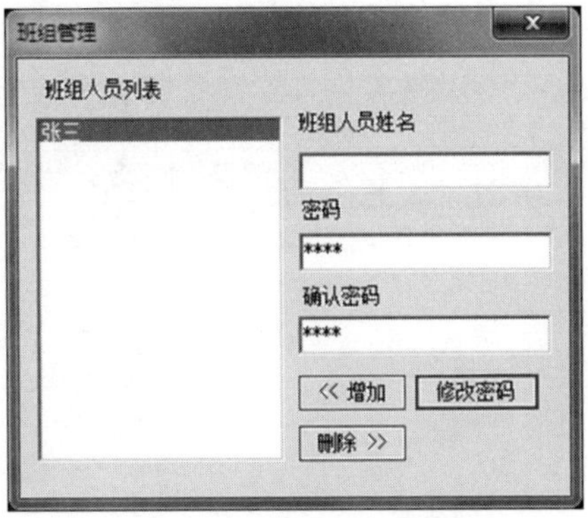

图 7-110 班组管理——删除用户

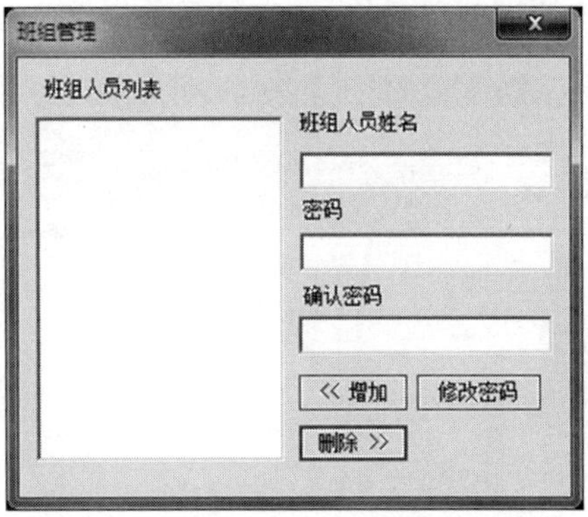

图 7-111 班组管理——删除用户成功

15. 帮助

(1)操作帮助。依次选择“帮助(H)”→“操作帮助”命令,可以打开站机帮助手册,指导用户进行软件操作。

(2)采集原理图。依次选择“帮助(H)”→“采集原理图”命令,可以打开帮助手册中的采集原理部分,包含道岔电流采集、道岔表示电压、轨道电路、外电网质量、灯丝继电器回路电流、交流转辙机功率等原理图。

(3)关于监测系统。依次选择“帮助(H)”→“关于监测系统”命令,可以查看软件版本与版权信息。

(4)版本信息。依次选择“帮助(H)”→“版本信息”命令,可以显示各个组件的版本。

16. 实时值与曲线说明

(1)实时值。实时显示各类型设备的最新值。

进入方式一:站机启动后,单击工具栏中的“测试”按钮。

进入方式二:站机启动后,依次选择菜单各设备下的“实时值”命令,如选择“电源系统(P)”→“外电网质量”→“实时值”命令。

以外电网为例,进入后,实时值窗口如图 7-112 所示。

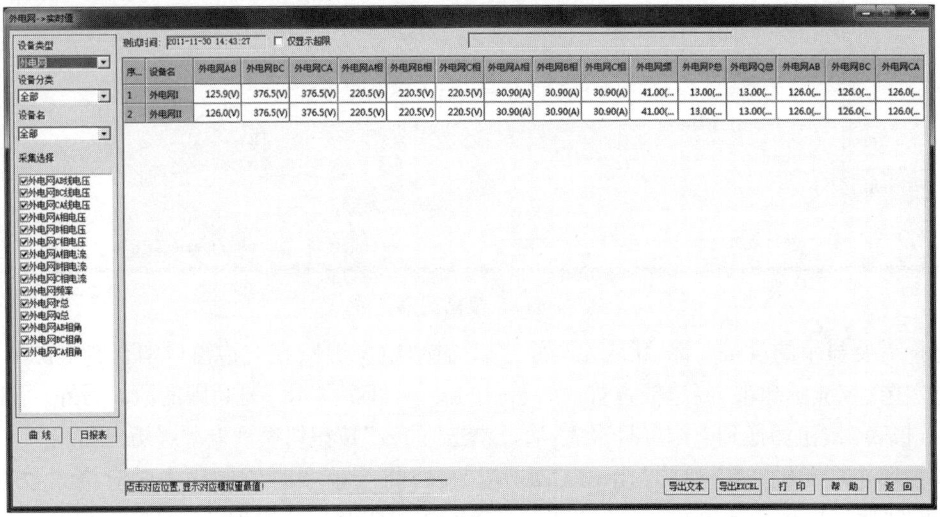

图 7-112 实时值示例

单击测试值单元格,可以显示采集点位置和上、下限的信息,如图 7-113 所示。

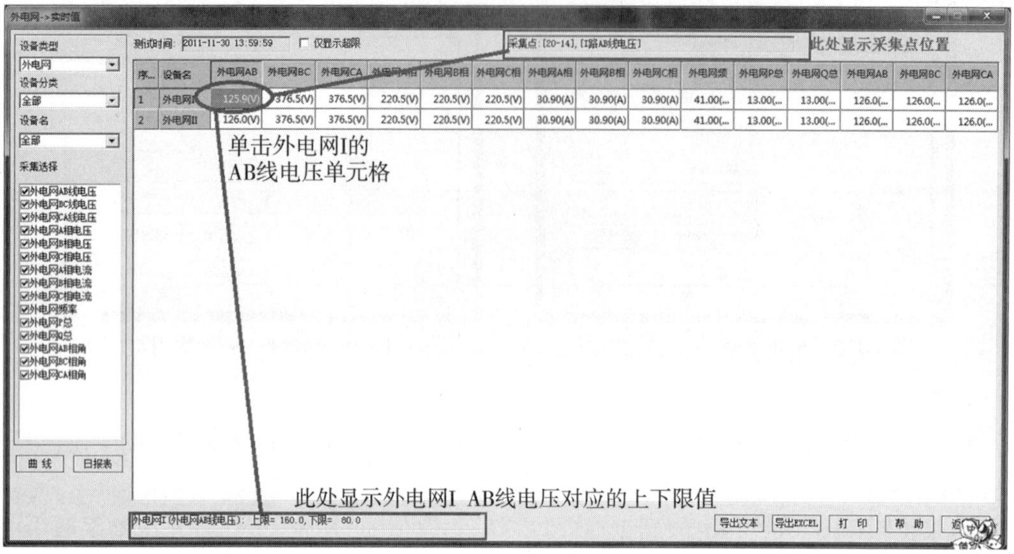

图 7-113　采集点位置和上、下限的信息

"设备名"下拉列表框支持模糊查询。例如需要查看设备名称以"一"开头的设备实时值,在"设备名"下拉列表框中输入"一",实时值对话框的表格区域将显示所有以"一"开头的设备实时值,如图 7-114 所示。

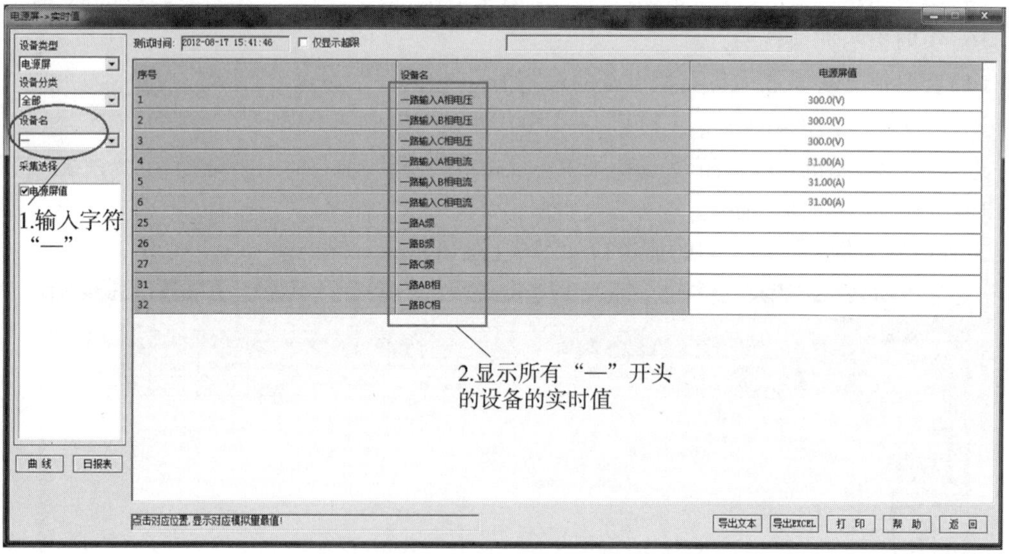

图 7-114　模糊搜索功能

选择需要显示的设备名称,默认为全部。如选择"电源屏",在右边窗口中查看电源屏值,可以通过勾选"仅显示超限"复选框查看目前超限的设备,红字显示的是超限的值。另外,可以通过单击"日报表"按钮切换到电源屏日报表;通过单击"曲线"按钮切换到电源屏历史曲线。

通过单击"导出文本"和"导出 EXCEL"按钮,可将当前实时值保存为对应格式数据。单击"帮助"按钮时,将会弹出相关帮助文件,包括操作说明及采集原理图。

(2)日报表。

进入方式一:站机启动后,单击工具栏中的“日报表”按钮。

进入方式二:站机启动后,依次选择菜单各设备下的“日报表”命令,如选择“电源系统(P)”→“电源屏”→“日报表”命令,结果如图7-115所示。

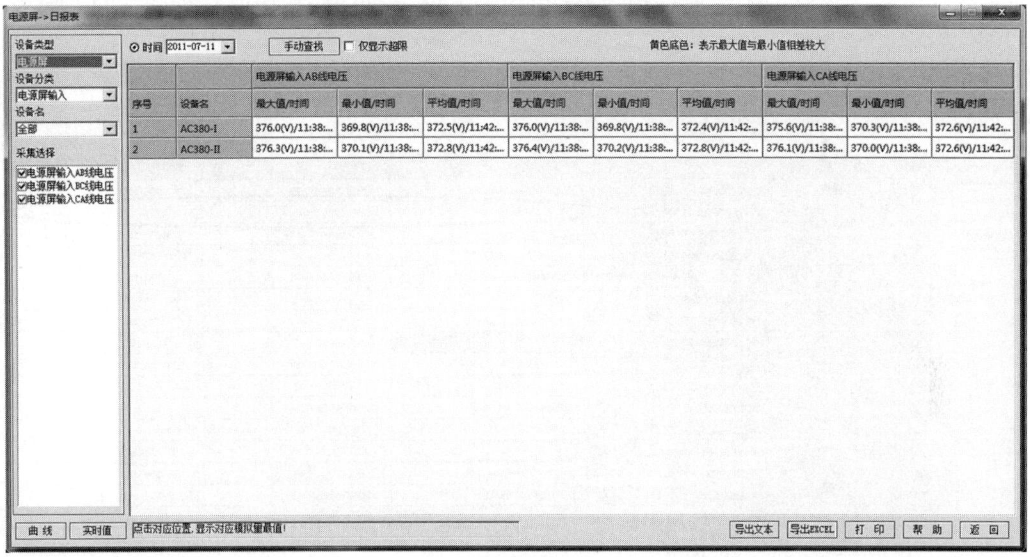

图7-115 日报表示例

选择设备类型:在“设备类型”下拉列表框中选择一个设备类型,默认为“全部”。

选择设备分类。

选择日期,单击“手动查找”按钮。

在日报表中相应的位置单击,弹出跳转选项,可以查看该时段的日曲线以及在该时段进行回放,如图7-116所示。

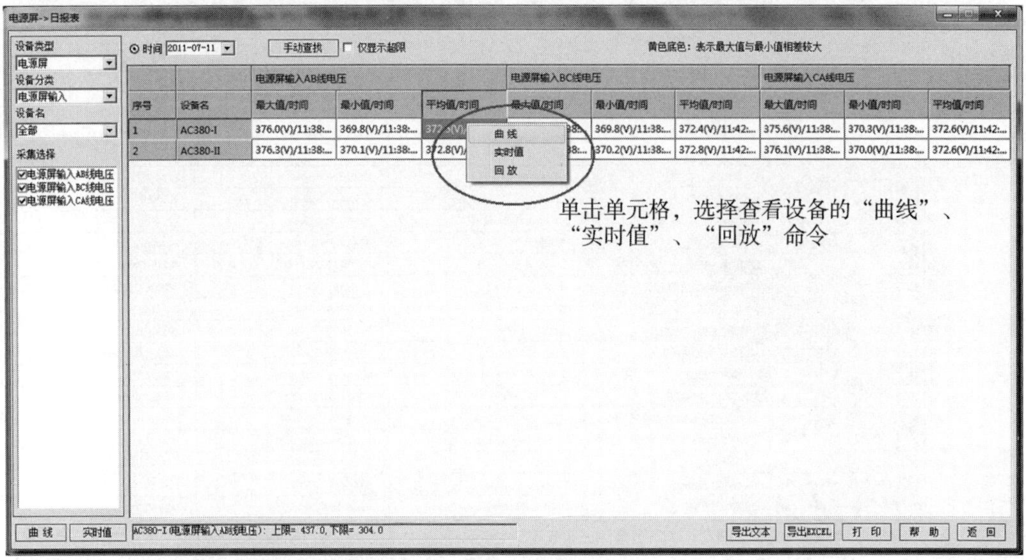

图7-116 日报表跳转至其他功能

单击该页面右侧表格区域中的数值单元格，如设备“AC380-Ⅰ”的“平均值/时间”所在单元格，表格区域下方将显示该路模拟量的上、下限值，如图 7-117 所示。

超限数值红色字体突出显示。

当设备某路模拟量的最大值与最小值满足(最大值-最小值)>最大值×5%，将黄色背景色突出显示该设备的该路模拟量所在单元格(包括最大值、最小值、平均值)，如图 7-117 所示。

图 7-117　日报表的特殊显示

当需要单独显示超限数据时，勾选“仅显示超限”复选框，右侧表格区域将只显示有超限数据的设备，如图 7-118 所示。勾选“仅显示超限”复选框，则可以显示所有设备的日报表。

图 7-118　日报表——仅显示超限数据

“设备名”下拉列表框支持模糊查询。例如,需要查看设备名称以“二”开头的设备日报表,在“设备名”下列列表框中输入“二”,日报表对话框的表格区域将显示所有以“二”开头的设备日报表,与实时值的模糊查询相同。

“导出文本”:单击导出当前查看的日报表为文本文档。

“导出 EXCEL”:单击导出当前查看的日报表为 Excel 文档。

“打印”:单击打印当前查看的日报表。

“帮助”:单击弹出所查看设备类型在站机帮助手册中的日报表小节。

“返回”:单击关闭当前日报表窗口。

“曲线”:单击弹出当前所查看设备类型的日曲线对话框。

“实时值”:单击弹出当前所查看设备类型的实时值对话框。

(3)日曲线。最多可同时显示三路模拟量的日曲线。

进入方式一:站机启动后,单击工具栏中的“日曲线”按钮。

进入方式二:站机启动后,依次选择菜单各设备下的“日曲线”命令,如选择“电源系统(P)”→“道岔”→“日曲线”命令,结果如图 7-119 所示。

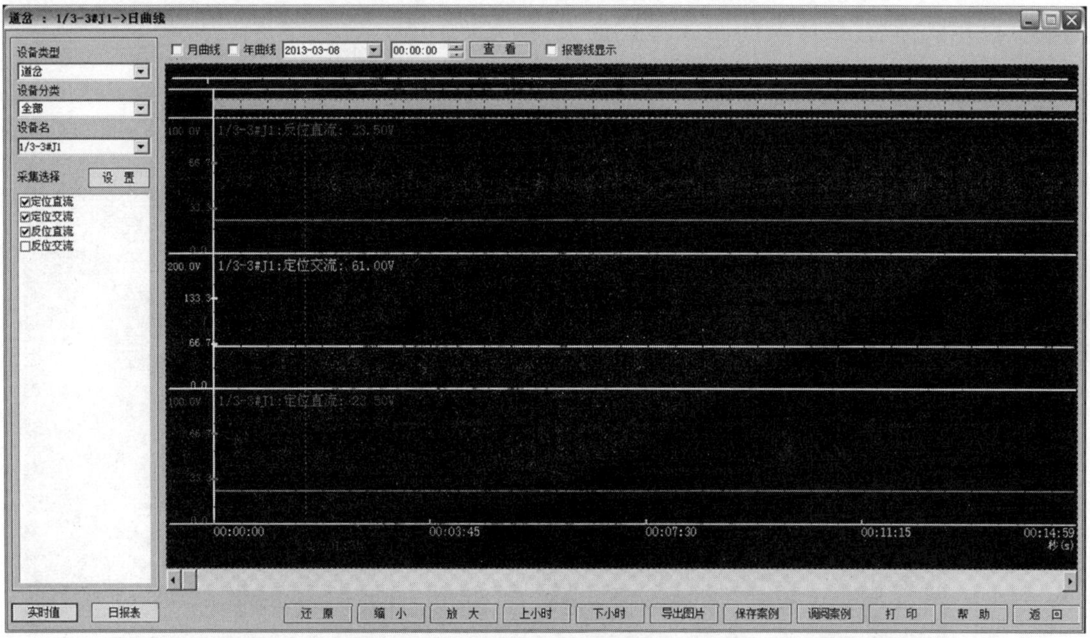

• 彩图 •

图 7-119

图 7-119 日曲线示例

选择设备类型,包括“电源屏”“外电网”“轨道区段”“信号机”等所有信号设备。

选择设备分类,主要是设备类型内部分类,如电源屏可以分为“电源屏输入”和“电源屏输出”。

设备选择:选择需要查看的设备,支持模糊查询。

采集项选择:选择需要查看的采集项,最多支持同时显示三条模拟量信息。采集项选择可以通过“设置”按钮确定以后该设备类型的默认显示采集项。

支持日曲线、月曲线、年趋势切换。

支持输入时间,直接跳转到该时间处。

支持实时值、日报表切换。

支持放大缩小。

支持导出 BMP 图片，支持打印。

单击“返回”按钮即可退出该界面。

“设备名”下拉列表框支持模糊查询。可选择好常用的采集选项（日曲线最多支持三项），然后单击“设置”按钮，就可将当前选择的采集选项保存下来。保存成功后，系统将弹出保存成功对话框；当下次再查看日曲线时，系统将自动选择已经设置好的采集选项。

单击“保存案例”按钮，可将该段曲线保存为故障案例。如图 7-120 所示，填写该段故障曲线的备注，然后单击“保存”按钮即可将该故障曲线保存为故障案例。可以在智能分析的故障案例中对案例进行查看，详情参见“智能分析”章节的“故障案例”小节。

在某条曲线显示界面上双击，可以满屏显示该曲线。在曲线上拖动鼠标可以放大指定区域的曲线，如图 7-121 所示。图中椭圆里面指示的虚线框为鼠标拖动框。松开鼠标后，该区域的曲线将被放大，结果如图 7-122 所示。右击曲线将恢复原始大小。

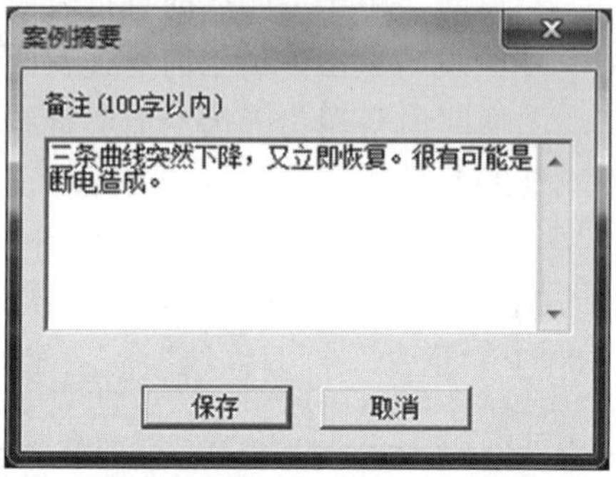

图 7-120　日曲线——保存案例

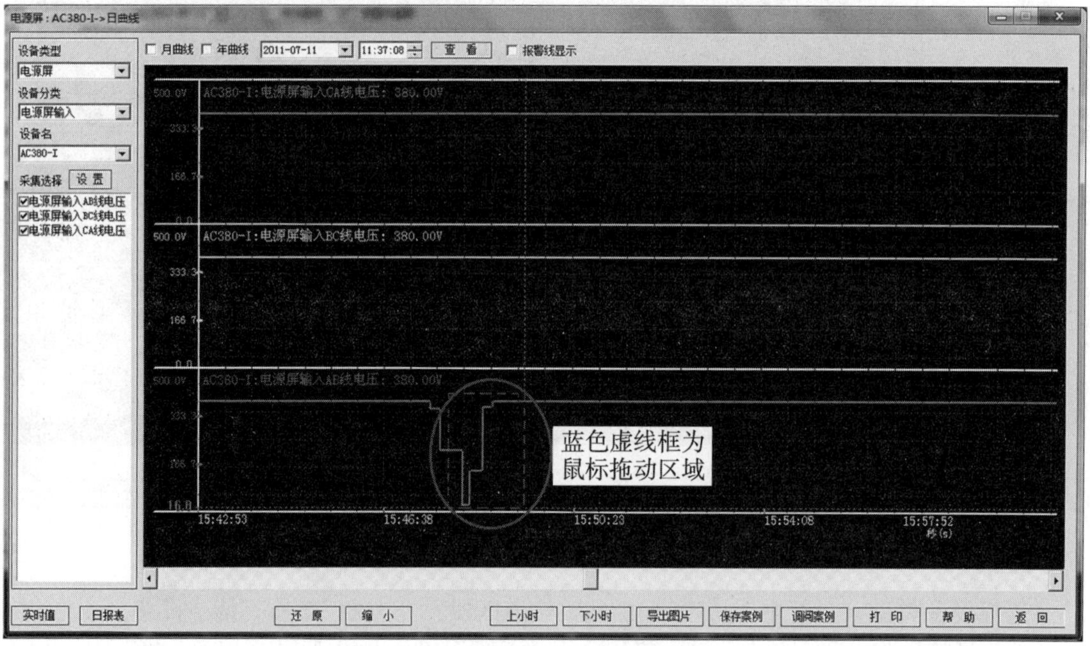

• 彩图 •

图 7-121

图 7-121　日曲线——放大区域

（4）月曲线。最多可以同时显示两路模拟量的月曲线，如图 7-123 所示。

选择设备类型，包括“电源屏”“外电网”“轨道区段”“信号机”等所有信号设备。

选择设备分类，主要是设备类型内部分类，如电源屏可以分为“电源屏输入”和“电源屏输出”。

设备选择：选择需要查看的设备，支持模糊查询。

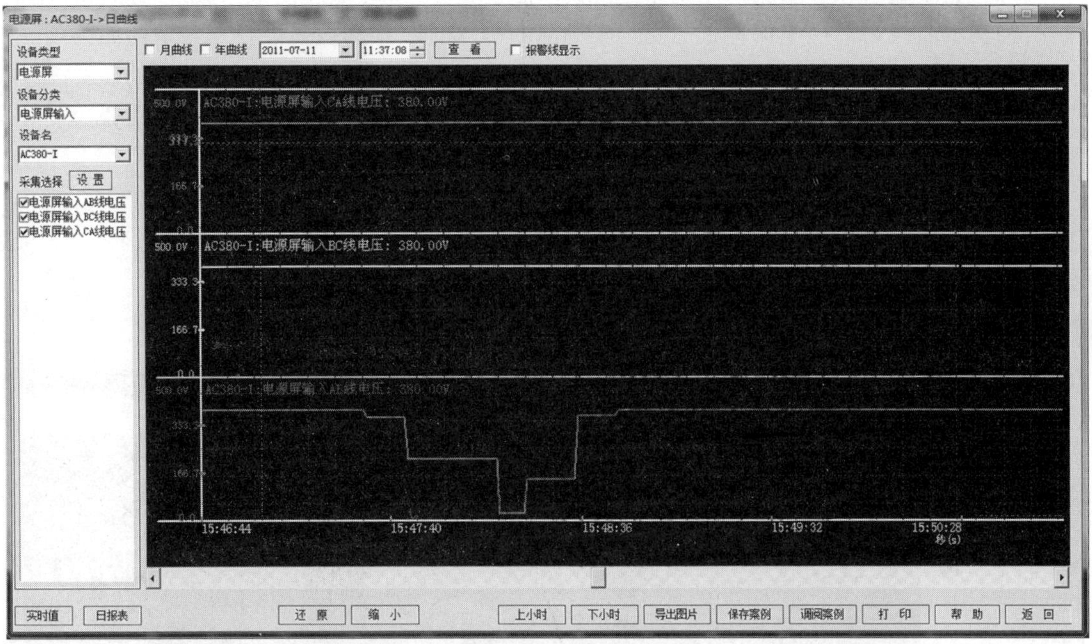

• 彩图 •

图 7-122

图 7-122 日曲线——放大区域后

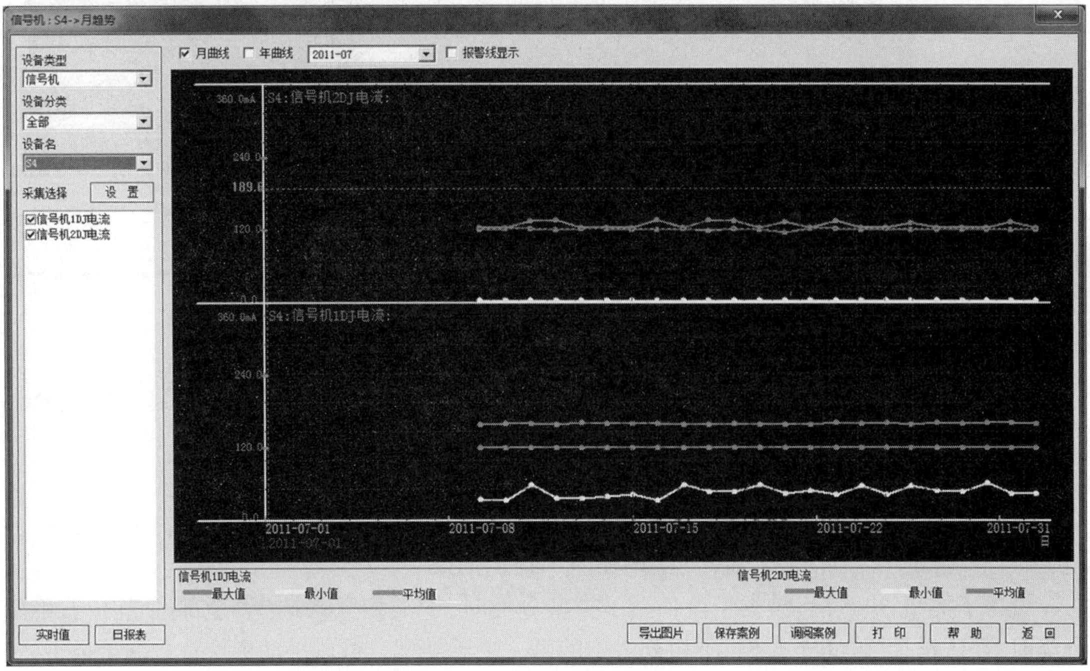

• 彩图 •

图 7-123

图 7-123 月曲线示例

采集项选择：选择需要查看的采集项，最多支持同时显示两条模拟量信息。采集项选择可以通过“设置”按钮确定以后该设备类型的默认显示采集项。当保存的采集项超过两项时，系统将显示前两项。

月曲线、年曲线和日曲线共用采集选项的设置。由于月曲线、年曲线只支持两路模拟量的保存,当在日曲线对话框中保存了三路采集项时,在月曲线、年曲线只能自动勾选前面两项。

在月曲线、年曲线对话框中进行的采集项设置将覆盖在日曲线对话框中进行的设置。

在日曲线对话框进行的采集项设置将覆盖在月曲线、年曲线对话框中进行的设置。

在查看过程中,单击“导出图片”按钮可将月曲线图导出为 BMP 图片。

单击“打印”按钮可以打印曲线图。

可以通过单击“实时值”或“日报表”按钮切换至相应的页面。

在某条曲线显示界面上双击可以满屏显示该曲线。

(5)年曲线。最多可以同时显示两路模拟量的年曲线,如图 7-124 所示。

• 彩图 •

图 7-124

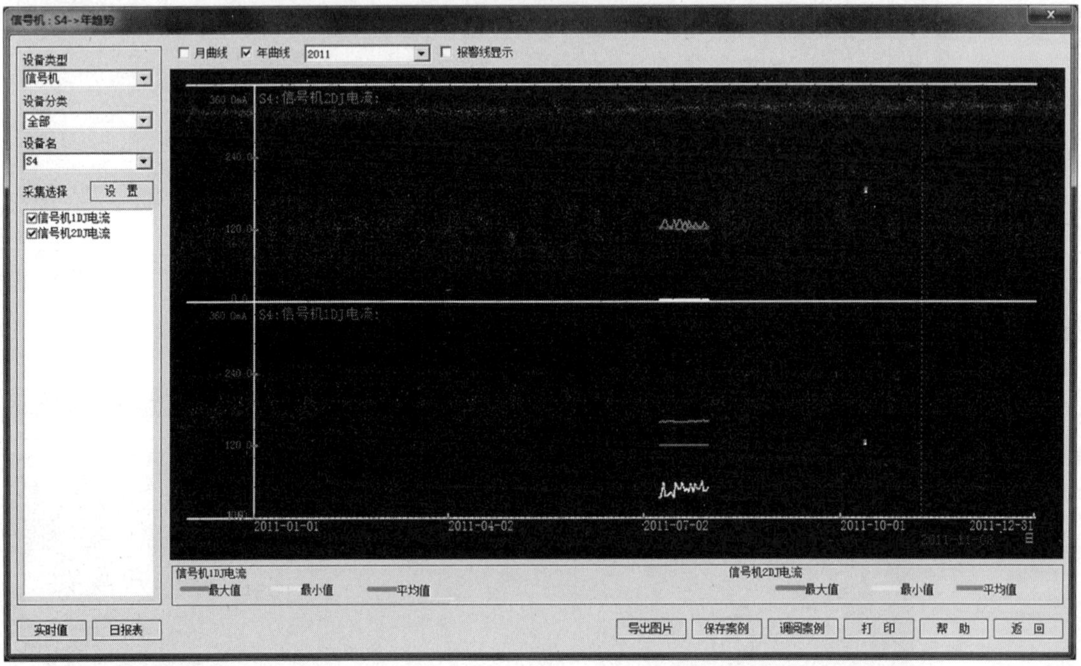

图 7-124　年曲线示例

其主要功能操作同月曲线。

(6)日趋势。通过记录设备的特征点,显示一天内该设备的工作状态。日趋势曲线分为带开关量和不带开关量两种。

进入方式一:站机启动后,单击工具栏中的“趋势”按钮。

进入方式二:站机启动后,依次选择菜单各设备下的“日趋势”命令,如选择“电源系统(P)”→“电源屏”→“日趋势”命令,结果如图 7-125 所示。

设备子类型:进入后,该类型设备无子类型分类时,子类型默认选择“全部”;当有子类型分类时,默认选择“设备子类型”下拉列表中的第一个子类型。可以手动更换查看的子类型。

设备名称:设备子类型下对应的所有设备名。进入时,默认选择“设备名称”下拉列表中的第一个设备。

采集子项:查看的设备对应的所有采集子项。进入时,默认选择该列表中的第一个采集子项。在日趋势中,设定一次只显示一个模拟量。

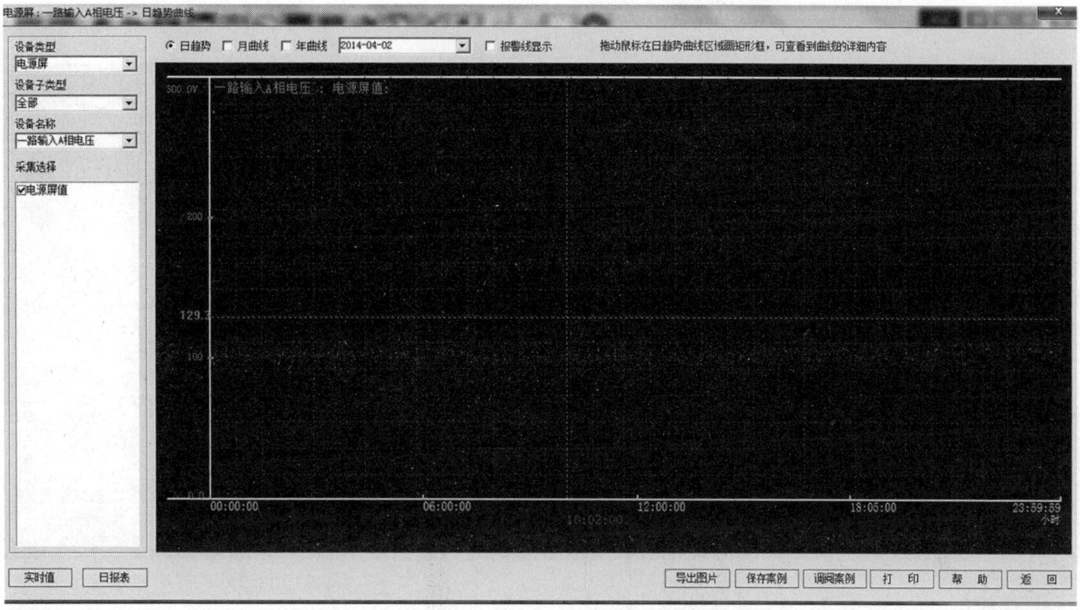

• 彩图 •

图 7-125

图 7-125　日趋势示例

日期:设备类型下对应的所有采集日期。进入时,默认选择该下拉列表中的第一个时间。

日趋势时间轴:查看日期的第一秒,到当天的最后一秒。

带开关量的日趋势,如轨道电压,当区段没有车经过时,轨道没有被占用,有“调整最高”和“调整最低”;当有车经过时,轨道被占用,有“分路最高”,如图 7-126 所示。

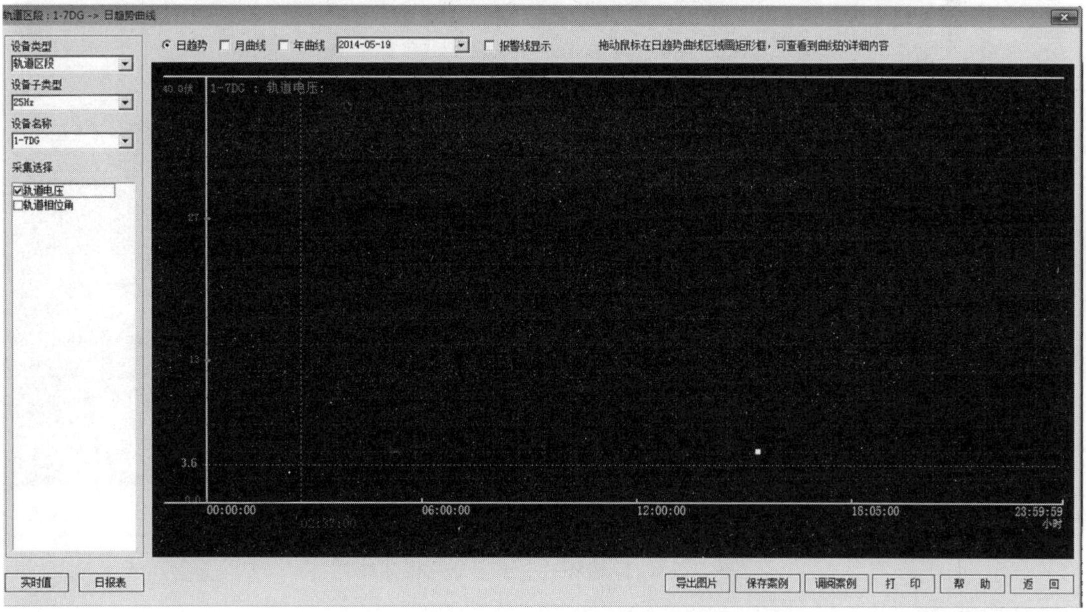

• 彩图 •

图 7-126

图 7-126　日趋势——带开关量曲线

对于带开关量的日趋势曲线,其报警线显示如图 7-127 所示。

• 彩图 •

图 7-127

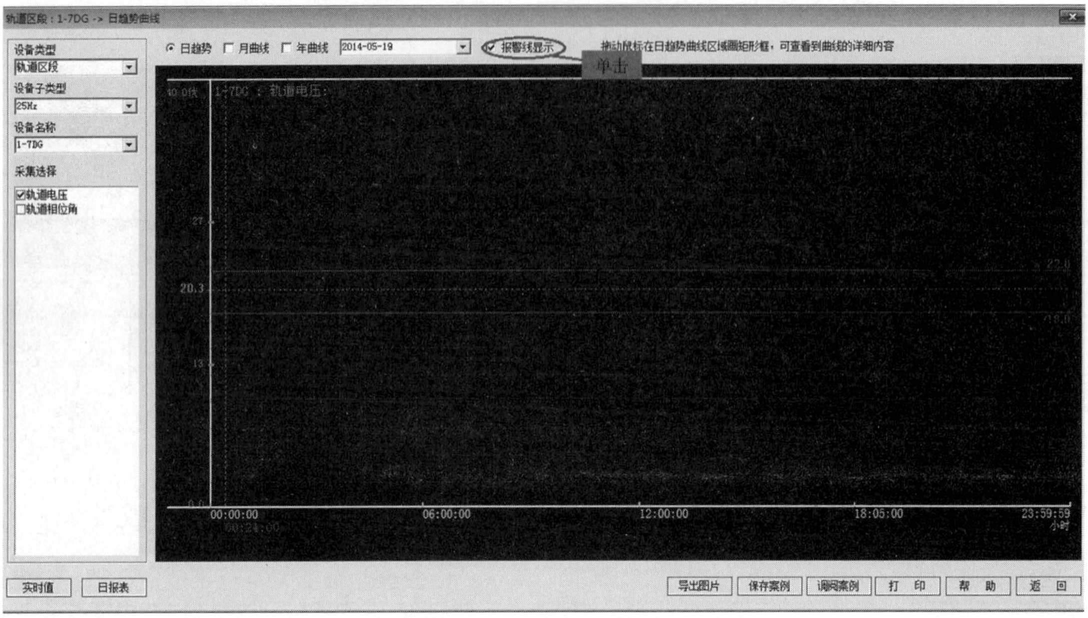

图 7-127　日趋势——带开关量曲线及报警线

不带开关量的日趋势，如图 7-128 所示。对于不带开关量的日趋势曲线，其报警线显示如图 7-129 所示。

• 彩图 •

图 7-128

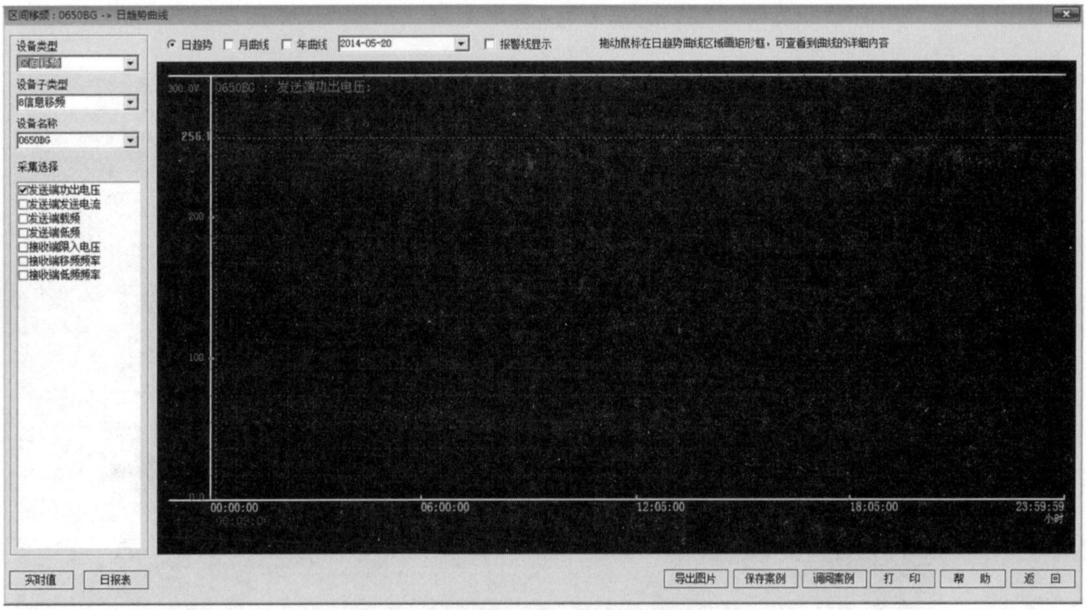

图 7-128　日趋势——不带开关量曲线

拉屏：

①30 天以内，或日曲线有该日期的记录时，在趋势图上，按住鼠标左键，移动画矩形（如图 7-130 所示的虚线框），然后松开，将自动打开日曲线。

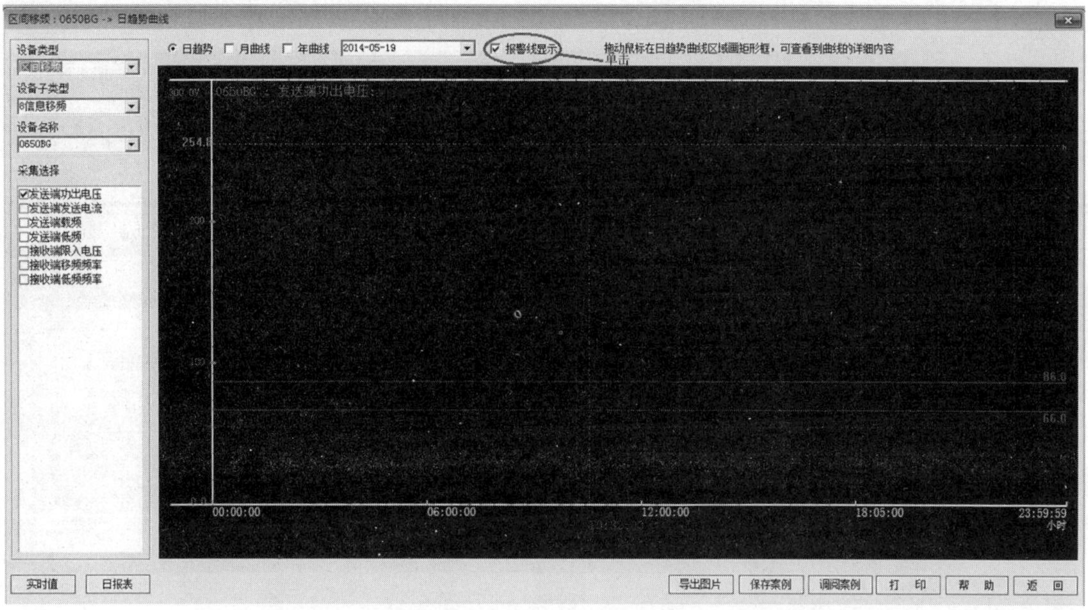

图 7-129 日趋势——不带开关量曲线及报警线

• 彩图 •

图 7-129

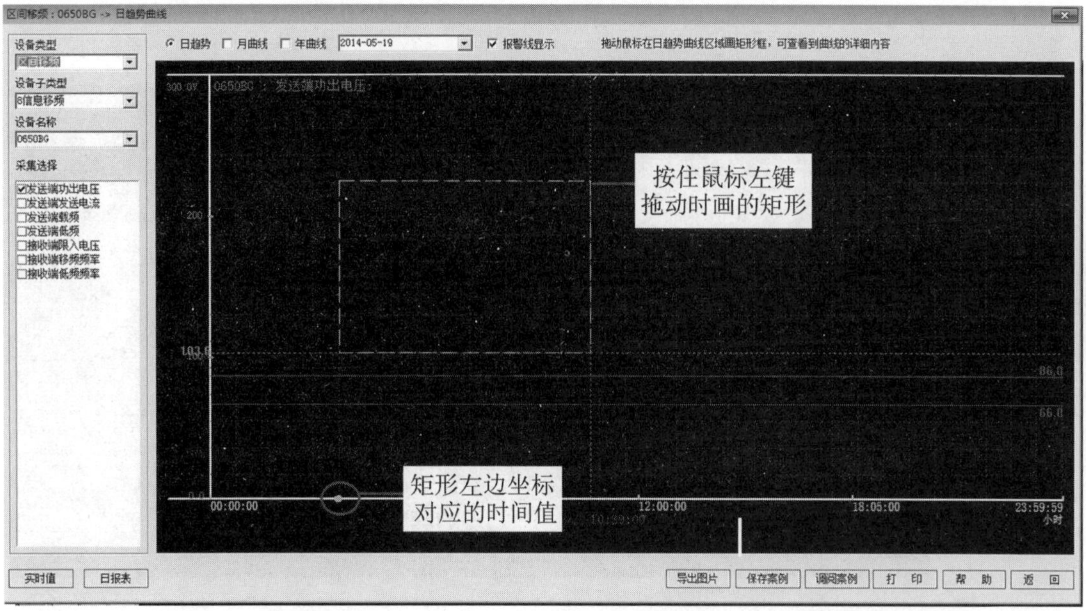

图 7-130 日趋势——拉屏

• 彩图 •

图 7-130

日曲线窗口上，设备类型、设备子类型、设备名、显示日期、采集子项均与日趋势曲线窗口中的一致；日曲线的时间框，时间坐标轴的起始时间点为矩形左边 X 坐标对应的时间值，如图 7-131 所示。

②超过 30 天，要查看的日期在日曲线最新日期的 30 天之前，如图 7-132 所示。

• 彩图 •

图 7-131

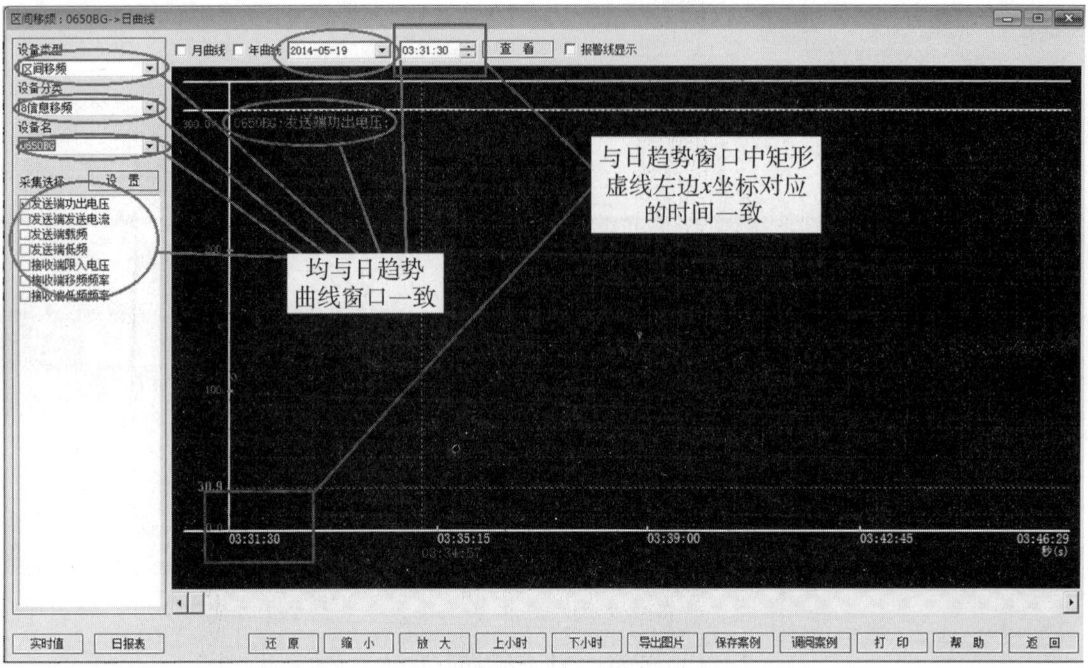

图 7-131　日趋势——拉屏显示后

• 彩图 •

图 7-132

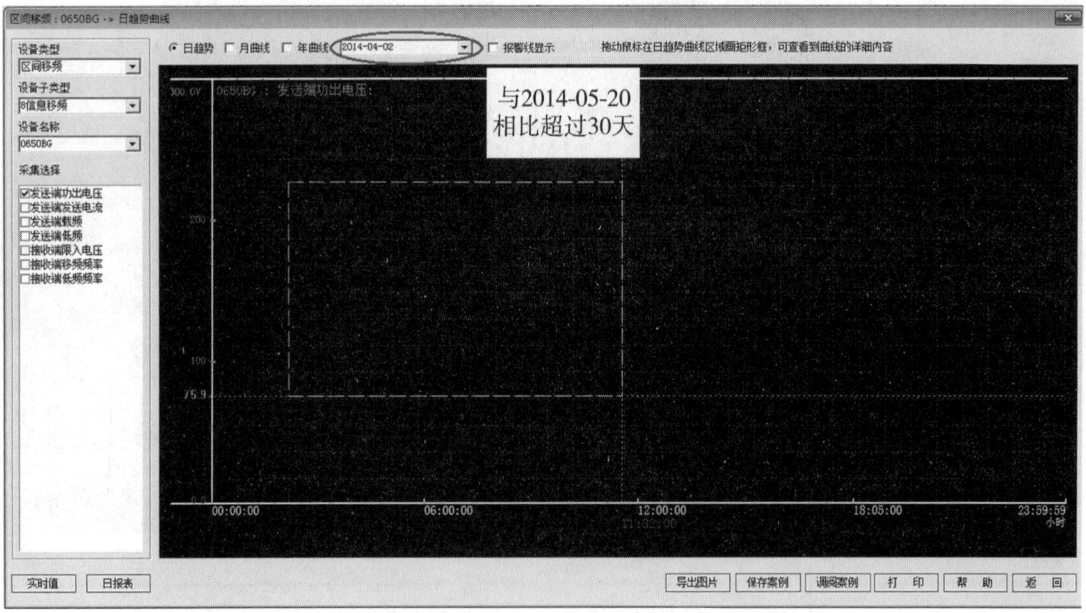

图 7-132　日趋势——拉屏(超过 30 天)

将提示查看的时间不在日曲线记录内(日曲线只保存 30 天内的记录),并弹出当前日期的日曲线,如图 7-133 所示。

③当日趋势曲线中没有该天的日趋势记录,但该日期在 30 天以内时,直接弹出当前日期的日曲线,如图 7-134 所示。

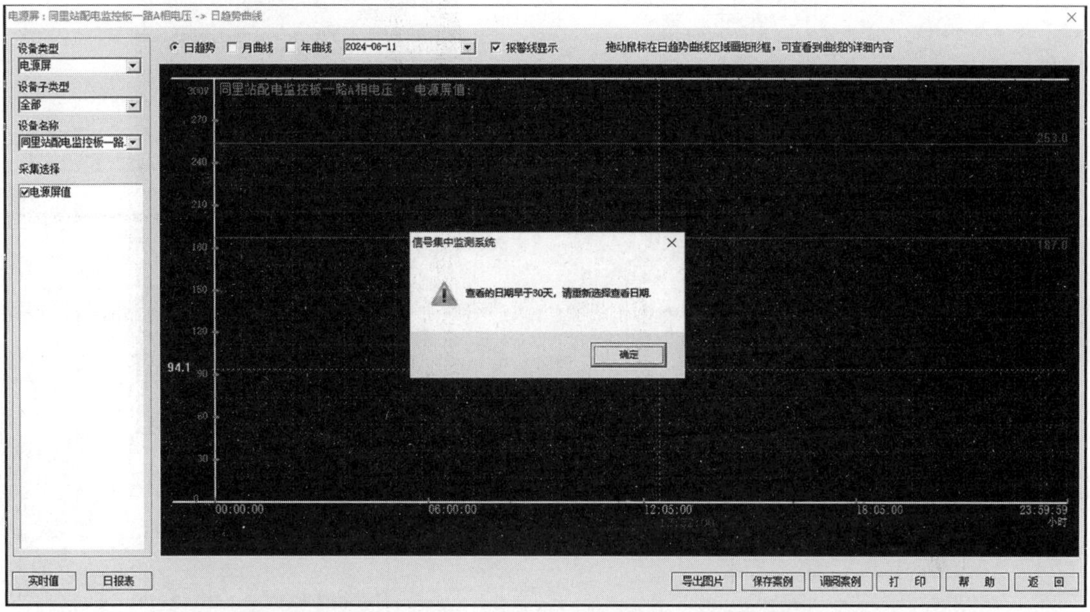

• 彩图 •

图 7-133

图 7-133 日趋势——拉屏(超过 30 天)不在记录内提示

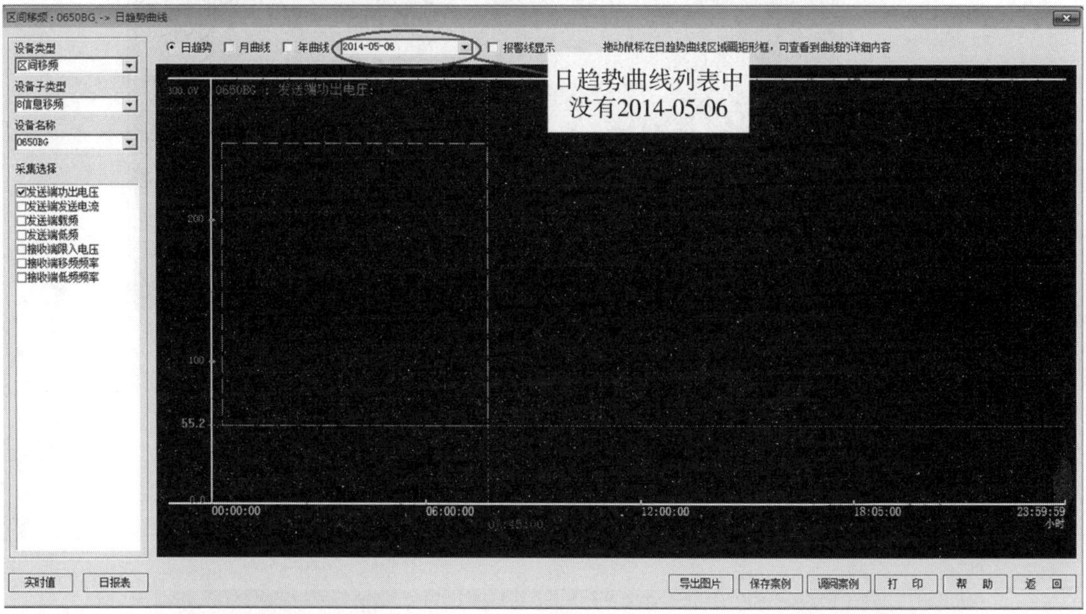

• 彩图 •

图 7-134

图 7-134 日趋势——拉屏(30 天内,但没有该日期的日曲线记录)

弹出当前日期的日曲线,如图 7-135 所示。

其他操作说明如图 7-136 所示。

17. 报警及处理

(1)实时报警。单击工具栏中的“报警”按钮(见图 7-137)即可进入实时报警窗口,如图 7-138 所示。

• 彩图 •

图 7-135

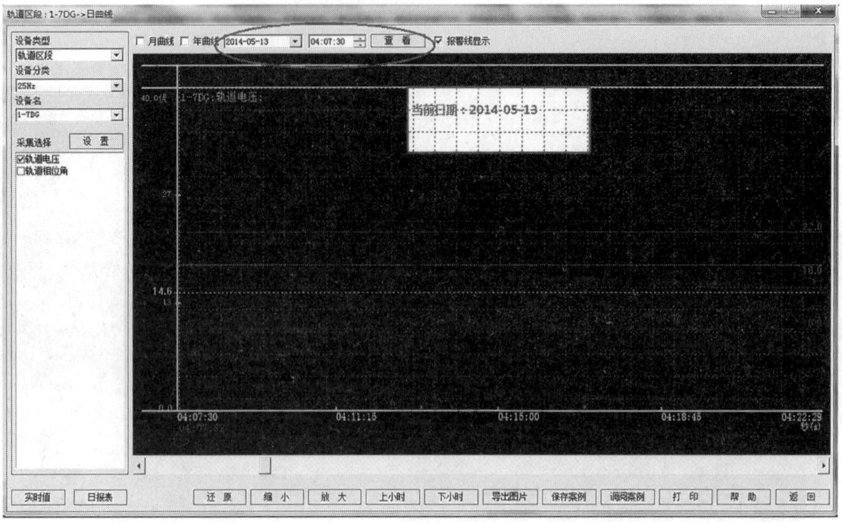

图 7-135　日趋势——拉屏(30 天内,但没有该日期的日曲线记录,弹出当前日期)

• 彩图 •

图 7-136

图 7-136　日趋势——其他操作说明

图 7-137　实时报警按钮

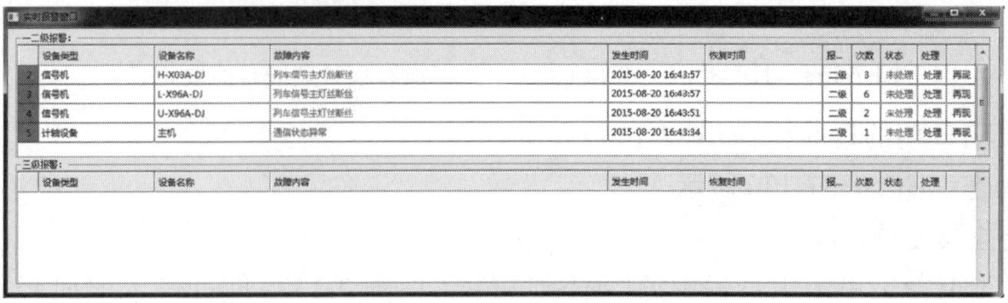

图 7-138　实时报警窗口

当有报警发生时，站机界面上会自动弹出实时报警提示窗口，如图 7-139 所示。

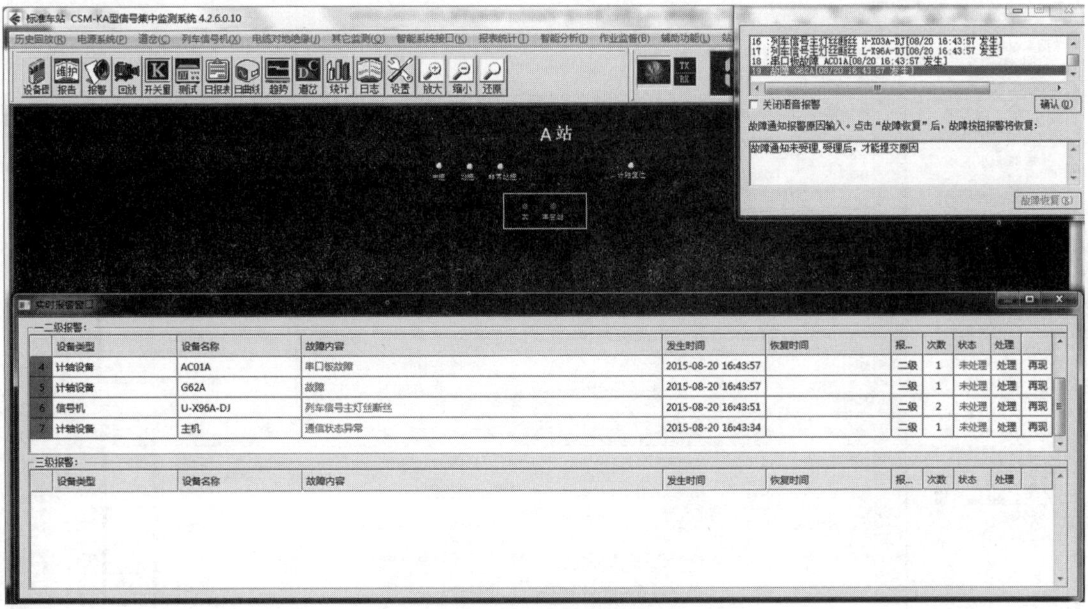

• 彩图 •

图 7-139

图 7-139 实时报警提示

(2)历史报警。历史报警即为报警统计，详情参见“报表统计(T)”中的“报警统计”。

(3)故障列表与处理。指导用户进行故障的细化分析，帮助用户进行故障的提交处理；通过长期的故障处理积累有利于故障经验库的扩展及维护经验的积累，为今后的故障处理提供有利的参考。

有两种方式可以进入故障详细信息窗口：

①单击实时报警窗口中报警记录的“处理”列，如图 7-140 标识部分所示。

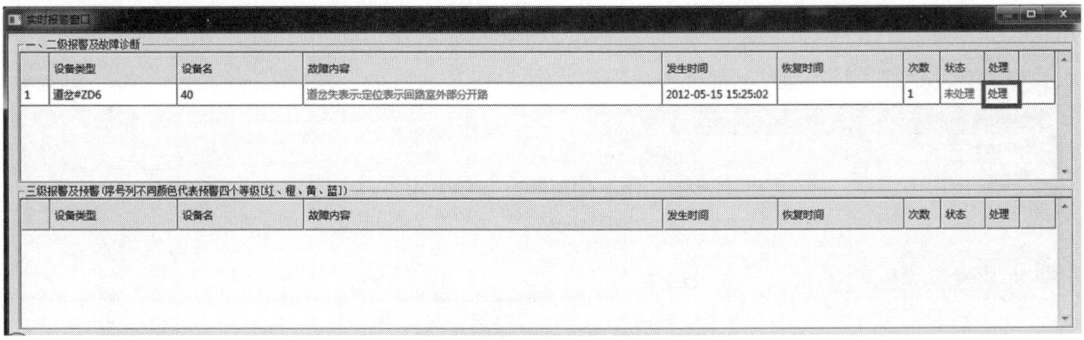

注:为了便于后续警报处理界面讲授，特意选取了较早年份有代表性的故障数据。

图 7-140 实时报警处理

②单击历史报警窗口中报警记录的“处理”列，如图 7-141 标识部分所示。

进入该功能后的窗口界面如图 7-142 所示。

该功能界面主要分成两大部分：左侧部分主要包含故障描述、故障列表及故障处理功能；右侧部分主要包含处理历史记录等分析功能。

故障列表及处理部分主要分为三块内容，即故障概要、故障列表和故障处理。

图 7-141　历史报警处理

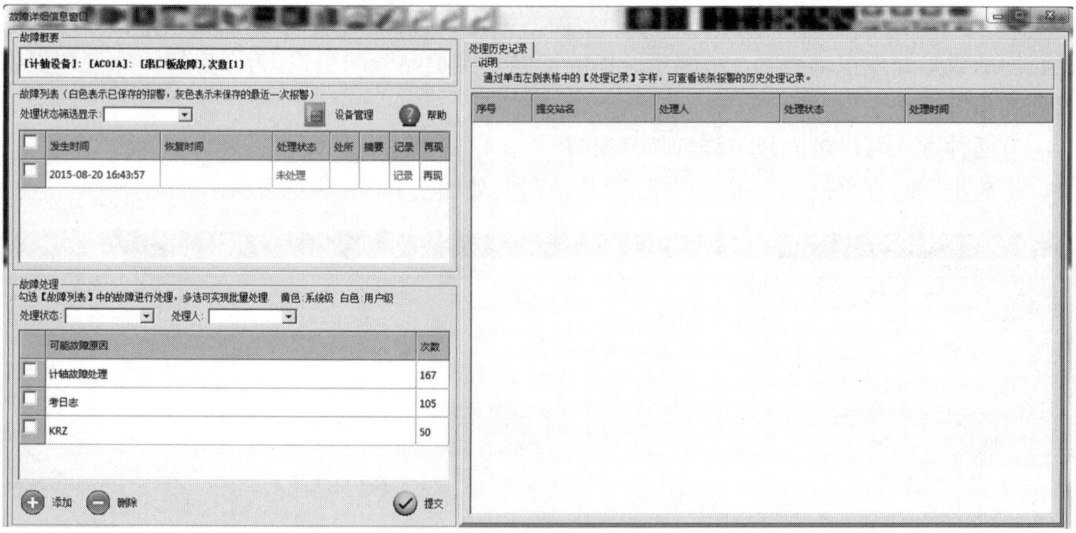

图 7-142　故障详细信息窗口

①故障概要。简要说明该条故障的信息，包括设备类型、设备名、故障描述及发生次数等，如图 7-143 所示。

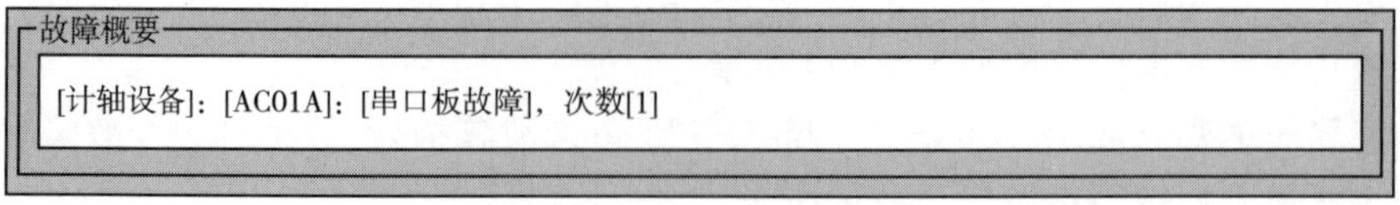

图 7-143　故障概要

②故障列表。在所查询的时间段内同设备同类型故障的列表展示，如图 7-144 所示。

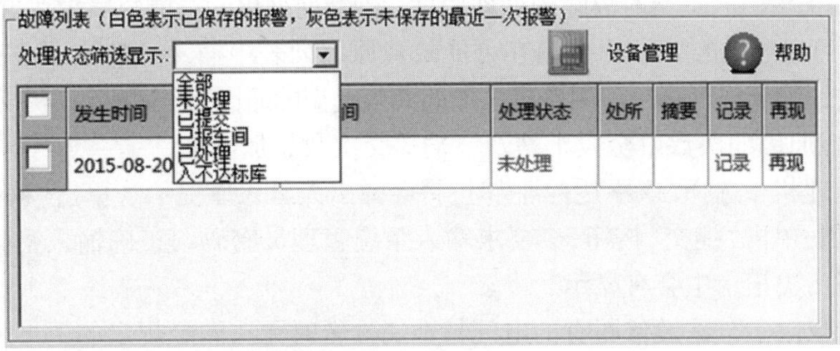

图 7-144　故障列表

“处理状态筛选显示：”下拉列表中各选项的说明如下：

选择“全部”选项，显示全部记录。

选择“未处理”选项，显示列表中所有处理状态为“未处理”的记录。

选择“已提交”选项，显示列表中所有处理状态为“已提交”的记录。

选择“已报车间”选项，显示列表中所有处理状态为“已报车间”的记录。

选择“已处理”选项，显示列表中所有处理状态为“已处理”的记录。

选择“入不达标库”选项，显示列表中所有处理状态为“入不达标库”的记录。

勾选列表左上角的复选框（“发生时间”列的左侧），可实现全选报警，用于报警的批量处理；也可勾选某条报警所在行的复选框，实现单条或多条报警的选择。批量处理的报警最多为 50 条。

单击“设备管理”按钮，即可弹出设备管理对话框，实现对应设备类型及设备名的设备管理功能显示。

③故障处理。将故障信息、故障处理人、当前处理状态、导致故障发生的可能原因上传到数据库进行统一管理，同时分享数据库中已有的导致故障发生的可能原因，如图 7-145 所示。

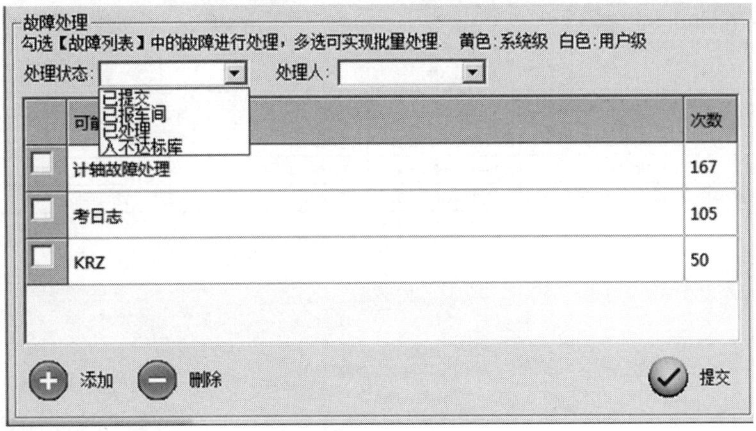

图 7-145　故障处理

故障处理的步骤如下：

a. 勾选故障列表中的报警，作为预处理故障。

b. 在“处理状态”下拉列表中选择预处理状态。

c. 在“处理人”下拉列表中选择处理人，或手动输入处理人。

d. 勾选可能故障原因列表中引起该故障发生的原因(可多选)。

e. 单击“提交”按钮,提交对故障的处理信息。若当前列出的可能故障原因并不符合实际的故障原因,用户可通过单击“添加”按钮在可能故障原因列表中插入一条记录并手动输入原因。另外,“删除”按钮只允许删除当前用户自添加的尚未提交的原因,无法删除已提交过的原因。

f. 故障可能原因的次数由全段车站及终端提交次数累加而来。

其中,当处理状态选择“入不达标库”时,将会弹出人工入库提示。单击“确定”按钮后,选择相应故障原因,单击“提交”按钮,会要求输入系统管理员密码。正确输入密码后,会提示完成提交,在故障历史记录中会有显示。

不达标库:仅限于车站设备固有的电气特性属性暂时无法满足规定的上下限要求,或暂定的标准不适用某个设备的电气特性属性,该设备属性可纳入不达标库。纳入不达标库分为自动入库和人工入库两种方式。

自动入库:仅限于车站设备固有的电气特性属性暂时无法满足规定的上下限要求,或暂定的标准不适用某个设备的电气特性属性,该设备属性可纳入不达标库。

人工入库:报警发生后,可以在故障详细界面进行故障处理时,将其加入不达标库。人工入库后需要人工出库,并且之后发生的报警需要到不达标库里面查询。

纳入不达标库的设备再发生报警后,报警直接存储到不达标报警,报警查询界面无法查到,需要到不达标库里“提示报警查询”选项卡中查询。对于自动入库的超限报警,日报表中仍会体现超限情况,智能分析逻辑不受影响。分路超限报警,不受不达标库限制。

单击工具栏中的“提示”按钮或指示灯,如图 7-146 所示,将弹出不达标库对话框,即信号设备电气特性提示库。

图 7-146　信号设备电气特性提示库——提示按钮进入

信号设备电气特性提示库分为提示库、提示报警查询、出入库记录三个选项卡。

“提示库”选项卡如图 7-147 所示,单击“查询”按钮可列出所有不达标电气设备。若是满足

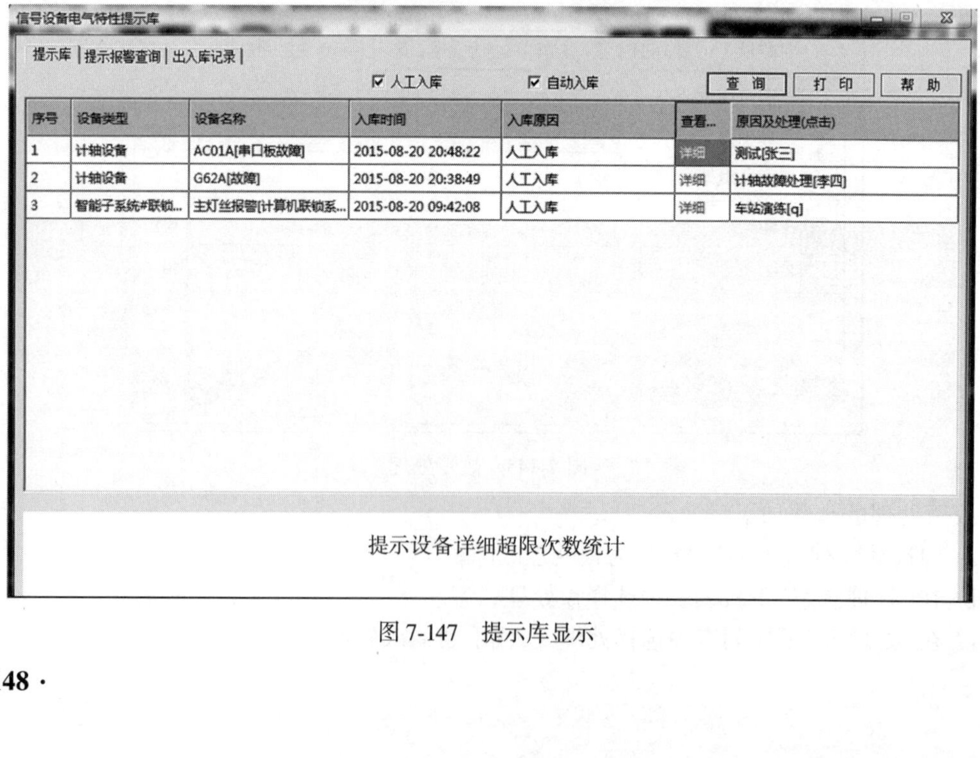

图 7-147　提示库显示

了持续 M 天超过 N 次报警的逻辑条件,则此时在详细(点击)列处会显示出“详细”字样的可单击字段;若是满足了长期处于报警上下限之外情况的入库条件,则不显示“详细”字样的可单击字段。

单击“详细”文字所在单元格,将在界面下方显示不达标设备满足入库条件时的超限天数和每天的超限报警次数。此报警信息是固定的历史信息,没有时间限制。同时,将会弹出报警查询对话框,自动将这些超限报警内容查询出来,如图 7-148 所示。

图 7-148 报警查询对话框

单击“原因及处理(点击)”列,会弹出“不达标库-原因填写”对话框。在该对话框中选择填写人并填写故障原因后,单击“保存”按钮即完成该故障原因的填写,此时在不达标库界面中的最后一列将会显示该原因信息。对已存在故障原因的列进行单击,可实现故障原因的更改。对于人工入库的,可同时进行人工出库处理,如图 7-149 所示。

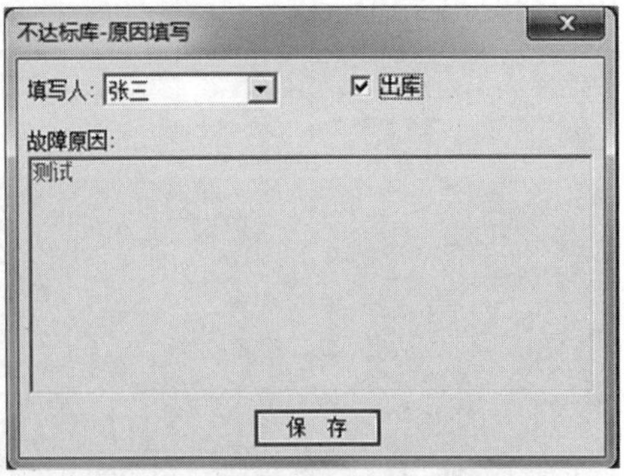

图 7-149 “不达标库-原因填写”对话框

单击“保存”按钮,正确输入系统管理员密码,即可完成出库,在出入库页面中可以查询相应记录,如图 7-150 所示。

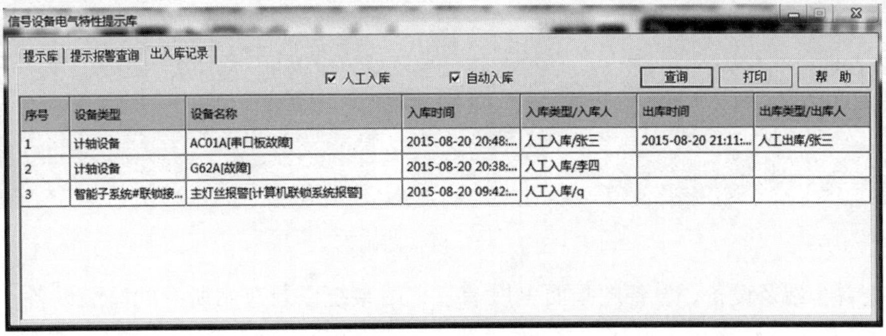

图 7-150 出入库记录

④故障处理历史记录。记录针对单条报警的最近 5 次的处理信息。处理位置可能是车站，也可能是终端。处理信息包括处理位置、处理人、处理状态、可能原因等，如图 7-151 所示。其中“已处理”的历史记录会以黄色底色显示。

处理历史记录

说明

通过单击左侧表格中的处理记录字样，可查看该条报警的历史处理记录。

序号	提交站名	处理人	处理状态	处理时间
1	标准车站	张三	入不达标库	2015-08-20 20:48:22
可能原因	测试			
2	标准车站	张三	已处理	2015-08-20 20:40:33
可能原因	测试			
3	标准车站	张三	已报车间	2015-08-20 20:40:25
可能原因	测试			
4	标准车站	张三	已提交	2015-08-20 20:40:15
可能原因	测试			

图 7-151　故障历史记录

18. 图形化显示

单击“图形化”按钮，可以进入设备图画面查看方式，如图 7-152 所示。

当进入设备图画面后，工具栏中的“设备图”按钮将会切换成“站场图”按钮。单击“站场图”按钮，则可返回站场图查看方式。

• 彩图 •

图 7-152

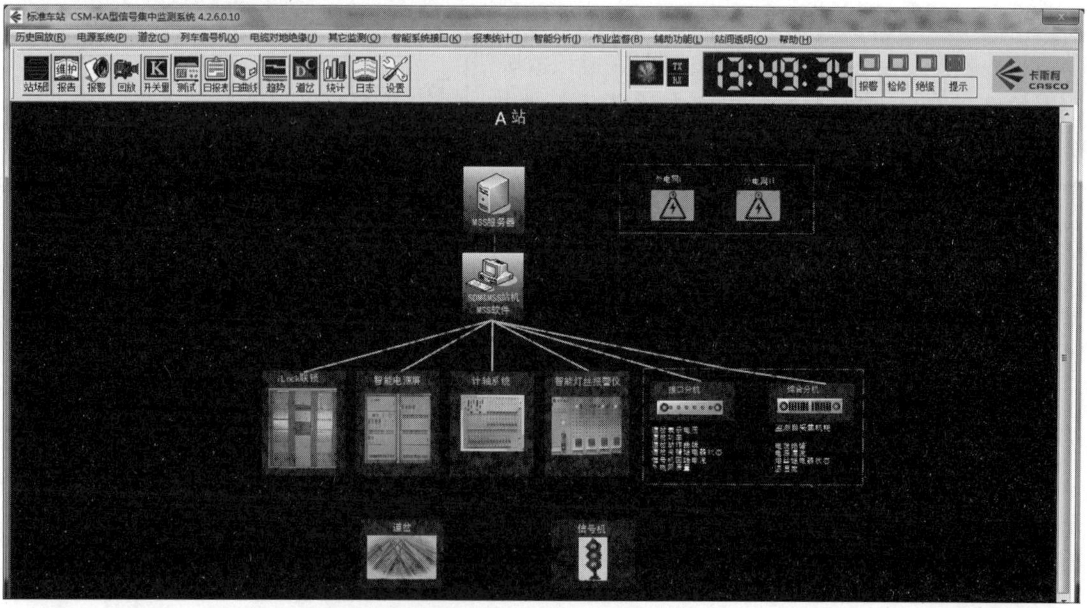

图 7-152　设备图画面

（1）查看车站及设备。设备图画面上展示了车站系统以及车站所有的监测设备。图 7-152 中，图元背景色为灰色表示未连接；绿色表示设备正常；红色表示有报警。对于一些特定的设备类型(如联锁、计轴等),可以单击画面上的对应图元,查看该类型设备的详细信息,即单击后可以进入该类型设备的二级画面。如单击图 7-152 中的联锁,将进入联锁设备状态画面。该画面显示了所有通过接口送过来的联锁设备及板卡状态,如图 7-153 所示。其余类型的设备(如 MSS 服务器)则无二级画面(不可以单击进去查看)。

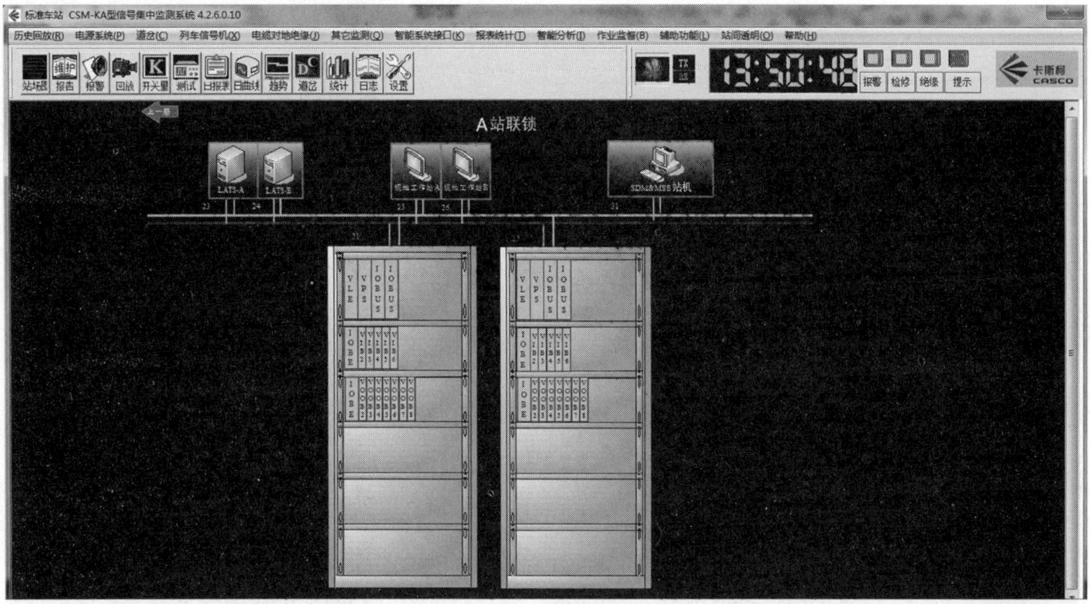

图 7-153 设备图——联锁画面

• 彩图 •

图 7-153

(2)设备图回放。单击工具栏中的“回放”按钮,如果当前进入的是设备图查看方式,则回放时将会进入设备图回放界面。设备图回放界面如图 7-154 所示。

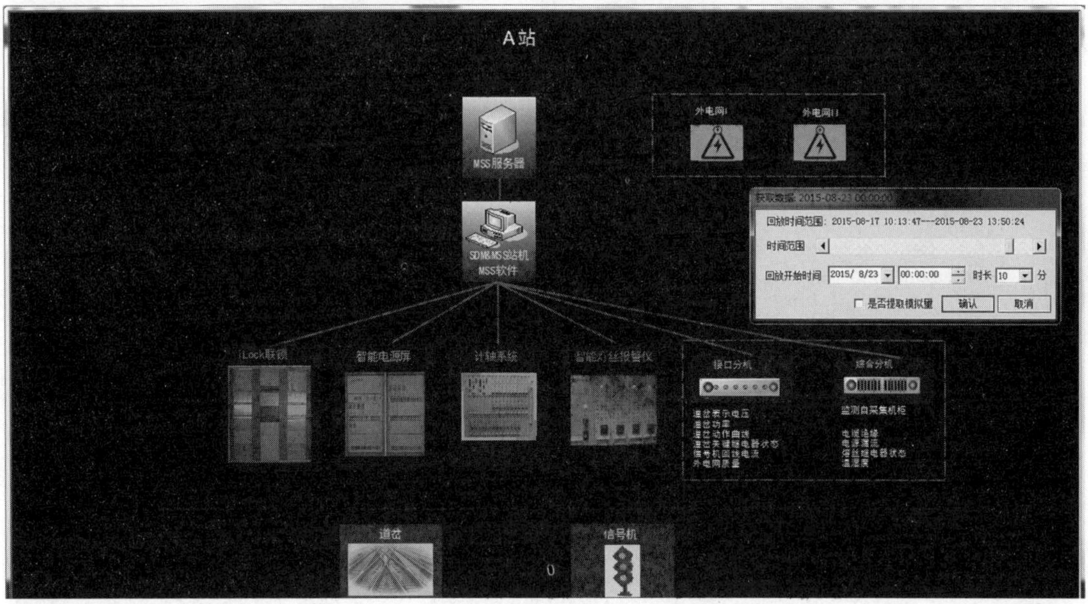

图 7-154 设备图——回放画面

• 彩图 •

图 7-154

单击“确认”按钮，即开始进行回放；单击“取消”按钮，即退出回放，返回实时设备图画面。详情参考“历史回放”。

(3)设备状态查询　当有设备报警时，将会弹出设备报警窗口，同时，对应设备图元将会变成红色。如联锁机柜1—机笼2—槽5对应板卡发生故障，联锁图元由绿变红，如图7-155所示。

• 彩图 •

图 7-155

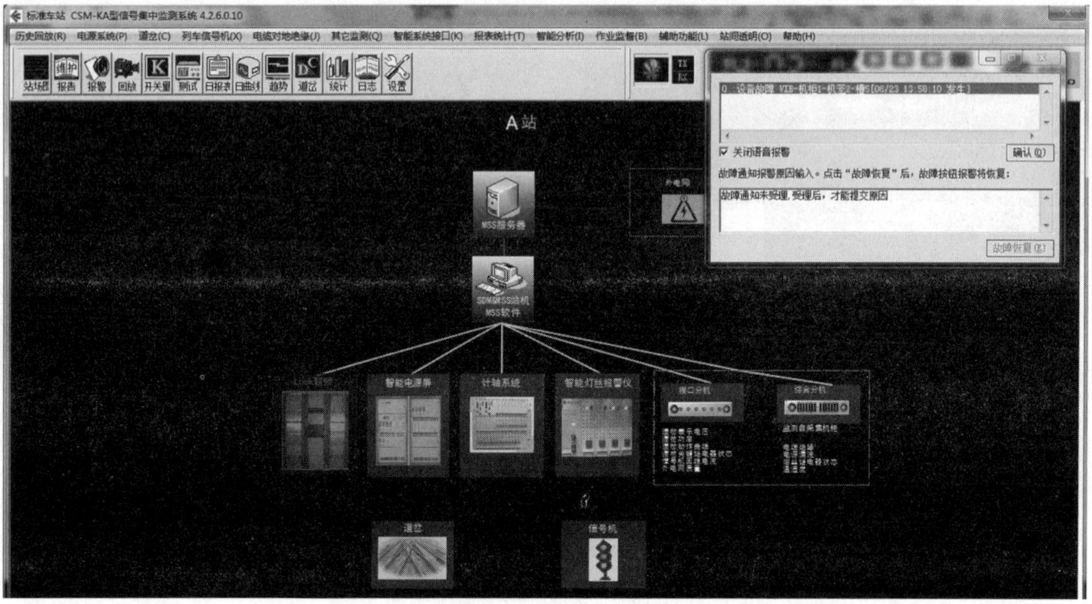

图 7-155　设备图——联锁设备故障示例

单击联锁图元进入二级画面，可以查看对应板卡图元由绿变红，鼠标左键单击对应图元可以查询实时故障信息，如图7-156所示。

• 彩图 •

图 7-156

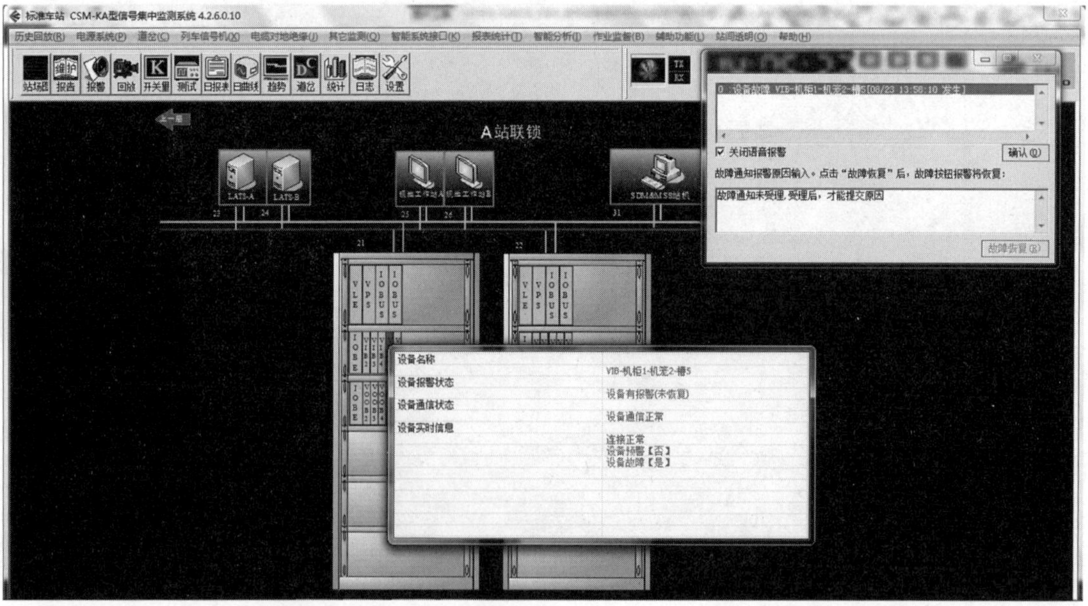

图 7-156　设备图——联锁设备故障示例(板卡故障查询)

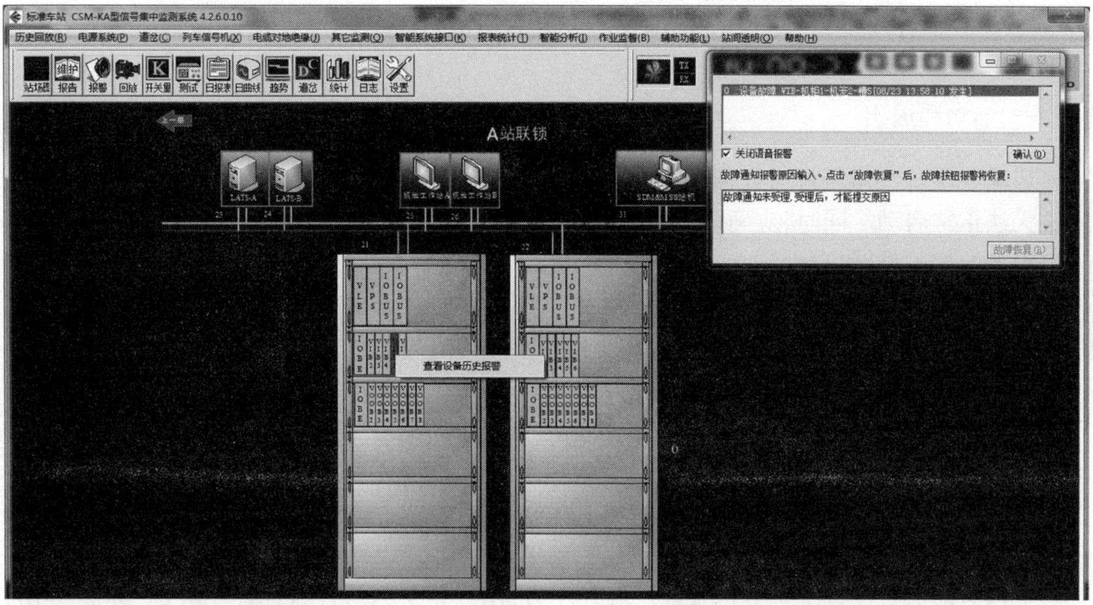

• 彩图 •

图 7-157

图 7-157　设备图——联锁设备故障示例(查看设备历史报警)

右击设备图画面上的设备图元，可以查询设备历史报警信息，如图 7-157 所示；选择“查看设备历史报警”命令，弹出“设备报警”对话框，该对话框中显示了最近 30 天中所查看设备的报警信息，如图 7-158 所示。

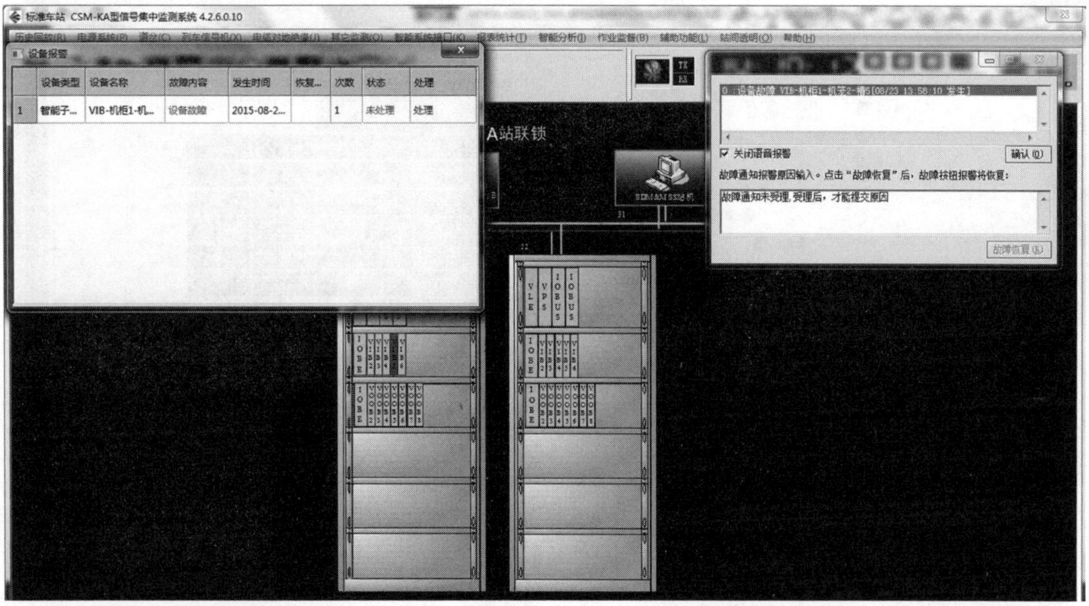

• 彩图 •

图 7-158

图 7-158　设备图——联锁设备故障示例(设备历史报警)

单击图 7-158 中报警行的处理列所在单元格，弹出故障详细信息窗口，可在该窗口中进行故障处理。关于故障处理操作参见“故障处理”。

第三节　终端的使用

一、启动和退出

启动 iClient 终端程序首先需要确保 iServer 服务器程序正处于运行状态，否则 iClient 终端程序无法正常启动。同时，应确认 U888 接口服务器工作正常，否则 iClient 终端程序无法显示接口设备的相关报警信息。

单击 iClient 快捷图标可以启动终端程序。在主界面工具栏中单击图 7-159 所示的“退出”按钮，弹出对话框，单击“是(Y)”按钮可退出终端程序。

图 7-159　iClient 终端程序退出按钮

在程序启动时，会自动检查配置文件的版本号是否与服务器上的一致，若不一致，则会自动进行升级。

二、主界面操作

成功启动信号设备维护支持系统终端程序后，用户将进入程序线路图主界面，如图 7-160 所示。主界面显示的是线路图，包含信号综合维护系统监测的各种信息，如 ATS、ATC、DCS、车站 MSS 信息等。

• 彩图 •

图 7-160

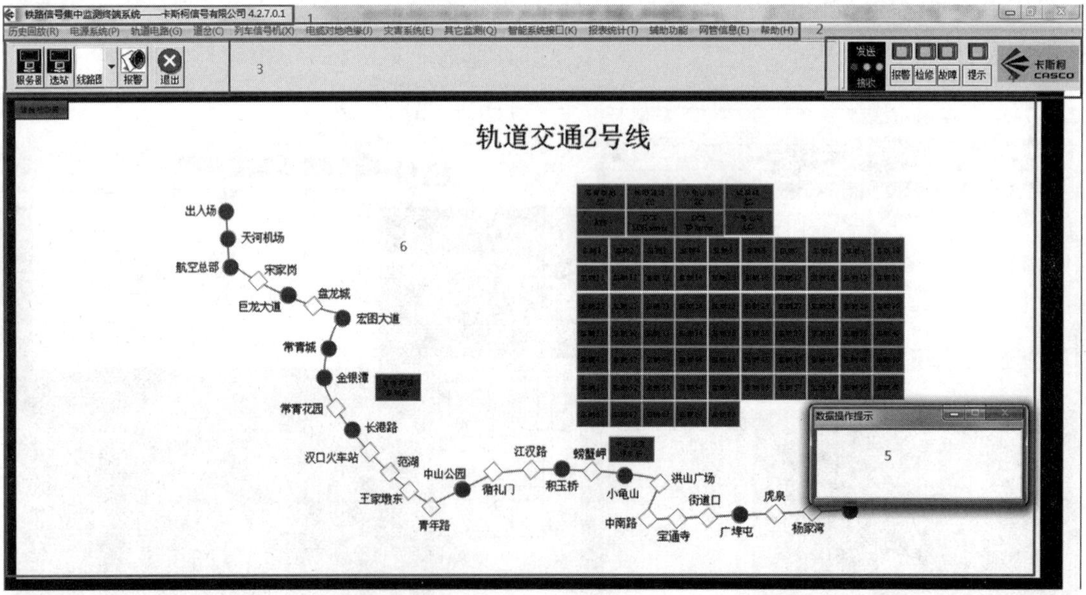

图 7-160　主界面

主界面主要分为标题栏、菜单栏、工具栏、信息提示灯、数据操作提示框、通信状态栏和线路图六部分。

1. 标题栏

标题栏显示终端程序名称、公司名称及版本号。

2. 菜单栏

菜单栏提供历史回放、电源系统、道岔、列车信号机、电缆对地绝缘、智能系统接口、报表统计、智能分析、辅助功能、帮助等功能。菜单栏道岔的一启动未选站时，设备关联菜单置灰表示无效，如图 7-161 所示。选站后，根据车站设备配置信息生成或隐藏相应菜单。

图 7-161　菜单栏

3. 工具栏

工具栏主要包含“服务器”“选站”“线路图”“报告”“报警”“退出”按钮，如图 7-162 所示。

图 7-162　工具栏

单击“选站”按钮，打开选站窗口，进行车站选择，查看车站设备状态，如图 7-163 所示。

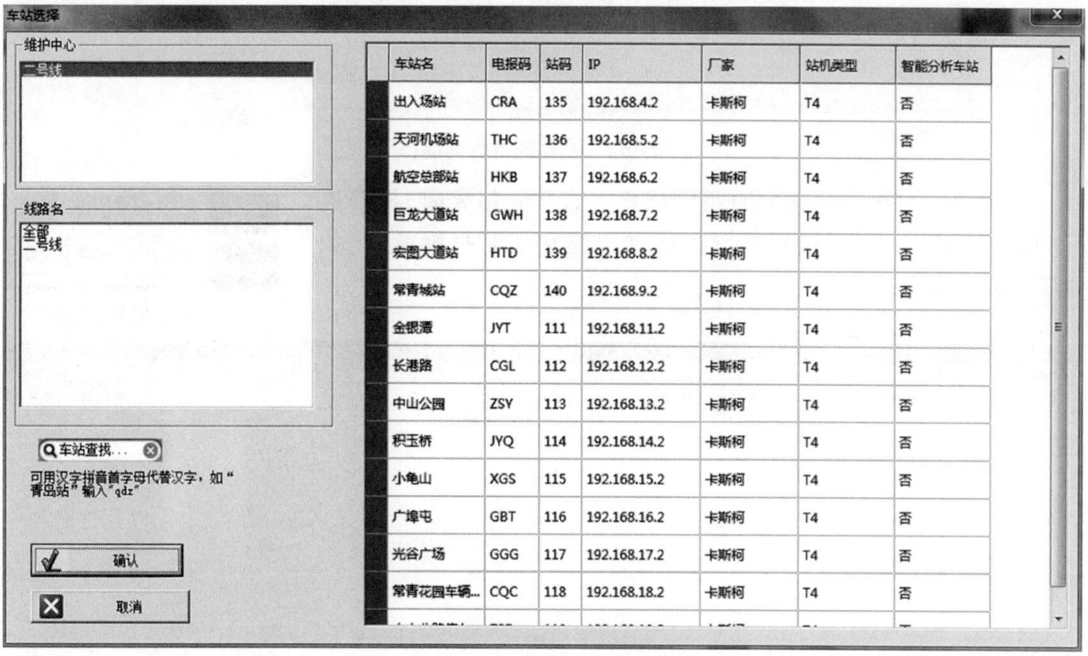

图 7-163　车站选择窗口

单击“线路图”按钮，返回线路图主界面。

单击“报警”按钮，能进行综合报警查询。综合报警查询窗口如图 7-164 所示。综合报警查询能分级别显示按照查询条件从数据库提取的报警信息，并支持自定义跨月查询。

单击“退出”按钮，退出终端程序。

4. 信息提示灯

主界面右上角有表示通信状态的动态图及四个信息提示灯，分别为报警、检修、故障、提示，如图 7-165 所示。

动态图表示通信状态。若通信良好，该动态图中三个灯位红绿交替显示。双击动态图，将弹出通信状态提示框。

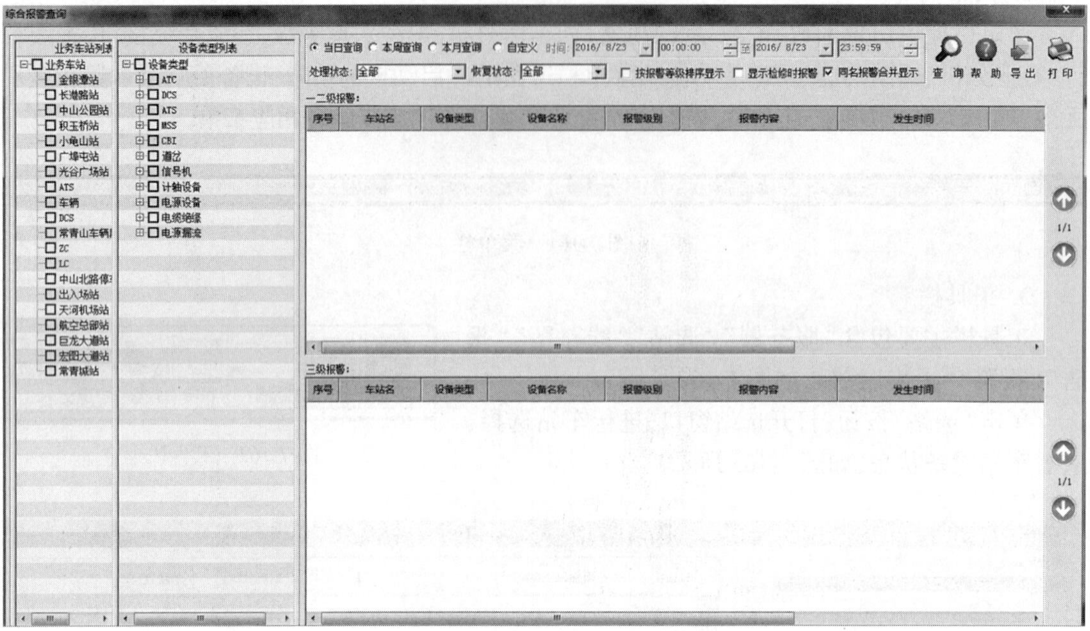

图 7-164　综合报警查询窗口

报警提示灯提供终端实时报警信息。有实时报警时,报警提示灯红绿闪烁。单击报警提示灯,将弹出终端实时报警窗口,如图 7-166 所示。

图 7-165　信息提示灯

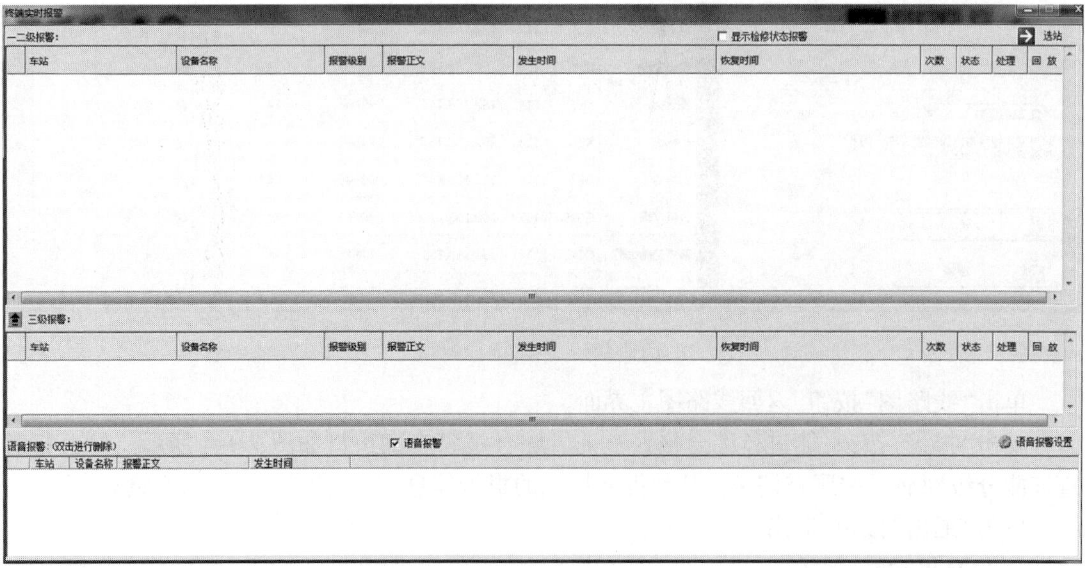

图 7-166　终端实时报警窗口

检修提示灯提示检修情况。当前站检修时,检修提示灯红绿闪烁。单击检修提示灯,将弹出检修记录窗口,用于检修情况的记录与下达,如图 7-167 所示。若终端未选择车站,单击将提示用户选站。

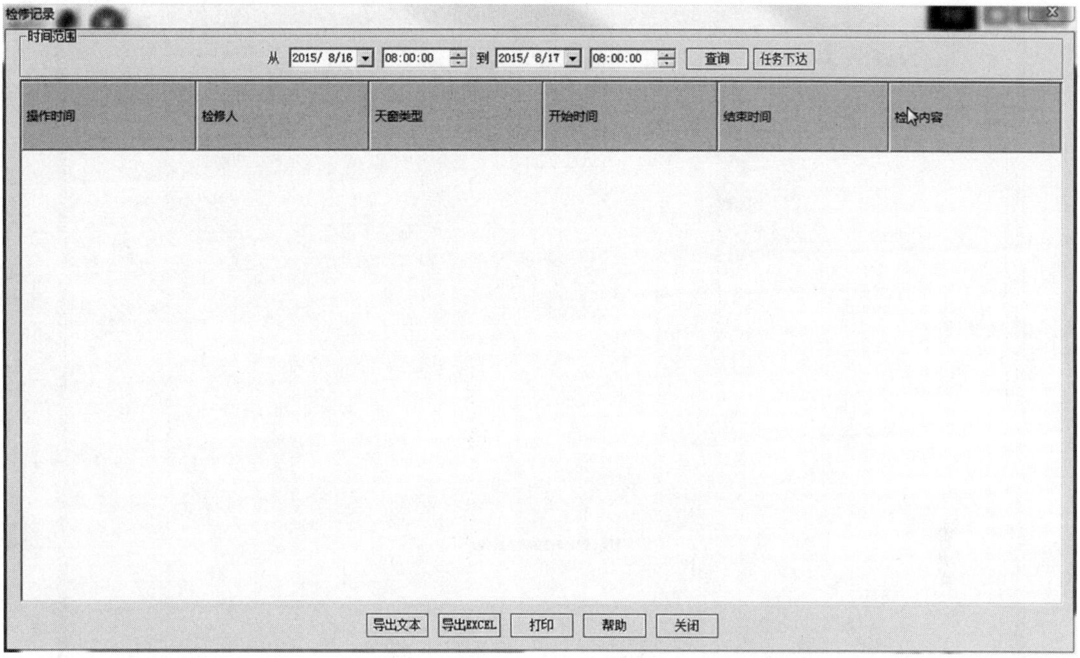

图 7-167　检修记录窗口

故障提示灯提示故障按钮情况。若有故障按钮发生时,故障提示灯会红绿闪烁。单击故障提示灯,将弹出故障按钮报警窗口,如图 7-168 所示。

图 7-168　故障按钮报警窗口

提示灯提示设备电气特性、电气超限预警,对话框分为“提示库”“提示报警查询”“出入库记录”三个选项卡。

“提示库”选项卡如图 7-169 所示,包括设备类型、设备名称、入库时间、入库原因、查看详细(点击)、原因及处理(点击)。若单击提示库选项卡显示文字所在单元格,将在界面下方显示不达标设备满足入库条件时的超限天数和每天的超限报警次数。同时,将会弹出报警查询对话框,自动查询超限报警内容。

“提示报警查询”选项卡如图 7-170 所示,包括设备类型、设备名称、故障内容、发生时间、恢复时间。

“出入库记录”选项卡如图 7-171 所示,显示设备超限报警的出入库记录。其具体信息包括设备类型、设备名称、入库时间、入库类型/入库人、出库时间、出库类型/出库人。入库方式分为人工入库和自动入库,出库方式分为人工出库和自动出库;人工入库对应人工出库,自动入库对应自动出库。自动入库:10 天中每天都有 10 条超限报警将自动入库。自动出库:当已入库设备在过去一天中未发生报警且一直处于有效值范围内时,可自动出库。

5. 数据操作提示框

数据操作提示框提示数据操作情况。

6. 通信状态栏

用于显示终端的启动时间、当前时间及终端与服务器和终端与所选站机的通信状态。通信正常时,其如图 7-172 所示;通信中断时,其如图 7-173 所示。

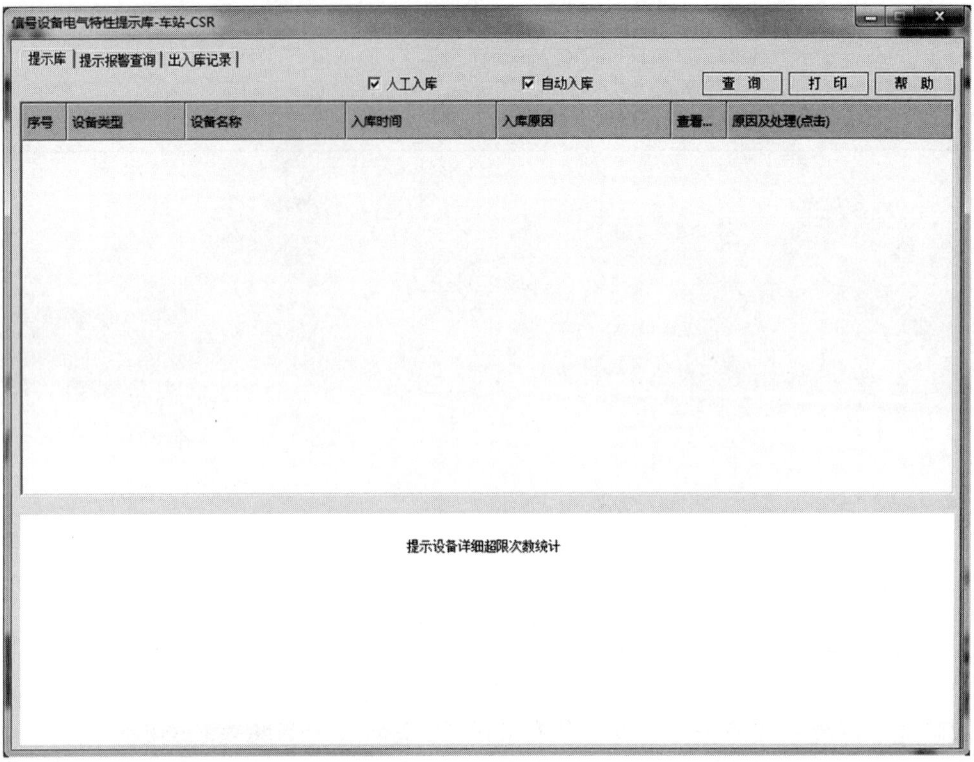

图 7-169　信号设备电气特性“提示库”选项卡

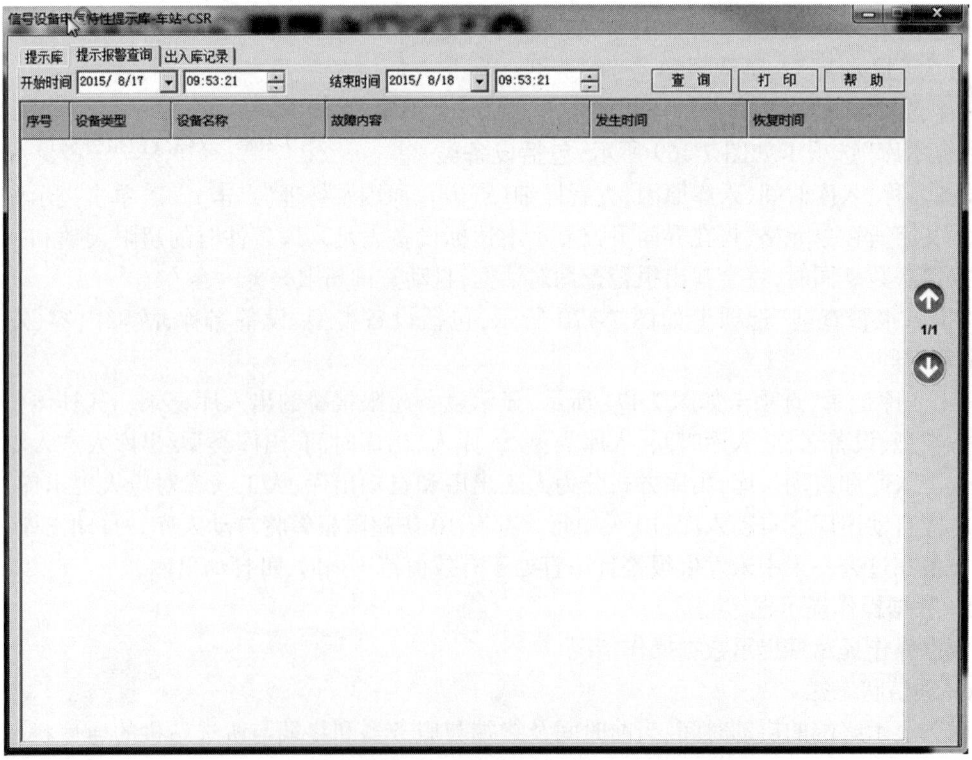

图 7-170　信号设备电气特性“提示报警查询”选项卡

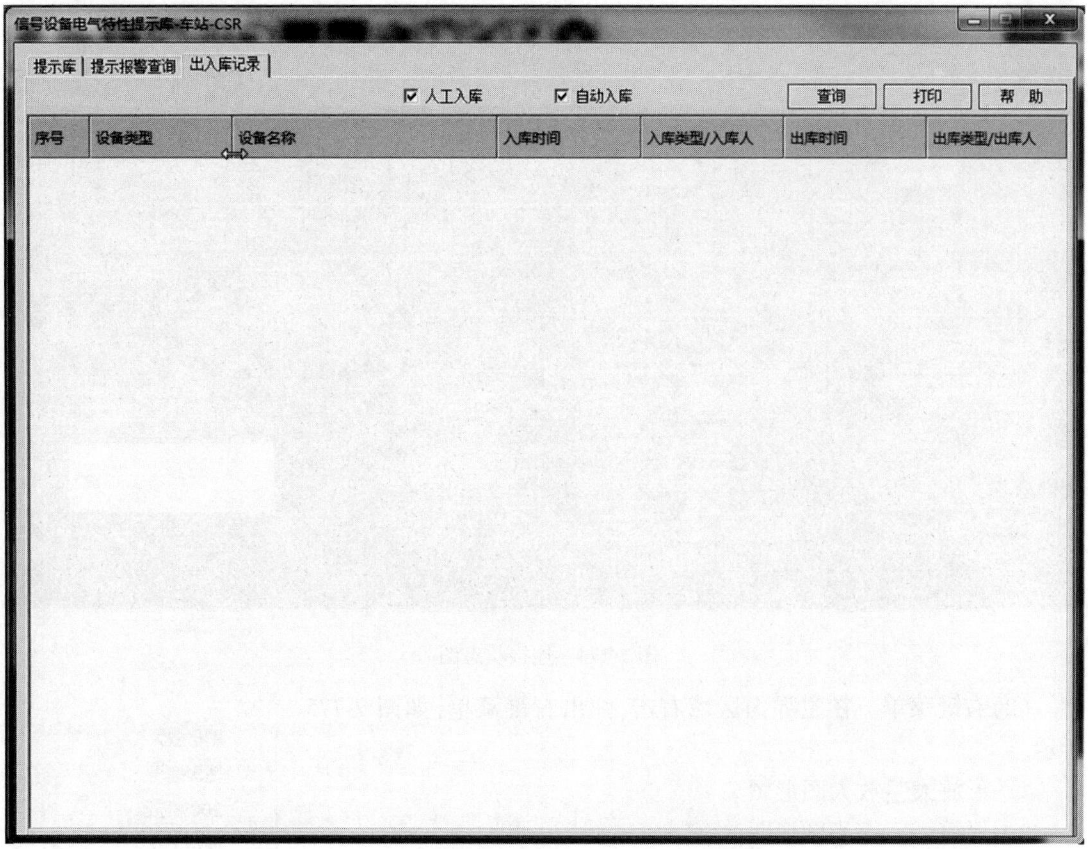

图 7-171 信号设备电气特性“出入库记录”选项卡

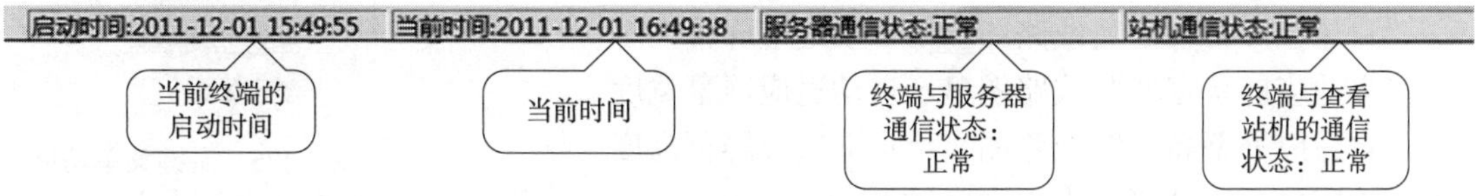

图 7-172 通信正常状态

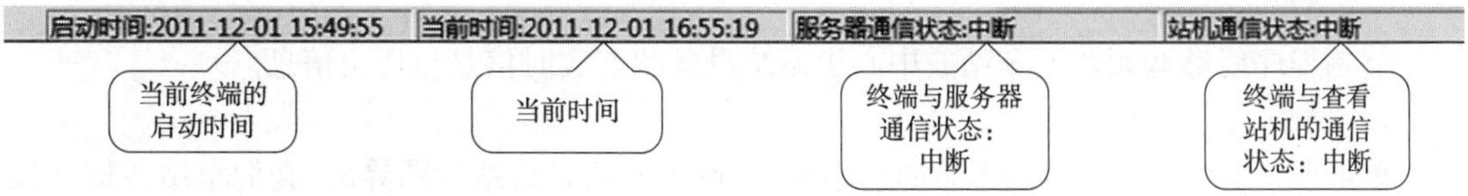

图 7-173 通信中断状态

7. 线路图

图 7-160 所示为终端程序的主页面——线路图，页面中图元颜色表示对应系统下设备状态。绿色表示该系统下设备均正常工作，灰色表示该系统未连接，红色表示该系统下有设备出现故障。

(1)左键菜单。当单击图元时，进入与该子系统相关的详细界面。如单击连接状态图元则可以进入连接状态图详细信息界面，如图 7-174 所示。

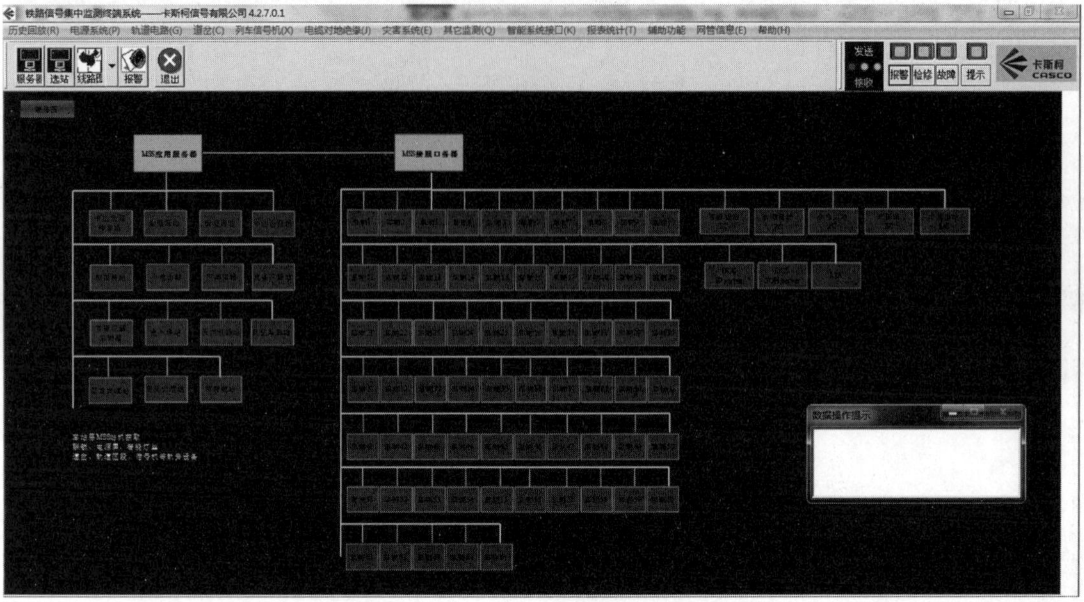

• 彩图 •

图 7-174

图 7-174　连接状态图

(2)右键菜单。在主界面区域右击,弹出右键菜单,如图 7-175 所示。

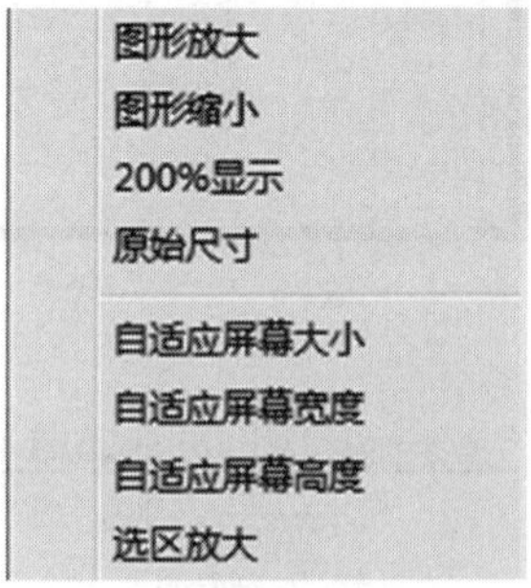

图 7-175　右键菜单功能

“图形放大”:放大图形图。

“图形缩小”:缩小图形图。

“200%显示”:原线路图的 200%显示。

“原始尺寸”:原线路图尺寸显示。

“自适应屏幕大小”:线路图显示自动适应屏幕大小。

“自适应屏幕宽度”:线路图显示自动适应屏幕宽度。

“自适应屏幕高度”:线路图显示自动适应屏幕高度。

“选区放大”:选择放大选中区域。

三、设备状态查看

终端程序能够调阅监测车站或中心子系统设备状态实时信息与历史信息。

1. 车站

单击图 7-160 中代表不同车站的空心环,即可跳转至车站站场图界面,查询车站各信号设备状态。

2. 车载

单击图 7-160 中代表不同列车的图元,即可跳转至车载界面,查询车辆相关设备状态。图元颜色表示设备状态,绿色为正常状态,灰色为无连接状态,红色为故障状态。如图 7-176 所示,绿色表示设备正常工作。图 7-177 中,红色表示风扇单元出现故障,并在终端实时报警中弹出报警,如图 7-178 所示。

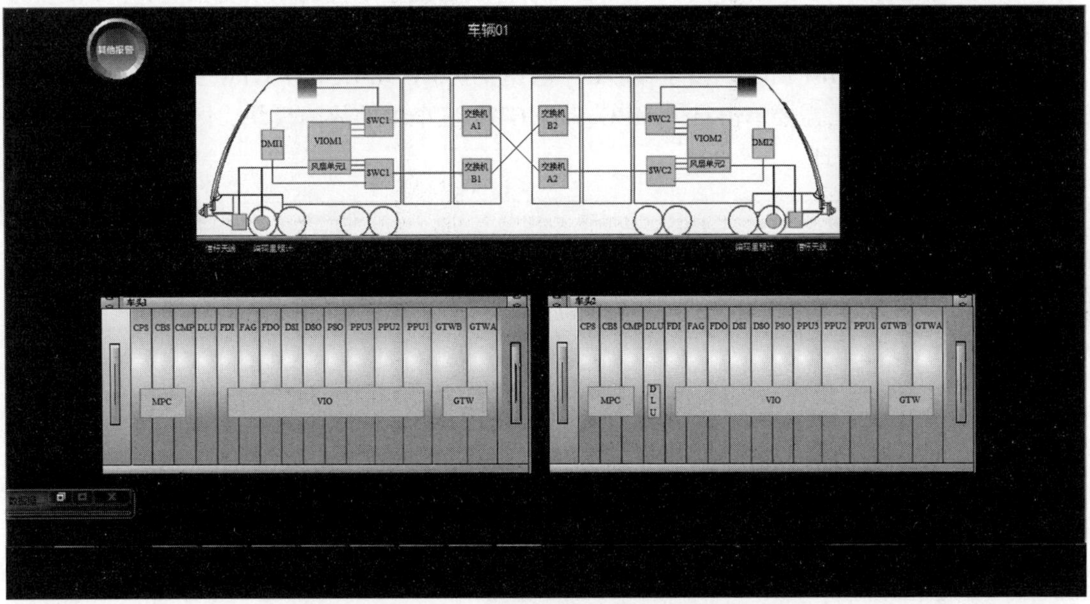

图 7-176　车载界面——设备正常

• 彩图 •

图 7-176

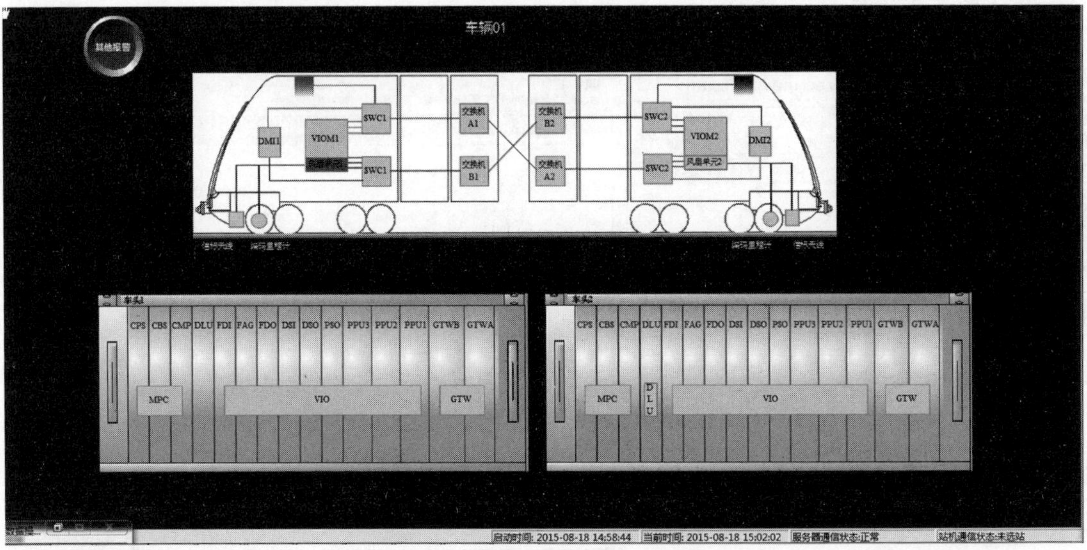

图 7-177　车载界面——设备故障

• 彩图 •

图 7-177

终端实时报警

一二级报警:

	车站	设备名称	报警级别	报警正文	发生时间	恢复时间	次数	状态	处理	回 放
1	车载CC_1	1头安全输入...	故障诊断	风扇单元故障	2015-08-18 15:01:33		1	未处理	处理	再现
2	车载CC_1	CC_1	故障诊断	MSS和CC蓝网通信中断	2015-08-18 14:09:26	2015-08-18 1...	1	未处理	处理	再现
3	车载CC_1	CC_1	故障诊断	MSS和CC红网通信中断	2015-08-18 14:09:26	2015-08-18 1...	1	未处理	处理	再现

图 7-178　终端实时报警

当设备出现故障时,单击故障设备,终端程序将从数据库中查询该设备报警,并在设备报警窗口中显示,如图 7-179 所示。单击“处理”选项,可进入故障详细信息窗口,对故障进行处理,如图 7-180 和图 7-181 所示。由于 VIOM1 单元拆分为了 MPC、VIO、GTW 三个模块,因此处理 VIOM1 单元故障时,需要单击具体 MPC、VIO、GTW 三个中的故障模块,才能弹出故障详细窗口,并对故障进行处理。

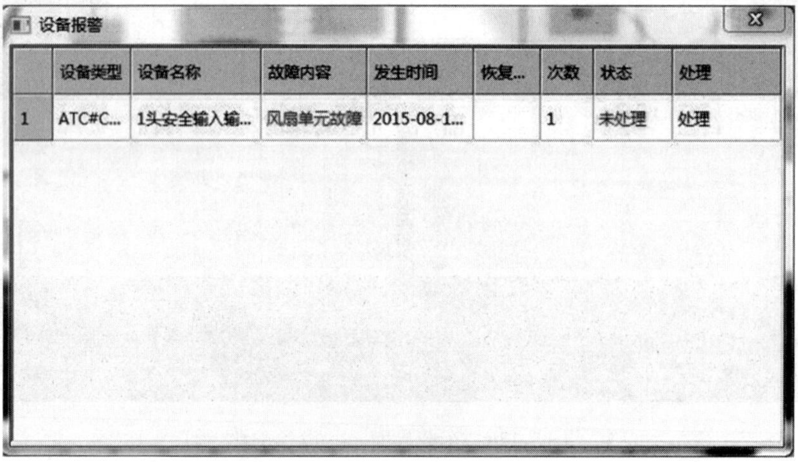

图 7-179　终端设备报警窗口

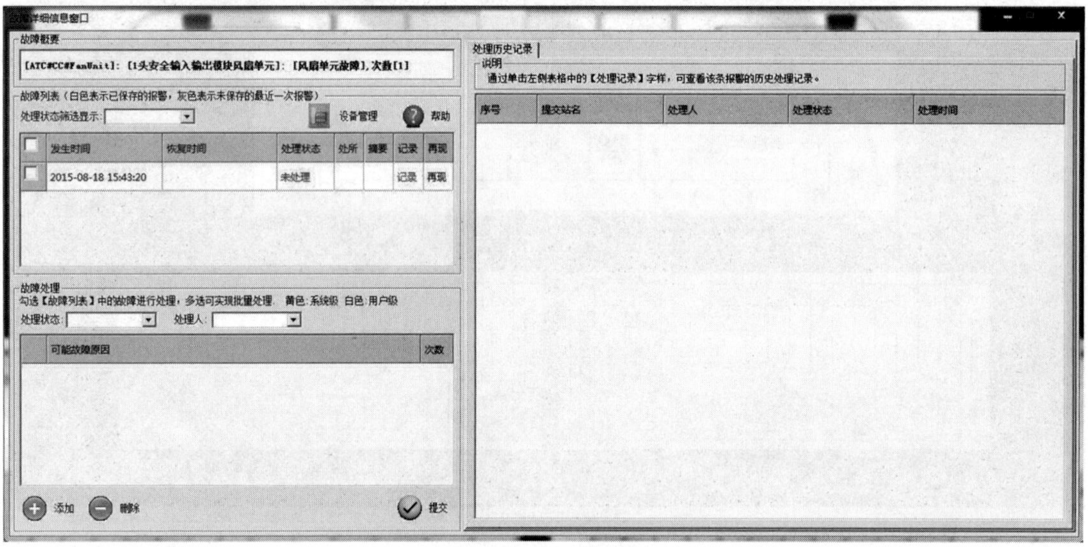

图 7-180　终端故障详细信息窗口

图 7-181 中左上角的其他报警图元能够显示车载设备情况及车载红蓝网连接状况。

①红蓝网通信故障,其他报警图元显示红色,直至报警恢复。单击其他报警图元,能从数据库中查询到红蓝网故障信息,并可对故障进行处理。

②设备存在故障,其他报警图元显示红色,直至报警恢复。但单击其他报警图元无法查询到设备报警信息,必须单击相应设备图元进行查询。

③Gauge 超限报警和 Counter 报警信息。其他报警图元无法显示该类报警,但单击其他报警图元能够查询到相应设备报警信息,并可对故障进行处理。

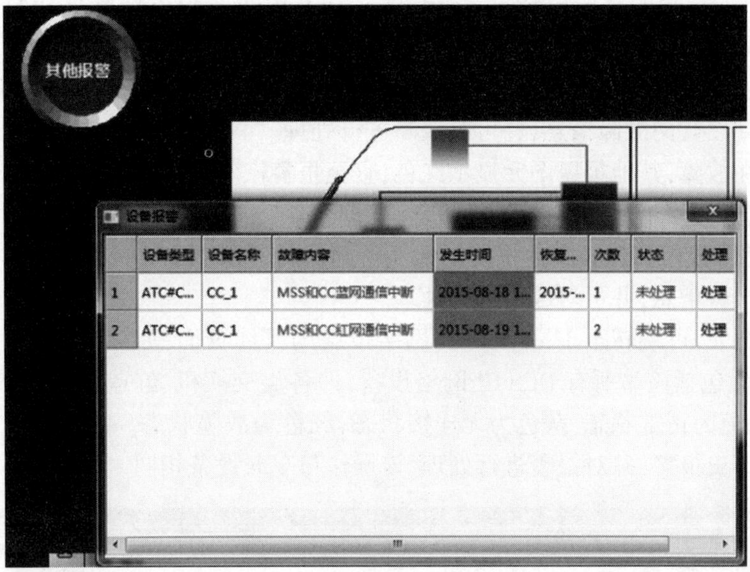

图 7-181 终端故障详细信息窗口

3. DCS 设备

单击图 7-160 中代表 DCS IP 或 DCS SDH 设备的图元，即可跳转至相应界面，查询网络设备状态。以 DCS IP 设备为例，其页面如图 7-182 所示。

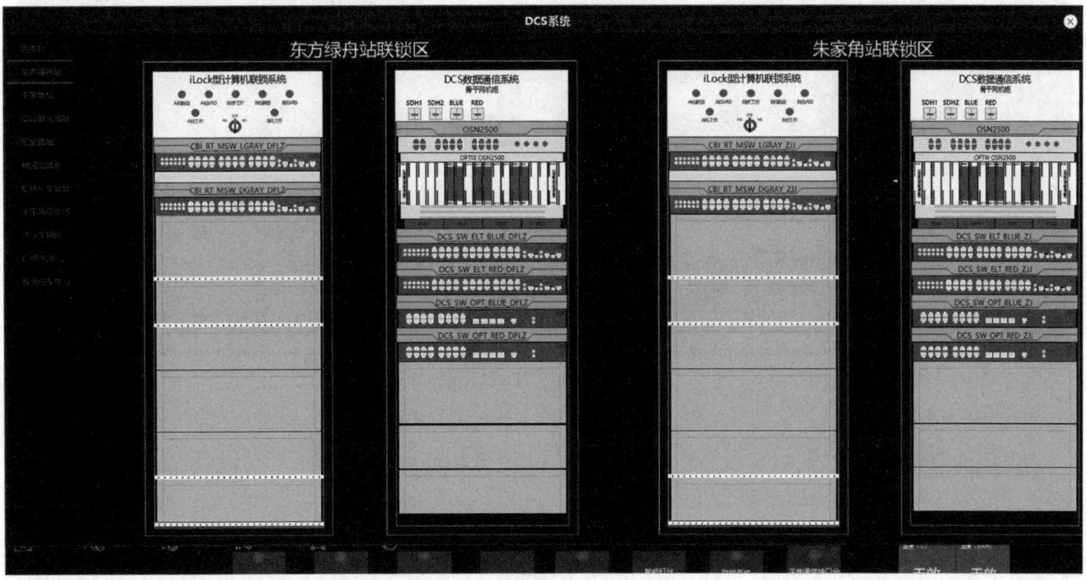

• 彩图 •

图 7-182

图 7-182 终端 DCS IP 主页面

DCS IP 主页面上部为线路图，图元显示所代表的集中站 DCS IP 网络设备情况；绿色表示该车站 DCS IP 网络设备均正常工作，灰色表示该车站 DCS IP 网络设备未连接，红色表示该车站 DCS IP 网络设备出现故障，有报警。图 7-182 中显示该线路所有集中站 DCS IP 网络设备正常。主页面下部为列车红蓝网 modem 状态，绿色表示正常，灰色表示无连接，红色表示出现故障。图 7-182 中显示所有列车红蓝网 modem 正常工作。

图 7-182 中左上角的其他报警图元能够显示 DCS IP 网络设备情况及 DCS IP 红蓝网连接状况。

①红蓝网通信故障,其他报警图元显示红色,直至报警恢复。单击其他报警图元,能够从数据库中查询到红蓝网故障信息,并可对故障进行处理。

②设备存在故障,其他报警图元显示红色,直至报警恢复。但单击其他报警图元无法查询到设备报警信息,必须单击相应设备图元进行查询。

③Gauge 超限报警信息。其他报警图元无法显示该类报警,但单击其他报警图元能够查询到相应设备报警信息,并可对故障进行处理。

单击车站图元,可跳转至车站 DCS IP 网络设备的具体页面,如图 7-183 所示。车站 DCS IP 网络设备界面包括该站所有 DCS IP 网络设备,即各类交换机、红蓝网 AP 点。图元颜色表示设备状态,绿色为正常状态,灰色为无连接状态,红色为故障状态。单击图元可从数据库查询相关设备的历史报警,并对报警进行处理,该操作与车载设备相同。

• 彩图 •

图 7-183

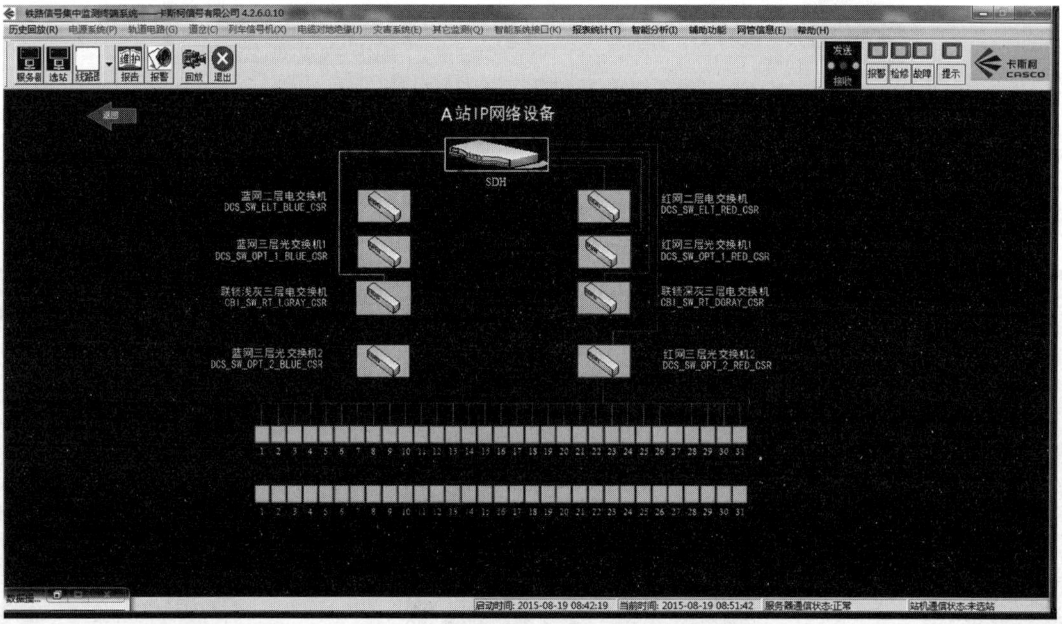

图 7-183　终端 DCS IP 车站设备界面

4. ATS 设备

单击图 7-160 中代表 ATS 设备的图元,即可跳转至相应界面,查询 ATS 设备状态,如图 7-184 所示。

ATS 主页面为线路图,图中图元显示所代表的集中站 ATS 设备情况;绿色表示该车站 ATS 设备均正常工作,灰色表示该车站 ATS 设备未连接,红色表示该车站 ATS 设备出现故障,有报警。图 7-184 中显示该线路所有集中站 ATS 设备正常。

图 7-184 左上角的其他报警图元能够显示 ATS 设备情况及 ATS 红蓝网连接状况。

①红蓝网通信故障,其他报警图元显示红色,直至报警恢复。单击其他报警图元,能够从数据库中查询到红蓝网故障信息,并可对故障进行处理。

②设备存在故障,其他报警图元显示红色,直至报警恢复。但单击其他报警图元无法查询到设备报警信息,必须单击相应设备图元进行查询。

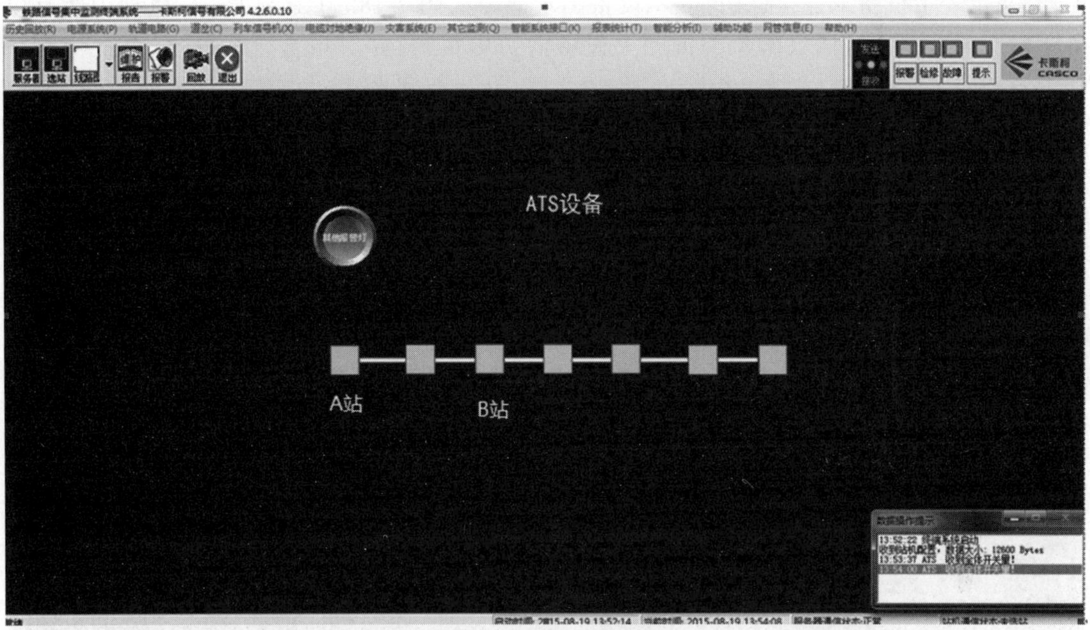

• 彩图 •

图 7-184

图 7-184 终端 ATS 主页面

单击车站图元，可跳转至车站 ATS 设备的具体页面，如图 7-185 所示。车站 ATS 设备界面包括该站所有 ATS 设备，即服务器、现地工作站、接口程序、发车指示器等。图元颜色表示设备状态，绿色为正常状态，灰色为无连接状态，红色为故障状态。单击图元可从数据库查询相关设备的历史报警，并对报警进行处理，该操作与车载设备相同。

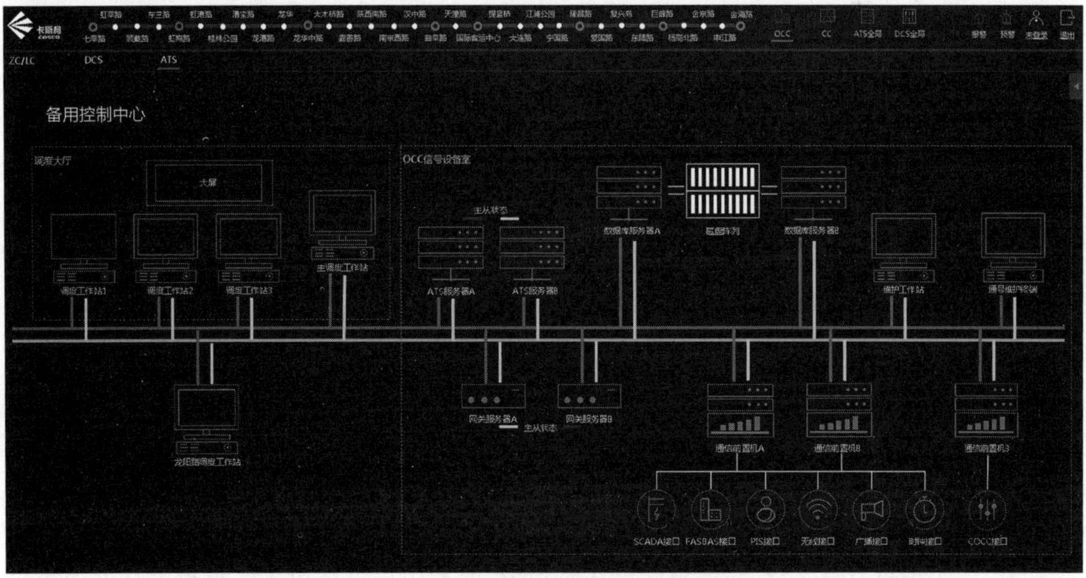

• 彩图 •

图 7-185

图 7-185 终端 ATS 车站设备界面

5. ZC/LC

单击图 7-160 中代表 ZC/LC 设备的图元，即可跳转至相应界面，查询相应 ZC/LC 机柜设备状态，如图 7-186 所示。图中颜色表示相应 ZC/LC 机柜设备情况，绿色表示设备正常工作,灰色表示设备未连接,红色表示设备出现故障。图 7-186 中显示该 ZC 机柜中所有设备正常。单击图元可从数据库查询相关设备的历史报警,并对报警进行处理,该操作与车载设备相同。

图 7-186 中左上角的其他报警图元能够显示 ZC/LC 设备情况及 ZC/LC 红蓝网连接状况。

• 彩图 •

图 7-186

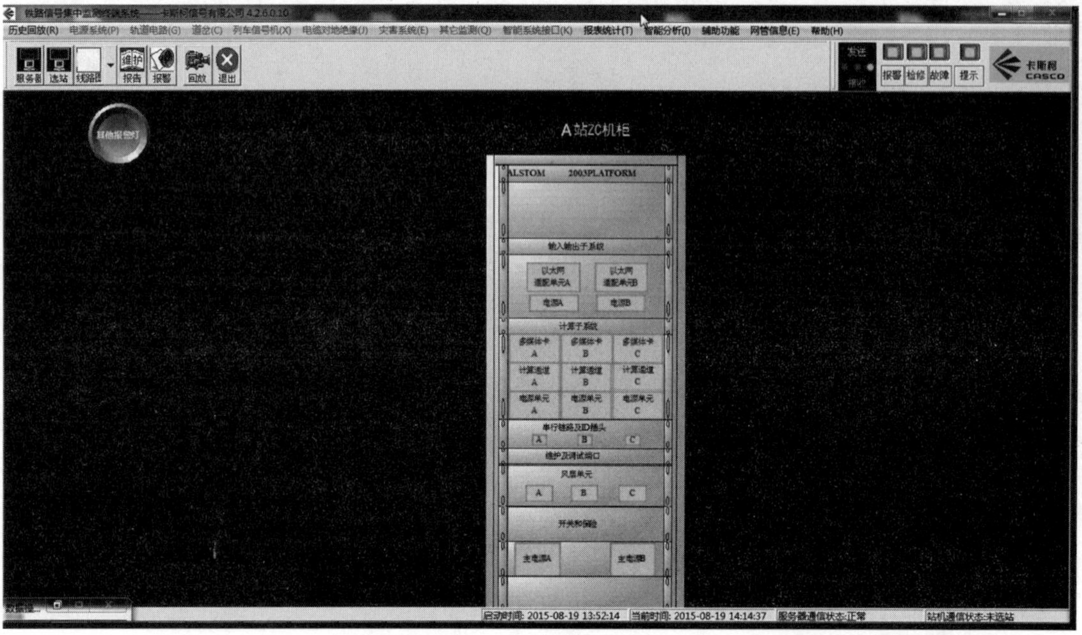

图 7-186　终端 ZC 机柜界面

①红蓝网通信故障,其他报警图元显示红色,直至报警恢复。单击其他报警图元,能够从数据库中查询到红蓝网故障信息,并可对故障进行处理。

②设备存在故障,其他报警图元显示红色,直至报警恢复。但单击其他报警图元无法查询到设备报警信息,必须单击相应设备图元进行查询。

③Gauge 超限报警。其他报警图元无法显示该类报警,但单击其他报警图元能够查询到相应设备报警信息,并可对故障进行处理。

四、报警查询与处理

终端程序报警查询主要分为三种方式,即终端实时报警、设备报警及综合报警查询。其中终端实时报警为实时报警,该页面报警不进行存储,当终端程序重启时,终端实时报警页面将刷新并清空所有报警信息。设备报警与综合报警查询采用从数据库读取设备报警的方式,可查询到数据库中所有报警信息。

1. 终端实时报警查询

当设备出现故障时,会自动弹出终端实时报警,或者用户可以单击信息提示灯处的报警灯,进入终端实时报警窗口,如图 7-187 所示。终端实时报警窗口可以分级别显示报警,窗口上部显示一、二级报警,中部显示三级报警,下部显示语音报警。单击图 7-187 中的“语音报警设置”可对语音报警进行设置。单击图 7-187 中的“选站”可对实时报警车站进行选择,从而达到对实时报警进行筛选的目的。

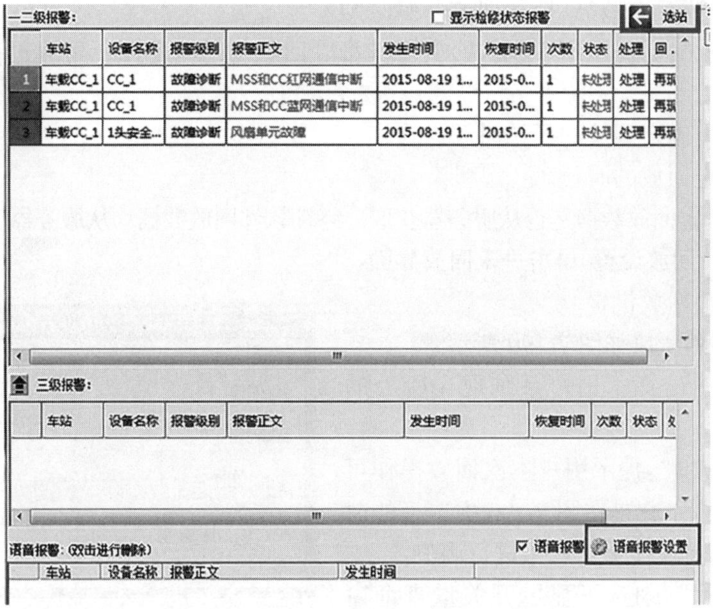

图 7-187　终端实时报警窗口

终端实时报警窗口可以显示报警所发生车站、设备名称、报警级别、报警正文、发生时间、恢复时间、次数、状态、处理(可点击)、回放(可点击)。单击“处理”,可进入故障详细信息处理窗口,对报警进行提交、报车间等处理工作。单击“再现”,可进入回放界面实现回放功能。通过图 7-188 所示界面设定回放。回放界面通过回放控制窗口控制,如图 7-189 所示,支持按照事件或时间、高倍速进行回放。

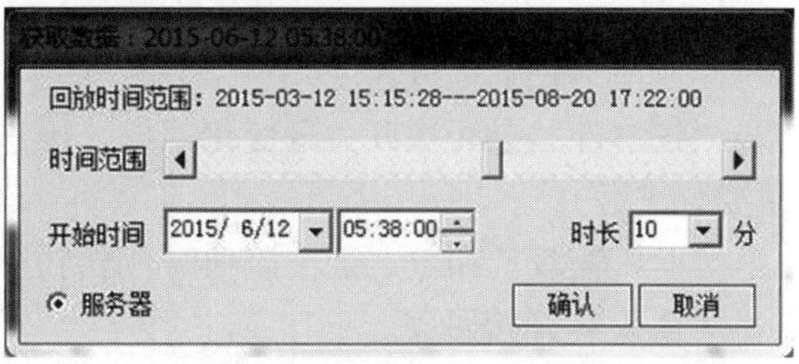

图 7-188　终端回放设置窗口

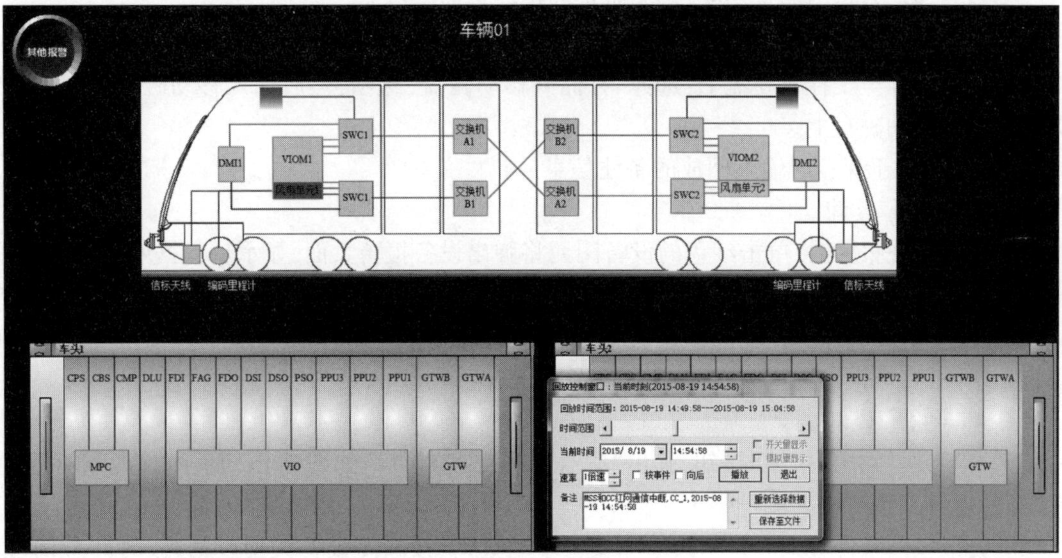

• 彩图 •

图 7-189

图 7-189　终端回放界面

“窗口标题栏”获取数据,提示回放开始时间。

“回放时间范围”:提示用户本次回放操作可以回放的时间范围。可通过拖动下方滚动条进行调整。

“开始时间”:确定回放的开始时间。

“时长”:确定回放的时长。

“服务器”:确定回放数据是否从服务器获取。终端软件回放数据均从服务器获取,默认选择。

“确认”:确认回放设置,单击进入回放界面。

“取消”:取消回放设置。

终端回放控制窗口如图 7-190 所示。

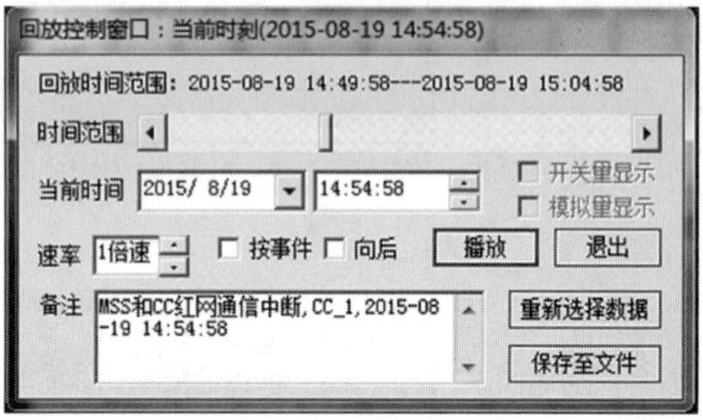

图 7-190　终端回放控制窗口

“窗口标题栏”:提示用户系统现在所处的回放时间。

“回放时间范围”:提示用户本次回放操作可以回放的时间范围。它是在图 7-190 中选择的时间范围,亦可通过拖动下方滚动条进行调整。

“开关量显示”:勾选可显示开关量查询窗口,可以查看历史时间中的开关量状态和变化。

“模拟量显示”:勾选可显示模拟量显示窗口,可以查看历史模拟量状态、曲线、道岔分表示等信息。

“速率”:回放播放速度。

“按事件”:是否按开关量变化回放。不选中该项,则回放按秒进行;选中该项,则按开关量变化进行。

“向后”:反向回放。选中该项时,则倒退回放。

“播放”:开始回放。

“退出”:退出回放。

“重新选择数据”:跳转至图 7-188 所示的选择页面。

“保存至文件”:将这段回放信息保存至移动存储介质。选择“存储到再现文件”选项,则将回放文件保存至工控机硬盘上;选择“存储到移动磁盘”选项,然后插入移动磁盘,则将回放文件保存至移动磁盘上。

“备注”:用于保存时输入回放的备注信息。

2. 设备报警查询

当设备出现报警时,单击红色的设备图元将弹出设备报警页面,显示从数据库查询到的该设备的历史报警信息,如图 7-191 所示。设备报警页面显示的内容有设备类型、设备名称、故障内容、发生时间、恢复时间、次数、状态、处理(可点击)。单击“处理”选项,可进入故障详细信息处理窗口,对报警进行提交、报车间等处理工作。

3. 综合报警查询

单击工具栏中的“报警”按钮,弹出“综合报警查询”窗口,如图 7-192 所示。“综合报警查询”窗口能够实现下列功能:

历史报警的条件查询。包括按故障发生车站查询、按故障设备类型查询、按时间查询、按处理状态查询、按恢复状态查询等,并支持同名报警合并显示。

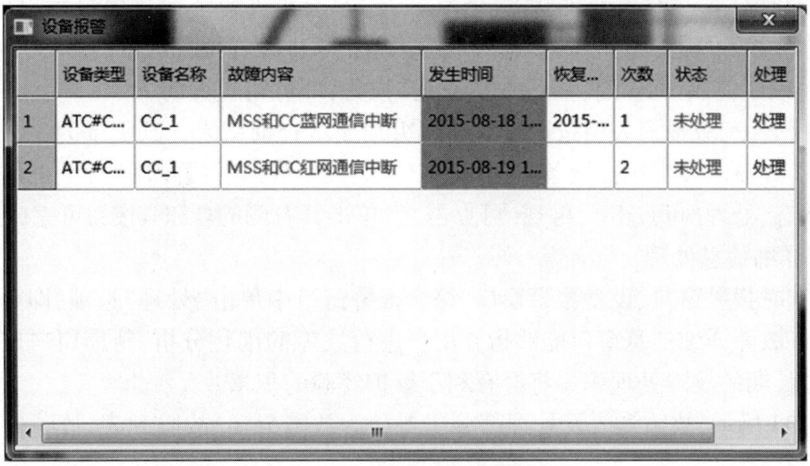

图 7-191　终端实时报警窗口

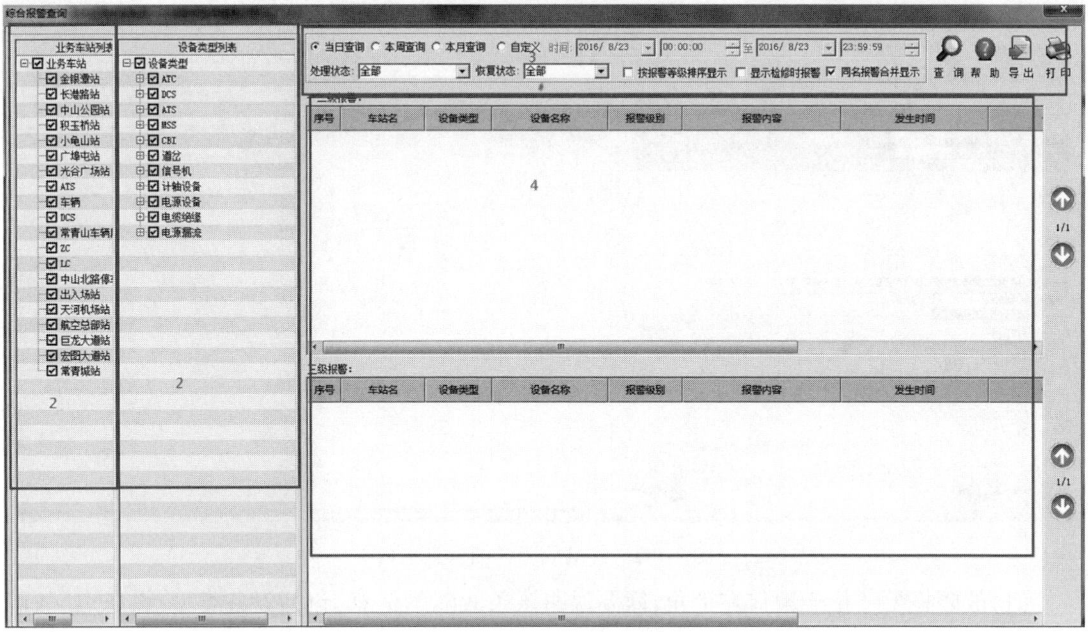

图 7-192　终端实时报警窗口

历史报警的导出。支持将查询到的历史报警结果导出为 Excel 格式。

历史报警的打印。打印查询到的历史报警结果。

故障处理。通过单击处理单元格,可弹出故障详细信息处理窗口。

故障再现。通过单击再现单元格,可进入回放界面,如图 7-188 所示。回放界面由回放控制窗口控制,如图 7-189 所示,支持按照事件或时间、高倍速进行回放。

"业务车站列表":通过勾选业务车站筛选故障发生地点。

"设备类型列表":通过勾选不同设备类型筛选故障设备类型。

"当日查询""本周查询""本月查询""自定义"单选按钮:可设置查询故障的日期,支持当日查询、本周查询、本月查询、自定义查询(可跨月查询,但查询时间最长不超过 31 天)。

"处理状态""恢复状态"下拉菜单,"按报警登记排序显示""显示检修时报警""同名报警合并显示”选择框:通过设置处理状态、恢复状态,勾选按报警登记排序显示、显示检修时报警、同名报警合并,可确定不同筛选条件,最终达到按条件筛选报警的目的。

“查询”:确定完成筛选条件后,单击“查询”按钮,即可完成查询。

一二级报警、三级报警表格按照报警类型级别显示查询结果。其上部为一、二级报警,下部为三级报警。显示内容包括设备类型、设备名称、报警级别、报警内容、发生时间、恢复时间、发生次数、状态、处理(可点击)、再现(可点击)。单击其右侧的和按钮可完成翻页功能。

4. 故障详细信息处理

在终端实时报警窗口、设备报警窗口、综合报警窗口中单击“处理”选项,即可进入故障详细信息窗口。故障详细信息窗口能够指导用户进行故障的细化分析,帮助用户进行故障的提交处理;通过长期的故障处理积累将会有利于维护经验的积累。

如图 7-193 所示,故障列表及处理部分主要分为故障概要、故障列表、故障处理和处理历史记录。

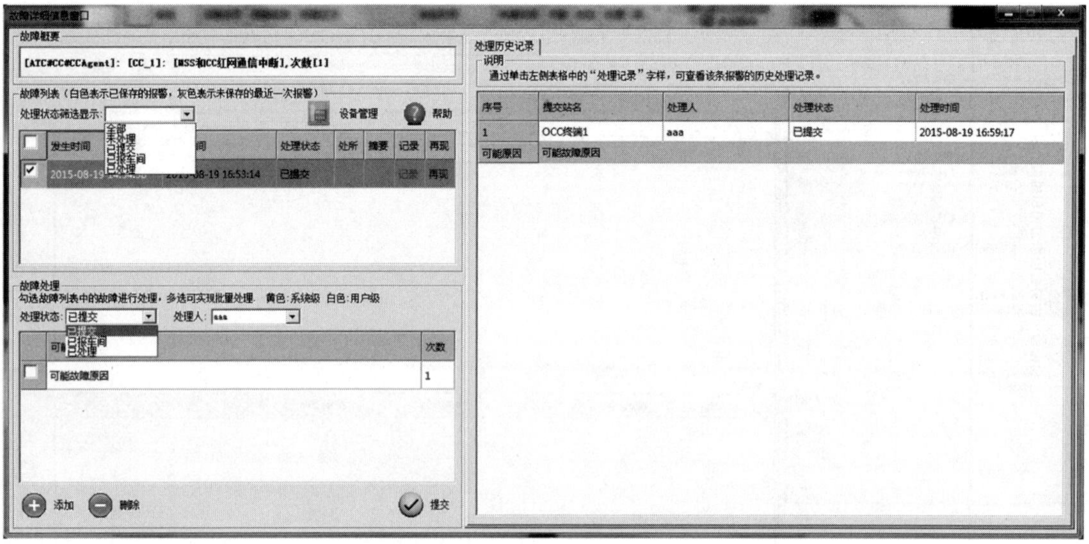

图 7-193　终端故障详细信息窗口

(1)故障概要。位于窗口左上角,简要说明该条故障的信息,包括设备类型、设备名、故障描述及发生次数等,如图 7-194 所示。

图 7-194　故障概要

(2)故障列表。位于窗口左侧中部,展示所查询时间段内同设备同类型故障的列表,如图 7-195 所示。

“处理状态筛选显示”下拉列表:

选择“全部”选项,显示全部记录。

选择“未处理”选项,显示列表中所有处理状态为“未处理”的记录。

选择“待克服”选项,显示列表中所有处理状态为“待克服”的记录。

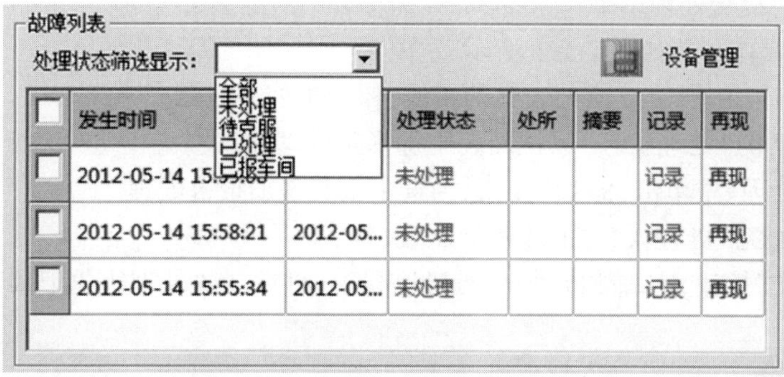

图 7-195　故障列表

选择“已处理”选项,显示列表中所有处理状态为“已处理”的记录。

选择“已报车间”选项,显示列表中所有处理状态为“已报车间”的记录。

勾选列表左上角的复选框(发生时间列的左侧),可实现报警的全选,用于报警的批量处理;也可勾选某条报警所在行的复选框实现单条或多条报警的选择。批量处理的报警最多为 50 条。

“设备管理”按钮:单击弹出设备管理对话框,实现对应设备类型及设备名的设备管理功能显示。

“帮助”按钮:单击弹出帮助窗口。

(3)故障处理。将故障信息、故障处理人、当前处理状态、导致故障发生的可能原因上传到数据库进行统一管理,同时分享数据库中已有的导致故障发生的可能原因,如图 7-196 所示。

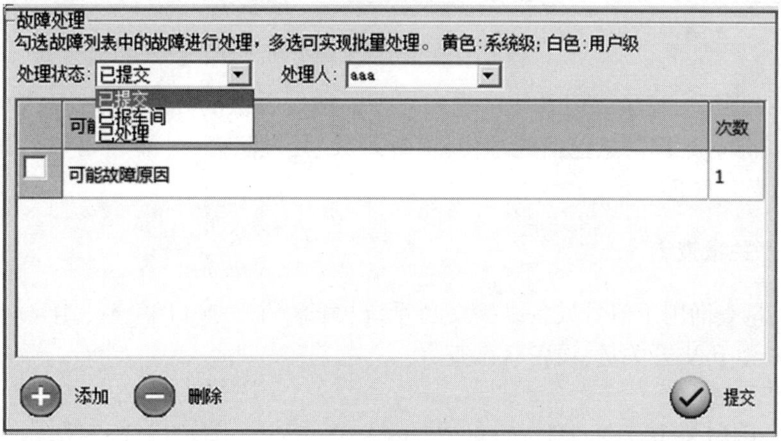

图 7-196　故障处理

“处理状态”下拉菜单:选择处理状态,分为已提交、已报车间、已处理。

“处理人”下拉菜单:选择处理人,或手动输入处理人。列表中的处理人通过班组管理功能维护。

可能原因单元格:列表中引起该故障发生的原因(可多选),或填写可能故障原因。

次数单元格:由全段车站及终端提交次数累加而来。

“添加”按钮:为选中的未处理的报警添加故障处理可能原因。

“删除”按钮:删除填写的可能故障原因。

“提交”按钮:提交处理结果。

故障处理的具体步骤如图 7-197 所示,主要为:

①勾选图 7-197 中所示故障列表中的报警,作为预处理故障。

②在图 7-197 的“处理状态”下拉列表中选择预处理状态。

③在“故障处理”中单击“添加”按钮,为选中报警添加报警处理。

④选择处理状态、处理人、可能故障原因、次数。

⑤单击“提交”按钮,完成故障处理,处理结果见窗口右侧“处理历史记录”。

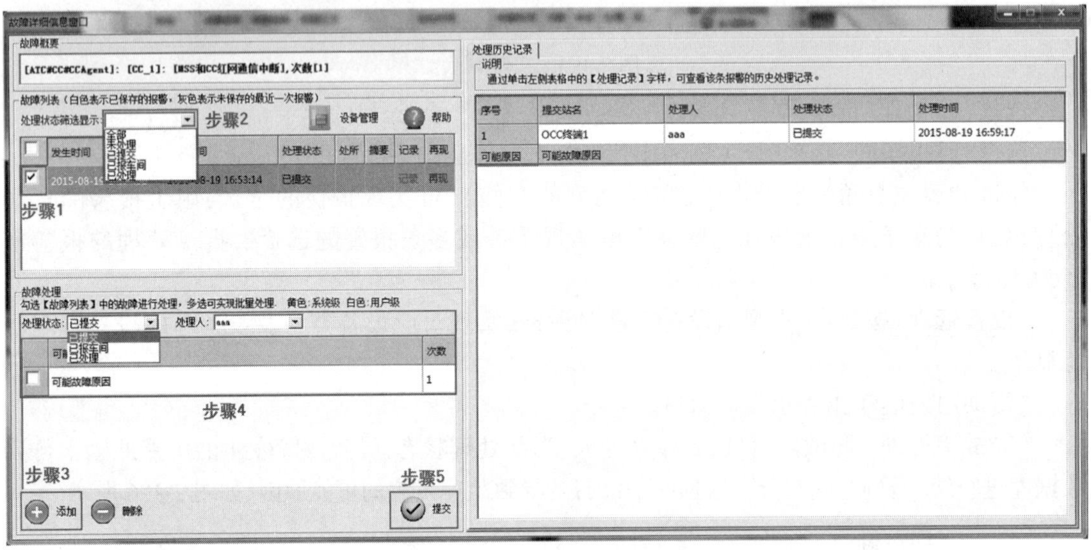

图 7-197　故障处理步骤

(4)故障处理历史记录。记录针对单条报警的最近 5 次的处理信息,处理位置可能是车站,也可能是终端。处理信息包括处理位置、处理人、处理状态、可能原因等。其中“已处理”的历史记录以黄色底色显示。

五、综合开关量查询

综合开关量查询用于信号设备维护支持系统(MSS)中心接口系统(ATC、ATS、DCS)软件站的实时开关量、历史开关量、设备状态查看。

1. 实时开关量查看

在主界面中按【Shift+Ctrl+K】组合键,弹出“综合开关量”对话框,如图 7-198 所示。

“子系统”下拉列表:列举了 MSS 软件站的所有子系统类型(ATC、ATS、DCS),选择某一选项,则下面的车站列表中将显示所有属于该类型子系统的软件站。

软件站列表列出了所有属于当前选中的子系统类型的软件站名称。每次只能选中一个软件站进行查看。

“实时开关量”单选按钮:选中后则进入实时开关量显示模式。

“历史开关量”单选按钮:选中后则进入历史开关量回放模式。

实时提示文字:实时开关量显示模式下,实时显示车站的连接状态。

“帮助”按钮:单击弹出帮助手册中的“中心子系统显示”章节下的“开关量”小节。

图 7-198 “综合开关量”对话框

实时开关量显示:选中“实时开关量”单选按钮,进入实时开关量显示模式。若当前选中的子系统类型为“ATC”,车站名为“车载 CC_13”的软件站,终端启动加载车载 CC_13(其电报码为 T13,直属服务器的电报码为 CM1)的配置文件,如图 7-199 所示。

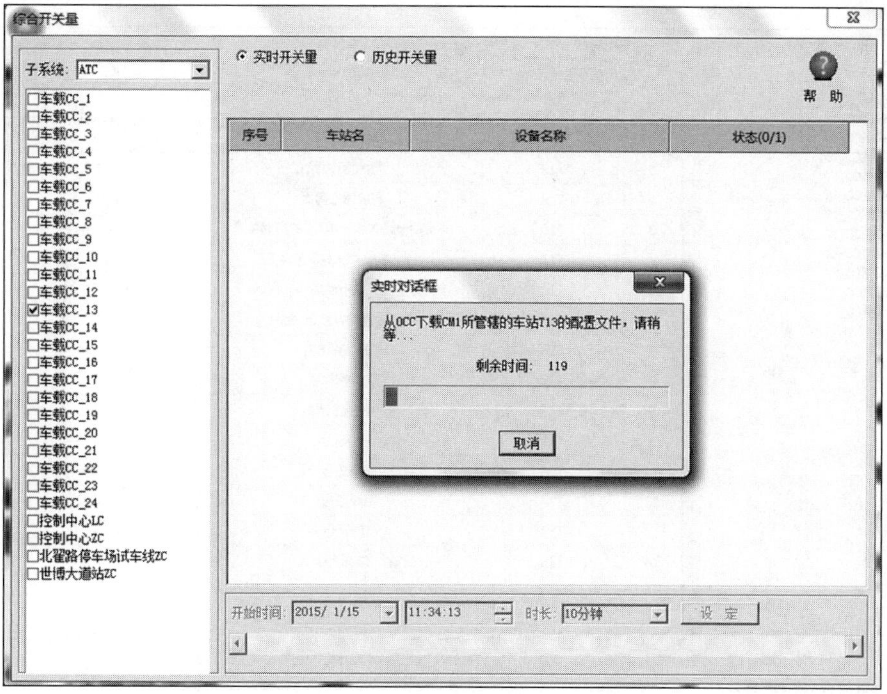

图 7-199 加载车载 CC

若配置成功加载,则系统将显示该站的配置信息,如图 7-200 所示。

图 7-200　加载成功

配置成功加载后,终端将自动获取该站的实时开关量状态,如图 7-201 所示。

图 7-201　实时开关量状态

若实时开关量显示过程中,车站与应用服务器通信中断,实时提示文字显示如图 7-202 所示。

图 7-202 实时通信提示

此时,表格状态(0/1)列中所显示的开关量状态值无效。

2. 历史开关量回放

选中“历史开关量”单选按钮,则进入实时历史开关量回放模式。若当前选中的子系统类型为“ATC”,车站名为“车载 CC_13”的软件站,终端先启动加载车载 CC_13。配置文件加载成功后,将启动从服务器获取车站的回放开关量时间,如图 7-203 所示。

图 7-203 加载 CC 配置

若当前服务器中没有车载 CC_13 的历史开关量信息，则实时提示文字显示“没有可以回放的开关量”；若数据库中有关于该站的历史开关量信息，则实时提示文字将显示最早的时间点信息，如图 7-204 所示。

序号	车站名	设备名称	状态(0/1)
1	T13	司机操作界面2	
2	T13	司机操作界面1	
3	T13	2头安全输入输出模块2的风扇单元	
4	T13	2头安全输入输出模块2	
5	T13	1头安全输入输出模块1的风扇单元	
6	T13	1头安全输入输出模块1	
7	T13	交换机B2	
8	T13	交换机B1	
9	T13	交换机A2	
10	T13	交换机A1	
11	T13	编码里程计2	
12	T13	编码里程计1	
13	T13	信标天线2	
14	T13	信标天线1	

图 7-204　历史开关量信息

在“开始时间”下拉列表中选择要回放的日期和起始时间点，在“时长”下拉列表中选择回放时长，单击“设定”按钮，终端将启动从服务器获取该段时间内的开关量数据；若获取不成功，将弹出如下提示对话框。

若获取到该时间段内的开关量数据，则回放进度条起始时间和结束时间置为设定的时间，并默认显示起始时间点的开关量状态，如图 7-205 所示。

另外，可以拖动回放进度条进行相应时间点的开关量状态回放。

六、设备管理

依次选择“智能分析”→“设备管理”命令，可查看设备图纸，如图 7-206 所示。设备管理窗口左侧可根据设备类型选择图纸，右侧为图纸面板，支持图纸放大与缩小查看。

七、班组管理

同站机的班组管理。

图 7-205 CC 历史开关量状态

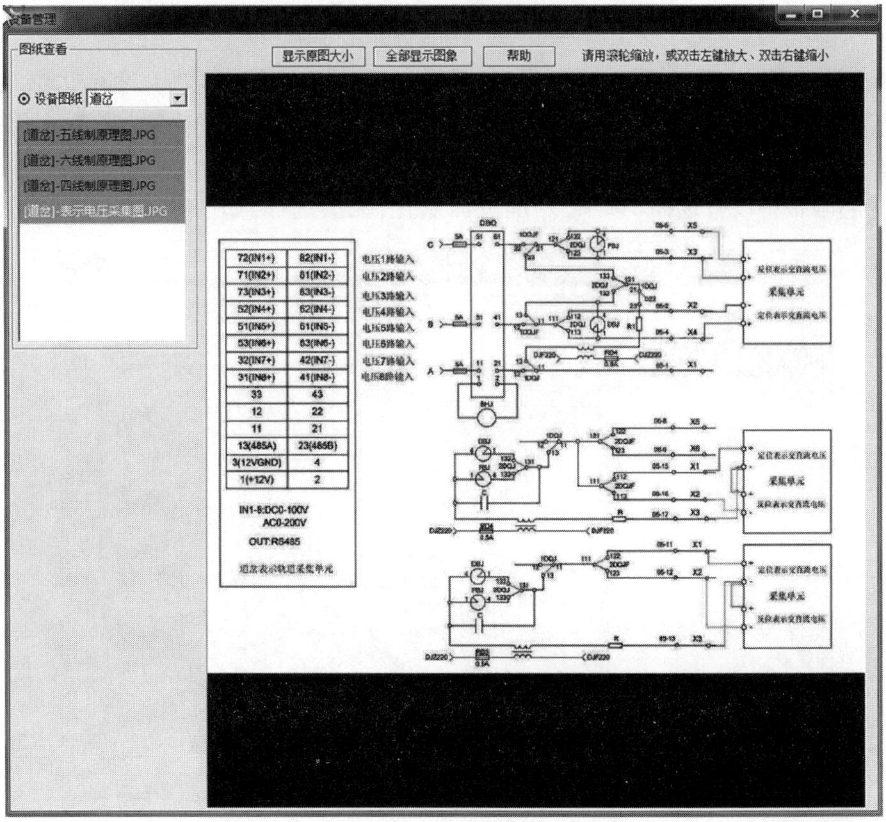

• 彩图 •

图 7-206

图 7-206 设备管理窗口

八、帮助

1. 系统设置

依次选择“帮助”→“系统设置”命令，弹出“系统选项”对话框，用户可对终端程序进行设置，如图 7-207 所示。在该对话框中可设置语音报警。

图 7-207　“语音报警设置”页面

终端语音报警利用微软语音控件，实现能够通过计算机音频把报警内容传送给用户，并能通过配置来设置语音报警项目。其中勾选表示该报警进行语音播报，不勾选表示不进行该报警内容的语音播报。

单击“超限报警设备选择”选项，发现页面灰化，无法选择，如图 7-208 所示。此时，需在

图 7-208　“超限报警设备选择”页面(灰化)

“语音报警设置”页面下方勾选“电气特性超限报警”复选框，表明需要语音播报电气特性超限报警，如图 7-209 所示。“超限报警设备选择”页面被激活，可以选择需要语音报警的具体设备，如图 7-210 所示。

图 7-209 勾选“电气特性超限报警”复选框

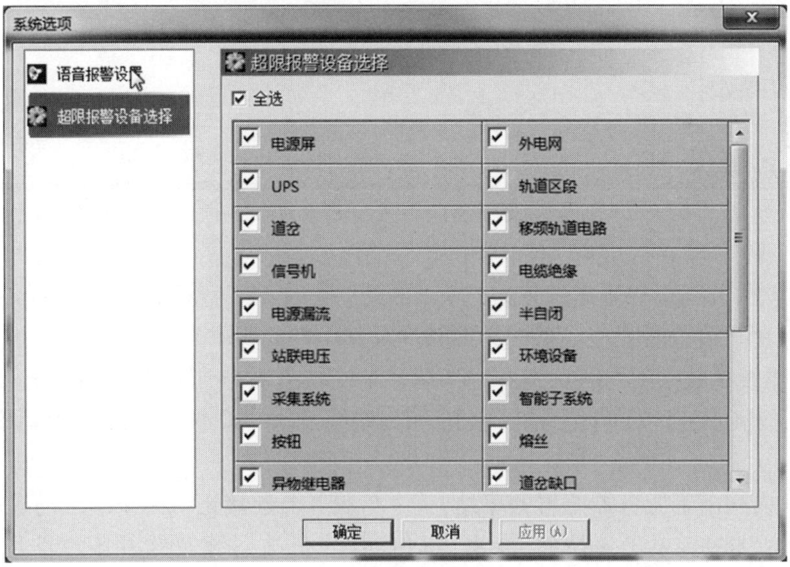

图 7-210 “超限报警设备选择”页面

2. 采集原理图

依次选择“帮助”→“采集原理图”命令，打开“采集原理”窗口，用户可查看相应设备的采集原理图，如图 7-211 所示。

3. 关于监测系统

依次选择“帮助”→“关于监测系统”命令，打开“关于监测系统”窗口，用户可查看相应设备的终端软件版本号。

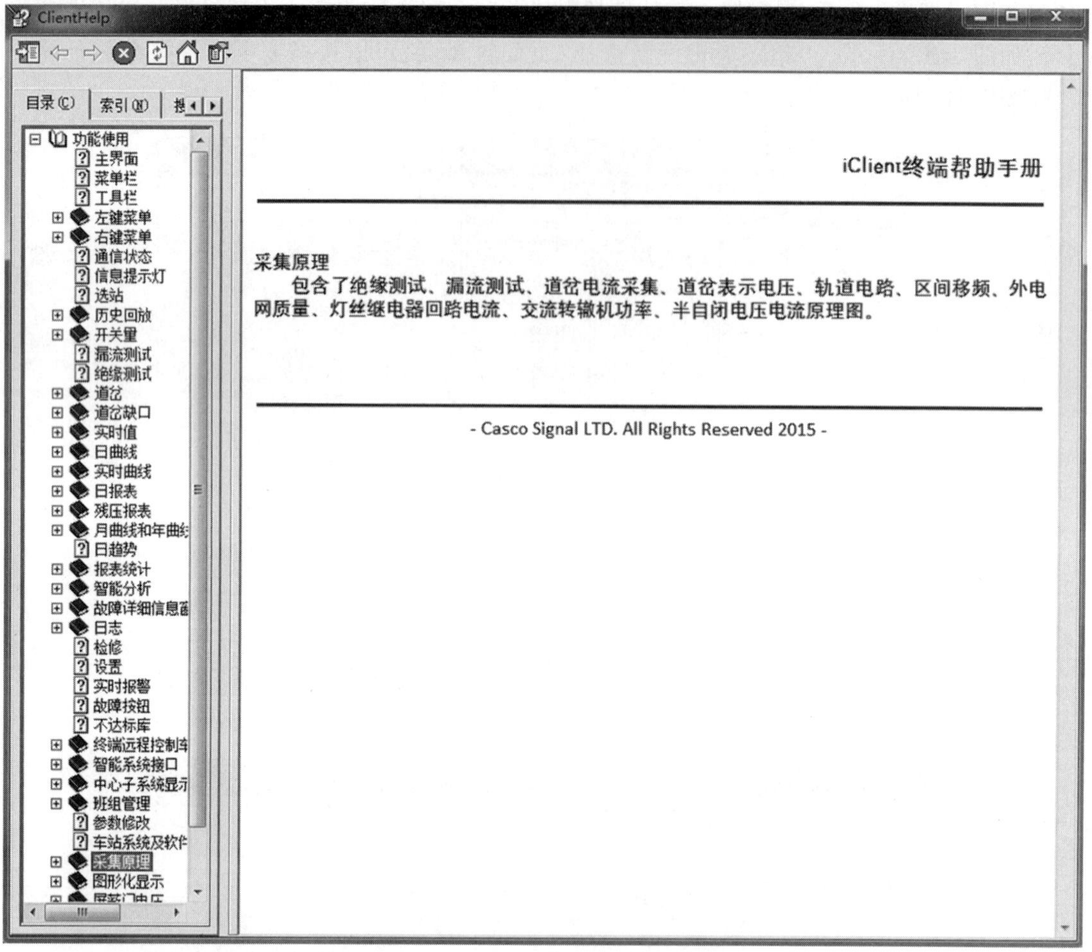

图 7-211 采集原理窗口

4. 版本信息

(1)终端软件及其组件版本。依次选择“帮助”→“版本信息”命令,弹出“终端机组件版本信息”窗口,用户可查看相应设备的终端软件及其组件的版本号。

(2)车站系统及软件版本信息查看。终端系统支持查看各所辖车站的系统及软件版本信息。在主界面按【Ctrl+Shift+V】组合键,弹出“车站系统及软件版本信息统计”对话框,如图 7-212 所示。

左侧方框内列出了服务器配置的车站,其中与服务器连接正常的车站自动显示选择状态。

“导出文本”按钮:单击该按钮,导出当前查看的车站系统及软件版本信息报表为文本文档。

“导出 EXCEL”按钮:单击该按钮,导出当前查看的车站系统及软件版本信息报表到 Excel 文档。

“打印”按钮:单击该按钮,打印当前的车站系统及软件版本信息报表。

5. 帮助文件

依次选择“帮助”→“帮助文件”命令,打开图 7-213 所示的窗口,用户可查看终端程序的帮助文档。

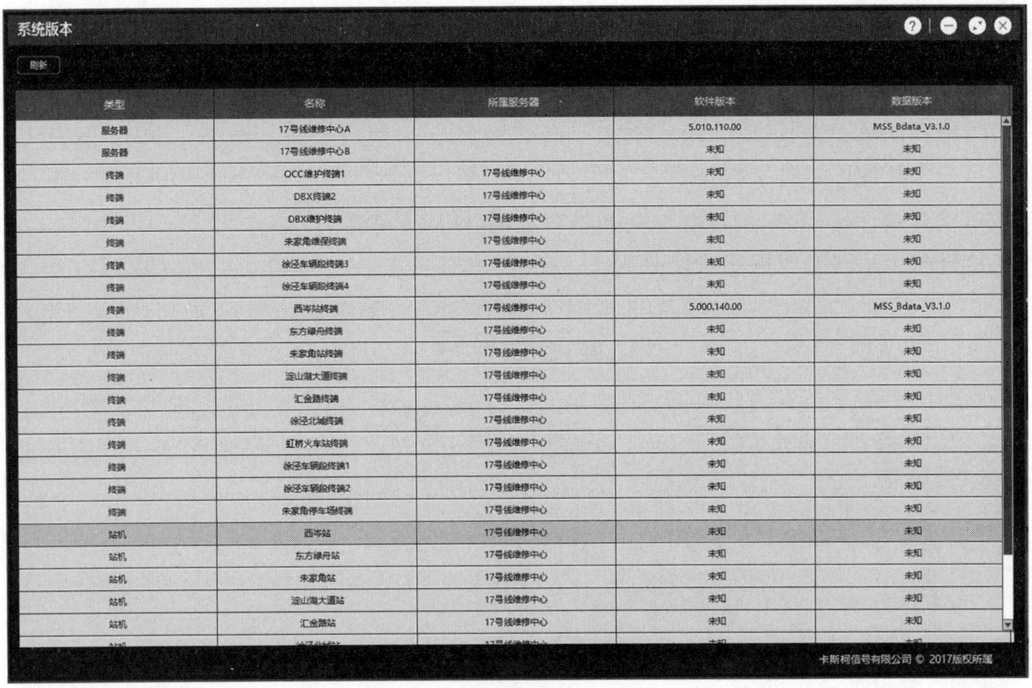

图 7-212　车站软件版本信息

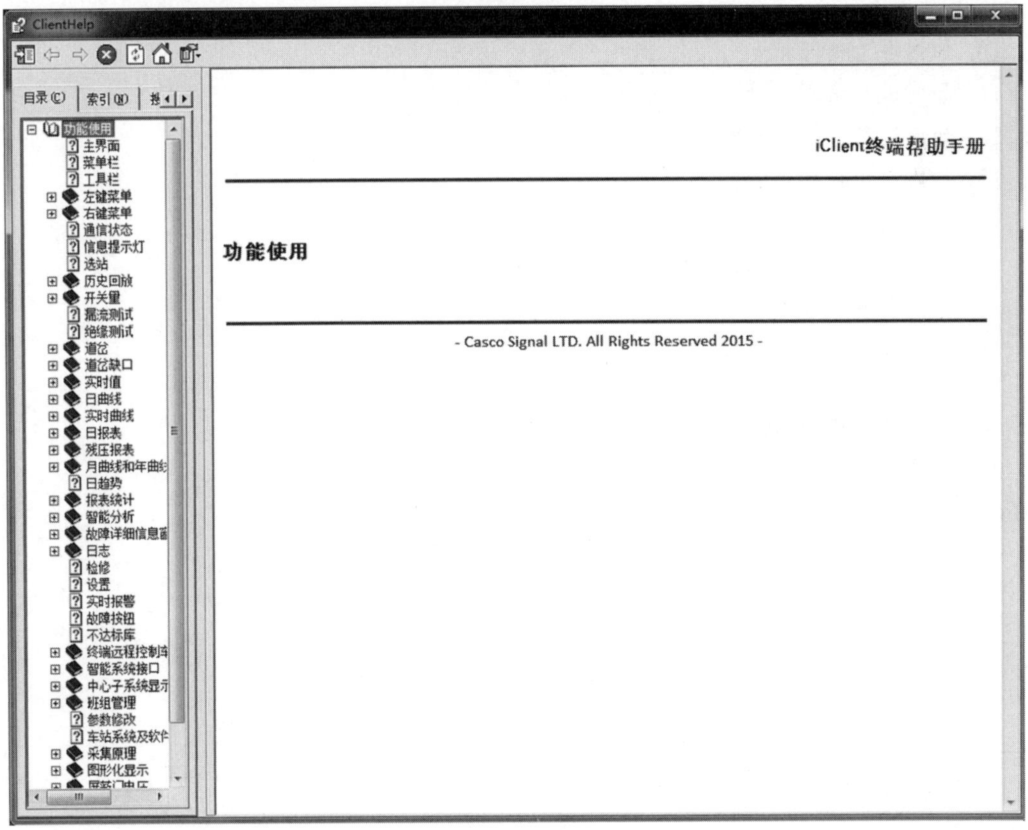

图 7-213　设备管理窗口

九、求助查询

一般的软件故障指系统无法运行。发生这种故障时,可以按步骤做下列的查视工作:

(1)检查网络连接是否正常。

(2)检查数据库是否运行正常。

(3)检查硬件设备,如查看硬盘空间是否已满、网线是否插好等。

(4)查看出错时间段内的程序日志。

复习思考题

1. 应用服务器如何启动和退出?如何进行主界面操作?
2. 接口服务器如何启动和退出?如何进行主界面操作?
3. 站机如何启动和退出?如何进行功能使用?
4. 在左键菜单上可进行哪些操作?如何操作?
5. 在右键菜单上可进行哪些操作?如何操作?
6. 如何进行历史回放?
7. 如何查看电源系统?
8. 如何查看轨道电路?
9. 如何查看道岔?
10. 如何查看信号机?
11. 如何进行报表统计?
12. 如何进行作业监督?
13. 如何使用辅助功能?
14. 如何处理报警?
15. 终端如何启动和退出?如何进行主界面操作?
16. 如何查看设备状态?
17. 如何查询和处理报警?
18. 如何查询综合开关量?
19. 如何使用帮助功能?
20. 查看曲线有哪几种方法?

第八章　信号监测系统维护

第一节　信号监测系统维护的基本要求

为了加强信号监测系统的修、管、用，充分发挥其在监控信号设备运用状态和预防故障等方面的作用，保证信号监测系统处于良好运用状态，信号部门应制定信号监测维护管理办法，明确规定各级机构职责，确定日常维护项目、周期，明确报警信息、测试数据的分析项目、周期。对于具有智能分析功能的车站，分析项目及周期可适当调整。

一、日常维护事项

对信号监测设备的维护，日常维护以巡检、保养为主，实行故障修。

1. UPS 的充放电

UPS 必须定期充放电，周期可参照 UPS 说明制定，一般每季一次。

2. 测试精度校核

系统的每一项数据都有精度要求，可每年进行一次校核。另外，在更换故障传感器时要校核，在改造施工后要校核。

3. 界面信息核对

监测界面包含轨道电路、道岔、信号机、表示灯等各种状态信息，静态核对难以发现表示错误，在一定时间内应动态跟踪界面信息，以保证信息的准确。

4. 合理设置门限值

对各种测试指标应制定标准，但对某些特定对象可做适应性调整。

5. 保证完整性

日常维护、施工均应保证信号监测系统的完整性。

(1) 信号设备发生变化应同步修改信号监测设备。

(2) 对监测设备的验收要包括对位试验、特性测试标调、标准值设定合理性检查等。

(3) 任一站机修改后，都要相应修改终端。

6. 定期购置易耗备件

易耗品有硬盘、显示器、UPS 蓄电池等，同一批次上道的设备，往往其故障也集中发生。为避免集中购置备件带来的资金紧张，维护单位应定期购置合理数量的备件。

二、日常维护注意事项

日常维护注意以下事项：

(1) 由于操作系统本身都存在运行一段时间后运行速度降低的问题，因此应当定期重启工作站和服务器。重启的频率可通过一段时间的摸索适当制定。

(2) 定期检查服务器及工作站的硬盘空间，发现空间不足时，应及时删除一些系统日志文件。

(3)在关闭或重启服务器及工作站时,应在退出消息队列、数据库等应用程序后进行,避免强制开关机造成系统故障。

三、网络安全注意事项

病毒防范始终是计算机设备的关注点,对于信号监测系统要注意下列事项。

(1)禁止在各级终端上运行与监测工作无关的软件。

(2)定期升级防病毒软件及病毒库,每次升级后及时查看版本信息。

(3)采取物理方式及软件手段封闭不必要的 USB 口、光驱、软驱。

(4)在系统中使用移动存储设备时,必须查杀病毒后才可使用。

(5)更换主机要同步安装系统补丁和防病毒软件,并升级病毒库。

第二节　站 机 维 护

一、接口维护

1. 查阅监测系统的通信状态

站机的采集信息通过各类接口和通信总线上传,监测各类采集通信的状态是监测设备日常维护的重要内容。通常由维护人员每天通过远程调阅或现场查阅监测系统的通信状态。

在信号监测系统(CSM)程序界面中右击,在弹出的快捷菜单中选择“通信状态图”命令,或者在监测界面的菜单栏中依次选择“辅助功能”→“通信状态图”命令,弹出“通信状态图”窗口,如图 8-1 所示。

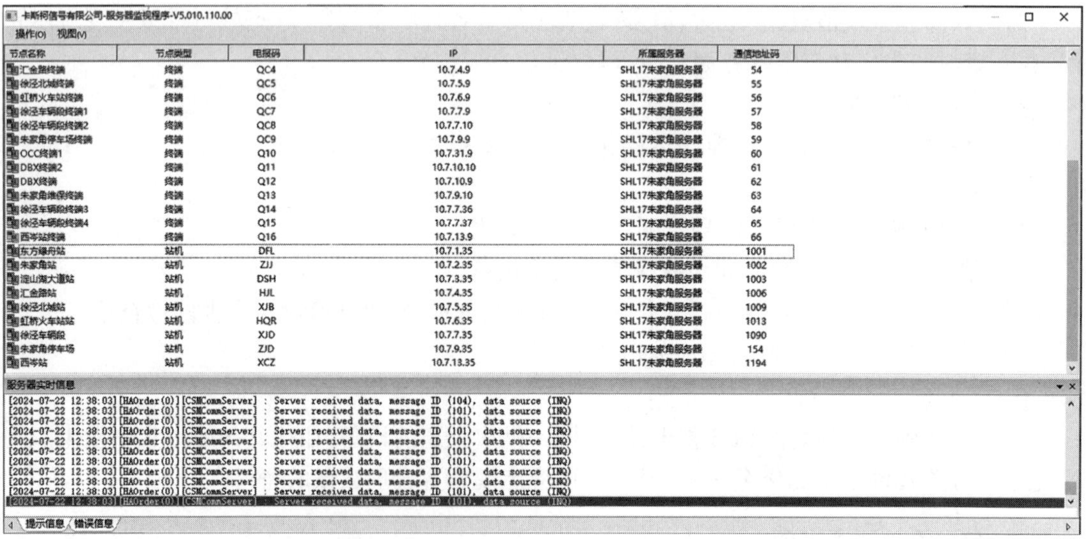

图 8-1　“通信状态图”窗口

由通信状态图的“智能接口状态”选项卡可查看 CSM 站机与各系统的接口连接状态,红色箭头表示通信中断,绿色箭头表示通信正常。

CSM 站机与各系统的接口有多种连接方式,见表 8-1。

表 8-1 CSM 站机与各系统的接口连接方式

接口系统	接口方式	接口线缆	监测端接口位置	通信对端接口位置
综合采集机接口	CAN 总线	两芯屏蔽线	CSM 站机程序 CAN 接口	监测机柜综合层 CAN 端子
接口通信分机	TCP/IP 接口	网线	通过监测交换机接入监测网络	网络通信分机上的网口
联锁接口	TCP/IP 接口	两芯屏蔽线	CSM 站机程序摩莎卡上的 RS-422 接口	联锁维护机上的 RS-422 串口
计轴接口	TCP/IP 接口	两芯屏蔽线	CSM 站机程序摩莎卡上的 RS-422 接口	计轴维护机上的 RS-422 串口
智能电源屏	RJ-45 接口	网线	CSM 机柜交换机	智能电源屏上网口输出端
智能灯丝采集接口	RS-485 接口	两芯屏蔽线	CSM 站机程序摩莎卡上的 RS-485 接口	灯丝报警主机上 RS-485 串口输出端

2. 接口故障处理

当与各系统通信中断时,可按如下步骤检查:

(1)检查通信接口是否正常。可将两头接口电缆取下,测量通信芯线是否畅通。

(2)检查发送端设备是否工作正常,如维护机或接口 CSM 站机程序,或接口通信板是否开启,接口通信程序是否正常运行。

(3)对于串口类数据,为只发不收模式时,可使用串口调试助手接收对应端口数据,看能否正常接收。

(4)当 CSM 站机程序上有多个同类型的接口时,可交换接口连接,看看能否恢复,以判断通信口是否损坏。

二、硬件维护

1. 接口通信分机维护

接口通信分机是 CSM 采集设备中的核心部分,绝大部分的监测模拟量采集数据都通过接口通信分机收集并编码转发给 CSM 站机程序。网络型通信分机在启动时,会直接在液晶屏上显示程序版本号。

(1)正常工作接口状态显示。网络型通信分机的液晶屏显示分 4 行,第一行显示网络型通信分机配置的 IP 地址,第二行显示给网络型分机分配的分机号,通常 C1 后显示的即为本通信分机的分机号。C0 的端口暂未使用。第三行和第四行分别显示此通信分机 8 个 RS-485 总线输入口上的地址单元状态。当本端口的采集单元通信均正常时,端口号后面显示两条短横线“--”;当端口总线上有几个采集单元通信中断时,则按从小到大的顺序轮询显示中断单元的地址号。当此端口未使用时显示“××”。

(2)故障检查及维护。通信分机的故障主要与接口通信相关,可分为通信分机与 CSM 站机程序通信中断以及通信分机与 RS-485 串口通信中断两种。

通信分机与 CSM 站机程序/RS-485 串口通信中断,可分别从通信状态图中查到。

对于网络通信分机,首先要 ping 通信分机的 IP 地址,看是否 ping 通。如果不通,则先检查通信分机的网线连接是否正确,对应的网络口连接灯是否点亮,再检查通信分机的 IP 地址设置是否与程序一致。如能 ping 通通信分机,则检查程序配置中对应通信分机的 IP 地址和分机号是否配置正确。

2. 车站采集单元维护

(1)正常工作状态显示。监测车站采集单元为继电器形状的分立式采集单元,每个采集单元有独立的数据处理芯片,将采集的模拟量直接转换成数字编码通过 RS-485 通信输出。采集单元使用监测机柜提供的 12 V 直流电源供电。

通常每个采集单元内部电路板上有四个灯,即电源灯、工作灯、通信收/发灯。正常情况下电源灯稳亮,工作灯固定闪烁,通信收/发灯快速闪烁。通信收/发灯的闪烁频率与通信巡检的时间有关,在同一串口的采集单元放置在一起时,能明显看出通信收/发灯有次序的逐个亮起的状态。当两个通信灯出现常亮、常灭状态或只亮一个灯时,可检查通信线是否有接错的情况。

每个采集单元都有一组通信地址设置拨键。拨键通常为 8 位,第 7、8 位为通信设置键,一般固定不动。从 1~6 的 6 个拨键,为 RS-485 通信地址设置键,按 6 位二进制编码排列,on 位为 0,off 位为 1。如地址拨键的结果为 000010 即地址为 2。

(2)故障判断及维护。最基本的检查采集单元的方法是将之与相邻的通信单元交换来判断,这样可以排除底座配线出错的因素,只检查单元本身。需注意,程序显示的采集信息只与单元地址有关,交换采集单元时,如不变更单元的 RS-485 地址,那么在程序显示界面上,单元采集的数值也将与交换单元的数值对换。

如地址为 1 的单元采集的是 1 号道岔的曲线,地址为 2 的单元采集 3 号道岔的曲线,当 1 号单元与 3 号单元交换时,1 号道岔的曲线由 3 号单元采集,那么在原 3 号道岔的程序显示曲线栏中,看到结果实际是 1 号道岔的曲线。

同时,采集单元的工作电源是否正常对采集数值也有较大影响。采集单元的标准工作电源为 12 V 直流电,正常工作偏差不得超过 1 V,因此采集单元的工作电源一般不得低于 11 V。过低的工作电压将使采集单元采集数值出现偏差和不稳定情况。

3. 采集模块及采集板

(1)开关量采集模块。开关量采集模块好坏的判断方式:在模块 1 和 2 端子正常连接 12 V 直流电源时,将 4 和 5 端子上的外线取下,通过短接和断开 4 和 5 端子,同时测量 3 对 1 之间的 12 V 电压有无相应变化。正常断开 4 和 5 时 3 对 1 没有 12 V 电压,短接 4 和 5 时 3 对 1 有 12 V 电压。如果不论短接还是断开 4 和 5 端子,3 对 1 的电压始终有 12 V 或始终没有 12 V,则表示开关量采集模块损坏。

(2)3 相交流电流采集模块。3 相交流电流采集模块用于配合 3 相道岔功率采集单元采集道岔电流以计算功率信息。此模块为有源模块安装在 3 相道岔组合内部。电流传感器模块分为上、下两部分,上部为封闭线圈的传感器部分,用于穿芯采集道岔电流。下部为供电和输出放大底座。上部的电流传感器为简单的感应线圈,一般不会损坏。通常损坏的为下部的电子元件。因此更换电流传感器时,可将传感器和底座连接的螺钉拧开,将底座取下更换。

电流传感器可通过测量底座输出端子对 12 V GND 间的电压来判断好坏。当电流传感器正常供电并与采集单元连接好时,电流 A、B、C 3 相输出端子对 12 V GND 间应有 12 V 左右的直流电压,如果测量不到此电压,表示底座损坏。

(3)综合层采集板。综合层采集板有 CPU 板、开入板。每块板上均有电源和工作两个指示灯。正常工作时,各板的电源灯稳亮,工作灯周期闪烁。各采集板均受 CPU 板集中控制,若所有采集板只亮电源灯而工作灯不正常时,可检查 CPU 是否损坏。如同一层的采集板只有部分显示工作正常,另一部分工作灯不显示时,需检查 CPU 板的芯片程序是否正确。

CPU 板左下角和右上角各有一组跳线,左下角的跳线为一组四个,用于设置 CPU 板的 CAN 通信地址;通常四个跳线均设为跳上,当用到第二块 CPU 板时,最右边的跳线跳空,表示地址为 1。右上角的 JP_2 跳线用于设置 CAN 总线的终端匹配电阻,当 CAN 通信不通时,可取下或跳上此跳线再观察通信情况。

开入板右侧 JP_1 上设置了两个跳线,用于将 a_{17}、b_{17}、c_{17} 这三个采集环线端子环在一起。当开入板的所有输入端子均用同一种采集电源时,可将这组跳线跳上。此时只需在 a_{17} 上配一根采集环线即可。

4. 12 V 大功率电源

12 V 大功率电源用于给各类带 RS-485 通信的采集单元提供工作直流电源,由机柜底部的 12 V 电源输出。

12 V 大功率电源输出两种电源,即+12 V 和-12 V,对应有两个工作灯显示。其中+12 V 为各采集单元工作电源。当电源输出线短路时,12 V 电源会自我保护截止输出,对应的电源灯将灭灯。此时甩开外线去除短路因素,电源将恢复输出。

通常采集机柜内在大功率 12 V 电源输出端又加装了保险,进一步防护电源。当发现 12 V 电源上的灯正常,而采集模块电源回路上量不到 12 V 时,需检查是否因线路短路,造成输出保险熔断。

正常 12 V 电源应保持不低于 12 V 的输出电压,以确保实际送到模块上的工作电压在 11 V 以上。

当模块数量过多以致电源输出电压在线路上衰耗过大,实际加载到采集单元上的电压不足时,可将大功率电源前面板的四个螺钉卸下,调节内部电源的输出电压值。这种方式只有在其他方法都无法解决时才可使用,并且调节时必须小心微调。

三、软件维护

站机软件(Csds)维护项目包括:

(1)查看 CSM 站机图形化界面,查看图形化主界面是否有红色显示的图元;如果有,则单击进入下级界面,右击弹出报警框,查看报警信息并进行处理。

(2)在 MSS 站机报警查询界面查询当日、本周、本月报警,对未恢复的报警进行处理。

(3)查看 CSM 站场图显示,针对挤岔、主灯丝断丝等异常故障进行确认处理。

(4)查看 CSM 站机上的实时报警窗,实时查看是否有重要故障报警并进行处理。

(5)查看道岔、信号机、外电网、电源等相应的采集信息,关注模拟量、日报表、日曲线以及趋势等。

四、常见故障处理

常见故障处理方法如下:

(1)与服务器通信不正常。首先检查网线是否损坏,若损坏,需更换网线;否则可能是网口故障,或者是中心服务器 IP 设置错误。

(2)程序出现出错提示框。须记录提示框的信息,一般将程序退出重启即可。

（3）CSM 站机报串口通信故障，且长时间没有恢复。如电源屏通信故障、与计轴通信故障、与联锁通信故障等。可按下列步骤操作：

①检查外部接口主程序是否运行正常，如电源屏主机、联锁维护机 SDM 是否有关机、死机及系统异常问题。

②检查与 MSS 站机接口的串口线连接是否正常，是否松动或接触不良。

③退出 MSS 站机程序，用串口工具打开 CSM 站机所接的串口，设置正确的参数后检查是否收到数据，如果没有收到数据，则说明物理通信中断；更换 CSM 站机主机端串口，修改 sercom. ini 中对应的 COM 口号，重启程序查看通信是否正常，如果正常，说明连接的 COM 口号故障。

（4）程序在运行过程中提示 D 盘或 E 盘空间满盘后退出，重启后仍然提示磁盘空间满。可按下列步骤操作：

①清除回收站的文件，释放回收站所占用的空间。

②如果提示 E 盘空间满，请确认配置和程序没有放在 E 盘，清除 E：\ProgTemp 以外其他没有用的文件。E：\ProgTemp 为程序日志，如果暂时不使用可以清除或备份到其他地方。

③如果提示 D 盘空间满，清除 D：\MSS_Station\以外没有用的数据。

④通过 Windows 10 的磁盘管理工具或分区工具重新分区，增加 D 盘或 E 盘的空间。

（5）鼠标和键盘失去作用。首先检查鼠标和键盘是否连接好，或者尝试重启计算机解决；若依旧有问题，则可能是鼠标、键盘故障，需更换设备解决。

（6）系统出现蓝屏现象，计算机操作系统或者硬件可能出现问题。尝试重启计算机解决，若不能解决则记录屏幕信息，以便于查找具体故障原因。

第三节　维护工作站维护

一、硬件维护

1. 工作站

维护工作站可通过维护网连接到中心服务器。工作站出现故障同站机一样处理。

2. 打印机

（1）定期除尘。

（2）定期在打印机上进行打印测试，查看打印质量是否良好。

（3）定期检查墨盒是否用完，及时补充。

二、软件维护

1. 日常维护

（1）查看 CSM 维护工作站线路图界面，在线路图上查看是否有红色显示的车站图元；如果有，则单击进入下级界面，右击弹出报警框，查看报警信息并进行处理。

（2）在 CSM 维护工作站界面查询当日、本周、本月报警，对未恢复的报警进行处理。

（3）在 CSM 维护工作站上查看全线站场图显示，针对挤岔、主灯丝断丝等异常故障进行确认处理。

（4）在 CSM 维护工作站上查看全线实时报警窗，实时查看是否有重要故障报警并进行处理。

(5)查看全线道岔、信号机、外电网、电源等相应的采集信息,关注模拟量日报表、日曲线以及趋势等。

2. 常见故障处理

(1)维护工作站程序启动时出现“正在连接服务器”字样,长时间没有反应。可按以下步骤处理:查看应用服务器运行是否正常,检查维护工作站和应用服务器通道是否正常,通道不通,则维护工作站和应用服务器无法连接。

(2)维护工作站程序在单击报警查询时,提示与服务器连接中断,查询失败,如图 8-2 所示。可以按如下步骤解决:

①检查维护工作站和应用服务器通道是否正常,通道不通,则维护工作站和应用服务器无法连接。可通过 ping 的方式,ping 服务器的 IP 地址,确认是否为网络问题或服务器机器故障。

②如果网络和服务器正常,则到维修中心应用服务器上查看应用服务器软件程序运行是否正常。如果应用服务器软件程序界面有错误框弹出,则重启应用服务器程序。

(3)维护工作站程序在单击报警查询时,长时间提示“正在提取历史报警记录”,如图 8-3 所示。可按如下步骤解决:

图 8-2 报警查询失败提示

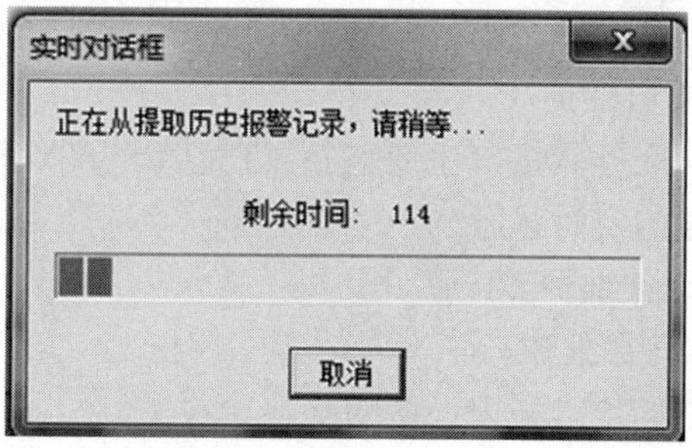

图 8-3 维护工作站程序查询报警等待界面

①出现此问题,一般与数据库故障有关系,可查看维修中心应用服务器软件实时提示框中是否有数据库相关的异常提示。

②如果有异常为“ARM_P_QUERY_COMPLICATED”缺失或不正确,则可能数据库中存储过程有问题,请联系售后解决。

③如果有异常类似为“15-03-17 11:35:32 ORA-12541:TNS:无监听程序:level 5”,则一般为数据库监听和服务异常,在维修中心应用服务器上依次选择“控制面板”→“管理工具”→“服务器”命令,找到 OracleService×××和××××TNSListener 服务,尝试重启服务。数据库服务重启后再重启应用服务器软件,如果问题还不能解决,请联系售后解决。

第四节 中心服务器维护

一、正常操作

1. 服务器正常开机步骤

(1)开启服务器电源。

(2)等待 Windows 操作系统完成引导启动,显示登录窗口。

(3)输入系统的管理员用户名 administrator 和密码,单击“确认”按钮。

2. 服务器关机步骤

单击“开始”菜单，单击“关机”按钮，选择“硬件维护”选项，单击“确定”按钮，而后服务器进入关机程序。

二、用户及权限

系统管理员拥有以下权限：

(1)CSM 相关的安装与卸载。

(2)双机软件的安装与卸载。

(3)Oracle 数据库的备份与还原。

(4)数据库备份文件的批量复制与删除。

(5)CSM 档案的保存。

只有管理员才能进行以上操作，须谨慎保管管理员账户和密码，禁止其他用户类型进入服务器系统。确认两台 MSS 服务器的系统管理员账户和密码一致。

三、日常维护

1. 接口维护

中心服务器接口主要包括 ATS、DCS、ATC 接口，主要通过软件实现，所以需查看 U888 接口服务器的实时状态。

2. 硬件维护

(1)日常维护：

①定期检查柜内设备的状态。

②定期检查接口是否松动。

③定期除尘。

④保持室内温度和湿度。

(2)故障检查及维护：

①网络通信故障。每台应用服务器有 8 个网口，用来实现双网连接和双心跳，提供更高的可靠性。当其中一块网络接口卡或网络发生故障时，系统仍然可以正常运行，但此时已不是双网连接，降低了系统的可靠性。维护人员要定期检查服务器网卡的工作状态，确保每台服务器的两块网络接口卡都能正常工作，发现故障要及时排除。

两台应用服务器通过交换机网络口连接，传递双机温备状态信息。正常情况下，其中一台服务器以主机身份运行，另一台服务器以备机身份运行。若发现两台服务器同时以主机身份或者同时以备机身份运行时，可初步判断为两台服务器间的网络口连接发生故障。此时，先退出 MSS 应用程序，关闭两台服务器，然后检查网络电缆的故障。注意：不可带电操作，以免损坏服务器设备。维护人员应确保网络电缆无损坏、接口应连接紧密。检查完毕后重新启动两台服务器，运行服务器程序并查看运行状态。若此时还有问题，需要检查服务器的网络接口。

②网络交换机或 HUB。

检查网络连接终端指示灯的显示状态：

绿色：网络端口和与其相连的网卡之间的链路连通。

黄闪：网络端口与计算机设备正在连接过程中。

灭灯：网络端口和与其相连的网卡之间的链路断开。

③网卡。

黄闪：网卡和与其相连的交换机网络端口之间的链路连通，速度为 100 Mbit/s；

绿闪：网卡和与其相连的交换机网络端口之间的链路连通，速度为 10 Mbit/s；

灭灯：网卡和与其相连的交换机网络端口之间的链路断开。

④ping IP 地址。

检查网络状态最有效的方法是使用“ping”命令直接在维护员工作站 ping 服务器的两个 IP 地址（一个 IP 地址对应一块网卡），若不能 ping 通，则说明网络连接不通或对应网卡损坏。如 ping 192. 100. 88. 5。

3. 软件维护

(1) iServerApp 维护：

①日常维护。在 MSS 应用服务器软件上查看与 CSM 各站机、维护工作站的通信连接状态，并在通信故障时，确认站机以及维护工作站运行情况；在 CSM 应用服务器软件实时提示框中确认是否有异常提示，出现异常，在无法确认问题原因时，及时联系厂家处理。

②常见故障处理。双击应用服务器，应用服务器界面维持几秒后退出，无法正常启动。出现该问题一般是数据库异常导致的，可依次选择“控制面板”→“管理工具”→“服务器”，确认数据库监听、Oracle 服务器、集群服务是否正常。如果服务器处于未启动状态，尝试重启服务器设备；如果重启后问题仍无法解决，联系售后处理。

(2) 车载日志工具 OMAS 维护：

①车载日志工具连接不上车载。

a. 确认连接方式是否正确，正确的连接方式有 redundant 和 local。

b. 确认 cfg\xml\omas. xml 中配置的车载 DLU IP 是否正确。

②车载日志文件下载故障。

a. 确认配置文件 cfg\xml\omas. xml\\recordfile 路径配置是否正确。

b. 确认 net framework 4. 0 及以上版本是否安装。

③gz 文件无法转换成 CSV 文件。

a. 确认 7-Zip 软件是否安装，没有安装的话，则需要安装。

b. 确认配置文件 cfg\xml\omas. xml\Analysiscfg 路径配置是否正确。

第五节 维护要求

一、常备工具

信号设备维护支持系统需要准备的工具有万用表、螺丝刀（螺钉旋具）、斜口钳、烙铁、监测采集单元备品、采集板卡等。

二、注意事项

监测采集配线带电操作时，应注意绝缘防护，防止触电；变更、拆除采集单元时应注意标识配线端子和单元地址；监测系统断电前必须先关闭监测站机。

三、巡检维护周期及建议

1. 日常巡检

日常巡检建议按表 8-2 所示进行。

表 8-2 日常巡检工作内容及标准

项目	作业流程	工作内容及标准	作业方法	备注
作业过程	检查检查系统	监测系统设备灯无异常状态 监测系统正常 监测系统设备无异常发热情况 处理监测报警信息 所有网络连接正常	观察监测系统设备灯显示 查看站机系统状态图，确认监测接口状态以及监测内部设备连接正常 处理监测站机界面报警信息 检查监测硬件设备有无异常过热 检查网卡状态是否正常	

2. 季度维护

季度巡检建议按表 8-3 所示进行。

表 8-3 季度巡检工作内容及标准

项目	作业流程	工作内容及标准	作业方法	备注
作业前准备	仪表料具准备	通信工具、仪表、个人工具、毛刷、抹布、吹风机、网线钳、RJ-45 水晶头、网线		
站机作业过程	检查监测站机	1. 检查显示器视频线、电源线插接是否牢固 2. 检查工控机电源、网线、CAN 线以及 RS-485 和 RS-422 通信线插接是否牢固 3. 检查打印机 USB 接口线、电源线插接是否牢固	现场检查	
	检查网络设备	检查交换机电源线、网线或其他通信线插接是否牢固	现场检查	
	检查电源	检查 12 V 大功率电源输入、输出插接是否牢固，检查 12 V 大功率电源及输出线有无异常发热	现场检查	
	检查采集设备	1. 检查接口通信分机电源线、网线、RS-485 通信线是否接触牢固 2. 检查智能采集单元电源、工作、通信状态表示灯显示是否正常	现场检查	
	设备清扫除尘	1. 工控机、显示器、打印机、交换机、12 V 大功率电源、接口通信分机、监测机柜、采集单元清洁无灰尘 2. 对工控机进行一次磁盘碎片清理	现场实施	
	检查大功率电源	12 V 大功率电源输出电压值在 12. 0~12. 3 V	实际测量 12 V 大功率电源输出端电压是否在正常范围	

续上表

项目	作业流程	工作内容及标准	作业方法	备注
站机作业过程	检查其他电源	1. 12 V 直流电源正常电压值在 12.0~12.3 V 2. 5 V 直流电源正常电压值在 5.05~5.15 V 3. 24 V 直流电源正常电压值在 24~25 V 4. 220 V 交流电源正常电压值在 231~209 V	实际测量	
	其他	本期巡检包含日常巡检内容,重启站机	同日常巡检	
服务器作业过程	检查网络状态	服务器 A 和 B 可以通过心跳线 ping 通,红/蓝/维护网可以 ping 通网关	现场检查	
	检查设备	1. 检查交换机端口灯位显示是否正常 2. 检查服务器工作灯显示是否正常 3. 检查磁盘阵列工作灯显示是否正常	现场检查	
	设备清扫除尘	1. 交换机、服务器、磁盘阵列清洁无灰尘 2. 对服务器进行一次磁盘碎片清理	现场检查	
	其他	本期巡检包含日常巡检内容,重启服务器和阵列。需要先关闭服务器,再关闭阵列	现场检查	
终端作业过程	检查网络状态	可以 ping 通服务器	现场检查	
	检查设备	检查交换机端口灯位显示是否正常	现场检查	
	设备清扫除尘	1. 工作站清洁无灰尘 2. 对工作站进行一次磁盘碎片清理	现场检查	
	其他	本期巡检包含日常巡检内容,重启终端	现场检查	

3. 年度维护

年度巡检建议按表 8-4 所示进行。

表 8-4 年度巡检工作内容及标准

项目	作业流程	工作内容及标准	作业方法	备注
作业前准备	仪表料具准备	通信工具、仪表、个人工具、毛刷、抹布、吹风机、网线钳、RJ-45 水晶头、网线、数字万用表、摇表		
作业过程	检查系统性能	重启工控机、交换机、接口通信分机	1. 按照正常关机流程关闭工控机,30 s 后再开机 2. 关闭交换机、接口通信分机电源,10 s 后再打开电源	
	检查备品备件性能	检测备品期间性能正常,采集模块备品性能正常	将备品备件与运用设备更换,在站机软件界面上检查采集数据显示与既有界面显示数值是否一致,有无异常显示	

续上表

项目	作业流程	工作内容及标准	作业方法	备注
作业过程	校核采集模拟量	对采集模拟量与实际测试结果进行校核	用数字万用表、摇表等工具对监测模拟量进行实测核对	
	其他	本期巡检包含季度巡检内容。终端和服务器同季度维护	同季度检查	

四、应用服务器操作限制

(1)由于数据库集群在初始配置时已经在配置文件中配置了计算机名称,如果现场修改了计算机名称,在机器重启后,会导致修改生效,从而导致数据库集群因为配置文件中的计算机名称与实际不一致启动失败,影响数据库功能实现。因此,现场不能以任何原因修改计算机名。

(2)应用服务器上的网卡在现场安装完成后,不能擅自更改网卡的名称,否则会导致双机功能失效。

(3)应用服务器各网卡的 IP 地址请严格按照项目地址计划设置,不能擅自修改,否则会导致双机功能和数据库功能失效。

五、应急预案

1. 关机流程

(1)关闭站机系统。

①关闭工控机。

a. 正常关机。在站机上按【Ctrl+Alt+Del】组合键,调出任务管理器,选择“关闭计算机”进行关机。如无特殊情况,推荐用此方法。

b. 非正常关机。长按工控机电源按钮,直至系统关闭。当正常关机不能关闭计算机时,可采用此方法。

c. 强行关机。拔下工控机供电电源线或者直接断开工控机供电空开。一般禁止采用此方法关机。

②关闭站机系统电源。断开监测桌内空开。

(2)关闭监测采集单元供电电源。监测采集单元工作电源一般由 12 V 大功率电源提供,关闭 12 V 大功率电源即可。

(3)关闭机柜内部设备。机柜内部由上到下,依次关闭监测设备的电源开关。

(4)关闭机柜电源。断开机柜下方 C10 层空开。

2. 开机流程

(1)开启机柜电源。闭合机柜下方 C10 层空开。

(2)开启机柜内部设备。机柜内部由上到下,依次开启监测设备的电源开关。

(3)开启监测采集单元供电电源。打开 12 V 大功率电源开关。

(4)开启站机系统。

①开启站机系统电源。将监测桌内空开闭合。

②开启工控机。在正常关机情况下,需要手动开启工控机,按压工控机开机按钮,直至工控机面板电源指示灯点亮。工控机在突然断电情况下关机,则在来电时工控机会自动开启。

第六节 设备更换

一、更换监测主机

1. 监测主机更换流程

更换监测主机流程见表 8-5。

表 8-5 更换监测主机流程

步骤序号	过程名称	步骤序号	过程名称
1	关机	4	连接显示器
2	拆除电源线及接口配线	5	连接网线及串口线等接口线缆
3	连接键盘、鼠标设备	6	连接电源线,加电开机

2. 安全防护措施

(1)监测主机使用的是 220 V 交流电源,在将电源连接到监测主机时,需先测量供电电源电压的实际大小。若电压过高或过低,超过 220 V 的 10% 则不得连接监测主机,需检查电源情况直至恢复到规定范围内才能连接。

(2)监测主机安装时必须先连接鼠标、键盘配线才能连接电源线。因为部分工控机设置为上电开机,即电源接通时不需按压开机按钮自动启动,如此时未连接键盘、鼠标,工控机启动后将自检不到对应设备,以至于无法操作。

(3)操作人员在连接 220 V 电源线时应注意防止触电。

3. 拆卸

(1)关机。先按【Ctrl+Alt+Del】组合键,在弹出的窗口中选择关机,然后单击“确定”按钮,如图 8-4 所示。

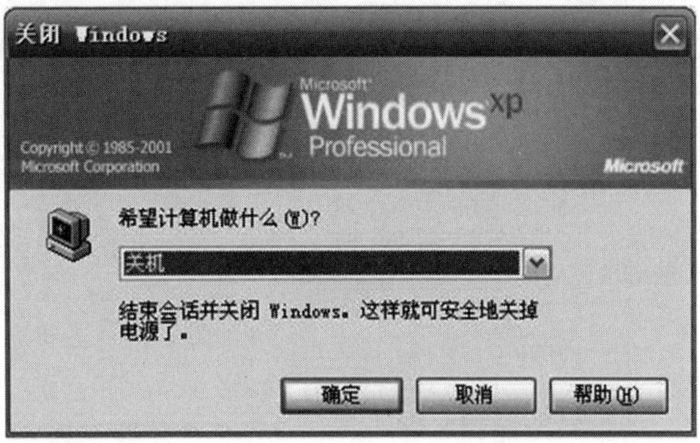

图 8-4 关机界面

(2)拆除电源线及接口配线。关闭显示器后,即可取下工控机电源线。使用螺丝刀拧松接口线缆、视频线的固定螺杆,取下各接口线。注意 CAN 线和 RS-422/RS-485 串口线使用的都是 DB9 接头,取下接口前应标注予以区分。

(3)打开机箱。拆除各配线后,可用螺丝刀拧下机箱顶盖后部的两个固定螺钉,然后将机箱顶盖向后拉出,再向上抬起,即可取下机箱顶盖打开机箱。

(4)拆除板卡。工控机板卡使用螺钉固定在机箱后部,用螺丝刀拆除固定螺钉,即可向上拔出板卡。工控机可拆卸更换的板卡有 CAN 卡、MOXA 卡。其他设备不可擅自拆除,如损坏需返修整台工控机。

4. 组装

(1)鼠标键盘连接。监测工控机主板上鼠标、键盘共用一个连接接口需使用一根 2 转 1 的连接线转接。在连接线的两个接口上分别标有键盘和鼠标的图示,对应连接键盘和鼠标,两者不能交错。

(2)显示器连接。显示器使用视频线连接工控机。视频线两端均为15针接口头,对工控机和显示器的接口相同,分别连接显示器视频输出口和工控机主板上的视频输入口。连接后需将固定螺杆拧紧防止脱落。

(3)通信接口连接。CAN总线和RS-422/RS-485总线均使用DB9的9芯串口接头连接。连接时应注意根据标识区分。CAN线连接在CAN卡的接口上,RS-422/RS-485线连接在4串口MOXA卡的4个输入接头处。接头上按顺序标注1~4序号,连接时需根据RS-422和RS-485串口接口上的连接标号分别对接相应接口,不可连错。网线连接同样也需注意网线上标注的端口号连接对应端口。

当各连接配线都连接好后,即可接上电源线,启动工控机。

工控机后部端口连接如图8-5所示。

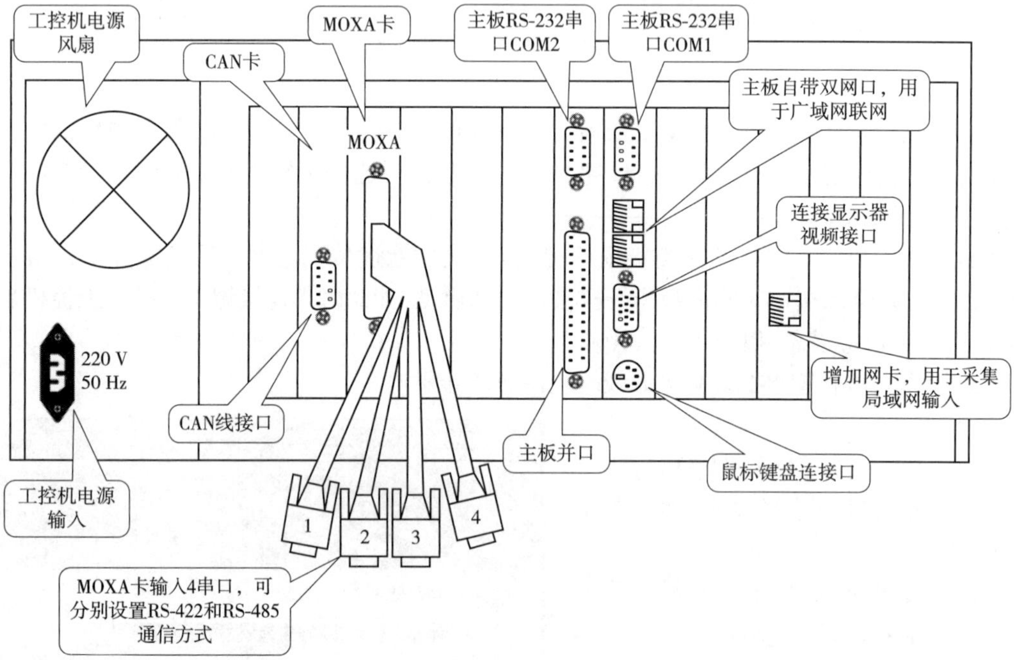

图8-5　工控机连接端口图

二、更换监测交换机

1. 更换监测交换机流程

更换监测交换机流程见表8-6。

表8-6　更换监测交换机流程

步骤序号	过程名称	步骤序号	过程名称
1	拆除电源线关机	4	交换机固定支架安装
2	拆除网线	5	交换机上架安装
3	拆卸固定螺钉	6	连接网线及电源线

2. 安全防护措施

监测交换机使用的是 220 V 交流电源,在将接线端子接到交换机时,需先测量供电电源电压的实际大小。若电压过高或过低,超过 220 V 的 10% 则不得连接监测主机,需检查电源情况直至恢复到规定范围内才能连接。

操作人员在连接 220 V 电源线时应注意防止触电。

3. 更换过程

(1)交换机没有电源开关,可直接拆除电源线进行关机。

(2)交换机固定支架安装。通过螺钉将交换机两边的固定支架安装到交换机上。

(3)交换机上架安装。通过固定支架使用螺钉将交换机安装到机柜上。

(4)连接网线及电源线。接通 220 V 交流电源,然后连接各设备网线,当网线连通时,交换机上对应端口指示灯点亮。

三、更换监测机柜

1. 更换监测机柜流程

更换监测机柜流程见表 8-7。

表 8-7 更换监测机柜流程

步骤序号	过程名称	步骤序号	过程名称
1	关闭对应设备电源	4	取出设备
2	拆除设备连接配线	5	安装新设备
3	取下固定螺钉	6	上电开机

2. 安全防护

监测机柜设备拆卸前必须断开对应设备工作电源,防止拆卸过程中触电或损坏设备。拆卸板卡必须佩戴防静电手环。

拆卸过程中取下的裸露线头必须用绝缘胶布包好,防止线头与机柜金属表面接触。拆下的配线和端子都必须标记线序。

3. 更换过程

(1)综合采集层及采集板卡。综合层的采集板卡不可热插拔。拆下板卡时,必须先关闭采集线性电源,然后用螺丝刀拧松板卡上下两个固定螺钉,拉住板卡拉手向外拉出板卡。板卡为印制电路板,拿捏时应捏住前面板的把手。不可用手直接触碰板卡上的芯片等部件。

拆卸综合采集机笼时,应先取下后部的配线端子。方法是用螺丝刀拧松上下两个固定螺钉,然后拔下配线插头。

然后拆下左侧 CAN 配线端子下部的外部配线,注意保留线头标记,并将线芯用绝缘胶布包好。然后将 220 V 电源配线取下。

用螺丝刀取下机柜前方综合采集机笼固定在机架上的四个螺钉,将综合采集机笼向前拉出,即完成综合层的拆卸。

(2)接口通信分机。接口通信分机可按图 8-6 所示的顺序依次拆除背面配线。其中 RS-485 通信的接口端子可保留配线不动,将连接配线的插头整体取下。

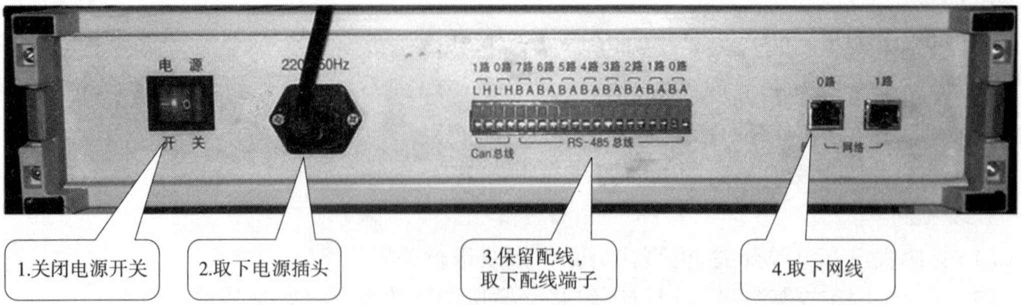

图 8-6　接口通信分机背面拆线顺序

后部配线拆除完毕后，从机柜前方用螺丝刀取下通信分机固定在机柜支架上的四个螺钉，然后向前拉出接口通信分机，即完成接口通信分机的拆卸。

(3)12 V 大功率电源的拆卸。先关闭 12 V 电源前方的电源开关，将电源前部的机柜补空板取下，将电源托盘向机柜前方拉出到机柜外部，用螺丝刀将电源两侧与托盘连接的 4 个螺钉取下；然后取下电源后部的 220 V 电源输入插头和 12 V 输出配线，即可取下电源。

四、更换采集设备

1. 更换采集设备流程

更换采集设备流程见表 8-8。

表 8-8　更换采集设备流程

步骤序号	过程名称	步骤序号	过程名称
1	采集配线及组合架、模块安装	3	插接采集单元
2	检查 12 V 大功率电源及通信线	4	开启电源检查通信情况

2. 安全防护

(1)更换采集设备涉及设备的工作电源线，在配线时应确保对应设备处于非工作状态或关闭状态。采集配线一般在车站开通前由施工单位在施工点内完成。在设备开通后或正常运营时，禁止对采集配线进行操作。

(2)监测采集的电源涉及外电网等 220 V 以上的电源，配线时应戴好绝缘防护设备，防止触电，并尽可能确保在对应电源关闭时进行配线操作。

(3)电流采集配线涉及拆装既有联锁设备工作用电，必须在联锁设备停用时操作，同时核对配线前后连接是否正确，防止错线。

3. 更换过程

(1)采集配线及组合架、模块安装。采集配线、采集组合架、采集模块安装，均由施工单位在施工点内，对应联锁设备停用时完成配线和设备安装。对应设备启用上电时禁止配线，具体配线可参见监测施工图纸。

(2)检查 12 V 大功率电源及通信线。采集模块使用机柜 12 V 大功率电源提供的直流电源。在上电前必须逐个测量电源配线是否短路，是否存在正负极接反的情况，同时检查 12 V 电源线与其他电源配线是否存在混电情况，以及电源线对地绝缘是否良好。采集组合输出的 RS-485 通信线为两芯屏蔽线，连接到接口通信分机前需检查两芯线是否短路或与其他电源线混线和接地情况。

(3)插接采集单元。采集配线完成,电源线通信线检查无误后可插接采集单元。采集单元为继电器式模式,可直接插接在采集组合上、插接时注意用力方向对准底座,不可上下摇晃,防止损坏继电器底座胶木绝缘隔片。不同的采集单元应插接不同的采集组合,不可插错。

(4)开启电源检查通信情况。当采集单元均插接完成后,可打开 12 V 大功率电源通电。此时,可观察接口通信分机上对应单元通信情况。当显示有某个地址单元通信不通时,需检查单元是否损坏。

第七节 常见故障处理

一、故障处理主流程

1. 故障分类

(1)电源系统故障。当机柜电源指示灯熄灭时,说明机柜断电,需要检查机柜电源空开是否处于断开状态以及电源屏是否给监测机柜供电。

(2)站机系统故障。指站机系统宕机,通常表现为显示界面黑屏、键盘鼠标无法使用以及工控机无法启动等。

(3)模拟量采集报警。主要为监测系统自采集设备报警以及采集数值报警,可通过站机程序界面的报警查询窗口、实时报警窗口看到,如图 8-7 所示。

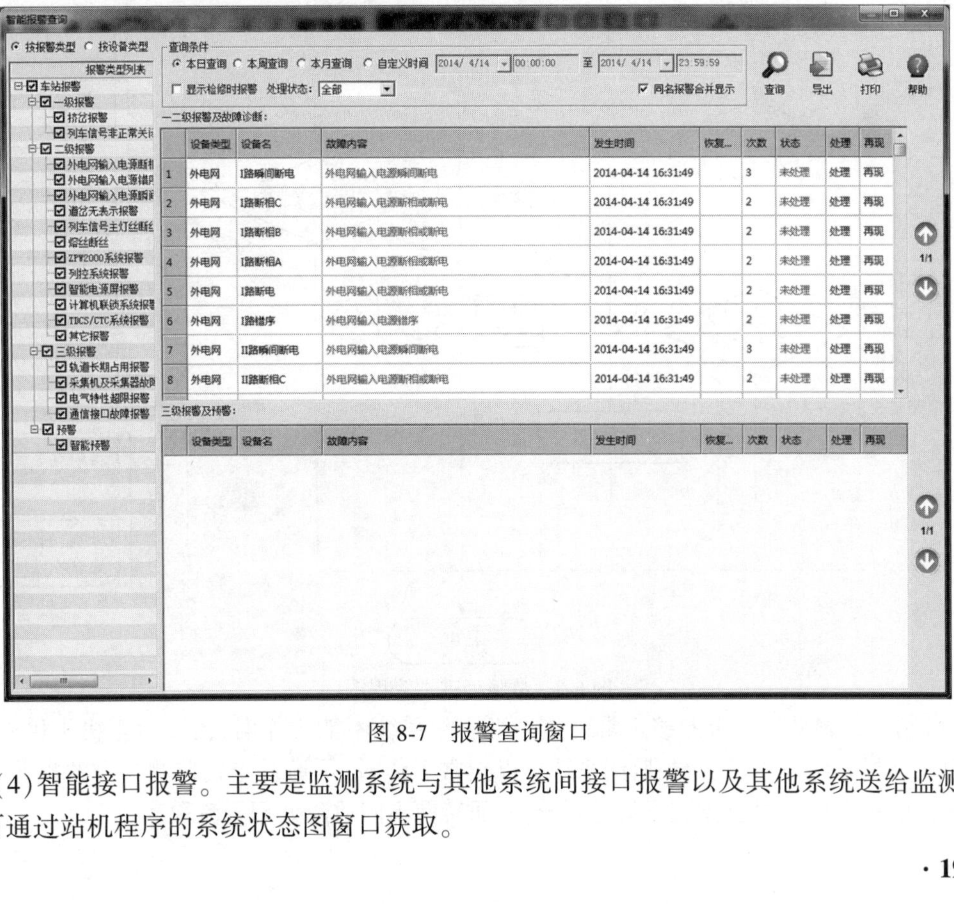

图 8-7 报警查询窗口

(4)智能接口报警。主要是监测系统与其他系统间接口报警以及其他系统送给监测的报警,可通过站机程序的系统状态图窗口获取。

2. 故障处理主流程图

故障处理主流程图如图 8-8 所示。

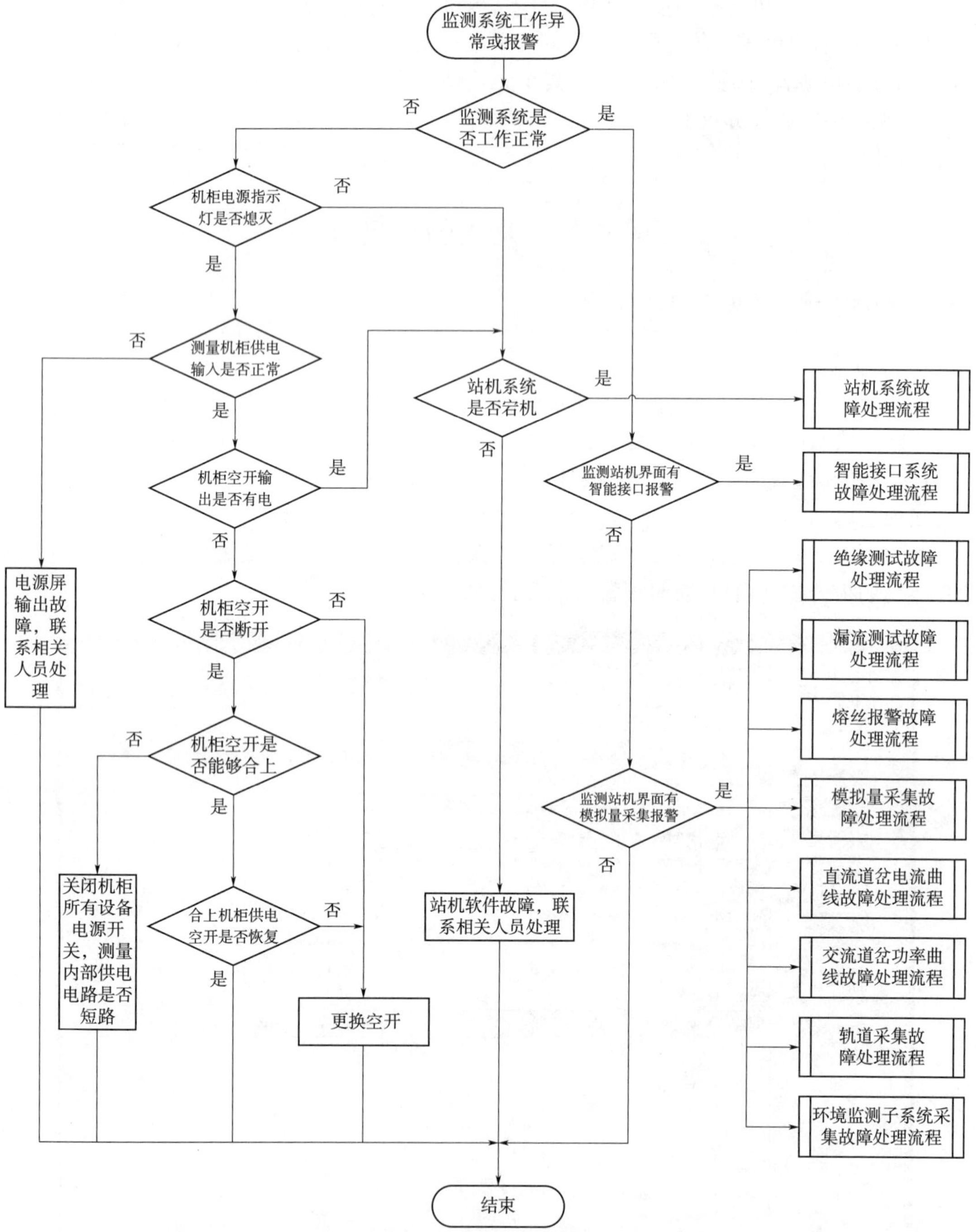

图 8-8　故障处理主流程图

(1)判断监测系统是否能够正常工作。当监测系统不能工作时,需要检查机柜供电是否正常以及站机系统是否宕机;当监测系统可以正常工作时,可通过查询监测自身的报警系统,根据不同的报警内容对故障进行类型划分,从而转向不同故障处理子流程。

(2)应遵从“先易后难,先内后外”的原则;应根据系统采集原理,尽可能缩小故障影响范围,不可盲目地切断不相关的采集项。

(3)需首先鉴别站机系统反馈的问题是否与现场一致,采集项与现实是否一致,以鉴别是否为真实故障(如果监测系统反馈的问题/现象与现场实际运行设备一致,则无须按照本流程执行)。

(4)先记录并保存相关问题的现象(必要时可截图、拍照)、原始数据等资料,以便于后续技术支持和问题库更新。

(5)日常需及时备份车站监测程序和配置,以及常用驱动程序,如 CAN 驱动程序、MOXA 驱动程序、网卡驱动程序等。

二、断路器报警故障处理流程

本流程适用于通过综合层开入板采集的各种开关量采集。当站机界面上有断路器报警提示或实际有报警而监测未报出来等异常情况时,可按图 8-9 所示的流程处理。

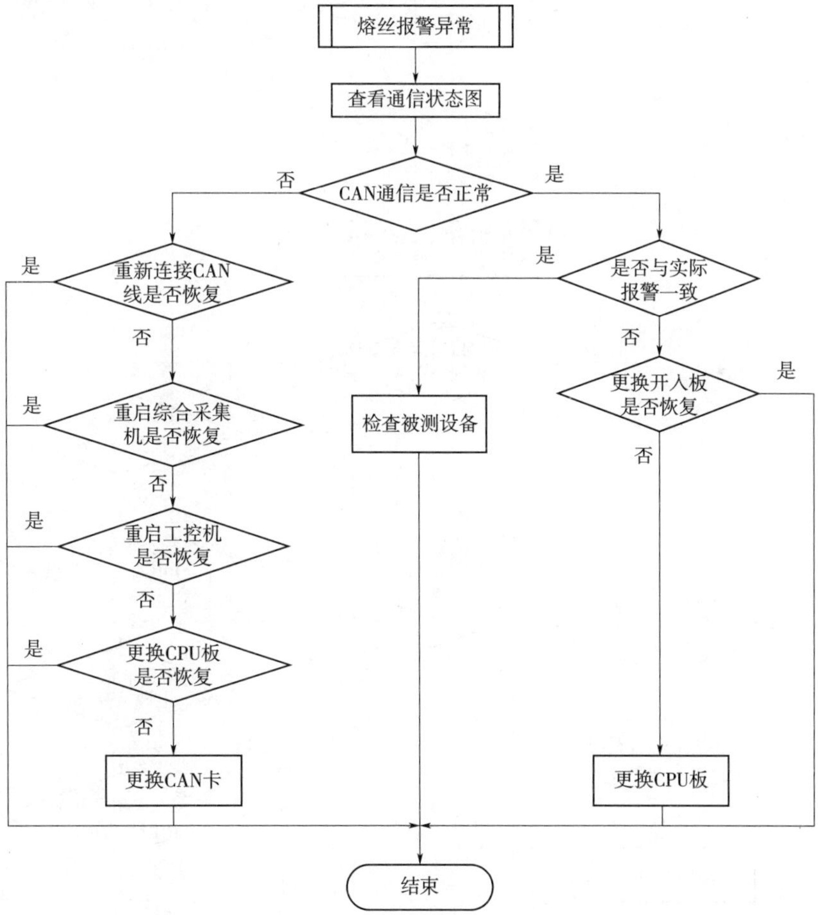

图 8-9 断路器报警故障处理流程图

首先要判断 CAN 通信是否正常,可通过查看通信状态图中综合分机 0 通信状态进行判断。如果 CAN 通信不正常,需要通过重新连接 CAN 线、重启综合分机、重启工控机、更换 CPU 板、更换 CAN 卡等方法进行逐步排查;如果 CAN 通信正常,则需要通过更换开入板进行逐步排查。

注意：

(1)如果监测系统监测报警与实际报警的数值一致，则监测系统没有故障，需要检查被测设备状态。

(2)在重新安装CAN程序时，首先需要登录注册表将原有的注册文件删除；如果是更换新CAN卡，则注意拨码中断号保持与既有CAN卡中断号一致。

三、模拟量采集故障处理流程

模拟量采集故障处理流程如图8-10所示。

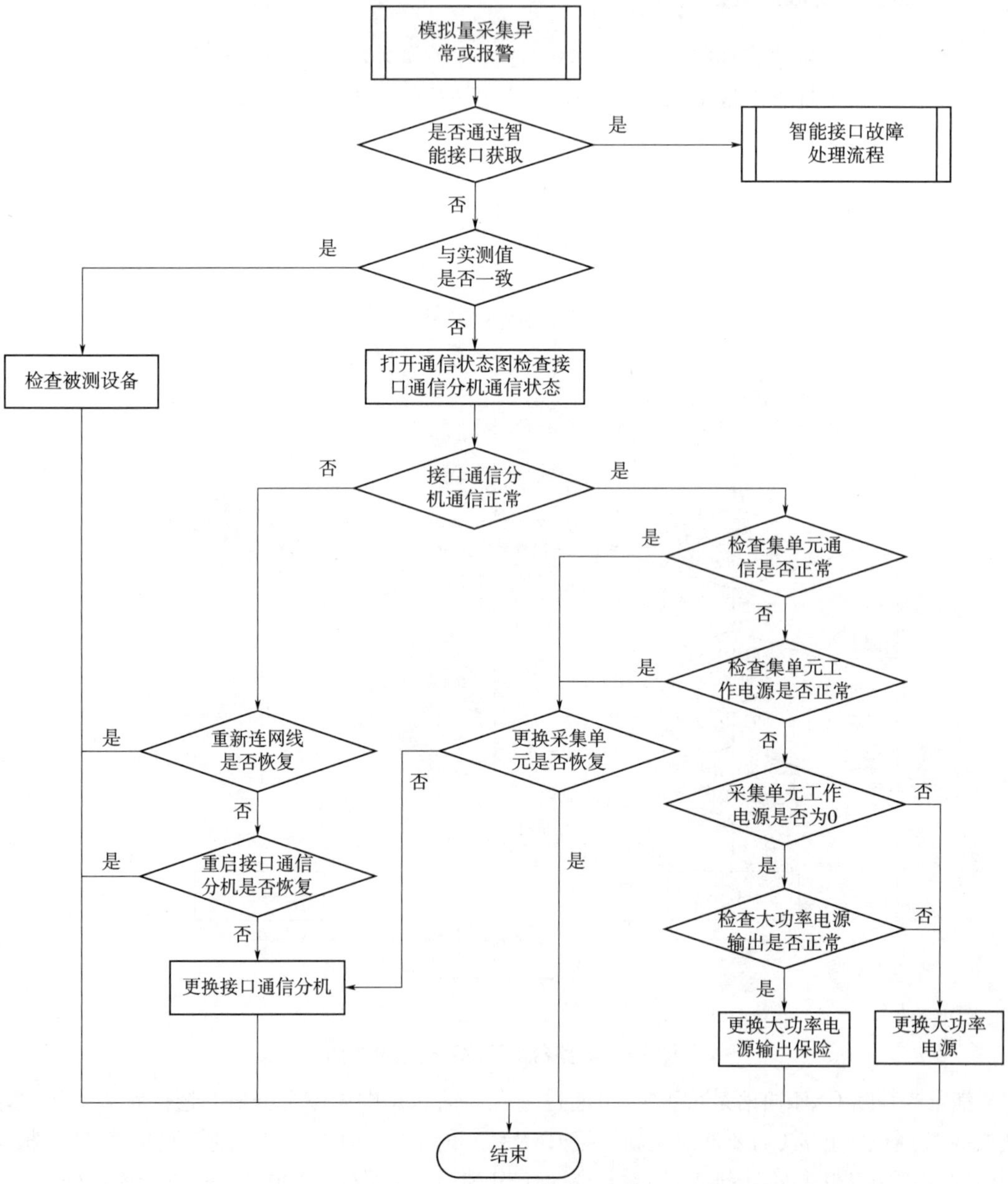

图8-10　模拟量采集故障处理流程图

首先根据报警来源判断是接口还是自采集。如果是接口采集,则进入智能接口故障处理流程。如果是自采集,应检查监测数值与实际测量数值是否一致。如果一致,则监测系统没有故障,需检查被测设备;如果监测数值与实际测量数值不一致,应打开通信状态图检查采集单元通信状态来确认通信分机与站机通信是否正常。如果通信分机通信中断则可通过重新连接网线、重启通信分机、更换通信分机等方法进行逐步排查;如果通信分机通信正常,则依次检查采集单元通信状态、采集单元工作电源是否正常。如果这两项是正常的,需更换采集单元。若更换采集单元后仍未恢复,需更换接口通信分机。如果采集单元工作电源为0,则检查大功率电源输出是否正常,正常则更换大功率电源,不正常则更换大功率电源;如果采集单元工作电源不为0,测量的工作电压应该低于模块正常工作电源,在DC 11 V以下,此时直接更换大功率电源。

注意:

(1)通信接口分机和大功率电源构成了监测直采的核心设备,是日常维护的重点。在信息采集故障时注意区分部分故障和整体故障,不可盲目频繁地开关,导致正常功能受到影响。

(2)需要改造时,务必联系设计人员重新设计和修改,不可自行改动设备或修改软件,避免产生问题。

(3)本流程图适用于各种智能型模拟量采集单元的故障处理,模拟量采集包括道岔表示电压、列车信号机灯丝回路电流、轨道电压等。

四、交流道岔功率曲线故障处理流程

交流道岔功率曲线故障处理流程如图8-11所示。

当道岔曲线采集调试完成后,需要对道岔设定一个参考曲线。道岔转动曲线与参考曲线偏差较大时,可以认为道岔曲线异常。

如果在道岔转动后,道岔曲线窗口记录了一条不为0的曲线,道岔转动方向与实际一致,则监测设备没有问题,需检查联锁道岔设备。

如果在道岔转动后,道岔曲线窗口记录了一条不为0的曲线,道岔转动方向与实际不一致,则需要打开站机开关量窗口中9号分机道岔表示开关量采集状态,检查定反表开关量显示与实际是否一致;如果不一致,则是开关量采集电源问题,如果正常,则是采集单元问题或采集单元供电问题。

如果在道岔转动后,道岔曲线窗口记录了一条为0的曲线,则是电流传感器模块问题,或电流传感器模块供电问题,或采集单元问题,或采集单元供电问题。

如果在道岔转动后,没有对应时间记录,此时采集单元通信不正常,则是采集单元问题或采集单元供电问题。

如果在道岔转动后,没有对应时间记录,此时采集单元通信正常,则是开关量采集问题,需对开关量模块好坏和开关量供电状态进行判断。

注意:

(1)交流道岔功率曲线采集功能的实现是由智能道岔功率采集单元、电流互感器和1DQJ开关量采集器共同完成的,故在进行故障处理时,注意观察故障现象,以区分是电流互感器故障还是开关量采集器故障。

(2)在更换开关量采集器或电流互感器时,务必要先关闭模块的工作电源,并对拆线做好标记,原样恢复,以避免带电操作时造成短路,致使并接的其他正常模块损坏。

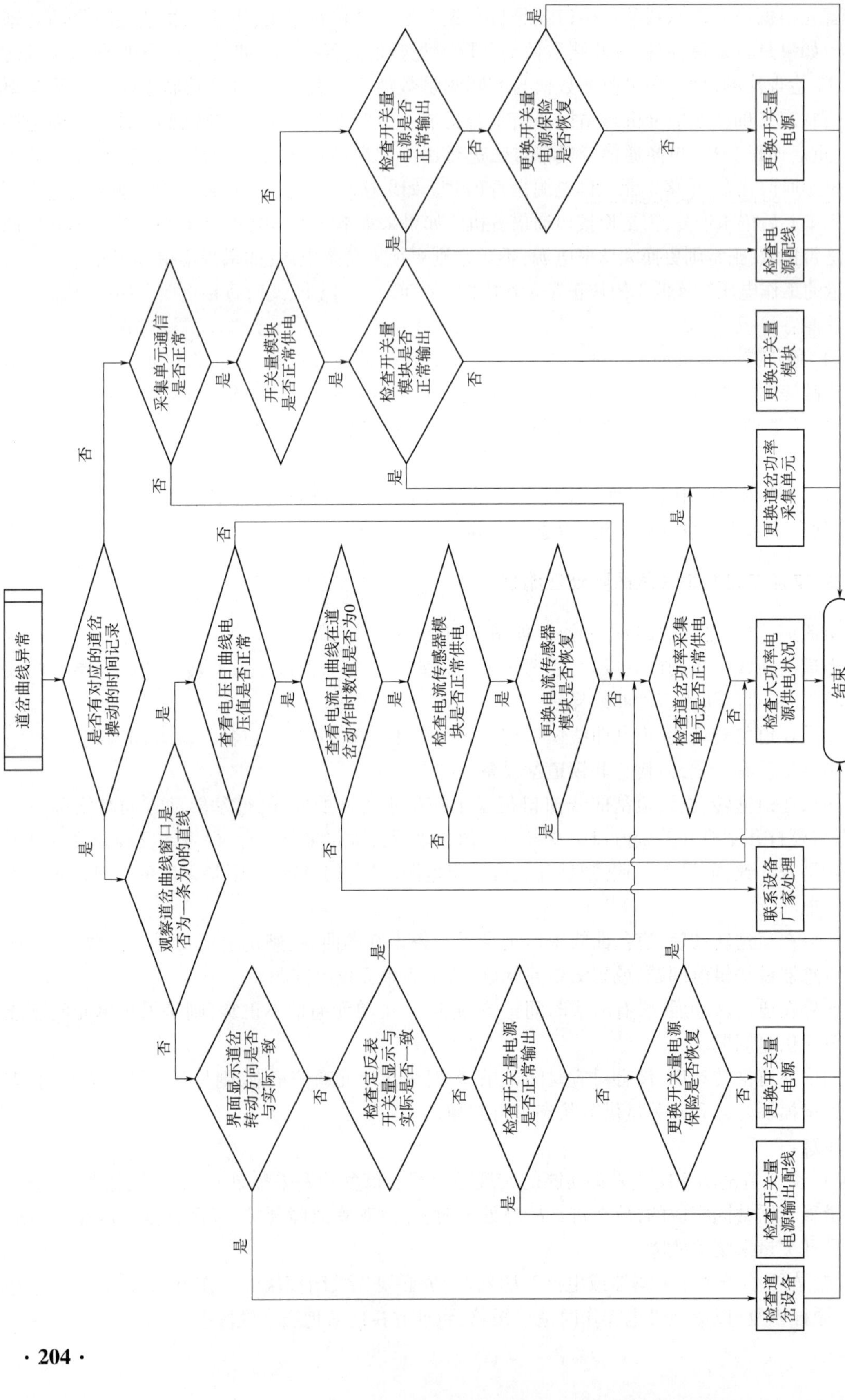

图8-11 交流道岔功率采集故障处理流程图

(3)1DQJ 开关量采集器故障与否判断的方法:1DQJ 开关量采集器工作电压为 12 V,10 型监测车站一般使用直流 12 V 供电,故障判断方法一致,通过将 4 和 5 端子上的外线取下后,封连和断开 4 和 5 端子,同时测量 3 对 1 之间的 12 V 电压有无相应变化来判断。如果断开 4 和 5 时 3 对 1 没有 12 V 电压,封连 4 和 5 时 3 对 1 有 12 V 电压,则模块正常;如果断开 4 和 5 时 3 对 1 有 12 V 电压,则模块故障。

五、智能接口故障处理流程

智能接口故障处理流程如图 8-12 所示,适用于各类通过智能接口方式与监测站机建立通信的故障。

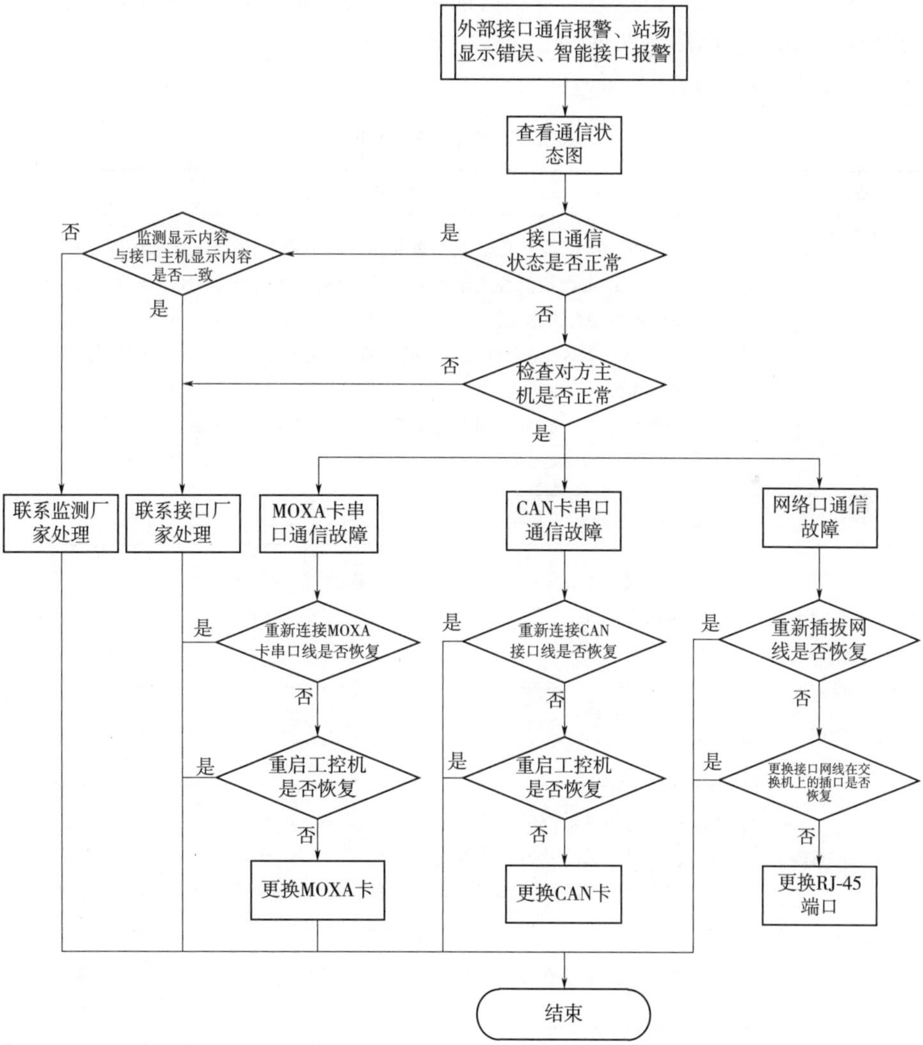

图 8-12　智能接口故障处理流程图

信号监测系统与其他系统接口类型一般可分为两类:通过 MOXA 卡连接 RS-485 和 RS-422 通信方式,如联锁、智能电源屏等;通过 CAN 卡连接的 CAN 通信方式,如智能灯丝报警。

首先要确认对方主机能够正常给监测主机发送信息。如果在监测系统上查询到的报警是对方主机正常送过来的，或者对方主机发生故障造成的报警，都应当联系相关人员进行处理。

智能接口故障根据接口类型一般可分为以下三种。

(1)MOXA 通信故障。导致这种情况的因素可能为串口线脱落或未接触好、工控机 MOXA 卡故障等。首先重新连接串口线，可用串口调试工具确认串口线有无问题，如果故障未恢复，则重启工控机；仍然未恢复，则重新安装 MOXA 卡。

(2)CAN 通信故障。导致这种情况的因素可能为 CAN 线脱落或未接触好、工控机 CAN 卡故障等。首先重新连接 CAN 线，如果故障未恢复，则重启工控机；仍然未恢复，则重新安装 CAN 卡。

(3)网络通信故障。导致这种情况的因素可能为网线脱落或未接触好、交换机网络端口故障、RJ-45 端口故障等。首先重新插拔网线，检查网卡灯状态，如果故障未恢复，则更换接口网线在交换机上的插口；仍然未恢复，则更换 RJ-45 端口。

常见故障诊断见表 8-9。

表 8-9　常见故障诊断

问题描述	诊断分析
MSS 与联锁等接口状态通信中断	1. 检查通信接口是否正常，可将两头接口电缆取下，测量通信芯线是否通 2. 检查发送端设备是否工作正常，如维护机或接口监测主机，或接口通信板是否开启，接口通信程序是否正常运行 3. 对于串口类数据，为只发不收模式时，可使用串口调试助手接收对应端口数据，看能否正常接收 4. 当监测主机上有多个同类型的接口时，可交换接口连接，看看能否恢复，以判断通信口是否损坏
工控机系统、程序报错	重启程序或重启工控机
显示器黑屏或是花屏	1. 检查视频线是否松动，将视频头重新拔插 2. 重启工控机 3. 更换显示器再试
鼠标不能正常使用	1. 重启工控机 2. 更换鼠标重启
打印机不能正常打印	1. 检查打印机是否存在卡纸现象或墨盒耗尽 2. 检查打印机的 USB 连接线是否正常 3. 如果仍然无法解决，说明打印机硬件存在故障，需要返修
交换机表示灯有异常和报警，交换机运行异常	重启交换机器，若仍无法解决，用备品更换，同时联系厂家处理
12 V 大功率电源工作指示灯不正常	重启 12 V 大功率电源，若无法解决，用万用表测量 12 V 大功率电源输出，观察输出值是否在正常范围；如果不在正常范围，甩开负载再测，以判断 12 V 大功率电源是否故障 输出： +12 V DC，可调范围 10. 0～13. 2 V(<29 A) −12 V DC，可调范围−10. 8～−13. 2 V(<8. 5 A)

续上表

问题描述	诊断分析
接口通信分机液晶显示屏有异常显示	1. 检查智能采集单元工作和通信状态 2. 重启接口通信分机
采集异常	1. 检查各采集模拟量是否有不正常的情况。如存在则需检查采集单元是否故障 2. 若出现单个采集单元通信中断情况需更换采集单元 3. 若通信接口分机一个 RS-485 串口上的采集单元均通信中断,需检查接口通信分机的 RS-485 通信线是否连接正确;如连接正确,可检查对应采集组合的 12 V 电源供电是否正常,或逐个将单元取下,检查是否某一个单元损坏影响了整条通信线的通信 4. 若显示所有采集单元通信均中断,则检查 12 V 大功率电源输出电压是否正常,或接口通信分机连接是否中断
打开计算机电源而计算机没有反应	1. 查看电源插座是否有电并与计算机正常连接 2. 检查计算机电源是否能正常工作(开机后电源风扇是否转动),显示器是否与主机连接正常
开机后听见主板自检声但显示器上没有任何显示	1. 检查显示器是否与主机连接正常 2. 更换显示器
鼠标、键盘均不能使用	检查是否接有键盘鼠标一分二转接头,若有就将键盘、鼠标反接使用
Windows 系统在运行过程中死机或者蓝屏	1. 是否安装了新的设备造成系统资源冲突 2. 是否安装了错误的或者过期的驱动程序 3. 查看系统是否感染病毒 4. CPU 风扇是否还在正常转动 5. 系统文件或者应用程序以及磁盘是否受损 6. 查看是否因为内存不兼容或者内存有问题
无法正确安装设备驱动程序	1. 查看驱动程序是否为最新并且支持该操作系统 2. 驱动程序是否需要该操作系统的补丁程序支持 3. 其他设备占用的资源是否和需要驱动的设备占用的资源有冲突 4. 若是外围设备,换一个插槽并重装驱动 5. 更换设备并重装驱动程序
与服务器通信不正常	首先检查网卡是否损坏(如前所述),若损坏,更换网卡;若还是不行,可能是路由设置不正确,或者通道不通
CAN 通信故障	首先查看 CAN 通信状态对话框中的状态,是否有某个分机工作不正常,若有,则查看此分机;若所有分机都不正常,则可能是 CAN 通信线故障或 CAN 卡故障或采集机故障,检查 CAN 卡和采集机

复习思考题

1. 信号监测系统日常维护包括哪些事项？日常维护要注意哪些事项？

2. 如何进行站机的接口维护、硬件维护和软件维护?
3. 站机有哪些常见故障?如何处理?
4. 维护工作站如何进行维护?
5. 中心服务器如何进行维护?
6. 信号监测系统应急预案如何实施?
7. 简述各种设备的更换流程。
8. 信号监测系统的故障如何分类?
9. 简述信号监测系统故障处理的主流程。
10. 简述信号监测系统的维护要点。

第九章　转辙机缺口监测系统

第一节　转辙机缺口监测系统概述

一、转辙机缺口监测系统的作用

转辙机表示缺口反映了道岔尖轨(心轨)与基本轨(翼轨)密贴状态。转辙机表示缺口间隙大小的变化,反映了道岔密贴强度的变化。使用中受列车运行时的冲击振动和线路温度变化以及设备磨耗等因素的影响,道岔尖轨(心轨)与基本轨(翼轨)之间会产生缝隙,即转辙机表示缺口间隙会发生变化,导致检查柱无法落入缺口,造成卡缺口的信号故障,道岔无法给出表示信息,严重的会影响行车安全。

转辙机表示缺口的调整一直是信号维修作业的重要内容。以前,维修道岔转换设备(转辙机等)主要靠人工进行定期或不定期的检查和调整,不能及时发现缺口变化,不能及时预告故障隐患,易造成信号故障,一直是转辙机检测中的薄弱环节。

必须及时发现缺口变化并进行调整,避免发生卡缺口故障,日常巡视中检查缺口变化的难度更大。因此,如何能自动地对道岔密贴程度进行动态监测,是保证铁路运输安全的重要课题。采用监测装置监测转辙机表示缺口状态,能及时发现缺口变化,掌握道岔密贴强度的大小,及时准确预告超标状况,将故障消灭在发生之前,减少信号故障;有利于提高道岔转换设备维修水平,有利于提高道岔设备运用质量,有利于保障列车安全和提高运输效率,也将促进铁路信号监测技术整体水平的提高。

采用转辙机表示缺口监测系统可以实时监测转辙机表示缺口状态,实现状态数据存储、显示、打印,并发出声光报警。其不仅可以及时发现故障隐患,提高运用质量,大大减少人工监测道岔表示缺口的工作量,而且可通过积累数据,综合分析,找出发生故障的原因,为制定合理的维修周期提供可靠的理论依据,为状态维修奠定基础,为实现道岔转换设备远程管理与控制创造条件,从而把安全隐患降到了最低。

转辙机缺口监测系统可以是信号监测系统的子项目,是对信号监测系统的完善。

二、转辙机缺口监测系统的功能

1. 位移传感器监测

实时反映缺口量值,供系统判断、记录、显示。

2. 图像传感器监测

实时拍摄缺口间隙或缺口标记,供系统判断、记录、显示。

3. 综合功能

综合功能包括:

①对采集的操纵后缺口、过车缺口、静态缺口数据分别记录、显示,并绘制不同颜色的曲线

(定位与反位缺口曲线采用两张图表,操纵后缺口曲线为橙色、过车缺口曲线为蓝色、静态缺口曲线为黑色)。

②具有日报表功能,报表中有最大值、最小值及其差值。

③具有详细的浏览记录。

④预警和报警门限值可以单独设置,也可批量设置。

⑤具有声光报警功能。

⑥系统具有自诊断功能,实时监控硬件设备工作状态。

⑦具有实时查看功能,站场平面图应实时显示道岔位置和缺口状态。

⑧系统故障时不影响被监测设备的正常工作。

⑨系统安装应方便、可靠,不得改变转辙机和其他设备的基本结构,不能遮挡转辙机内缺口视线和影响转辙机的正常使用。

⑩现场调整道岔表示缺口时(更换转辙机除外),原则上无须校对传感器,尽量少维修。

⑪数据存储时间不少于 3 个月,报警数据保存不少于 1 年。

⑫与信号集中监测系统接口:

a. 采用 RJ-45 接口与信号监测系统连接,并安装基本的防病毒软件。

b. 接收信号监测系统实时查看的命令,并及时上传数据。

c. 以信号监测系统为母钟,应具有自动校时功能,校时采用 NTP 协议。

d. 采用标准的播放插件。

e. 与信号监测系统同步升级和同步安装软件。

f. 监测系统软件界面具备各种相关数据、曲线、图像、视频信息的链接功能。

4. 缺口预警和报警

(1)预警和报警原则。应对操纵后缺口进行预警和报警,并形成缺口变化量曲线或报表。静态缺口可根据需要设定预报警。

(2)在下列条件下,缺口监测不预警和报警:

①检修时。

②通信故障时。

③道岔区段有车占用时。

④道岔处于反位时,保留定位缺口超标信息;道岔处于定位时,保留反位缺口超标信息。

⑤道岔操纵过程中。

(3)在下列条件下,缺口监测预警和报警:

①道岔反位时,反位缺口超标。

②道岔定位时,定位缺口超标。

③表示缺口超标预警、报警恢复条件及信息标识。

④道岔操纵到反位,反位表示缺口超标预警和报警恢复。

⑤道岔操纵到定位,定位表示缺口超标预警和报警恢复。

⑥预警信息采用黄色标识,报警信息采用红色标识。

三、转辙机缺口监测系统技术要求

转辙机缺口监测系统应符合下列要求:

(1)采集装置安装不应对道岔转换设备机械动作及表示电路做任何改动,并与既有道岔动作电路及表示电路部分实现电气隔离。道岔转换设备缺口监测系统的设备工作或故障时,不得影响道岔转换设备的正常工作。

(2)监测系统站机提供缺口超限预警、告警功能,并记录和查询告警信息。该系统应具备自诊断能力。

(3)监测系统应通过标准网络接口,向信号监测系统提供数据等信息。同时道岔转换设备缺口监测系统应具备远程操作功能,可在各节点实现浏览与访问。

(4)道岔转换设备缺口监测系统应采用网络安全技术,确保网络与信息安全,同时应具备网络维护接口。

(5)道岔转换设备缺口监测系统具有抗电气化干扰能力,在电气化区段能正常工作。

(6)道岔转换设备缺口监测系统的计算机设备场地应符合国家计算机机房场地标准要求。

四、转辙机缺口监测系统的组成

转辙机缺口监测系统一般由缺口传感装置、现场分机、站机、通信传输设备、电源设备等组成,如图9-1所示。

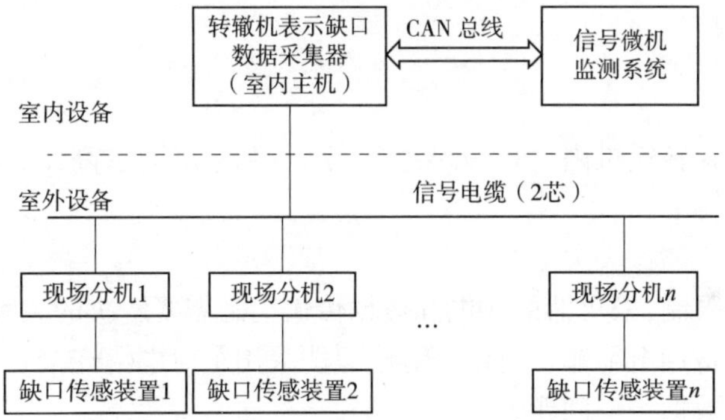

图9-1 转辙机缺口监测系统组成

1. 缺口传感装置

缺口传感装置负责检测检查柱在缺口中的位置。

缺口传感装置按测量方式有直接测量和间接测量之分;按安装位置有内置式和外置式;按输出变量类型有模拟式和开关式;按原理划分有机械式、光电式、电感式、图像式等。每种传感器都有自己的特点。

直接测量方式的传感装置为内置式,安装在缺口间隙,其输出可直接反映被测间隙的大小,测试精度高,但安装稍复杂。外置式和间接测量方式通常容易安装,但需要仔细调整基准位置。模拟式传感器可反映道岔缺口的变化趋势,但不仅本身成本高而且采集器也较复杂。机械式传感器无须电源,但易受机械振动和磨损的影响。光电式传感器为非接触测量,寿命长,但易受灰尘影响。电感式传感器在油腻和污浊环境中能正常工作,但温度影响较大。

缺口传感装置直接安装在转辙机的缺口检查位置或表示杆上,经导线或电缆与现场分机相连接。

2. 现场分机

现场分机是安装在转辙机内或箱盒内的数据处理装置,具有下列功能:向缺口传感装置提供电源;接收缺口传感装置的检测信号并进行初级处理;向室内传输缺口变化量数据。

使用一对(2 芯)信号电缆,由现场分机向室内主机传输缺口间隙数据,同时向现场分机输送电源。每对芯线能满足不少于 40 台转辙机的表示缺口监测,电缆传输距离不小于 1 500 m。

采用数据编码传输,可提高可靠性和抗干扰性,采用时分制完成实时功能。

3. 站机

站机的主要功能是实时接收和处理现场分机传回的数据,对采样信息进行分析、判断后,将结果进行报警、显示、存储、打印,通过 CAN 总线把数据传给信号监测系统,并具有一定的数据存储能力。

站机提供与信号监测系统的 CAN 总线接口,硬件接口、通信方式、数据格式都应符合《转辙机表示缺口监测报警系统技术条件》要求。

站机主要有转辙机表示缺口数据采集器,可以安装在信号集中监测柜内,也可以安装在信号组合柜上,经分线柜将信号电缆连接到采集器面板的接线端上。

4. 通信传输设备

道岔缺口监测系统选用电缆(包括 1 对电缆、2 对电缆)或光纤传输,可采用混合组网传输。

五、主要技术问题

1. 缺口传感器

缺口传感器装置在转辙机内,由于安装空间小,检测精度要求高,环境条件又相对恶劣,是值得关注的核心技术。

2. 传输通道

受到通道条件的限制,采集器的供电和数据传输也是需要解决的关键问题。目前,信号机械室到各道岔可用的备用电缆非常有限,因此,只能采用 1 对电缆连接各道岔,通过共线方式,解决车站所有道岔的数据传输问题。

第二节　转辙机缺口监测系统举例

目前,转辙机缺口监测系统有多种。下面以 ZQJ-01 型转辙机缺口光电监测报警系统为例进行说明。

一、系统组成

ZQJ-01 型转辙机缺口光电监测报警系统由缺口视频监测站机、通信主机、网络转换器、网络分机、载波分机和图像采集处理器构成,其结构如图 9-2 所示。

1. 缺口视频监测站机

工控机,每站 1 台,有载波主机时配 CAN 卡。

2. 通信主机

A 型(载波主机)用于载波传输方式,外线数量可配置 2、4、8 等。

B 型(网络主机)适用于网络传输方式,外线数量可配置 8、16、24 等。

C 型(综合主机)适用于同时有载波和网络传输方式。

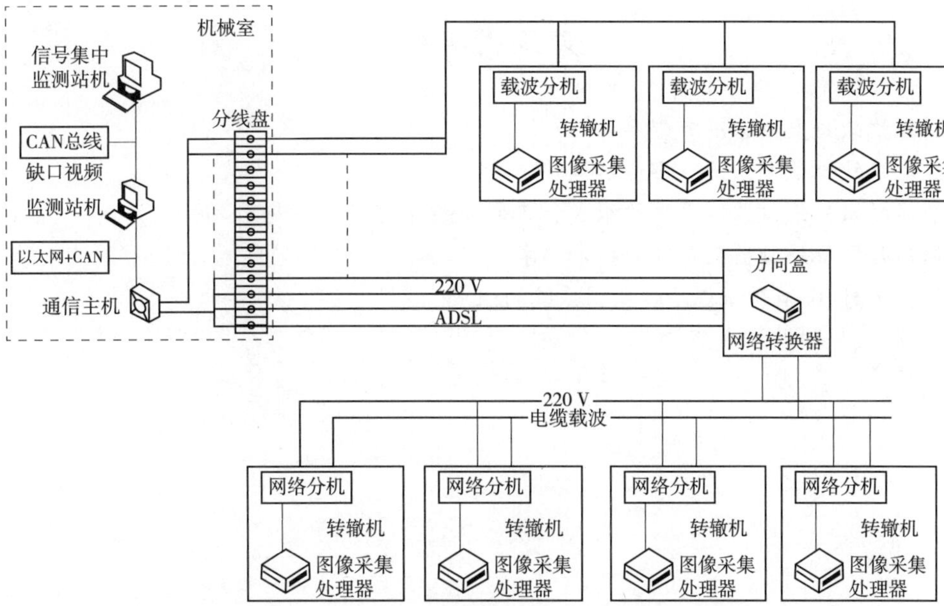

图 9-2　ZQJ-01 型转辙机缺口光电监测报警系统

站场有两对双绞线缆时用网络传输方式,有一对双绞线缆时用载波传输方式,有光缆时使用光缆传输方式。

3. 网络分机

适用于网络传输方式,每台转辙机配用一台。

4. 网络转换器

适用于网络传输方式,与主干电缆连接的分向电缆盒处需配用一台。

5. 载波分机

适用于载波传输方式,每台转辙机配用一台。

6. 图像采集处

每台转辙机(有缺口)配用一台。

二、系统主要技术指标

系统的主要技术指标有:

(1)缺口监测精度:0. 1 mm。

(2)图像分辨率:0. 03 mm(具体由转辙机类型决定)。

(3)传输距离:≤2 km。

(4)传输速率:网络 2 Mbit/s,载波 60 kbit/s。

(5)视频:网络 30 帧/s(480 像素×480 像素);载波 30 帧/s(240 像素×240 像素)。

(6)系统容量:每台通信主机带分机总数量小于或等于 249 台。

(7)供电电源:单独使用电源屏输出的一路隔离电源,AC(220±22) V、(50±1) Hz;电源容量计算时,不得小于缺口监测系统设备总功率的 2 倍。

复习思考题

1. 转辙机缺口监测系统有哪些作用?
2. 转辙机缺口监测系统有哪些功能?
3. 简述转辙机缺口监测系统的组成和各部分的作用。
4. 简述转辙机缺口监测系统的技术要求。
5. 简述 ZQJ-01 型转辙机缺口监测系统的组成。

名词术语英(缩略语)中对照

A/D	数模转换
AP	接入点
ATC	列车自动控制
ATO	列车自动运行
ATP	列车自动防护
ATS	列车自动监控
CAN	控制器局域网
CC	车载控制器
CI	计算机联锁
CATS	中央 ATS
CPU	中央处理单元
CRC	循环冗余检验
CSM	信号监测系统
DCS	数据传输系统
DOS	磁盘操作系统
ESE	嵌入式安全芯片
HUB	集线器
IC	集成电路
ID	标识
KVM	多电脑切换器
LATS	车站 ATS
LC	线路控制器
LEU	轨旁电子单元
LTE	长期演进系统
PT	电压互感器
PTC	热敏电阻
RAID	独立冗余磁盘阵列
SDH	同步数字体系
SDM	联锁系统维护工作站
SNMP	简单网关协议
SQL	结构化查询语言
SSL	安全套接层协议
TCP/IP	传输控制协议/因特网互联协议

TDT	列车发车计时器
TS	目标速度
TVS	瞬态电压抑制器
RTD	电阻温度检测器
UPS	不间断电源
URL	统一资源定位符
ZC	区域控制器

参 考 文 献

[1]中国国家铁路集团有限公司 . Q/CR 422—2020 铁路信号集中监测技术条件 .
[2]靳俊 . 铁路信号集中监测系统[M]. 北京:中国铁道出版社,2016.
[3]林瑜筠 . 信号集中监测[M]. 北京:中国铁道出版社有限公司,2020.
[4]林瑜筠 . 转辙机缺口监测系统[M]. 北京:中国铁道出版社有限公司,2022.